俄 国 史 译 丛 · 经 济

Серия переводов книг по истории России

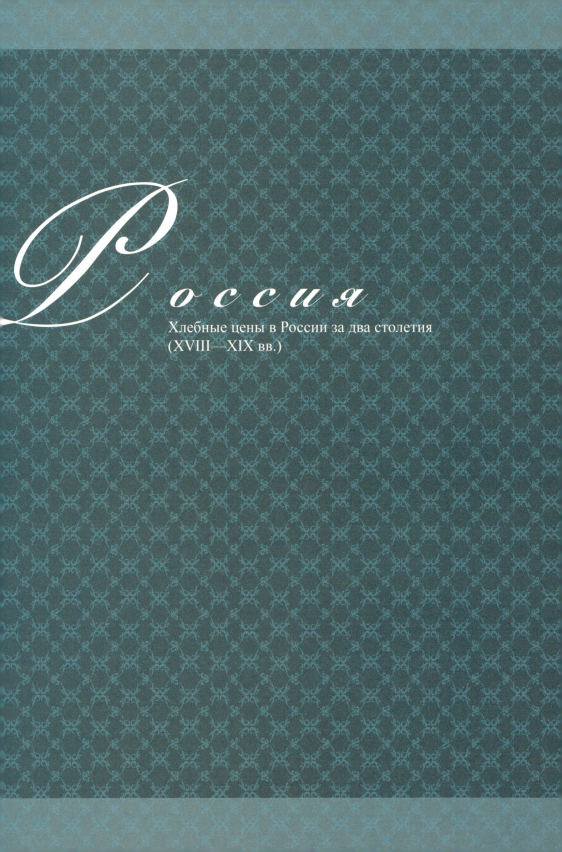

Россия

Хлебные цены в России за два столетия
(XVIII—XIX вв.)

俄国史译丛·经济

СЕРИЯ ПЕРЕВОДОВ КНИГ ПО ИСТОРИИ РОССИИ

张广翔 吕 卉/译

[俄]鲍·尼·米罗诺夫/著
Б. Н. Миронов

俄国粮食价格研究

（18世纪至20世纪初）

Хлебные цены в России за два столетия
(XVIII—XIX вв.)

社会科学文献出版社
SOCIAL SCIENCES ACADEMIC PRESS (CHINA)

Б.Н.Миронов

Хлебные цены в России за два столетия (XVIII—XIX вв.)

©Издательство «Наука » Ленинградское отделение,1985.

本书根据科学出版社 1985 年版本译出。

本书获得教育部人文社会科学重点研究基地

吉林大学东北亚研究中心资助出版

俄国史译丛编委会

著者简介

鲍·尼·米罗诺夫（Б. Н. Миронов） 俄罗斯科学院圣彼得堡历史研究所高级研究员，教授。从1966年起，一直在圣彼得堡历史研究所工作。发表论文逾百篇，其中有28篇以7种语言发表在美国、英国、德国、法国、西班牙、日本和匈牙利的重要刊物和论文集上。出版专著7部，其中《历史学家与社会学》和《历史学家与数学》被译成中文出版。著作《俄国社会史》问世后，在俄国和西方引起强烈反响，被俄国同行誉为可堪与布罗代尔的社会史著作齐名。

译者简介

张广翔　历史学博士，吉林大学东北亚研究院教授，博士生导师。

吕　卉　历史学博士，海南大学外国语学院教授，硕士生导师。

总　序

　　我们之所以组织翻译这套"俄国史译丛"，一是由于我们长期从事俄国史研究，深感国内俄国史方面的研究严重滞后，远远满足不了国内学界的需要，而且国内学者翻译俄罗斯史学家的相关著述过少，不利于我们了解、吸纳和借鉴俄罗斯学者有代表性的成果。有选择地翻译数十册俄国史方面的著作，既是我们深入学习和理解俄国史的过程，还是鞭策我们不断进取、培养人才和锻炼队伍的过程，同时也是为国内俄国史研究添砖加瓦的过程。

　　二是由于吉林大学俄国史研究团队（以下简称"我们团队"）与俄罗斯史学家的交往十分密切，团队成员都有赴俄进修或攻读学位的机会，每年都有多人次赴俄参加学术会议，每年请 2~3 位俄罗斯史学家来校讲学。我们与莫斯科国立大学（以下简称"莫大"）历史系、俄罗斯科学院俄国史研究所和世界史所、俄罗斯科学院圣彼得堡历史所、俄罗斯科学院乌拉尔分院历史与考古所等单位学术联系频繁，有能力、有机会与俄学者交流译书之事，能最大限度地得到俄同行的理解和支持。以前我们翻译鲍里斯·尼古拉耶维奇·米罗诺夫的著作时就得到了其真诚帮助，此次又得到了莫大历史系的大力支持，而这是我们顺利无偿取得系列书的外文版权的重要条件。舍此，"俄国史译丛"工作无从谈起。

　　三是由于我们团队得到了吉林大学校长李元元、党委书记杨振斌、学校职能部门和东北亚研究院的鼎力支持和帮助。2015年5月5日李元元校长访问莫大期间，与莫大校长萨多夫尼奇（В. А. Садовничий）院士，俄罗斯科学院院士、莫大历史系主任卡尔波夫教授，莫大历史系副主任鲍罗德金教授等就加强两校学术合作与交流达成重要共识，李元元校长明确表示吉林大学将大力扶植俄国史研究，为我方翻译莫大学者的著作提供充足的经费支持。萨多夫尼奇校长非常欣赏吉林大学的举措，责成莫大历史系全力配合我方的相关工作。吉林大学主管文科科研的副校长吴振武教授、社科处霍志刚处长非常重视我们团队与莫大历史系的合作，2015年尽管经费很紧张，还是为我们提供了一定的科研经费。2016年又为我们提供了一定经费。这一经费支持将持续若干年。

我们团队所在的东北亚研究院建院伊始，就尽一切可能扶持我们团队的发展。现任院长于潇教授上任以来，一直关怀、鼓励和帮助我们团队，一直鼓励我们不仅要立足国内，而且要不断与俄罗斯同行开展各种合作与交流，不断扩大我们团队在国内外的影响。在2015年我们团队与莫大历史系新一轮合作中，于潇院长积极帮助我们协调校内有关职能部门，和我们一起起草与莫大历史系合作的方案，获得了学校的支持。2015年11月16日，于潇院长与来访的莫大历史系主任卡尔波夫院士签署了《吉林大学东北亚研究院与莫斯科大学历史系合作方案（2015~2020年）》，两校学术合作与交流进入了新阶段，其中，我们团队拟4年内翻译莫大学者30种左右学术著作的工作正式启动。学校职能部门和东北亚研究院的大力支持是我们团队翻译出版"俄国史译丛"的根本保障。于潇院长为我们团队补充人员和提供一定的经费使我们更有信心完成上述任务。

2016年7月5日，吉林大学党委书记杨振斌教授率团参加在莫大举办的中俄大学校长峰会，于潇院长和张广翔教授等随团参加，在会议期间，杨振斌书记与莫大校长萨多夫尼奇院士签署了吉林大学与莫大共建历史学中心的协议。会后，莫大历史系学术委员会主任卡尔波夫院士、莫大历史系主任杜奇科夫（И. И. Тучков）教授（2015 年 11月底任莫大历史系主任）、莫大历史系副主任鲍罗德金教授陪同杨振斌书记一行拜访了莫大校长萨多夫尼奇院士，双方围绕共建历史学中心进行了深入的探讨，有力地助推了我们团队翻译莫大历史系学者学术著作一事。

　　四是由于我们团队同莫大历史系长期的学术联系。我们团队与莫大历史系交往渊源很深，李春隆教授、崔志宏副教授于莫大历史系攻读了副博士学位，张广翔教授、雷丽平教授和杨翠红教授在莫大历史系进修，其中张广翔教授三度在该系进修。我们与该系鲍维金教授、费多罗夫教授、卡尔波夫院士、米洛夫院士、库库什金院士、鲍罗德金教授、谢伦斯卡雅教授、伊兹梅斯杰耶娃教授、戈里科夫教授、科什曼教授等结下了深厚的友谊。莫大历史系为我们团队的成长倾注了大量的心血。卡尔波夫院士、米洛夫院士、鲍罗德金教授、谢伦斯卡雅教授、伊兹梅斯杰耶娃教授、科什曼教授和戈尔斯科娃副教授前来我校讲授俄国史专题，开拓了我们团队及俄国史研究方向的硕士生和博士生的视野。卡尔波夫院士、米洛夫院士和鲍罗德金教授被我校聘为名誉教授，他们经常为我们团队的发展献计献策。莫大历史系的学者还经常向我们馈赠俄国史方面的著作。正是由于双方有这样的合作基础，在选择翻译的书目方面，很容易沟通。尤其是双方商定拟翻译的 30 种左右的莫大历史系学者著作，需要无偿转让版权，在这方面，莫大历史系从系主任到所涉及的作者，克服一切困难帮助我们解决关键问题。

　　五是由于我们团队有一支年富力强的队伍，既懂俄语，又有俄国史方面的基础，进取心强，甘于坐冷板凳。学校层面和学院层面一直重视俄国史研究团队的建设，一直注意及时吸纳新生力量，使我们团队人员年龄结构合理，后备充足，有效避免了俄国史研究队伍青黄不接、后继无人的问题。我们在培养后备人才方面颇有心得，严格要求俄国史方向硕士生和博士生，以阅读和翻译俄国史专业书籍为必修课，硕士学位论文和博士学位论文必须以使用俄文文献为主，研究生从一入学就加强这方面的训练，效果很好：培养了一批俄语非常好、专业基础扎实、后劲足、崭露头角的好苗子。我们组织力量翻译了米罗诺夫所著的《俄国社会史》《帝俄时代生活史》，以及在中文刊物上发表了 70 多篇俄罗斯学者论文的译文，这些都为我们承担"俄国史译丛"的翻译工作积累了宝贵的经验，锻炼了队伍。

译者队伍长期共事，彼此熟悉，容易合作，便于商量和沟通。我们深知高质量地翻译这些著作绝非易事，需要认真再认真，反复斟酌，不得有半点的马虎。我们翻译的这些俄国史著作，既有俄国经济史、社会史、城市史、政治史，还有文化史和史学理论，以专题研究为主，涉及的领域广泛，有很多我们不懂的问题，需要潜心研究探讨。我们的翻译团队将定期碰头，利用群体的智慧解决共同面对的问题，单个人无法解决的问题，以及人名、地名、术语统一的问题。更为重要的是，译者将分别与相关作者直接联系，经常就各自遇到的问题发电子邮件向作者请教，我们还将根据翻译进度，有计划地邀请部分作者来我校共商译书过程中遇到的各种问题，尽可能地减少遗憾。

"俄国史译丛"的翻译工作能够顺利进行，离不开吉林大学校领导、社科处和国际合作与交流处、东北亚研究院领导的坚定支持和可靠支援；莫大历史系上下共襄此举，化解了很多合作路上的难题，将此举视为我们共同的事业；社会科学文献出版社的恽薇、高雁等相关人员将此举视为我们共同的任务，尽可能地替我们着想，使我们之间的合作更为愉快、更有成效。我们唯有竭尽全力将"俄国史译丛"视为学术生命，像爱护眼睛一样地呵护它、珍惜它，这项工作才有可能做好，才无愧于各方的信任和期待，才能为中国的俄国史研究的进步添砖加瓦。

上述所言与诸位译者共勉。

吉林大学东北亚研究院和东北亚研究中心

2016 年 7 月 22 日

目　录

绪论
俄国学界对 18 世纪至 20 世纪初
俄国粮食价格问题的研究

19 世纪中叶，俄国著名经济学家 A. H. 叶古波夫在研究粮食价格时指出："毫无疑问，大多数读者看到我的著作封面后会不由自主地想：为什么作者要研究这样枯燥的问题？难道他找不到一个对读者来说更有趣、对科学来说更重要的主题吗？"[1] 现代粮食价格史研究者面临的处境相比于叶古波夫略有改善。叶古波夫指出："研究者不必向读者解释粮食价格这个乍看上去显得枯燥狭窄的问题，分析表明，粮食价格像生活本身一样生动、广泛和复杂。"[2] 粮食价格是折射 18 世纪至 20 世纪初俄国社会经济发展的一面镜子，反映了经济的停滞、复苏、衰退和危机。区域粮食价格变化则体现出国家地理分工过程、各地区经济融入统一国民经济有机体以及地方市场融入全俄统一市场的情况。与欧洲国家粮食价格走势进行比较分析，可以判断当时俄国正在融入国际分工、世界粮食市场和欧洲经济一体化。粮食价格是有关劳动生产率增长和农业生产成本变化的重要信息来源，不研究粮食价格，就不能评估工人实际工资的变化、农业产量和贸易额的变化，也不能正确规划农民的预算，等等。粮食价格能够反映俄国社会经济发展最重要进程的原因在于俄国国家经济的农

业性质，在这种经济中，国民经济和国家预算、数百万人民的福祉以及
政府的经济政策往往都取决于粮食价格波动。

18 世纪至 20 世纪初粮食价格在俄国经济发展中发挥了重要作用，吸
引了许多研究者的关注。在每一本关于农业、国内外贸易和俄国整体经
济的著作中，在每一份关于俄国全国或个别省份的统计描述中（18 世纪
和 19 世纪的文献对此描述非常丰富），都至少有几句话关乎粮食价格。
18 世纪至 20 世纪初的定期出版物中包含与粮食贸易和粮食价格相关的丰
富材料，其中包含重要的信息，仅仅复述这些文献就需要一本书的篇幅。

我们主要关注专门针对粮食价格的研究，以及概述研究中与粮食价
格相关的部分内容。

人们十分关心自己所生活的时代的粮食价格，尤其是粮食价格大幅
上涨或下跌时，粮食价格问题就会受到特别关注。在我们研究的时间范
围内，对粮食价格的关注分为 5 个阶段：18 世纪后 30 年至 19 世纪初、
19 世纪 20 年代末至 30 年代、19 世纪 50 年代后半期、19 世纪 80 年代和
20 世纪初。

18 世纪 60 年代，粮食价格因大幅上涨获得政府的特别关注。根据女
皇叶卡捷琳娜二世指示，1767 年参议院以调查问卷的方式从地方当局和
普通市民处收集各地物价上涨信息。在对问卷结果进行分析后，参议院
得出结论认为，粮食价格上涨的原因在于需求增加。一方面，粮食价格
上涨有利于农业发展；另一方面，粮食价格上涨只是暂时现象，在一定
程度上是由俄国部分地区的粮食供应短缺造成的。[3]

1786 年，粮食价格迎来新一轮暴涨，女皇任命了一个特别委员会研
究粮食价格上涨原因。委员会在向女皇提交的报告中将粮食价格上涨归
因于国内外市场尤其是国外市场的粮食需求增长，建议严格加强粮食出
口管控，在各省建立国有粮店，当城市粮食短缺时以合理价格向民众出
售粮食。[4]

学术界也未回避讨论粮食价格上涨这一紧迫问题。M. M. 谢尔巴托夫的粮食价格研究非常重要，他把粮食价格动态与国家总体政治经济状况联系起来，认为 18 世纪下半叶的粮食价格上涨是俄国农业衰落的前兆。为支撑该观点，谢尔巴托夫多次计算俄国的粮食价格平衡表。然而，由于使用了错误的原始数据（300 万名农民平均每人分配 2 俄丈份地，1800万名粮食消费者按照每月 52.4 升的标准消费粮食，自给自足的粮产量为131 升），谢尔巴托夫得出了先验的错误结论，他认为俄国的粮食供给极为不稳定，"只要发生轻微歉收，就会引起饥荒"[5]。

18 世纪下半叶，著名经济学家格尔曼（本名贝内迪克特·弗朗茨·约翰）指出："如今的生活用品价格几乎处于前所未有的高度。目前大多数生活用品的价格尤其是粮食价格比 50 年前贵了三四倍。"格尔曼认为，原因在于农作物歉收，以及各省新组织和农民税收的增加。[6]

民族学家 И. Г. 格奥尔吉在对彼得堡的粮食价格研究中引用了 18 世纪最后 40 年物价快速增长的统计数据，把物价上涨归因于粮食消费者的增加、"钱太多了"、"奢侈生活方式的增加"及其他类似情况。[7]

18 世纪末至 19 世纪初，最伟大的经济学家 Г. 施托希认为，18 世纪下半叶俄国物价上涨的根本原因在于对外贸易。俄国高价购入在西方相对便宜的制成品，低价销售在西欧国家相对昂贵的农产品。[8]

1803 年是 19 世纪上半叶粮食价格涨幅最大的一年，俄国自由经济协会宣布举办"食用物资价格高涨原因"的研究评比，共有 44 位研究者响应号召寄来了研究成果。[9] M. 施维特科夫的研究成果被评为最佳成果并发表。[10] 施维特科夫认为，18 世纪下半叶粮食价格上涨的原因在于税收增加、农民向城市迁移、贸易和工业发展以及现有的粮食贸易体系（指包工合同、个人转卖商品和商人垄断）。[11]

1806 年，《统计杂志》上发表了格尔曼的一篇非常重要的文章——《对 1782~1803 年莫斯科急需食品价格表的观察》。[12] 格尔曼将价格增长分

为 4 个阶段：1782~1795 年中度缓慢增长；1796~1797 年激增；1798~
1800 年缓慢上升；1801~1803 年急剧上升。文章指出了价格上涨的原因：
贸易复苏、外国竞争者增加、国民经济中非农业部门发展、雇佣劳动增
加和运输成本上涨。

19 世纪初，另一位学者 B. 晓特金把 18 世纪的物价上涨归因于货币
供应量增加和贸易逆差，建议减少进口并发展俄国工业。[13]

19 世纪 20 年代中期的阶段性平稳后，整个 19 世纪粮食价格暴跌的
时期来临，政界以及《工商业杂志》《土地公报》《商业报》等期刊再次
展开了对粮食价格的激烈讨论，粮食价格下跌及其原因引人注目。

1826 年 12 月，俄国科学院开展了研究粮食价格下降原因的评比活
动。A. 福明的研究被评为最佳成果，他分析了 18 世纪下半叶至 19 世纪
20 年代中期的粮食价格走势。福明认为，18 世纪下半叶至 1819 年的粮食
价格上涨有普遍原因和独特原因。在普遍原因中，福明列举了城市工业
和贸易的发展、农村人口向城市迁移带来的城市人口增长以及对外贸易
的发展；独特原因在于陆海军的建立、持续的战争和征兵以及税收的增
加。福明指出，1820 年以来粮食价格下跌的原因在于欧洲大陆普遍恢复
和平、希腊起义扰乱黑海贸易与外国市场需求量减少导致俄国粮食出口
数量下降。[14] 著名经济学家、此次评比活动的评委施托希院士和格尔曼院
士同意福明的主要结论。

俄国粮食价格从 19 世纪 20 年代末开始上涨，但过程十分缓慢。19
世纪 30 年代的粮食价格仍然很低，地主对低粮食价格十分不满。当时的
报纸和杂志热衷于报道物价状况和农业困境，但缺少对粮食价格的严肃
分析与研究，多为情况阐述和情绪抱怨。19 世纪 30 年代关于粮食价格的
重要著作由 Г. И. 萨布罗夫所著，但也只限于研究 1830~1835 年奔萨省的
粮食价格。萨布罗夫指出，销量不足、粮食市场狭小及交通不便是粮食
价格低廉的主要原因。[15]

　　19 世纪 30 年代的粮食价格状况也引起政府层面的担忧。1838～1839
年，政府成立了高级委员会，试图寻找阻止农产品价格下跌的良策。[16] 该
委员会由财政部部长、内政部部长和国有资产部部长组成。行政部门的
一些知名人物也参与了委员会的工作，说明了政府对粮食价格的重视。
该委员会的成果是发布了一项"关于提高农产品价格的措施"的说明，
认为价格低廉的原因在于：国外的粮食需求减少导致出口减少、国内工
业和中产阶级不发达导致本地粮食消费者欠缺。简而言之，俄国境内外
的粮食销售困难是粮食价格下降的主要原因。根据这一解释，委员会建
议采取一系列可以提高粮食价格和减少生产者损失的措施，包括提高农
业产量，发展工业、贸易和城市，增加粮食出口，建立粮食贸易公司，
改善运输路线，直接向地主购买政府所需要的粮食。[17]

　　1833～1834 年和 1839～1840 年粮食严重歉收时期的粮食价格过高，
推动 19 世纪 40 年代经济思想的形成，即寻找消除粮食价格剧烈波动的对
策，确定粮食的平均价格以保证农民收入。这些年里出现了许多关于控
制粮食平均价格的方案[18]，其中最受欢迎的方案是由 С. И. 马尔采夫在
1844 年制定的[19]。

　　马尔采夫方案的核心对策如下：各省必须根据近 10～20 年的粮食价
格制定出本省的粮食平均价格，政府监管粮食贸易以维持平均价格。收
获季节粮食价格下降时，政府以平均价格从地主处购买粮食，或者以贷
款的方式获得地主的粮食作为抵押，存放在专门的粮店中，直至自由粮
食价格上涨到高于平均价格。商店以平均价格出售粮食，可以防止粮食
价格过度上涨。马尔采夫认为，通过这种方式管控粮食进入市场的速度
可以消除粮食价格波动，并保证地主收入的稳定。与许多方案的命运一
样，在实行农奴制的俄国，马尔采夫的方案未能得到实施。[20]

　　在 19 世纪 40 至 50 年代初有关粮食价格的诸多研究者中，有 5 位伟
大的经济学家，分别是 Д. С. 普罗托波波夫、П. И. 凯佩普、К. С. 韦谢

洛夫斯基、A. П. 扎布洛茨基和 Л. B. 坚戈博尔斯基。普罗托波波夫将19世纪30年代后半期粮食价格的大量数据引入学界，但他对粮食价格的关注点仅限于粮食价格能够解释粮食贸易过程。[21] 凯佩普和韦谢洛夫斯基用俄国粮食出口价格证明，抱怨粮食价格下跌毫无根据。[22] 扎布洛茨基为查明粮食价格波动原因使用了大量相关材料。[23] 坚戈博尔斯基试图验证扎布洛茨基的结论，同时评估俄国的粮食产量。[24]

这些学者对粮食价格研究做出了杰出贡献，但也存在很大不足。这些学者采用的数据稀少零散，而且在使用这些数据时未进行必要的批判性分析，统计方法欠完善，经常将某个城市的粮食价格作为所在省份的粮食平均价格，把某月的粮食价格当作全年的粮食价格，把一两年的粮食价格当作多年的平均粮食价格。

从数据来源角度来看，19世纪40~50年代，A. H. 叶古波夫的研究最为完善。他收集了1847~1853年俄国各省粮食价格的大量统计数据，对数据可靠性进行了认真的批判性分析，在确定所使用的数据（参考价格表）相对可靠后，他计算出了所有省份的平均粮食价格。[25]

19世纪50年代后半期，随着粮食价格急剧上涨，一些相关论文相继发表，虽然这些论文未使用大量的价格数据，但分析了价格上涨的原因。研究者普遍认为，加利福尼亚、澳大利亚和西伯利亚的黄金流入导致货币供应量增加。[26]

为研究19世纪60~70年代的粮食价格，俄国自由经济协会和俄国地理协会组织了一次调研，目的是研究俄国的粮食贸易和生产力。当时的著名经济学家 B. П. 别佐布拉佐夫、И. Ф. 博尔科夫斯基、B. И. 恰斯拉夫斯基与 Ю. Э. 扬松参与了这次调研，他们收集、分析并公开发表了有关粮食贸易和粮食价格的大量材料。[27]

在《俄欧经济统计地图集》《军事统计汇编》，以及总参谋部、内务部、国有资产部和伏尔加河经济与地理协会收集的诸多关于各省份的描述统计及经济资料中，也可以找到大量关于 19 世纪 50~60 年代的粮食价格数据。[28] 然而，在所有这些研究中粮食价格都被用于分析各种经济现象，收集的价格数据并不全面，无法涵盖俄国所有地区，即使适用于整个国家，也只涉及一小段时间，几乎没有详细分析粮食价格动态和地理特征。

19 世纪 80~90 年代的农业危机再次引发了研究者对粮食价格的关注。地方政府、中央统计委员会、军需部、农业部、财政部和市议会开始收集、编制和公布各省、市和县的粮食价格数据。[29] 因此，在粮食价格历史上，没有一个时期能像 19 世纪 80~90 年代那样拥有完整的粮食价格统计数据。这些机构的出版活动在 20 世纪继续进行，尽管强度略低。

19 世纪 80~90 年代，М. П. 费奥多罗夫、Н. А. 卡雷舍夫和 А. А. 克洛波夫等学者对粮食价格进行了大量的分析和研究，重点研究对象是价格下跌和支持农业发展的措施。[30] 19 世纪 90 年代，以 А. И. 丘普罗夫和 А. С. 波斯尼科夫为首的经济学家和统计学家研究了粮食价格对俄国国民经济的意义。学者们依据大量事实材料展示了粮食价格对人口进程、农业集约化、地产流动、农民和地主的福利、手工业与国家预算的影响。[31]

与此前一样，政府在农业困难时期设立了一些委员会。1888~1892 年，设立农产品价格下跌特别委员会[32]；1897~1901 年，设立中央黑土省经济状况研究委员会[33]；1901~1903 年，为研究 1861~1900 年农村居民福利运动问题设立最高委员会[34]。各种委员会不仅提供了有关农业和粮食价格的宝贵统计数据，而且还分析了粮食价格的动态变化。

几乎所有研究者都认为俄国粮食价格下跌的原因在于欧洲粮食生产过剩、西欧市场上出现廉价的美国粮食以及交通运输工具的"革命性"变化。大多数研究者认为，克服危机的方法是将农民从人口稠密省份迁移到人口稀少省份、加强农业发展、增加粮食出口和发展国内粮食市场。

19 世纪 90 年代中期，农业危机结束，粮食价格开始上涨，并一直持续至1914年。因此，20世纪初关于粮食价格的文献（其中相当一部分是经济新闻）包含了对上涨原因的分析。这些文献的特点是把粮食价格与粮食制品的价格一起考虑。在20世纪初的研究者看来，俄国粮食价格上涨受世界市场价格上涨和垄断政策的影响，与黄金产量增加、货币流通加剧和经济形势波动有关。[35]

除上述出版物外，1907年还出版了一部具有重要价值的《俄国与外国农业年鉴》，不仅列出了俄国粮食价格数据，还列出了几个重要的外国市场的粮食价格数据。[36]

П. И. 利亚申科在19世纪末至20世纪初的研究成果值得特别关注。尽管没有专门探讨粮食价格问题，但在利亚申科对俄国粮食贸易和农业发展的研究中，粮食价格占有重要地位。[37]

第一次世界大战（1914~1918年）和伴随而来的通货膨胀使包括粮食在内的所有商品的价格大幅上涨。因此，人们对商品价格尤其是粮食价格的关注明显增加。战争时期文献的研究重点自然是当下的短期价格。然而，为了更好地理解战时物价上涨原因，最富有思想的研究者在分析战时价格的同时也非常关注战前价格的研究。因此，战争期间出现了一些分析战前价格形成与动态的研究成果。[38]

20世纪20年代出版了一系列研究20世纪初俄国粮食价格的重要著作。这些研究试图揭示粮食价格的变动及其地理分布规律，具有相当高的分析水平。С. Г. 斯特鲁米林、А. Л. 魏因施坦、И. Н. 奥泽罗夫、Л. М. 科瓦尔斯基、Н. Д. 卡尔佩科与 С. С. 扎克等学者能够熟练使用数学统计方法。[39]

需要强调的是，这些学者的研究在当时对于制定正确的价格政策、分析市场条件和解决其他问题具有重要的实践意义。对于粮食价格史的现代研究者来说，这些著作的重要意义在于其完善的方法论和高超的分析技巧。

　　20 世纪 20 年代，学界非常重视研究市场形势、经济周期和危机。由于物价尤其是粮食价格是影响俄国经济形势的最重要因素，人们对价格史研究也给予了极大关注。这里首先要提到 C. A. 佩尔武申、И. A. 科纽科夫、A. 盖斯特和 E. 瓦尔加的研究。[40]

　　自 19 世纪下半叶以来，历史学家开始像经济学家一样研究价格史。在 A. 谢苗诺夫的研究中有一章专门阐述了 18 世纪至 19 世纪上半叶俄国对外贸易和工业价格史。谢苗诺夫根据进出口商品的价格得出结论："随着人口的增长与人民生活满意度的提升，俄国对所有生活必需品及其他类别农产品的需求增加。自 1766 年以来，俄国小麦和黑麦的价格上涨了 2 倍，制造鞋子所需的石油和皮革的价格也是如此。"[41]

　　1884 年，B. O. 克柳切夫斯基的大作《16~18 世纪的俄国卢布与现今卢布的关系》出版。根据已发表的粮食价格材料，克柳切夫斯基计算出 1750 年以前俄国卢布的购买力变化，指出 1700~1715 年粮食价格几乎增长了 1 倍，此后直到 18 世纪中叶粮食价格几乎没有变动。尽管掌握的数据有限，但克柳切夫斯基基本无误地确定了 1700~1750 年以及 16~17 世纪的价格变动趋势（偶有不准确）。[42]

　　П. Н. 米留科夫试图解释克柳切夫斯基描述的 16~18 世纪的价格史。米留科夫认为，俄国物价的波动原因在于金融和货币流通的变化、银币重量减轻以及铜钱和纸币的发行。[43]

　　А. Г. 布里克纳根据 1652 年和 19 世纪 80 年代莫斯科的价格数据得出结论，认为俄国与西欧一样，"在这两个世纪里原材料价格大幅上涨，制成品和殖民地商品的价格下降"[44]。

　　B. И. 谢梅夫斯基在农民史著作中提到了 18 世纪下半叶的物价走势，指出贡赋增长在一定程度上与粮食价格增长一致。18 世纪 60 年代至 18 世纪末，粮食价格上涨了约 2 倍。[45]

　　苏联学者研究俄国价格史的成果不多。А. Г. 马尼科夫[46]和 Г. В. 阿布拉莫维奇[47]研究了16世纪的价格变动。Ф. Я. 波良斯基关于封建主义条件下价格形成理论的专著、М. К. 罗日科娃关于19世纪上半叶粮食市场的论文、В. Н. 雅科夫采夫斯基关于商人资本的专著与 А. Г. 科兹洛夫关于乌拉尔地区粮食贸易的论文，都对18世纪至19世纪上半叶的粮食价格给予了一定关注。Н. А. 叶吉阿扎罗娃在探讨19世纪末俄国农业危机[48]等著作中讨论了19世纪80~90年代的物价。

在 С. Г. 斯特鲁米林、П. И. 利亚申科、Б. Б. 卡芬豪兹和 Н. Л. 鲁宾施泰因的研究中，价格史占据了更大篇幅。斯特鲁米林对俄国物价走势进行了总体描述，以12世纪、17世纪和20世纪初为参照，将18世纪与19世纪合并研究，认为俄国物价水平处于中游。[49]利亚申科注意到了18世纪下半叶的粮食价格上涨，将其归因于农业的逐渐退化以及工业、贸易和城市的发展。[50]卡芬豪兹将1714年的诺夫哥罗德粮食价格与1913年和1737年的彼得堡粮食价格、1913年的莫斯科粮食价格进行对比后，同意克柳切夫斯基的观点，即认为在18世纪30年代到19世纪末，俄国粮食价格上涨了8~9倍。不同的是，卡芬豪兹将18世纪与19世纪合并为一个时期进行统计。[51]鲁宾施泰因关于18世纪下半叶俄国农业的专著中只有9页篇幅和1个附录讨论粮食价格走势，尽管着墨不多，鲁宾施泰因还是尽力对18世纪下半叶俄国粮食价格走势做了大致准确的描述（运用了大量数据，主要来自参议院调查表、1786~1788年粮食委员会档案和地形测量部门的描述）。根据鲁宾施泰因的计算，1750~1800年粮食价格增长了4倍。与利亚申科不同，鲁宾施泰因没有把粮食价格上涨与农业危机联系起来，与此相反，他在价格上涨中看到了经济增长的苗头和条件。鲁宾施泰因认为，"18世纪下半叶粮食价格的增长源于经济制度的总体变化，表现为劳动分工的不断加强、工业生产的快速扩张、对农业原料的市场需求迅速扩大，以及工业人口增长导致粮食需求增加"[52]。

М. А. 拉赫马图林撰写的关于19世纪上半叶粮食市场的文章具有重

要的学术价值，提供了 1812 ~ 1850 年欧俄主要粮食贸易中心粮食价格的大量统计材料。拉赫马图林提出了粮食价格形成的问题，指出 19 世纪 20 年代粮食价格下跌的原因包括商人利润和粮食市场形成等。[53] 这篇文章的特点是将粮食价格与 19 世纪上半叶俄国的一般经济过程相结合进行思考，从而提出了一些重要问题，并提供了部分的解决方案。然而，鉴于拉赫马图林在文章中设定的特殊研究任务，改革前俄国粮食价格动态走势及其原因未能得到充分阐述。

И. Д. 科瓦利琴科和 Л. В. 米洛夫关于 18 ~ 20 世纪全俄统一农业市场的研究也探讨了同时期的粮食价格历史。科瓦利琴科和米洛夫对粮食价格动态本身及其原因并不感兴趣，主要目标是研究农业市场演变，粮食价格只是论证市场发展状况及水平的指标。尽管如此，两位学者在研究中引用了当时有关粮食价格的最新统计资料，分析粮食价格时使用了强大的数学工具，对研究价格史具有重要借鉴意义。[54]

还有一些学者致力于 18 世纪至 20 世纪初的粮食价格研究。[55]

必须指出，还有大量著作使用 18 ~ 19 世纪的粮食价格数据来开展特定研究，如确定地租水平、农民和地主经济的发展水平、实际工资和商人利润等。[56] 分析这些研究成果并非本书的目的。

国外历史学家对俄国经济发展表现出极大兴趣，然而，除了涉及俄国粮食价格的两部研究成果之外未发现专门研究。[57] 在论述俄国经济史的一般性著作中，涉及粮食价格的部分通常只有几行。

通过历史回顾可以看出，尽管俄国粮食价格史研究具有无可争议的重要性和紧迫性，但俄国和苏联史学界的研究成果并不令人满意。令人尤为惊讶的是，除俄国村社外，还没有哪一个问题比粮食价格被更频繁地争论过。

粮食价格研究不足的主要原因在于此研究更吸引同时代人，而非历史学家。只有当粮食价格暴跌或暴涨，成为经济生活的“痛点”时，同时代人才会对粮食价格感兴趣，而且仅仅对当时的粮食价格感兴趣。当危机过去，粮食价格问题就仿佛消失了。

还未有学者使用系统的统计材料对俄国 18 世纪至 20 世纪初的粮食价格史进行广泛研究。到目前为止，除 1744～1753 年、1809～1819 年、1846～1855 年和 1881～1900 年外，研究者还未掌握 1700～1914 年俄国各省粮食价格的变动数据。1700～1914 年的数据覆盖了更长的时间段，也适用于各个城市和省份。因此，苏联著名历史学家 C. Γ. 斯特鲁米林和 B. K. 亚楚斯基呼吁研究俄国物价史。[58]

开展粮食价格历史研究的主要障碍是缺乏系统的资料，如出版物和档案材料。因此，粮食价格研究者们，尤其是研究 18 世纪至 19 世纪上半叶粮食价格的学者无法令人满意地解释粮食价格上涨、下降或剧烈波动的原因。

我们认为，苏联时期粮食价格史研究薄弱的部分主观原因在于 M. H. 波克罗夫斯基历史学派的斗争惯性。在波克罗夫斯基看来，粮食价格的作用极其重要，可以用来解释革命运动、外交、战争和国家改革等诸多问题。[59] 波克罗夫斯基夸大了粮食价格对 19 世纪俄国史的影响，多次受到批评。[60] 这种批评是正确的，因为仅仅用粮食价格波动来解释国家政治、社会和经济生活中最重要的现象是错误的。在激烈的争论中，粮食价格在俄国经济中的作用最终被淡化，在历史学家眼中也就失去了所有的意义，也许这就是截至 20 世纪 60 年代粮食价格问题长期未受到关注的原因。

基于 18 世纪至 20 世纪初粮食价格的研究状况，本书作者为自己设定了两项任务：第一，揭示、收集和系统呈现粮食价格数据，描述 1707～1914 年这 208 年间俄国各省和地区粮食价格的演变；第二，确定影响粮食价格的因素并量化其对价格动态和地理的影响，也就是解释粮食价格的动态走势和地理分布变化。

为完成第一项任务，需要分析 1707～1881 年的 1 万多份和 1882～1914 年的 500 多份粮食价格信息表，共计 20 多万个粮食价格数据。

为完成第二项任务，需要收集粮食价格影响因素的统计数据。为了按照现代历史科学要求解决俄国粮食价格的动态走势和地理分布的影响因素问题，有必要运用数学方法和使用电脑。数学方法使我们能够构建粮食价格动态和地理模型，并描述所研究历史时期内粮食价格的变化和地理分布。

注　释

1. Егунов Л. Н. О ценах на хлеб в России и их значении в сфере отечественной промышленности. М. , 1855, вып. I, с. III.

2. Там же, с. V.

3. Ответы на анкету и делопроизводство по данному вопросу находятся в ЦГАДА: ф. 248 (Сенат), оп. 113, д. 1651, ч. 1 – 6. Подробный анализ анкеты см. : Миронов Б. Н. Статистическая обработка ответов на сенатскую анкету 1707 г. В кн. : Математические методы в исторических исследованиях. М. , 1972, с. 89–104.

4. Труды комиссии хранятся в Архиве ЛОИИ СССР АН СССР: ф. 36 (Воронцовы), д. 410–412.

5. Щербатов М. М. 1) Записка по крестьянскому вопросу. В кн. : Щербатов М. М. Неизданные сочинения. М. , 1935, с. 3 – 15; 2) Рассуждение о нынешнем в 1778 году почти повсеместном голоде в России, о способах оному помочь и впредь предупредить подобное же нещастие. В кн. : Щербатов М. М. Сочинении. СПб. , 1896, т. I, с. 629 – 682; 3) Состояние России в рассуждении денег и хлеба в начале 1788 г, , при начале Турецкой войны. Там же, с. 683 – 720; см. также: Федосов И. А. Вопросы сельского хозяйства в публицистике М. М. Щербатова. Учен. зап. Моск. гос. ун–та, 1952, вып. 156, с. 144–167.

6. Hermann B. F. J. Beiträge zur Phisik, Oekonomie, Mineralogie etc. der Russischen

und augränzanden Länder. Berlin, 1788, Bd III, S. 216-217.

7. Георги И. Г. Описание Российско – императорского столичного города С. Петербурга... СПб. , 1794, с. 599.

8. Storch H. Cours d'économie politique... S. Petersbourg, 1815, t. 6, Note V.

9. Все ответы находятся в ЦГИА СССР: ф. 91 (ВЭО), оп. 1, д. 462.

10. Тр. ВЭО, 1805, ч. VIII, с. 111-141.

11. Подробный анализ ответов сделан нами в кандидатской диссертации: Хлебные цены в России в XVIII в. Л. , 1909, т. 1, гл. 1.

12. Статистический журнал, 1806, т. I, ч. II, с. 149-172.

13. Щеткин В. Ответное письмо, содержащее в себе нечто о ценности товаров и о курсе. СПб. , 1812. 62 с.

14. Фомин А. О понижении цен на земледельческие произведения в России. СПб. , 1829, с. 15-17.

15. Сабуров Г. И. Взгляд на цены хлеба, бывшие в Пензенской губернии с 1830 по 1835 годы, и на последствия сих цен. Моск. наблюдатель, 1835, июнь, кн. 1, с. 129-131.

16. ЦГИА СССР, ф. 206 (Департамент путей сообщения), оп. 1, д. 156. л. 1-17.

17. Там же, ф. 1589 (V его величества канцелярия), оп. 1, д. 949, л. 112.

18. О способе удержания в России средних цен на хлеб. СПб. , 1845. 246 с; Об удержании средних цен на хлеб. Тр. ВЭО, 1845, т. 78, с. 1-41; т. 79, с. 8- 79; т. 80, с. 29 – 55; т. 81, с. 6 – 152; Дурасов Ф. Мысли о поддержании средних цен на хлеб. СПб. , 1845. 37 с. Хобнев А. И. История имп. Вольного экономического общества с 1705 по 1805 г. СПб. , 1865, с. 80-82.

19. Мальцев С. И. Об удержании средних цен на хлеб. СПб. , 1845. 61 с.

20. Интересно отметить, что в настоящее время в странах Общего рынка цены сельскохозяйственных товаров поддерживаются на определенном уровне примерно тем способом, который более ста лет назад предлагал С. И. Мальцев. Когда рыночные цены снижаются до установленного низшего уровня (до «цены вмешательства»), специальные органы Общего рынка начинают скупать продукцию с рынка по этим «ценам вмешательства», сокращая тем самым размеры предложения и приводя его в соответствие со спросом. Вследствие этого цены повышаются. Когда же цены сельскохозяйственных товаров достигают высшей контрольной цены, органы Общего рынка продают продукцию из своих запасов по контрольным ценам,

увеличивая тем самым предложение товаров до размеров спроса на него. В результате цены понижаются. Таким образом, рыночные цены колеблются в пределах между контрольными ценами и «ценами вмешательства». См. : Plate R. Agrarmarktpolitic. München, 1970, Bd II, S. 10–15.

21. Протопопов Д. С. 1) О хлебной торговле в России. ЖМГП, 1842, ч. 5, отд. IV, с. 85–136; 2) О жалобах на обильные урожаи хлеба. Там же, 1844, ч. 11, отд. II, с. 189–196.

22. О выводе средних чисел для статистических соображений. С. Петербургские ведомости, 1845, № 10; Веселовский К. С. О ценах на хлеб в России. ЖМГИ, 1845, ч. 15, отд. II, с. 66–78.

23. Заблоцкий А. П. 1) Причины колебания цен на хлеб в России. Отечеств, зап. , т. 52, 1847, № 5, 6; 2) Замечания о торговле хлебом в России в 1846 и 1847 гг. ЖМГИ, 1847, ч. 24, отд. 1, с. 80–92.

24. Тенгоборский Л. В. О производительных силах России. М. , 1857, ч. 2, отд. I, с. 43–45.

25. Егунов А. Н. О ценах на хлеб в России... , вып. I. 80 с.

26. См. , например: Тарасенко-Отрешков Н. И. 1) О причинах дороговизны. Северная пчела, 1853, № 280, 281; 2) Отчего возвышаются цены на все предметы. Там же, 1857, № 10; 3) Причины нынешнего безденежья в России и средства к ослаблению их действия. Промышленность. 1861, № 19; Ламанский А. О возвышении цен на первые жизненные потребности в Москве за последнее десятилетие с 1847 г. Экономист, 1858, г. 1, кн. 3, с. 1–49.

27. Труды экспедиции, снаряженной императорским Вольным экономическим обществом и Русским географическим обществом для исследования хлебной торговли и производительности России. СПб. , 1868–1876, т. 1–4.

28. Доклад высочайше учрежденной Комиссии для исследования нынешнего положения сельского хозяйства и сельской производительности в России: Приложение IV. СПб. , 1873; Объяснения к «Хозяйственно-статистическому атласу Европейской России». СПб. , 1869, с. 197–219; Военно статистический сборник. Вып. IV. Россия. СПб. , 1871, с. 585–592; Материалы для географии и статистики России, собранные офицерами Главного штаба. СПб. , 1861–1868, т. 1–17; Материалы для статистики России, собираемые по ведомству Министерства государственных имуществ. СПб. , 1858–1861, вып. 1–4; Хозяйственно-статистические материалы, собираемые комиссиями и отрядами по уравнению

денежных сборов с государственных крестьян. СПб. , 1857. Вып. 2. ИЗ с; Штукеиберг И. Ф. Статистические труды. СПб. , 1858, т. 1; 1860, т. 2.

29. Бечаснов П. Цены на пшеницу, рожь, овес и ячмень в 1881 – 1887 годах. СПб. , 1888. 107 с; Борковский И. Ф. Статистические сведения о предметах интендантского довольствия войск. СПб. , 1884. Вып. 1. 9 с; 1885. Вып. 2. 7 с; 1888. Вып. 3. 5 с; Варзар В. Е. К вопросу о сельскохозяйственном кризисе (конца 80 – х – начала 90 – х гг.). СПб. , 1895. 46 с; Материалы по статистике хлебной торговли. СПб. , 1899, вып. 1 – 5; Свод статистических сведений по сельскому хозяйству России к концу XIX в. СПб. , 1903, вып. 2, с. 12 – 97; Свод товарных цен на главных русских п иностранных рынках за [1897 – 1915] год. СПб. , 1898 – 1917; Свод статистических материалов, касающихся экономического положения сельского населения Европейской России. СПб. , 1894. 624 с; Хлебопекарный промысел и такса на хлеб в Москве. М. , 1899. 71 с; Юбилейный сборник Центрального статистического комитета Министерства внутренних дел. СПб. , 1913, с. 58 – 60.

30. Загорский К. Влияние транспортных расходов на понижение хлебных цен. Русское экономическое обозрение, 1897, № 8, с. 143 – 188; Карышев Н. А. Падение хлебных цен в 1881 – 1887 гг. Русское богатство, 1894, № 8, с. 43 – 71; Клопов А. А. 1) Отчет по исследованию волжской хлебной торговли, произведенному по поручению Министерства финансов и государственных имуществ в [1886 – 1890] году. СПб. ; Тверь, 1887 – 1890; 2) Материалы для изучения хлебной торговли на Волге. М. , 1886. 253 с; Меринг М. , Блау А. , Былим – Колосовский Н. Движение цен на хлеб на главных русских и иностранпых рынках. В кн. : Материалы по разработке тарифов российских железных дорог. СПб. , 1889, вып. I, с. 464 – 504; Миллер П. Хлебная торговля на внутренних рынках Европейской России. СПб. , 1892, т. I. 119 с; Федоров М. П. 1) Обзор международной хлебной торговли. СПб. , 1889. 301 с; 2) Хлебная торговля в главнейших русских портах и в Кенигсберге. СПб. , 1888. 400 с.

31. Влияние урожаев и хлебных цен на некоторые стороны русского народного хозяйства. СПб. , 1897. Т. 1. 532 с; Т. 2. 381. 99 с. Работа вызвала большую дискуссию, центральным пунктом которой являлся вопрос: каким слоям населения были выгодны низкие цены на хлеб, каким – высокие? См. , например: Колб А. О направлении хлебных цен. Каменец Подольск, 1903. 265 с; Мануилов А. А. Хлебные цены н народное хозяйство. Русское

богатство, 1897, № 3, с. 1-29; № 4, с. 1-20; Туган-Барановский М. И. К вопросу о влиянии низких цен. Новое слово, 1897, № 6, с. 73-83; Ходский Л. В. По поводу книги «Влияние урожаев и хлебных цен на некоторые стороны русского народного хозяйства». СПб., 1897. 94 с.

32. Доклад председателя высочайше учрежденной в 1888 г. Комиссии по поводу падения цен на сельскохозяйственные произведения в пятилетие (1883-1887 гг.). СПб., 1892. 140 с.

33. Исследование экономического положения центрально-черноземных губерний: Тр. Особого Совещания 1899-1901 гг. М., 1901. 70 с, XV табл.

34. Материалы высочайше учрежденной 16 ноября 1901 г. Комиссии по исследованию вопроса о движении с 1861 по 1900 г. благосостояния сельского населения среднеземледельческих губерний, сравнительно с другими местностями Европейской России. СПб., 1903, ч. I, с. 179-185.

35. Анцыферов А. Рост цен н вздорожание жизни. Харьков, 1912. 18 с; Бензин В. М. Хлебный экспорт России. Пг., 1915. 161 с; Билимович А. Подъем товарных цен в России. Киев, 1909. 75 с; Брандт Б. Ф. Торгово-промышленный кризис в Западной Европе и России. СПб., 1904. Ч 2. 314 с; Исаев А. А. Чем объясняется вздорожание жизни? И как бороться с ним? СПб., 1912. 50 с; Миклашевский Д. Народное хозяйство и цены в 1890-1908 гг. СПб., 1910. 22 с.; Мукосеев В. А. Повышение товарных цен. СПб., 1914. 99 с; Пажитнов К. А. Современная дороговизна на Западе и в России. Харьков, 1912. 154 с; Рыкачев А. М. Цены на хлеб и на труд в С. Петербурге за 58 лет. СПб., 1911. 22 с; Справочник по хлебной торговле. СПб., 1911, отд. III, с. 103-133; Сытин П. В. О вздорожании жизни в России в 1900-1909 гг. и его причинах. М., 1913. 30 с, и др.

36. Сборник статистико-экономических сведений по сельскому хозяйству России и иностранных государств. Годы 1-10. СПб., 1907-1917.

37. Лященко П. И. 1) Хлебная торговля на внутренних рынках Европейской России. СПб., 1912, т. I. 656 с.; 2) Зерновое хозяйство и хлеботорговые отношения России и Германии. Пг., 1915. 293 с; 3) Хлебные тарифы и железнодорожные перевозки. СПб., 1910. 25 с; 4) Развитие сельскохозяйственного рынка и хлебной торговли в дореформенной России. -Русское экономическое обозрение, 1904, № 3, с. 1-41.

38. Труды Комиссии но изучению современной дороговизны. Пг., 1915. Вып. 1. 527 с; 1916. Вып. IV. 409 с; Демосфенов С. С. Общие соображения о

причинах дороговизны. Пг. , 1916. 102 с, и др.

39. Бухман Е. Н. Опыт нахождения приближенного закона отклонения хлебных цен от среднего уровня. Плановое хозяйство, 1924, № 7-8, с. 28-42; Зак С. С. Цены и сельское хозяйство. В кн. : Сельское хозяйство на путях восстановления. М. , 1925, с. 147-164; Карпенко Б. И. Статистика цен. В кн. : Хозяйственная статистика. Л. , 1930, с. 243-267; Кондратьев Н. Д. Рынок хлебов и его регулирование во время войны и революции. М. , 1922. 350 с; Струмилин С. Г. Очерки экономической истории России и СССР. М. , 1966, с. 23-99; Хлебные цены и хлебный рынок. М. , 1925. 263 с; Четвериков Н. С. Статистические и стохастические исследования. М. , 1963, с. 115-169.

40. См. , например: Бобров С. П. Экономическая статистика: Введение в изучение методов обработки временных рядов экономической статистики. М. ; Л. , 1930. 517с; Гайстер А. Сельское хозяйство капиталистической России: От реформы 1861 г. до революции 1905 г. М. , 1928, т. I. 175 с; Игнатьев М. В. Конъюнктура и цены. М. , 1925. 143 с; Кондратьев Н. Д. Большие циклы конъюнктуры. -В кн. : Вопросы конъюнктуры. М. , 1925, с. 28-79; Методы изучения динамики хозяйства и цен. М. , 1925. 154 с; Первушин С. А. Хозяйственная конъюнктура: Введение в изучение динамики русского народного хозяйства за полвека. М. , 1925. 330 с, и др. - Подробный анализ этих работ см. : Айзипова И. М. Из истории изучения краткосрочных экономических процессов в советской статистике. В кн. : Методологические вопросы в экономической статистике. М. , 1976. с. 46-61; Бройтман Р. Я. Конъюнктурные наблюдения в Госплане СССР и конъюнктура советского народного хозяйства в 1922-1929 гг. Учен. зап. по статистике, 1970, т. 17, с. 9-61.

41. Семенов А. Изучение исторических сведений о российской внешней торговле и промышленности с. половины XVII столетия по 1858 г. СПб. , 1858. ч. 3, с. 353-358, 418-470.

42. Ключевский В. О. Сочинения. М. , 1959. т. VII, с. 170-237.

43. Милюков П. Н. Очерки но истории русской культуры. СПб. , 1909, ч. I, с. 115-121. Сходной точки зрения придерживался П. Б. Струве в кн. : Струве П. Б. Крепостное хозяйство: Исследования по экономической истории России в XVIII и XIX вв. М. , 1913, с. 115-120.

44. Брикиер А. Г. К истории цен в России в XVII в. Ист. вести. , 1885, май,

с. 259-280.

45. Семевский В. И. Крестьяне и царствование императрицы Екатерины II. СПб. , 1903, т. I, с. 53.

46. Маиьков А. Г. Цены и их движение в Русском государстве XVI в. М. ; Л. , 1951. 273 с.

47. Аграрная история Северо-Запада России XVI века: Новгородские пятины. Л. , 1974, с. 20-24.

48. Полянский Ф. Я. О ценообразовании в условиях феодализма. В кн. : Проблемы истории докапиталистических обществ. М. , 1935, № 7-8, с. 254-289; Рожкова М. К. Хлебный рынок в первой половине XIX в. В кн. : Очерки экономической истории России первой половины XIX в. М. , 1959, с. 259-268; Яковцевский В. Н. Купеческий капитал в феодально-крепостнической России. М. , 1953, с. 79-103, 193-201; Козлов А. Г. Хлебная торговля и динамика хлебных цен на Урале в дореформенное время. В кн. : Вопросы аграрной история Урала и Западной Сибири. Свердловск, 1966, с. 227-233; Егиазарова Н. А. Аграрный кризис конца XIX века в России. М. , 1959. 192 с.

49. Струмилин С. Г. Оплата труда в России. Плановое хозяйство. 1930. № 4, с. 94-130.

50. Лящеико П. Н. 1) Очерки аграрной эволюции России. Л. , 1926. с. 100; 2) История народного хозяйства СССР. М. , 1952, т. I, с, 426-437.

51. Кафенгауз Б. Б. Очерки внутреннего рынка России первой половины XVIII в. М. , 1958. с. 108-109, 259-261.

52. Рубинштейн Н. Л. Сельское хозяйство России во второй половине XVIII в. М. , 1957, с. 411-418.

53. Рахматуллии М. А. Хлебный рынок и цены в России в первой половине XIX в. В кн. : Проблемы генезиса капитализма. М. , 1970, с. 334-412.

54. Ковалъченко И. Д. , Милое Л. В. Всероссийский аграрный рынок. XVIII-начало XX века: Опыт количественного анализа. М. , 1974. 413 с.

55. Миронов Б. Н. 1) Применение выборочного метода при анализе движения цеп в России. В кн. : Ежегодник по аграрной истории Восточной Европы за 1964 г. Кишинев, 1966, с. 424-436; 2) Движение цеп ржи в России XVIII в. В кн. : Ежегодник по аграрной истории Восточной Европы за 1965 г. М. , 1970, с. 156-163; 3) Революция цен в России в XVIII в. Вопросы истории, 1971, № 11, с. 49-61; 4) Движение хлебных цен в России в

1801 - 1914 гг. Там же, 1975, № 2, с. 45 - 57; 5) Факторы динамики
российских хлебных цен в XIX-начале XX в. В кн.: Математические методы
в исторических исследованиях. М., 1975, с. 180 - 219; 6) Движение
российских и мировых хлебных цен в 1801 - 1914 гг. В кн.: Проблемы
развития феодализма и капитализма в странах Балтики. Тарту, 1975, с. 237-
252; 7) Причины роста хлебных цен в России XVIII в. В кн.: Ежегодник по
аграрной истории Восточной Европы за 1969 г. Киев, 1979, с. 109-125. В
указанных статьях и настоящей монографии имеются незначительные
расхождения некоторых цифровых данных. Расхождения в региональных
ценах объясняются тем, что в монографии увеличен объем исходных
данных и для всего исследуемого времени 1701 - 1914 гг. принято единое
районирование, несколько отличающееся от использованного прежде.
Расхождения в коэффициентах корреляции вызваны тремя причинами: в
монографии коэффициенты пересчитаны по уточненным исходным
данным; в ряде случаев изменен набор эмпирических признаков; взяты
другие хронологические рамки для динамических рядов цен и факторов.

56. Пидова Е. И. Дворцовое хозяйство в России (первая половина XVIII в.).
М., 1964, с. 187-188; Китанина Т. М. Хлебная торговля России в 1875-
1914 гг. Л., 1978. 287 с; Пажитнов К. А. Положение рабочего класса в
России. М., 1924. т. 1, с. 137-142; Тихонов Ю. Л. Помещичьи крестьяне
в России. М., 1974, с. 106-113, и др.

57. Falkus M. E. Russia and the International Wheat Trade, 1861-1914. *Economica*,
1966, vol. XXXIII, pp. 416-429; Pinter W. M. Inflation in Russia during the
Crimean War Period. *The American Slavic and East European Review*, 1959,
vol. XVIII, pp. 81-87.

58. Сгрумилип С. Г. О внутреннем рынке России В XVI - XVIII вв. История
СССР, 1959, № 4, с. 84; Яцунский В. К. О публикации материалов по
истории урожаев и цен. В кн.: Вопросы источниковедения. М., 1955.
т. IV, с. 350-355.

59. Покровский М. Н. Избранные произведения. М., 1965, кн. 2, с. 104-117,
283-286, 314-328, 483-485, 572 и след.

60. Против исторической концепции М. Н. Покровского. М.; Л., 1939, ч. I,
с. 338-339, 393-396.

第一章

18 世纪至 20 世纪初的粮食价格史
数据来源及其处理方法

一 粮食价格的数据来源

从粮食价格数据来源的性质来看，1707～1914 年可分为两个阶段：1707～1880 年和 1881～1914 年。第一阶段的当地粮食价格数据主要出现在参考价格表中。第二阶段粮食价格的数据来源更多，因为许多机构开始收集和整理粮食价格信息。我们简要回顾一下两个阶段的基础资料。[1]

参考价格表几乎是 1707～1880 年唯一的粮食价格数据来源，因此非常重要，它来自地方行政机构发布的各省每周、每月、每季度和每年度的粮食价格报告。早在 1707 年，地方行政机构就开始制定参考价格，目的是保证中央机关能够监测所有的国库采购活动。尽管政府颁布了诸多法令，补充和澄清了关于政府采购参考价格的确定和使用的基本规定，但该消息来源所报告的数据性质没有发生重大变化。

在 1775 年省级行政机构改革之前，价格数据由省、市议会和市政厅收集。此后直到 1861 年，价格数据由市长和县警察局局长在地方首席贵族的监督下收集，1861 年后则改为由警察监督收集。省长对准确、及时收集和提供信息负总体责任。

1802年的参考价格条例总结了18世纪的数据收集方式，要求各省、各县每个月召开会议批准参考价格，会议需有县首席贵族、县警察局局长、市长、地区长官和工会领导参加。各品类粮食的县级粮食参考价格应根据该县当月各品类粮食的算术平均值（"复合"）得出。县里的价格明细表按月寄给省里。省级机构每月必须根据县里提交的数据计算出省参考价格（根据县平均价格的算术平均值），并在由省长、省贵族领袖、荣誉贵族、地主和商人市议员出席的会议上批准。省长必须每月向中央提交经过批准的省级参考价格。

档案材料表明，收集价格信息的程序得到严格遵守。1707～1880年期间，参考价格表由当地编制并定期邮寄给中央机构。大部分参考价格表每过10～20年会被定期销毁，但有3种情况例外：中央机构若干年内为满足政府的各种需要制作价格信息汇总表；与当时施行的文件保管命令相反，将参考价格表保留在中央机构和地方机构的档案中；报表中的一些信息被公布在国家和地方的报刊上。

除了1707～1880年的参考价格表外，还有其他关于粮食价格数据的来源：①不同机构（医院、救济院、修道院等）和个人的收支账簿；②彼得堡、敖德萨、里加等主要港口城市的印刷价格表；③海关年度报关单中的粮食出口价格数据；④军事部粮食局和粮食局官员关于为军队采购粮食和战备物资的报告；⑤各省的地形描述统计数据；⑥18世纪的经济调查材料；⑦海关书（只有18世纪上半叶的）；等等。以上所列资料来源的完整性不如参考价格表，因此，这些资料被用于弥补缺漏和核实参考价格。

将1707～1880年所有已披露的粮食价格数据汇集在一起，可以得出俄国所有地区黑麦、燕麦和黑麦粉价格的动态走势，包括1743～1773年（1754～1758年除外）和1796～1801年绝大多数城市、1809～1859年省级城市、1796～1807 年（1805 年除外）和 1833～1880 年诸省的数据。1707～1742 年、1754～1758 年和 1774～1795 年的地区平均价格是根据所保存的数据采用抽样方法得出的。[2]

多年来，黑麦、燕麦、荞麦、大麦、小麦和其他农产品的价格动态序列已经建立。1881～1914 年的粮食价格数据来源也多种多样。除了持续提供给内政部的参考价格表外，从 1881 年开始，农业和农村工业部通过志愿通讯员收集并公布当地的价格信息。

财政部也积极关注粮食价格。自 1888 年以来，财政部税务司开始定期收到由税务检查员收集的各省粮食价格信息，并发表在《工业和贸易财政公报》上。甚至早在 1884 年，贸易和制造业部就开始采集编制俄国和外国主要市场的价格数据，包括粮食价格数据，并在《金融、工业和贸易杂志》上发表，自 1893 年起也在《贸易和工业公报》上发布价格数据。关税局也将俄国主要港口的粮食交易价格数据发表在财政部的两本机关刊物以及《外贸评论》上。

19 世纪 80 年代，国防部向中央统计委员会提供了一份档案用以编制粮食价格统计数据。国防部资料显示，两部门合作出版了十分珍贵的 1865～1894 年粮食价格数据。

各地方自治局也负责收集粮食价格数据。34 个省中有 22 个地方自治机构收集了价格信息，并或多或少地定期在统计汇编和年鉴、农业评论、地方自治机构会议杂志的附录中发表。然而，地方自治局的数据并不完整，不是总能建立起连续的价格序列。

应该指出的是，上述所有机构在 1917 年之前都收集并发布了粮食价格有关信息，在某些情况下还编写了包含 19 世纪 50 年代和 70 年代价格数据的大量出版物。

由于 1881～1914 年的价格数据被进行了良好的汇编、记录和定期公布，因此，我们可以对欧俄所有省份的主要粮食及其他品种粮食建立起连续的价格序列。

尤为重要的是，如果粮食价格数据来源对数据分析而言具备可靠性和同质性，那么分析这些数据就可以得出相应的结论。因此，我们从粮食价格数据可靠性和同质性的角度来考察数据来源。

参考价格表是1701~1880年粮食价格信息的主要来源，在18世纪和19世纪，参考价格表的可靠性经常受到质疑。然而，这些质疑没有具体证据支撑。对参考价格表进行积极定性的研究者根据严肃的来源分析认为，参考价格表的数据是可靠的。

粮食价格数据的准确性受到质疑和批评的原因有两个。第一，不可能获得绝对准确的价格数据；第二，粮食价格统计的特点是，一个县、省、地区或整个俄国的月度、季度或年度价格数据并不代表任何时间点的单一交易或单一市场价格，而是一个平均价格，包含和概括了一个大地区市场的所有或至少大部分的粮食价格制定情况，这些地区一个县或一个省的规模通常与一个西欧国家的规模等量。然而，批评者将平均价格与个别交易中的具体价格进行了比较，即把平均价格与个别市场特定某天的价格进行比较，这样总能发现两者之间存在差异。所以，以此为由认为参考价格数据不可靠是不合理的，单一价格和总体价格从来没有完全吻合过，也不可能完全吻合。

我们将参考价格表与1750~1760年自由经济协会通讯员提供的数据、1796~1803年国有酿酒厂的收支账簿以及1800年弗拉基米尔、卡卢加、梁赞、坦波夫和图拉五省议会向审计参议员提供的信息进行比较，验证了参考价格表的可靠性。分析表明，参考价格比自由经济协会通讯员提供的价格低2%，比国有酿酒厂收支账簿中的价格高0.5%~1.0%，比提交给审计参议员的价格高0.1%~2.1%。[3]

来自自由经济协会的价格数据与参考价格表的数据之间存在细微差异，这是由于自由经济协会通讯员提供的是概略信息（通讯员在"普通年度"报告"大致价格"），而国有酿酒厂收支账簿中的价格与参考价格之间的差异是因为收支账簿记录了单个交易的价格，而参考价格是一周或一月的平均价格。省政府向中央和审计参议员提交的参考价格略有不同，是在计算平均价格时四舍五入造成的。

19世纪中叶，著名研究者 E. 索洛维约夫、叶古波夫和国家农民税收委员会对粮食参考价格的可靠性进行了检验。索洛维约夫比较了参考价格与地主的售粮食价格格，国家农民税收委员会比较了参考价格与农民的售粮食价格格。结果表明，在两种情况下，参考价格都高出 5% ~15%。[4]

19世纪50年代，叶古波夫对粮食参考价格的可靠性进行了全面分析。首先，他将各省政府向内政部提供的月度参考价格与省长从地方官员和警察那里得到的1849年九省的每周价格信息进行了比较；第二，他将一些省份（基辅和斯摩棱斯克等）的参考价格与私人记录中的价格进行了比较；第三，他分析了各省参考价格和其他来源价格之间的差异比例。结果表明，参考价格与农民和地主出售的粮食价格之间相差 5% ~ 12%。叶古波夫分析了参考价格的收集和交付机制，发现了系统性定价过高的原因。参考价格表的编制者，即省级政府官员，从地方官员那里获得了各种可靠的价格信息，但出于对价格突然上涨的担忧，他们通常会在寄给中央当局的参考价格表中列出最高的实际价格，这并非地主和农民出售粮食的价格，而是商人出售粮食的价格。这是由行政惯例导致的做法：如果一个部门不能以参考价格购买所需数量的粮食，它就会向提供参考价格表的机构或个人要求按照这个价格购买粮食，而后者有义务满足这种要求。[5]

我们对其他年份和其他省份参考价格表汇编机制的分析证实了叶古波夫结论的正确性。在发给中央的参考价格表中，各省政府列出的是商人出售粮食的价格以及较高质量粮食的价格，并非地主和农民出售粮食的价格。政府官员们这样做，一是为了防止价格意外上涨，以免用自己的钱支付上涨费用，二是为了使统计工作的进展尽可能容易，还有一个原因是缺乏收集和处理粮食价格数据的明确方法。[6]

农奴制改革后，学界继续反复论证粮食参考价格的可靠性。19世纪70年代，著名研究者 В. И. 恰斯拉夫斯基将喀山省 1866～1871 年的年度参考价格与商人交易簿上的价格进行了比较，得出了粮食参考价格可靠的结论。[7]

19世纪80年代，中央统计委员会工作人员 В. Д. 阿列尼岑以一种独特方式检验了参考价格的准确性。他将各省当地价格与离各省最近的港口价格进行比较后发现，一般来说，各省的港口价格与当地价格有差异，差异在于将粮食从本省运到港口的费用。[8]

19世纪末，莫斯科市政统计局对 1796～1894 年莫斯科的参考价格进行了检验。[9] A. E. 洛西茨基[10]与 A. M. 雷卡乔夫[11]对19世纪下半叶彼得堡参考价格的准确性进行了评估，结果普遍良好。研究人员得出结论，参考价格完全可以用来判断价格的相对变化，特别是在较长时期内更加准确。就绝对价格而言，参考价格显示出略微高出地主和农民售粮食价格格的趋势。

因此，当地机构送交中央的参考价格表并未扭曲实际粮食价格，他们报告的是城镇和农村零售业中商人出售的优质粮食的价格。因此，只有在实际价格指向地主和农民出售的粮食价格时，才有可能说参考价格有夸大的倾向。同时代研究者认为，地主和农民出售粮食的价格才是真实的价格，因此，他们认为粮食实际价格低于参考价格。对参考价格进行可靠性分析后得出的第二个结论是，参考价格表中的数据不仅可靠，而且与零售业中的粮食价格一致。

现在我们来分析一下 1881～1914 年粮食价格数据的可靠性。农业部 1881～1914 年的粮食价格数据被当时的人们认为是最可靠的数据。[12] 农业部从俄国各地区和省份的志愿通讯员那里获得价格信息。志愿通讯员对当地市场了如指掌，此外，他们也没必要提供错误数据，特别是高于实际价格的数据。

志愿通讯员根据印在表格背面的特别指令填写特殊的印刷表格。指令规定，价格信息不是按单个交易提供，而是按批量交易提供，即春秋两季县级市场上的典型价格。此外，生产者销售粮食的价格必须准确标明粮食的度量单位、质量和价格波动范围。这确保农业部收到的信息是同质的。该部每年都会收到几百份填写好的表格，这些表格比较均匀地来自各省。

农业部将收到的资料按省和县分类，并系统发表在出版物《1881～1917 年农业领域针对雇主的答复》（彼得堡，1882～1918 年）上，不仅列出平均价格，还显示收到信息的数量。得益于使用标准化方式处理原始数据，志愿通讯员报告的数据具有一致性，研究者从而获得了 1881～1914 年每一年俄国各省粮食价格变动的宝贵信息。

然而，志愿通讯员提供的数据有一个缺点：他们只描述了秋季和春季的价格，即粮食交易市场中最重要的两个季节的价格。但该缺点并不致命，原因在于粮食的年平均价格与秋、春两季平均价格之间的差异几乎从未超过 3%～6%。农业部数据的另一个更大缺陷在于志愿通讯员的地理分布不均匀，一些县数据的代表性不足。此外，志愿通讯员的组成每年都在变化，所上报的粮价有时是农民的，有时是地主的。由于志愿通讯员中地主占多数，因此，可以认为农业部数据中主要是地主的粮食价格。进入市场的地主粮食几乎总是质量上乘。因此，农业部的价格是优质粮食的价格，商人以这个价格从地主和农民那里购买粮食。

判断志愿通讯员向农业部提供的信息是否准确，不仅可以从农民有没有歪曲价格的动机出发，还可以将农业部的价格数据与其他来源进行直接比较。因此，志愿通讯员提供的 1881～1887 年的平均价格比参考价格低 6%~12%。军需品价格与农业部价格有很大的差异，原因在于军需采购具有政府供应性质，涉及不可避免的程序，会遇到抵押等私人贸易中不会遇到的困难。这引起了粮食供应商提高价格的合法愿望，以作为对风险和拖延的补偿，这一点同时代的人都很清楚。[13]

根据志愿通讯员向农业部报告的价格，粮食由生产商出售，商人以参考价格出售。参考价格和农业部价格的不同性质解释了它们之间 0~12%的差异。分析表明，农业部 1881~1914 年的价格数据是可靠的，其次是同质的，因为它们反映了粮食贸易某一特定领域的价格状况，并且与生产商销售优质粮食的价格一致。

因此，1707~1880 年的参考价格是零售业中优质粮食的价格，比当地粮食采购价高出 5%~15%。1881~1914 年农业部价格是当地优质粮食的采购价格，比参考价格低 6%~12%。在参考价格的基础上，可以得到 1707~1880 年的连续动态粮食价格序列，在当地采购价格的基础上，可以得到 1881~1914 年的类似价格序列。为了将 1881 年前后的动态价格序列合并为一个统一的动态价格序列，我们应将 1707~1880 年的参考价格降低 10%左右，或将 1881~1914 年的采购价格提高约 10%。出于方便，我们在将 1881~1914 年当地采购价格提高 10%的基础上将两个动态序列连接起来：1881~1914 年的动态价格序列比 1707~1880 年的序列要短。由于这一修正，本书中引用的 1708~1914 年的所有粮食价格数据都应被视为零售价格。

建立连续动态粮食价格序列的另一个困难在于我们掌握的 1808~1832 年数据主要是省会城市的粮食价格走势，而在 19 世纪其他年份，我们只掌握了各省的粮食价格走势。正如城市和省平均价格的比较所表明的那样，1796~1807 年和 1833~1859 年的两套数据中，后者平均比前者高 2%~5%。由于我们对粮食价格动态的分析主要基于多年平均价格，因此使用 1808~1832 年的城市价格再经过 3%的调整，结果非常令人满意。应该强调的是，在建立连续动态粮食价格序列时，应特别注意识别同质数据。为此，1707~1880年，几乎完全使用参考价格表，1881~1914年几乎完全使用农业部的数据（由志愿通讯员提供）。

为获得一致的数据，不仅需要相同的数据来源，还需要使用相同的方法对这些来源中的数据进行处理和分组。1707~1914年粮食价格信息的性质使我们有可能采用以下方法对其进行概括归纳。为确定省级粮食价格，要事先确定各县每年的粮食价格，并根据这些价格计算全省的粮食算术平均价格（这项工作通常由1707~1880年的参考价格表编制者和1881~1914年的农业部完成）。如果没有全部或大部分县的粮食价格资料，则根据各省会城市的价格得出各省粮食价格。在确定某一年省或县的粮食价格时，若有多个数据来源，则优先考虑从月度或季度价格中得出年度价格。

各省的平均粮食价格是通过县级粮食价格的算术平均值计算的，1年的价格是以月平均价格计算，10年的价格是以年平均价格计算，以此类推。如果数据来源指出了价格所在的区间，则取区间的中间值作为平均价格；如果有粮食品种数据，则考虑使用最优质粮食的价格。

参考价格表和农业部信息的优点在于提供了1707~1914年的连续动态粮食价格序列。此外，也有某些不足（这两个数据来源的具体缺点已在上文讨论过）。

第一，这些数据来源中的信息并不总是呈现一系列连续的月度或县级粮食价格，有时仅限于一整年中的三四个月，或整个省份的几个地区。

第二，这两个数据来源并不总是提及被注明价格的粮食质量（混有杂草的程度和潮湿度等），而同品类粮食的不同品种经常在不同时间在不同的市场被交易，有时极其相似的品种有不同的名称，以上情况使我们难以比较不同地方的粮食价格。

第三，数据来源中通常以现行货币表示粮食价格。当按照纸币卢布或信用卢布的汇率将其转换为黄金卢布时，可能会出现错误，因为这种转换是按照彼得堡交易所的汇率进行的，而当地的汇率并不总是与其一致。

第四，数据来源中几乎从来没有说明以不同价格出售的粮食数量，因此，我们无法加权平均价格，即考虑到以特定价格出售的粮食份额的平均价格。这个经常被指出的缺点需要予以特别说明。由于缺乏关于可销售粮食数量的信息，可以根据季度或月度价格计算年度价格，根据县级价格计算省级价格，根据省级价格计算算术平均价格。然而，一方面，一年中不同县和省的价格波动有时很大；另一方面，由于不同县和省在不同月份的粮食销量也不一样，算数平均价格并不总能表示某一年在某省、某地区或整个俄国所售卖粮食的实际平均价格。因此，设法确定最接近实际平均价格的算术平均价格和加权平均价格之间的差异是非常重要的。要做到这一点，必须有各县、省的季度和月度价格数据，以及各县、省季度或月度销售额数据。由于 19 世纪 80 年代以后欧俄范围内才有此类信息，所以算术平均价格和加权平均价格的比较是根据 19 世纪末至 20 世纪初的数据进行的。它表明，欧俄粮食的加权年平均价格仅比未加权年平均价格低 0.5%，也就是说，两种方式得到的价格实际上是一致的。在某些省份，算术平均价格和加权平均价格之间的差异从 0 到 5% 不等，因此可以认为，两者之间的差距微不足道。

省内各区以及所有 50 个省的平均粮食价格也是按算术平均值计算的，各省粮食产量并未考虑在内。即使是在这种情况下，各省粮食产量未加权价格与加权价格之间的差异也很小。正如对欧俄 50 省在 1891 ~ 1900 年这 10 年中每年的加权和非加权平均价格的比较结果表明的那样，差异为 1% ~ 8%。

因此，粮食的算术平均价格与加权平均价格之间并不存在明显差异。

首先，这一结果是由粮食的市场价格本身决定的，由于供求规律的作用，粮食的市场价格本身考虑到了当地市场粮食交易额的大小。在市场粮食供应减少的月份（春季和夏季），粮食价格上升；在供应增加的月份（秋季、冬季），粮食价格下降。粮食价格在粮食高产省较低，在低产省的价格高于俄国平均价格。其次，加权和非加权粮食价格差异不大是因为季节性价格波动正常，即平均产量年份的季节性价格波动不明显，在正负5%以内，而各省之间的粮食价格波动甚至还不如粮食价格的季节性波动显著。

　　是否有可能将 19 世纪末至 20 世纪初加权和非加权粮食价格差异比例的相关结论扩展应用到整个研究时间范围呢？这似乎是可能的。原因有以下 3 点。第一，18~19 世纪的季度和月度价格波动大致相同，月度价格与年度价格的偏差平均为正负 10%~15%。第二，粮食是否进入市场主要取决于作物收成时间和农民从农业劳动中解放出来的时间，取决于港口的要求和各省的交通状况。虽然 18 世纪至 20 世纪初的某些条件发生了变化，但粮食按季节进入市场的情况没有明显变化（至少在粮产区是这样）。无论是在发达的铁路网建立之前，还是在已有铁路网的情况下（19世纪末至 20 世纪初），市场上的大部分粮食都是在秋季（收割结束到秋末农闲开始之间）和冬季进入市场，春、夏两季市场上的商品粮数量最少。[14] 第三，由于地区和省际分工增加，各省之间的粮食收成波动随时间推移而增加。因此，如果对省内生产的粮食数量进行价格加权没有改变19 世纪末至 20 世纪初的全俄平均价格或地区平均价格，那么，更早时期的加权价格与非加权价格之间的差异就更小了。

　　1707~1880 年的参考价格表信息和 1881~1914 年的农业部数据存在一定缺陷，但不能认为粮食价格数据的上述缺点（根据这些价格数据所做的分析也有缺点）只是俄国所特有的，因为欧洲的粮食价格数据也有类似的缺点，而且这些缺点在很大程度上是由粮食价格和粮食贸易的性质引起的，是无法消除的。

由于价格分析得出的结论必然存在误差，因此了解误差区间是很重要的。为估计误差区间，必须查明原始价格数据的缺陷是重叠的还是相互抵消的，以及所使用的价格与实际价格的最大偏差限度是多少。

一些研究者指出，随着统计数据的增加，大多数误差的影响往往会越来越小，因为在得出平均价格时，至少在很长一段时间内，一个方向的价格偏差会被相反方向的偏差所抵消，即相互抵消。[15] 与之相反的是，另外一些研究者认为几乎所有原始价格数据的缺陷都会累积。[16]

然而，这两种观点似乎都是极端的。事实是，原始价格数据中不可避免的错误并不是系统性的，而是随机且相互独立的，一个错误不一定会导致另一个错误。因此，在概括归纳过程中，原始数据的错误不能累积，但也不能完全相互抵消。首先，一个错误可能与另一个错误相重叠；其次，各错误之间并不相等到足以刚好抵消。由于原始数据中误差的随机性和独立性，它们不会一直累积或抵消，而是会减少，即相对于所有误差的总和更小。这种问题解决方案是基于以下事实：任意数量的相互独立事件共同发生的概率（从概率论角度来看，误差是独立的随机事件）等于这些事件的概率的乘积。[17] 例如，如果由于错误核算粮食质量而夸大价格的概率为 0.5，由于不考虑季节性波动而夸大价格的概率为 0.5，由于重新加权价格而夸大价格的概率为 0.5，那么所有这些错误共同发生的概率为：$0.5 \times 0.5 \times 0.5 = 0.125$。

将一个误差叠加在另一个误差上可能产生的最大误差等于以下 7 种误差的总和：①由于缺乏所有月份的价格数据，县级粮食价格存在误差，该误差为粮食价格的正负 0~5%；②由于缺乏所有县的数据，省级粮食价格的误差为粮食价格的正负 5%~8%；③弄错粮食质量而产生的误差为粮食价格的正负 5%~10%；④由于加权价格而产生的误差为粮食价格的正负 0~5%；⑤因测量或重量不准确而产生的误差为粮食价格的正负 3%~

5%；⑥由于批发价格与零售价格之间的转换不准确而造成的误差为粮食价格的正负1%~4%；⑦由于所标价格换算成黄金卢布不准确而产生的误差为粮食价格的正负1%~3%。

所有错误累积的总和是巨大的，是粮食价格的正负15%~40%，但产生这种最大误差的可能性微乎其微。

若假设所有价格信息都包含一个或另一个方向的误差，则单个误差高估或低估实际价格（即"正"或"负"）的概率将是0.5%（由于偶然性，每个错误都可以是"正"，也可以是"负"），并且所有错误都是"正"或"负"的概率相累积（相乘）为：0.5×0.5×0.5×0.5×0.5×0.5×0.5=0.008。因此，在计算省级粮食价格时，在1000个省级粮食价格中可能出现的错误不超过8个，将所有错误叠加在一起，会导致价格被高估或低估15%~40%。

出现最大误差40%的可能性几乎被排除，因为每个单独误差最大的可能性也比0.5小很多。计算结果表明，根据参考价格表和农业部数据进行综合计算得出的平均总价格误差通常不超过单个误差中的最大值，即实际价格的10%。

对研究工作中使用的粮食价格数据进行可靠性和一致性分析得出的一般结论如下：根据1707~1880年的参考价格和1881~1914年的农业部价格，我们可以对粮食价格水平和动态得出基本正确的结论，这使我们相信对这两种及其他来源数据进行全面分析是可行的。在得出这一结论时，我们认为实现任何统计分析的绝对准确性几乎是无法实现的，因为正如统计科学所表明的，没有绝对准确的海量数据，不同来源数据中的误差是不可避免的，如果它们约占实际数据值的10%~20%，那么它们在统计学中便会被认为是较好的数据来源。即使采用现代比100~150年前先进得多的计算方法，也不可能获得绝对准确的数据。例如，美国两个主要的农业统计中心即检验局和农业部编制的统计数据在主要作物的收获面积上的差异从 0.6% 到 −26.4%，产量差异从 6% 到 −13.4%，实际交易价格有时与价格表上的价格相差 100%，但这并不妨碍美国在国家经济实践中使用此类数据。[18]

二 粮食价格类别与相互关系

18 世纪至 20 世纪初，俄国市场上的粮食贸易存在几个领域，粮食价格也有几个种类或类别。现存的关于 1707~1881 年粮食价格的大量资料来源于参考价格表，这些资料来自城乡零售业，描述了商人向当地消费者出售小批量粮食的价格。农业部收集的 1882~1914 年的大量粮食价格相关资料涉及集市粮食贸易，并描述了农民和地主在当地市场上向商人、粮食收集站出售粮食的价格，即粮食的收购价。因此，数据来源基础使研究分析仅限于零售价格和采购价格。为了清楚地说明这些价格在总体价格结构中的位置，以及它们与其他类型价格的关系，有必要对粮食价格进行简单分类。

众所周知，任何分类在很大程度上都取决于所选择的分类标准。根据交易性质，可以将粮食价格分类为：交易所（粮行）价格、小商铺价格、集市上出售的市场价格、与生产商签订合同时的合同价格等。

粮食价格也可以根据粮食从生产者向消费者的流动情况进行分类。这个分类是最重要的，所以我们将进行更详细的讨论。随着粮食从生产者转移到消费者手中，粮食价格逐渐上涨，因为不仅要支付生产者所需的价格，还要支付商人的利润以及运输、储存和清理等相关费用。

18 世纪至 20 世纪初，俄国的粮食贸易有两个方向：经过生产商和中间商后，一部分粮食销往国内市场，另一部分粮食销往国外市场。因此，商品粮流动的起始环节是相同的，都是生产者，而最终环节不同，第一种是国内消费者，第二种是国外消费者。

上述两种商品粮流动的初始价格是商人和收购站等在当地市场上向生产者收购粮食的价格。在18世纪至20世纪初的文献中，这个价格被称为当地采购价或"第一手"价格。该术语通常用来表示小批量粮食的价格（从大车上和一手卖家处等渠道购买）。

大批量粮食的价格被称为批发价。批发行为在国内大型市场上进行，生产者也参与其中，交易通常在商人之间进行。由于要加上中间费用和商人所需的利润，批发价高于采购价。

在批发贸易中，存在为零售业提供粮食的小批发店与为港口交易和工业提供服务的小批发店。在向国内消费者销售粮食时的批发价被称为市场价，在向港口销售时的价格被称为港口价（粮食被商人运到港口后的价格）。

这些价格类别在粮产区和消费区有所不同。粮产区的价格关系符合上述模式，即当地价格（采购价格）—较高的批发价—更高的零售价格和更高的港口零售价格。

粮食消费区的粮食贸易更为复杂。一方面，广大生产者自己从商人那里购买粮食；另一方面，地主和较富裕的部分农民向商人出售粮食。因此，一部分粮食以批发价从粮产区运到消费区，另一部分以进口粮批发价从生产者那里运到消费区。粮食消费区的进口粮批发价和支付给这些地区的粮食生产商的价格通常是一致的。在粮食消费区和粮产区，粮食贸易的最后一环是粮食零售贸易，这与粮食的零售价格相对应。

因此，参考价格表中的数据是粮食贸易的最终环节，即城市零售业中的价格，而农业部数据是贸易初始环节的价格，即采购价。

当地零售价比采购价高出约5%～15%，但低于港口价格和出口价格。

在粮产区，当地城市零售价格几乎与批发价格一致，而在采购价格与批发价格大致相同的粮食消费区，零售价格要比批发价格高出 5% ~ 15%。当地的零售价和采购价涵盖了部分粮食周转费用，但这并不会降低它们的重要性，因为所有的价格类别都处于稳定的相互关联中。[19] 因此，可以通过一种价格类别推测其他价格类别，并且可以将关于粮食零售和采购价格变动的主要分析结果扩展应用到粮食的其他价格类别。

三　俄国区划

分析俄国粮食价格走势既要以省为单位，也要以区为单位。根据 1744 ~ 1753 年、1796 ~ 1805 年、1851 ~ 1860 年和 1905 ~ 1914 年黑麦的 10 年均价对各省进行区划，得到的结果基本一致，因此，我们可以在全部的研究时间范围内使用统一的区划。尽管这种分区基于省粮食价格水平这一个特征，但是，这种分区与革命前以及苏联时期研究者所采用的各省一般经济区划大致相同。[20]

在全部的研究时间范围内，我们使用的区划如下。

第一区（北部地区）：阿尔汉格尔斯克、沃洛格达（从 1861 年起）、诺夫哥罗德、奥洛涅茨、普斯科夫与彼得堡。

第二区（东部地区）：维亚特卡、彼尔姆、萨马拉、奥伦堡与乌法。

第三区（东南部地区）：阿斯特拉罕、顿河、斯塔夫罗波尔（1847 年以前）与高加索。

第四区（伏尔加河地区）：喀山、辛比尔斯克、奔萨（1861 年以前）、萨拉托夫（1861 年以前）与下诺夫哥罗德（从 1861 年起）。

第五区（中央黑土区）：沃罗涅日、库尔斯克、奥尔洛夫、奔萨（从 1861 年起）、梁赞、萨拉托夫（从 1861 年起）、坦波夫、图拉与哈尔科夫。

第六区（中央非黑土区）：弗拉基米尔、沃洛格达（1861 年以前）、卡卢加、科斯特罗马、莫斯科、斯摩棱斯克、特维尔与雅罗斯拉夫。

第七区（波罗的海地区）：库尔兰（从 1796 年起）、利沃尼亚、埃斯特兰。

第八区（西部地区）：维尔纽斯、维捷布斯克、格罗德诺、科文斯克、明斯克、莫吉廖夫。

第九区（乌克兰地区）：波尔塔瓦、切尔尼戈夫。

第十区（西南部地区）：沃伦、波多利斯克、基辅。

第十一区（草原地区）：比萨拉比亚、叶卡捷琳诺斯拉夫、塔夫里切斯克和赫尔松。

第十二区（西西伯利亚地区）：托博尔斯克、托木斯克。

第十三区（东西伯利亚地区）：叶尼塞、外贝加尔斯克、伊尔库茨克。

18 世纪至 20 世纪初，帝俄行政区划多次发生重大改变。[21]

为了便于分析和比较全部的研究时间范围内特定时间段的粮食价格，我们采用了 20 世纪初施行的统一行政区划和相应的县、省界线。

四　货币体系

18 世纪至 20 世纪初，俄国的货币流通中以金、银、铜和纸币作为价值尺度。在这种情况下，金属货币的价值由政府规定，而金、银、铜和纸币之间的价值比率则由货币市场自发确定，这取决于货币发行量、国际收支状况和其他因素。

18 世纪至 20 世纪初的货币流通分为 4 个时期：1701～1768 年、1769～1839 年、1840～1895 年和 1896～1914 年。在第 1 个时期，白银流通更为普遍，硬币不断"变质"，即货币的金属含量下降；第 2 个时期和第 3 个时期以纸币为主，通货膨胀盛行，纸币和铜币不断贬值；第 4 个时期以黄金货币为主，比率稳定。

　　1895 年至 1897 年改革前的货币流通以白银为基础。1810 年，白银的地位得到诏书形式的正式批准。根据该诏书，俄国的货币单位是银卢布，含银量为 4 所洛特尼克 21 多利亚，即 405 个多利亚或 18 克纯银①。自 1758 年以来，政府开始铸造两种价值的金币：金币②，相当于 10 卢布；半金币③，相当于 5 卢布（硬币中的纯金含量随时间推移而变化）。1764 年，政府规定了金银价值的官方比值为 1 : 15，这个比值一直持续到 1885 年。然而，市场上贵金属价格的这种比值只持续到了 19 世纪 40 年代，之后黄金相对于白银开始升值。1535~1914 年卢布中的金银含量见表 1-1。

表 1-1　1535~1914 年卢布中金银含量

年份	1 卢布中的净含量				按市场价值计算的金银权重
	银		金		
	克	指数	克	指数	
1535~1610	67.54	375.2	—	—	11.46
1611~1625	50.66	281.4	—	—	12.25
1626~1640	46.90	260.6	—	—	14.00
1641~1690	43.42	241.2	—	—	14.80
1691~1698	35.55	197.5	—	—	15.00
1699~1710	24.72	137.3	—	—	15.27
1711~1730	20.59	114.4	—	—	15.12
1731~1757	20.74	115.2	—	—	14.85
1758~1763	20.74	115.2	1.5153	196	14.69

---

①　所洛特尼克与多利亚为采用公制前的俄国重量单位，1 所洛特尼克相当于 4.2658 克，约等于 96 个多利亚。——译者注

②　империал，帝俄时代的金币，等于 10 卢布，1879 年改值为 15 卢布。——译者注

③　полуимпериал，相当于 5 卢布，1897 年后改值为 7 卢布 50 戈比。——译者注

年份	1 卢布中的净含量				按市场价值计算的 金银权重
	银		金		
	克	指数	克	指数	
1764~1840	18.00	100	1.1998	155	15.29
1841~1885	18.00	100	1.1998	155	16.21
1886~1896	18.00	100	1.1614	150	17.88
1897~1914	18.00	100	0.7742	100	35.67

资料来源：Каменцева Е. И. , Устюгов Н. В. Русская метрология М. , 1965, с. 143–160, 213–226；Кауфман И. И. Серебряный рубль в России от его возникновения до конца XIX века. СПб. , 1910, с. 218；Кауфман А. А. Сведения о производстве полота и серебра на земном шаре со времени открытия Америки до наших дней（1493–1892）. СПб. , 1894. 29 с.；Кашкаров М. Денежное обращение и России. СПб. , 1898, т. I, с. 155；Soetbeer Ad. Materialien zur Erlänterung und Beurtheilung der wirthschaftlichen Edelmetallverhält–Nisse und der Wahrungsfrage. Berlin, 1885, S. 23–25。

　　1701~1768 年，俄国国内市场上铜币和银币的兑换率相同，货币兑换无须支付额外费用，即没有针对银币的溢价。

　　随着 1769 年纸币的发行，纸币和铜币对银币的兑换率呈降低趋势。然而，直到 1812 年 4 月 9 日，政府才在颁布的诏书中承认纸币的法定贬值，确定了银币与纸币之间的兑换率为 1 个白银卢布兑换 4 个纸币卢布，1 个纸币卢布兑换 25 个白银戈比。诏书强行规定的汇率确立了纸币的正式地位，在 1812 年以前，纸币仅仅是事实货币。此后，直到 1831 年，所有对国库进行支付的款项都按照诏书上规定的兑换率进行。然而，由于纸币不断发行，纸币（及相应铜币）的汇率继续下跌，持续至 1815 年。因此，实际汇率与诏书中的规定并不相符。从 1818 年开始，卫国战争引发的财政负面后果被消除后，纸币卢布被停止发行。为提高兑换率，俄国政府从流通货币中收回了大约 2.4 亿纸币。得益于这项措施，以及俄国贸易平衡的持续，纸币和铜币的兑换率变得稳定，而且开始出现上升趋势（见表 1-2）。

表 1-2 1769～1842 年彼得堡交易所纸币对白银卢布汇率

年份	汇率	年份	汇率	年份	汇率	年份	汇率	年份	汇率
1769	99	1784	98	1799	66.5	1814	20.0	1829	27.3
1770	99	1785	98	1800	66.3	1815	20.0	1830	26.3
1771	98	1786	98	1801	71.7	1816	25.3	1831	26.9
1772	97	1787	97	1802	80.0	1817	25.1	1832	27.2
1773	98	1788	91	1803	79.3	1818	25.3	1833	27.3
1774	100	1789	89	1804	77.0	1819	26.3	1834	27.4
1775	99	1790	86.5	1805	73.0	1820	26.3	1835	27.4
1776	99	1791	81.3	1806	67.5	1821	25.7	1836	27.1
1777	99	1792	79.3	1807	53.8	1822	26.3	1837	27.4
1778	99	1793	71	1808	44.7	1823	26.2	1838	27.2
1779	99	1794	68.5	1809	43.3	1824	26.5	1839	28.6
1780	97	1795	70.5	1810	25.4	1825	26.4	1840	28.6
1781	99	1796	79	1811	26.4	1826	26.7	1841	28.6
1782	99	1797	73	1812	25.2	1827	26.8	1842	28.6
1783	99	1798	62.5	1813	25.2	1828	26.8		

到 18 世纪末，俄国的白银货币和黄金货币已被纸币取代。直至 1839～1843 年的货币改革，纸币成为计量单位，因此，所有商品的价格均以纸币表示。但白银依然继续作为理想的价值尺度以及纸币实际价值的衡量标准而存在。尽管纸币在 1769～1843 年主导了俄国货币市场，但 1839～1843 年货币改革之前的货币流通是以白银卢布为基础的，白银的内在价值在 1764～1839 年保持不变，1 白银卢布中有 405 多利亚白银。

由于商品价格由汇率不断变化的纸币表示，所以用纸币表示的票面价格不能反映粮食的实际价格，也掩盖了粮食价格的真实动态。为区分与农业生产条件、粮食市场供求变化有关的粮食价格实际波动和由其他经济因素引发的纸币汇率波动，有必要把票面价格转换成实际价格，即用白银卢布来表示价格。该转换按照彼得堡交易所的卢布汇率进行，因为彼得堡交易所是 19 世纪至 20 世纪初俄国最重要的交易所，对莫斯科、敖德萨、里加等其他俄国贸易中心交易所的货币汇率具有重大影响。

在从 1839~1843 年 Е. Ф. 坎克林货币改革至 1895~1897 年 С. Ю. 维特货币改革期间的第 3 个货币流通时期，信用卢布一直是官方支付手段（在 1839~1843 年过渡时期，纸币卢布和信用卢布之间的兑换率为 3 卢布 50 戈比纸币卢布兑换 1 个信用卢布）。直到 1858 年，信用卢布被兑换成银币和金币。然而，克里米亚战争导致信用卢布大量发行，1858 年停止了将信用卢布兑换成贵金属的做法，信贷货币的汇率开始下降（下降一直持续到 19 世纪 90 年代），但未达到纸币发行时代的下降水平。因此，1839~1843 年货币改革后俄国的货币流通情况与 1769~1839 年的货币市场情况基本相似。

19 世纪 40 年代，俄国货币流通发生了一个重要事件：银价开始下跌，金价相应上涨。白银贬值导致白银卢布的兑换率下降，自 19 世纪 70 年代末开始，白银卢布的兑换率下降极其严重。19 世纪 90 年代，白银卢布对黄金的兑换率甚至低于信用卢布对黄金的兑换率。白银卢布兑换率的动荡意味着货币市场发生了调整：黄金卢布成为理想的价值尺度，人们用黄金卢布表示价格。这意味着从银本位向金本位转变，尽管从 1896 年开始金本位才获得法律确权。19 世纪 40~90 年代的情况更加复杂，因为 1895 年至 1897 年改革前金币都没有固定的法定兑换率，俄国政府依然依赖于银币流通。[22] 因此，虽然 1840~1895 年银本位在形式上占据主导，但自 19 世纪 40 年代初白银已在俄国货币市场上失去主导地位。所有结算，如信用票据、股票等的兑换率都用黄金卢布进行。

1764~1885 年的金币铸造依据统一标准：1 黄金卢布中含有 27 多利亚黄金。但是，1839 年的一项政府法令将金币的兑换率提高了 3%，因此，实际上 1 黄金卢布相当于 26.136 多利亚黄金。[23] 自 1885 年以来，根据货币法规，黄金卢布的含金量从 27 多利亚降至 26.136 多利亚，也就是说，1 黄金卢布的实际价值与原来含有 405 多利亚纯银的 1 白银卢布的实际价值相等。

1840~1895 年信用票据在俄国货币市场上占据主导地位，并在货币流通中取代了金银货币，信用卢布成为核算单位，所有商品价格皆以信用卢布表示。因此，根据彼得堡交易所当时的信用卢布兑换率，本书中 1843~1890 年的标价从信用卢布转换为了黄金卢布。1840~1895 年彼得堡交易所信用卢布对黄金卢布的汇率见表 1-3。

表 1-3　1840~1895 年彼得堡交易所信用卢布对黄金卢布汇率

年份	汇率	年份	汇率	年份	汇率	年份	汇率
1840	104.5	1854	94.2	1868	85.5	1882	63.1
1841	101.5	1855	93.0	1869	76.4	1883	61.8
1842	97.9	1856	98.4	1870	77.7	1884	63.4
1843	97.3	1857	96.3	1871	85.2	1885	63.3
1844	98.5	1858	94.6	1872	85.1	1886	60.7
1845	98.1	1859	83.5	1873	84.4	1887	55.7
1846	98.6	1860	94.4	1874	86.8	1888	59.5
1847	99.5	1861	88.7	1875	85.8	1889	65.9
1848	95.0	1862	85.5	1876	80.6	1890	72.6
1849	95.7	1863	98.2	1877	67.4	1891	66.8
1850	98.7	1864	77.3	1878	64.6	1892	63.1
1851	97.9	1865	81.8	1879	63.1	1893	65.3
1852	98.8	1866	68.0	1880	64.4	1894	67.0
1853	99.5	1867	90.7	1881	65.7	1895	67.5

俄国货币流通的第 4 个时期始于 1895~1897 年的货币改革。法定支付单位为黄金卢布，其含金量相比 1885 年确定的含金量降低了 1/3。货币流通中保留了银币和铜币作为兑换货币和信用票据以便现金周转。在 1914 年 7 月 29 日之前，这两种货币以及其他货币皆可以自由兑换成黄金。

1895~1897 年的货币改革伴随着黄金卢布的贬值，信用卢布的汇率下降了 33%（1895～1890 年信用卢布汇率为 67%）。此次贬值是为了确保改革不影响票面价格的水平。正如财政部部长维特所说："我以俄国人民完全没有注意到的方式进行了改革，好像实际上没有什么变化。物品的价格没有变化，因此没有引发任何混乱。"[24]

1896～1914 年的计量单位为黄金卢布。这是自 1769 年以来俄国货币流通史上官方支付单位与计量单位的首次一致，这也使得票面价格和以黄金计算的实际价格相等。然而，由于 1890～1914 年黄金卢布存在 1/3 的隐性贬值，因此，本书中 1890～1914 年的价格必须增加 1/3，这样一来，我们才能够使用同一尺度比较 1896 年前和 1896 年后的价格，货币改革之前流通的黄金卢布所含纯金为 20.130 多利亚。

为了便于比较，本书表格中 1701～1914 年的粮食价格是用含纯金量 20.130 多利亚的黄金卢布表示的。由于 1701～1839 年白银和黄金之间的兑换率都控制在 15～16 倍，未发生重大变化，因此，1701～1839 年的金银货币价格没有明显差异。

如前所述，在将 1769～1839 年的纸币卢布和 1840～1895 年的信用卢布表示的价格转换为黄金卢布表示的价格时，是以彼得堡的纸币兑换率为基础的。但应注意的是，根据彼得堡货币兑换率对全俄国的票面价格进行统一转换并不能得到完全正确的实际价格，因为俄国的纸币兑换率并不一致。尽管政府努力消除兑换率不平等，或如当时所称的"百姓溢价"，但各省间的兑换率仍存在差异。[25] 遗憾的是，我们未发现关于 1709～1839 年各省纸币与 1840～1895 年信用票据汇率变动的系统数据。尽管财政部定期收集此类信息，但它们很可能没有被保存下来。

现有数据表明，彼得堡（除里加外）纸币兑换率的跌幅在全俄最大，而且省会城市的兑换率跌幅大于其他县城。[26] 兑换率跌幅的差异可能是受到了货币流通速度的影响：速度越快，对货币的需求就越少，兑换率就越低。然而，省会城市的纸币兑换率呈现与交易所卖价及税收汇率趋同的倾向，因此，省会城市与彼得堡交易所的兑换率并没有显著的差异。[27]

1831 年后，情况更是如此，当时允许用金银或纸币完成国库支付。纸币支付是按照财政部为整个俄国制定的年度兑换率支付的，该兑换率即税收汇率。[28]

还应注意的是，关于彼得堡交易所纸币兑换率的数据不尽相同，但它们之间只有 0.5%~1.0% 的微小差异。[29] 数据差异的产生是因为纸币兑换率会按日和按星期波动。不同编制者报告的兑换率通常不是每周或每月兑换率的算术平均数，而是以不同的方式获得：有时是最高和最低兑换率的平均值，有时是几个月的平均值等。以上就是兑换率数据不尽相同的原因。

五　粮食计量单位

迄今为止，对 18~19 世纪粮食计量单位变化的研究还很薄弱。根据现有资料可以认为，1701~1880 年粮食最普遍的计量方式为：谷物以俄石为单位，面粉和米粒以口袋①、大袋②或普特③为单位。[30] 自 1881 年起，普特成为主要的计量单位。在 1881 年前的资料中，经常使用俄石、大袋、口袋或普特为单位，而 1881 年后则主要使用普特为单位。俄石、大袋、口袋是散装物品的计量单位。1701~1914 年，俄石、大袋等粮食计量单位并未发生改变，但由于谷物质量的改善，袋装粮食的平均重量增加了。遗憾的是，增加幅度无从得知，因为中央统计委员会直到 1881 年才开始研究一俄石粮食的重量。由于不同质量的粮食具有不同的重量，因此，各品类粮食的计量单位（如俄石和大袋等）所代表的重量因年份和省份

---

① мешок，口袋，俄国旧时日常计算散体物的单位。——译者注
② куль，大袋，俄国旧时商业上散体物计量单位，约合 5~9 普特。——译者注
③ пуд，普特，俄国旧重量单位，等于 16.38 千克。——译者注

而异。例如，1881~1900 年不同省份 1 俄石黑麦的重量在 8~9 普特浮动，而相应的小麦重量则在 8.5~9.7 普特浮动。[31]

本书整个研究时间范围内使用的计量单位都是普特。并且，根据 19 世纪末 1 俄石不同品类粮食的重量数据，将粮食的体积单位转换为了普特。由于缺乏相关数据，1701~1881 年 1 俄石粮食的重量变化无法被计算在内。考虑到 1 俄石粮食的重量略有增加，本书提供的物价数据略微上浮了物价的上涨幅度，具体浮动取决于 1 俄石粮食重量的增加或粮食质量的改善程度。对 1 俄石粮食重量变化的低估可能是微不足道的：由于谷物质量上升缓慢，18 世纪初到 19 世纪 80 年代 1 俄石粮食的重量增加只有不到 10%。[32]

关于价格分析方法的其他问题在专业文献中都有详细论述。[33]

注　释

1. Более подробный источниковедческий анализ используемых сведений см. в опубликованных работах: Миронов Б. Н. 1) О достоверности ведомостей о хлебных ценах XVIII в. В кн.: Вспомогательные исторические дисциплины. Л.. 1969, II, с. 249-262; 2) Источники по истории хлебных цен в России XIX-начала XX в. В кн.: Источниковедение отечественной истории. 1976 г. М.. 1977. с. 145-164. Об источниках данных о ценах см. также: Павленко В. Н. Ведомости XVIII века о хлебных ценах как исторический источник. В кн.: Вопросы социально-экономической истории и источниковедения периода феодализма в России. М., 1961, с. 301-306. В. Н. Павленко первым среди историков обратил внимание на большое значение ведомостей справочных цен. См. также: Изместьева Т. Ф. 1) Источники по истории цен XIX-начала XX века. В кн.: Массовые источники по социально-экономической истории России периода капитализма. М., 1979, с. 381-411; 2) ИСТОЧНИКИ О ценах на русских и зарубежных рынках конца XIX-начала XX века. В кн.: Проблемы истории СССР. М., 1977, вып. 6, с. 194-208.

2. О применени этого математико-статистического метода см. : Миронов Б. Н. Применение выборочного метода при анализе движения хлебных цен в России XVIII в. В кн. : Ежегодник по аграрной истории Восточной Европы за 1964 г. Кишинев, 1966, с. 424—436.

3. Миронов Б. Н. О достоверности ведомостей о хлебных ценах XVIII в. , с. 255—256.

4. Соловьев Я. Сельскохозяйственная статистика Смоленской губернии. М. , 1855, с. 312 – 316; Хозяйственно – статистические материалы, собираемые комиссиями и отрядами уравнения денежных сборов с государственных крестьян. СПб. , 1857, вып. II, с. 103—113.

5. Егунов А. Н. О ценах на хлеб в России. М. , 1855, с. 40.

6. Миронов Б. Н. О достоверности ведомостей о хлебных ценах XVIII в. , с. 256—261.

7. Чаславский В. И. Хлебная торговля в Центральном районе России. СПб. , 1873, ч. 1, с. 95.

8. Аленицып В. Д. Опыт расчета стоимости пшеиицы, ржи, овса и ячменя. Временник Центрального статистического комитета, 1889, № 12, с. V—VI.

9. Известия Московской городской думы, 1894, март, вып. 1, отд. II, с. 15—39.

10. Лосицкий А. Е. Торговое движение к С. Петербургу и из него. В кп. : Статистический ежегодник С. Петербурга за 1896—1897 гг. СПб. , 1899, с. 218.

11. Рыкачев А. М. Справочные цены и городская статистика. Городское дело, 1910, № 19.

12. Лященко П. И. Очерки аграрной эволюции России. Л. , 1925, т. 1, с. 183; Озеров И. Н. Соотношение различных категорий цен на хлеба до войны и в 1923—1924 году. В кн. : Хлебные цены и хлебпый рынок. М. , 1925, с. 82.

13. Миронов Б. II. Источники по истории хлебных цен..., с. 157—158.

14. Рахматуллин М. А. Хлебный рынок и цены в России в первой половине XIX в. В кн. : Проблемы генезиса капитализма. М. , 1970, с. 336—337.

15. См. , например: Материалы по разработке тарифов российских железных дорог. СПб. , 1889, вып. I, с. 469.

16. Моргенштери О. Оточности экономико-статистических наблюдений. М. , 1968, с. 171.

17. Гнеденко Б. В. , Хинчин А. Я. Элементарное введение в теорию вероятностей. М. , 1964, с. 31. Численное значение вероятности равно отношению числа случаев, « благоприятствующих » данному событию, к общему числу

«равновозможных» случаев.

18. Моргенштери О. О точности экономико-статистических наблюдений, с. 17, 161-183, 190-203.

19. Озеров И. Н. Соотношение различных категорий цен на хлеба.., с. 79-104; Карпенко Б. И. Статистика цен. В кн.: Хозяйственная статистика СССР. Л., 1930, с. 243-267.

20. Вальская Б. А. Обзор опытов районирования России с конца XVIII в. по 1861 г. В кн.: Вопросы географии. М., 1950, т. 17, с. 139-201; Отечественные экономико-географы XVIII-XX вв. М., 1957. 328 с; Ковалъченко И. Д., Бородкин Л. И. Аграрная типология губерний Европейской России на рубеже XIX-XX веков: (Опыт многомерного количественного анализа). История СССР, 1979, № 1, с. 59-95; Дробижев В. З., Ковальченко И. Д., Муравьев А. В. Историческая география СССР. М., 1973, с. 167-262.

21. Кабулли В. М. Народонаселение России в XVIII-первой половине XIX в. М, 1963, с. 109, 225-227; Дмитриев С. С, Федоров В. А., Бовыкин В. И. История СССР периода капитализма. М, 1961, с. 191-195.

22. Померанцев А. Золотой рубль. В кн.: Финансовая энциклопедия. М.; Л., 1927, с. 552-556; Кауфман И. И. Серебряный рубль от его возникновения до конца XIX в. СПб., 1910, с. 205-206.

23. Кашкаров М. Денежное обращение в России. СПб.. 1898, т. I. с. 119.

24. Витте С. Ю. Воспоминания. М.. 1960, т. 2, с. 97.

25. Материалы по вопросу об устройстве денежной системы: (Извлечены из дел Государственного совета в 1837-1839 гг.). СПб., 1896. с. 3-5.

26. ЦГПА СССР. ф. 1374 (Канцелярия генерал-прокурора), оп. 2. д. 1053.

27. Очерк хода дела об устройстве денежной системы в Государственном совете в 1837-1839 гг. СПб., 1896, с. 4.

28. Судейкин Вл. Т. Восстановлениев России металлического обращения (1839-1843 гг.). М., 1891, с. 31. Автор указывает на то, что курс серебряного рубля различался в отдельных функциях: например, в продажах и покупках - 400 коп. ассигнациями, при размене на ассигнации -370, при уплате податей - 360 коп. (с. 34). В настоящей монографии перевод бумажпых денег на серебряные или золотые осуществлен по курсу при размене.

29. Бржеский Н. К. Государственные долги России. СПб., 1834. с. 40-45. Чечулин Н. Д. Очерки по истории русских финансов в царствование Екатерины II. СПб., 1906. с. 233: Сперанский М. М. Записка о монетном

обращении. СПб. , 1895, с. 40-45.

30. Камеицева Е. И. , Устюгов Н. В. Русская метрология. М. . 1965, с. 148 - 149, 202.

31. Свод статистических сведений по сельскому хозяйству России к концу XIX в. СПб, 1902. вып. I, с. 148-149.

32. По данным Е. И. Каменценой, в первой половине XVIII в. четверть ржи вмещала 8 пуд, а в 80 - 90 - х гг. XIX в. . по данным Центрального статистического комитета, 8. 8 пуда. См. : Каменцева Е. И. , Устюгов Н. В. Русская метрология, с. 202; Свод статистических сведений по сельскому хозяйству России. . . , вып. I. с. 148-149.

33. Подробно о статистических методах при изучении цен см. : Миллс Ф. Статистические методы. М , 1958, с. 424-488; Юл Д. Э. , Кендэл М. Д. Теория статистики. М , 1960, с. 655-732.

第二章

俄国粮食价格的一般运动规律

一 粮食生产结构

18 世纪至 20 世纪初，俄国的主要粮食作物是黑麦、燕麦、小麦、大麦和荞麦。黑麦和燕麦最为重要，因为它们是俄国大部分地区主要种植的农作物，黑麦是冬季作物，燕麦是春季作物。1880 年前，黑麦和燕麦占粮食总收成的 70%，19 世纪末至 20 世纪初，黑麦和燕麦的收成占比才减少到 52%。大麦是俄国北部地区除燕麦外的主要春季作物，而小麦则是南部的主要春季作物。同时，荞麦也是重要的粮食作物。早在 19 世纪初，俄国粮食生产结构就发生了重大变化，但直到 19 世纪 80 年代才真正清晰地表现出来，即增加小麦和大麦的播种比重来替代黑麦，尤其是替代燕麦。1750~1914 年，小麦在粮食收成中的比重增加了 3.3 倍，大麦则增加了 71%。与此同时，黑麦、燕麦和荞麦的收成比重下降。到 20 世纪初，小麦在俄国主要粮食作物中跃居第 2 位（见表 2-1）。

表 2-1　1750~1914 年俄国粮食生产结构

单位：%

粮食 种类	1750~ 1790 年	1791~ 1800 年	1801~ 1840 年	1841~ 1880 年	1881~ 1890 年	1891~ 1900 年	1901~ 1910 年	1911~ 1914 年
黑麦	39	45	40	35	40	36	34	33
燕麦	35	27	30	34	22	21	20	19
小麦	6	8	10	12	18	21	25	26
大麦	7	7	8	8	8	10	11	12
荞麦	8	7	6	6	6	6	6	6
其他	5	6	6	5	6	6	4	4
共计	100	100	100	100	100	100	100	100

资料来源：Рубинштейн Н. Л. Сельское хозяйство России во второй полонии；ХУШ в. М.，1957，с. 337-340；Историко-статнсгичеекнй обзор промышленности России：Группа 3, 10, 11. СПб.，1882，с. 30；Срод статистических сведений по сельскому хозяйству России к концуXIX в. СПб.，1902，вып. Г，с. 46 - 75；Сборник сгатистико - экономических сведений по сельскому хозяйству России и некоторых иностранных государств. Годы 1-10. СПб.，1907-1917.

二　粮食价格总体动态

　　表 2-2 反映了俄国粮食价格在 1711~1914 年的走势。根据所提供的数据可知，18 世纪至 20 世纪初，俄国粮食价格呈上升趋势。1707~1914 年，在可比较的欧俄领土范围内（以 1701 年的俄国边界为准），如果按重量单位将粮食的票面价格换算为黄金，粮食价格实际上增长了 9.3 倍。其中，18 世纪增长了 4.7 倍，19 世纪至 20 世纪初增长了 80%。在整个欧俄地区，18 世纪粮食价格增长了 9.3 倍，19 世纪至 20 世纪初增长了 70%。但价格的上涨并不持续，中间存在下降期。因此，价格的整体变动具有周期性。根据平均价格，可以大致划分出 7 个阶段：1707~1730 年上升；1731~1760 年下降①；1761~

---

　　①　原著如此，似与表 2-2 中所示趋势不符，因无充分依据，此处不做改动，后文类似情况同此处理，不再另行说明。——译者注

表 2－2　1711～1914 年俄国主要粮食作物的零售价格指数（1707～1710 年＝100）

粮食种类		1711~1720年	1721~1730年	1731~1740年	1741~1750年	1751~1760年	1761~1770年	1771~1780年	1781~1790年	1791~1800年	1801~1810年	1811~1820年
黑麦	一	150	245	210	242	210	292	341	526	562	637	562
	二	195	300	249	258	212	311	360	556	599	712	637
燕麦	一	143	205	186	245	222	251	304	447	591	633	570
	二	175	249	215	266	243	295	380	513	654	717	633
小麦	一	133	177	161	179	173	211	291	402	549	606	442
	二	138	195	185	209	195	252	329	439	602	657	480
大麦	一	154	217	173	215	196	256	325	485	587	657	578
	二	217	250	200	229	215	265	363	542	615	692	615
荞麦	一	153	199	166	208	183	235	316	460	524	529	476
	二	—	—	—	—	—	—	349	515	547	600	511
五种谷物的平均零售价格指数	一	149	218	190	233	208	264	320	480	566	635	566
	二	185	268	227	256	224	297	365	528	613	714	635

续表

粮食种类		1821~1830年	1831~1840年	1840~1851年	1851~1860年	1861~1870年	1871~1880年	1881~1890年	1891~1900年	1901~1910年	1911~1914年
黑麦	一	408	749	655	730	861	936	918	880	1086	1161
	二	500	768	712	824	918	993	936	899	1105	1161
燕麦	一	527	633	696	865	928	992	844	865	1033	1160
	二	591	675	738	970	1034	1055	886	865	1076	1181
小麦	一	376	474	451	566	572	629	584	539	664	717
	二	409	515	487	611	622	684	593	540	655	699
大麦	一	486	665	654	831	897	996	865	808	1038	1154
	二	519	712	712	904	981	1115	885	827	1058	1173
荞麦	一	406	653	564	688	582	811	794	864	1041	1023
	二	423	635	582	741	582	829	776	847	970	988
五种谷物的平均		497	689	651	757	894	964	824	792	957	1031
零售价格指数		547	720	688	856	974	1024	844	801	968	1031

注：一栏为芬兰边境的欧俄地区，二栏为整个欧俄地区。

1810 年上升；1811~1830 年下降；1831~1880 年上升；1881~1900 年下降；1901~1914 年上升。1707~1730 年价格上涨了 1.18 倍，1731~1760 年的粮食价格相对于第一个时期的均价水平上涨了 35%。第三个时期（1761~1810 年）的粮食价格比第二个时期（1731~1760 年）上涨了 1.1 倍，比第一个时期上涨了 1.9 倍。1707~1810 年，尽管价格在个别年份有所下跌，但价格水平，即多年平均价格仍呈现系统性上升趋势。即使是在 1731~1760 年，平均价格水平也上升了 35%。最终，从 1707~1710 年到 1801~1810 年，可比地区（芬兰边境的欧俄地区）的粮食价格上涨了 5.3 倍，整个欧俄地区的粮食价格上涨了 6.1 倍。

19 世纪至 20 世纪初的价格下降时期也未实现对价格上涨时期的平衡。第 4 个时期（1811~1830 年）的价格较第 3 个时期末的价格下降了 18%，但第 4 个时期的平均价格比第 3 个时期高出了 66%。在下一个时期，即跨时最长的第 5 个时期（1831~1880 年），价格上涨了 46%。1901~1914 年价格上涨了 20%，达到了有史以来的最高水平：1911~1914 年的价格比 1801~1810 年高出了 62%，比 1707~1710 年的初始价格水平高出了 9.3 倍（在可比地区内）。

在评估 1707~1914 年的俄国粮食价格走势时，可以毫不夸张地说，1707~1810 年发生的是一场真正的价格革命。在这段时期里，俄国粮食价格的上涨幅度比 16~17 世纪欧洲价格革命期间大得多。而且，与 16~17 世纪不同的是，这段时期俄国其他商品的价格也大幅上涨。例如，1711~1801 年俄国九大农产品的价格平均上涨了 4.5 倍，不比粮食价格低多少（见表 2-3）。俄国国内工业和手工业产品的价格上涨幅度虽然小于粮食价格，但也有相当大的涨幅，如果我们根据彼得堡和莫斯科这两个 18 世纪俄国最大的贸易中心的 19 种重要商品的价格来判断，其涨幅为 3 倍。[1] 18 世纪俄国国内商品的实际价格总指数增长了约 4 倍。[2]

表 2-3　1711~1801 年俄国九大农产品的零售价格指数（1701~1710 年 = 100）

农产品	1711~1720 年	1721~1730 年	1731~1740 年	1741~1750 年	1751~1760 年	1761~1770 年	1771~1780 年	1781~1790 年	1791~1801 年
荞麦粒	139	202	211	233	214	264	330	473	594
豌豆	132	151	180	203	171	218	287	357	512
大麻籽	135	155	196	252	192	260	323	410	507
亚麻 *	—	130	157	186	182	—	222	235	386
大麻	—	126	148	168	170	—	186	210	433
啤酒花球果	111	135	205	—	—	261	461	563	767
蜂蜜	133	151	—	—	—	256	270	348	495
牛肉	144	181	238	306	288	406	413	563	706
黄油	135	145	157	190	197	241	278	336	545

注：* 该数据仅适用于彼得堡。

19 世纪至 20 世纪初的价格动态与之前大不相同：分类价格指数变化不大，农产品和工业品的价格动态不一致，不同类别商品的价格波动不太同步。以彼得堡为例，农作物产品的价格指数上升了 69%，牲畜产品的价格指数上升了 81%，而工业品的价格指数则下降了 42%。

18 世纪和 19 世纪的价格变动有如下相似之处：农产品中粮食价格涨幅最小（粮食价格涨幅远落后于牲畜产品价格涨幅）；工业品价格相比粮食及其他农产品的价格有所下降，这表明农业劳动生产率的增长速度慢于工业。1803~1913 年彼得堡批发价格指数见表 2-4。

我们在本书中使用的多是 10 年期平均价格，掩盖了价格的剧烈波动，低估了价格的波动性，使我们难以确定价格运动的趋势。如果我们使用年度价格就会发现整个价格运动方向在 1723 年、1757 年、1806 年、1829 年、1881 年和 1895 年发生过改变（使用可变平均法得到的结果相似，但不完全一致）。在价格趋势变化的年份以及价格恢复到衰退前水平的年份（1766 年、1854 年和 1906 年），粮食价格总指数为（1707~1710 年 = 100）：1723 年为 303，1757 年为 147，1766 年为 311，1806 年为

764，1829 年为 379，1854 年为 764，1881 年为 1017，1895 年为 572，
1906 年为 1050，1914 年为 928。

表 2-4　1803~1913 年彼得堡批发价格指数

	1803 年	1813 年	1823 年	1833 年	1843 年	1853 年	1863 年	1873 年	1883 年	1893 年	1903 年	1913 年
一	46.9	40.0	40.8	39.4	44.2	54.4	63.4	77.6	82.0	81.0	81.0	100
二	172	162	116	107	112	84.6	86.9	85.3	78.7	80.9	84.9	100

注：第一栏为农产品价格指数；第二栏为工业品价格指数。农产品价格包括 12 种种植类产品和 3 种养殖类产品的价格，工业品价格包括 11 个行业 26 种产品的价格。

资料来源：Струмилин С．Г. Очерги экономической истории России и СССР. М. 1996. с. 380 За 1803 г. индекс подсчиган нами по данным：Санкт-Петербургский прейскурант，изд. от гос. Коммерц - колегии за 1803г. СПБ．；Семенов А. Изучение исторических сведений о российской внешней торговле и промышленности с полозины XVII столетия по 1858 г. СПБ．，1859．т. 3，с. 502 - 505：Сборник сведений по истории и статистике внешней торголи России. СПБ．，1902，т. 1，таблицы，с. 58 - 69。

从上述数据可以看出，1723 年前价格一直在上涨，然后在 1723~1757 年下降，随后进一步上升（10 年之后，1766 年是农作物歉收年，粮食价格水平超过了 1757 年），直到 1806 年；1806~1829 年价格再次下降，然后上升（1854 年与 1806 年的价格持平），并在 1881 年达到顶峰。1881 年，俄国的粮食歉收和农业危机开始。农业危机使粮食价格回到了 18 世纪末的水平，从 19 世纪 90 年代中期开始，价格又开始回温，似乎从 18 世纪和 19 世纪之交开启了新的价格周期。因此，根据精确化的年表，所研究的粮食价格动态序列可分为以下几个时期：1707~1723 年、1723~1757 年、1757~1806 年、1806~1829 年、1829~1881 年、1881~1895 年、1895~1914 年。

从年均增长率来看，1707~1723 年是增长最为剧烈的时期（年均增长率为 7.2%），其次是 1757~1806 年（年均增长率为 3.7%）和 1895~1914 年（年均增长率为 2.7%），而 1829~1881 年是最稳定的时期（年均增长率为 2%）。从年均降价率来看，最萧条的时期是 1881~1895 年（年均降价率为 4.4%），其次是 1806~1829 年（年均降价率为 3.1%），最后

是 1723~1757 年（年均降价率为 2.2%）。按绝对值计算，年均价格增长率（3.3%）高于年均价格下降率（2.9%），因此价格下跌时期无法对价格上升时期进行平衡。整个研究时间段内，价格上涨趋势居主导地位。

三 个别粮食的价格变动

从 1707~1710 年到 1911~1914 年，欧俄地区燕麦价格涨幅最大，增长了 10.8 倍。其次是大麦，价格增长了 10.7 倍。此外，黑麦价格增长了 10.6 倍，荞麦价格增长了 8.9 倍。小麦价格涨幅最小，为 6 倍。由于小麦价格涨幅较小以及其他粮食价格涨幅均匀，所以各品类粮食价格趋同。19 世纪初之前，小麦价格大约是粗面包价格的 1 倍，1810~1880 年下降至 50%，到 20 世纪初则只有 1/3。这是一个非常显著的事实，随着价格不断逼近生产成本，各种粮食价格的趋同性越来越高。19 世纪 80 年代以前，小麦和其他粮食的价格差异大于生产成本的差异，有以下两个原因。首先，小麦的消费者都是富裕阶层，在农民看来，小麦面包是奢侈的美味佳肴，因此，小麦价格相对于其生产成本来说比较高。从 18 世纪下半叶开始，第二个原因开始起作用。小麦已成为主要的出口粮食作物，国内外市场对小麦的需求量增加。在 19 世纪 70~90 年代的农业危机中，受美国廉价小麦的竞争影响，俄国小麦的价格几乎与生产成本相一致，仅比粗面包的生产成本高 30%~40%。[3] 因此，粮食价格水平表明了商品货币关系在农业中的深度渗透。

所有品类的谷物价格一般同步变化，这表现在价格与天气变化之间具有很高的相关性（皮尔逊相关系数 r 为 0.67~0.83）。黑麦和燕麦（r = 0.83）、小麦和大麦（r = 0.75）的价格一致性较高，燕麦和荞麦（r = 0.67）、黑麦和小麦（r = 0.69）的价格一致性较低。[4] 粗面包之间的价格关联度很高，小麦和粗面包之间的价格关联度较低。随着时间的推移，各种粮食的价格波动变得更加一致。不同粮食之间价格波动的一致性表明，个别粮食价格的形成较少受自身供求关系的影响，而在很大程度上受个别年份全国粮食总平衡的影响。这在不同粮食可以互换的情况下是可能的。

通过比较个别粮食价格因天气而产生的波动，可以确定哪种粮食的价格能更快地反映市场形势并影响其他粮食的价格波动。由于其他粮食的价格对主要粮食价格的反应略有滞后，因此可以对每年不同种类粮食的价格波动进行相关性分析，比较它们之间价格波动的先后顺序，以此来确定具有价格主导性的粮食。这种相关性分析法体现了价格波动之间的时滞性和协同性，并能够实现不同粮食之间的跨越性比较。[5] 研究发现，直到 18 世纪末，黑麦都是主粮，之后的近一个世纪中主导粮食变为小麦，自 19 世纪 80 年代以来则变为大麦。一般来说，18 世纪黑麦、1801~1880 年小麦以及 1881~1914 年大麦的价格变动最早。

主粮发生变化的原因是什么？18 世纪，黑麦是主要作物，在生产和国内消费市场上都占主导地位。18 世纪末至 19 世纪初，小麦取代黑麦并占据主导的原因是小麦在商品粮中的作用急剧增加，特别是在俄国粮食出口中。19 世纪 30 年代之前，小麦一直都是最重要的出口和经济作物。小麦能比其他种类的粮食更快地对市场形势变化做出反应，从而影响其他粮食的价格变化。自 19 世纪 70 年代以来，小麦在俄国粮食出口中的地位逐渐下降，而其他作物，特别是大麦的作用则逐渐增强。因此，小麦在商品粮中的重要性相应地降低了，它对其他粮食价格的影响也随之减弱，大麦随之占据领先地位。由此可得出结论，一种粮食的价格对其他种类粮食价格的影响，在很大程度上取决于它在商品粮中所占的份额，特别是在粮食出口中所占的份额。这对研究所涉时期的俄国农业具有重要意义。

在与西欧粮食价格动态进行比较时，18 世纪至 20 世纪初俄国粮食价格动态变得更加清晰。由于无法获得整个西欧国家的确切价格指数，我们可以比较俄国和英国的粮食价格走势（见表 2-5），因为英国和西欧的价格动态在总体上是吻合的。

表 2-5　1711～1914 年俄国与英国的粮食价格指数 （1701～1710 年＝100）

国家	1711～ 1720 年	1721～ 1730 年	1731～ 1740 年	1741～ 1750 年	1751～ 1760 年	1761～ 1770 年	1771～ 1780 年	1781～ 1790 年	1791～ 1800 年	1801～ 1810 年	1811～ 1820 年
俄国	149	218	190	233	208	254	320	480	566	635	566
英国	100	95	83	76	96	105	113	120	161	213	222

国家	1821～ 1830 年	1831～ 1840 年	1841～ 1850 年	1851～ 1860 年	1861～ 1870 年	1871～ 1880 年	1881～ 1890 年	1891～ 1900 年	1901～ 1910 年	1911～ 1914 年	
俄国	497	689	651	757	894	964	824	792	957	1031	
英国	151	144	135	138	129	130	91	72	76	87	

注：俄国一栏给出了 5 种粮食的实际价格指数，英国一栏给出了小麦的票面价格指数。

资料来源：Kirkland John, *Three Centuries of Prices of Wheat, Flour and Bread*. London, 1917, p. 63。

18 世纪上半叶，西欧粮食价格下跌，俄国粮食价格则呈现上升趋势。此外，几十年来，俄国和西欧的粮食价格走势基本同步，但是有一个显著差异，即价格上涨期间俄国粮食价格上涨更快，萧条时期俄国粮食价格下降幅度更小。18 世纪至 20 世纪初，俄国粮食价格上涨了 9.3 倍，西欧粮食价格 （从英国的价格来看）下降了 13%。18～19 世纪，西欧和俄国的粮食价格更加接近，西欧粮食价格是俄国粮食价格的不到 10 倍，而 18 世纪之前，西欧粮食价格是俄国粮食价格的 100 倍，英国是欧洲粮食价格最高的国家之一。[6]

四　粮食价格的地理分布

区域价格分析提供了非常重要的结果。俄国占据的空间广阔，俄国某些地区显著的地理和经济特征不可避免地会影响区域价格水平和动态。同时，各地区价格走势更多的是共性而不是个性，以下是区域价格动态中的一些重要现象。

表 2-6 总结了俄国各地区 1711～1914 年的粮食价格变化。为更好地确定 18 世纪至 20 世纪初的区域价格演变规律，我们根据 1796～1801 年和 1910～1914 年两个时间段内的价格上涨幅度对各地区进行了排名 （见表 2-7）。

表2-6　1711~1914年俄国各区粮食零售价格指数（1707~1710年=100）

地　区	1711~1720年	1721~1730年	1731~1740年	1741~1750年	1751~1760年	1761~1770年	1771~1780年	1781~1790年	1791~1800年	1801~1810年	1811~1820年
北部地区	198	247	204	256	223	261	351	486	594	718	641
东部地区	132	217	200	213	185	283	309	521	559	531	426
东南部地区	—	243	283	298	213	308	525	—	619	578	504
伏尔加河地区	127	190	186	192	160	264	289	442	510	536	449
中央黑土区	132	202	193	214	166	271	308	473	504	540	504
中央非黑土区	160	220	189	220	199	299	380	510	588	629	577
波罗的海地区	—	59	48	69	63	80	83	111	140	176	147
西部地区	176	147	—	—	—	—	115	161	212	241	198
乌克兰地区	129	169	163	257	163	276	314	437	427	601	555
西南部地区	130	206	171	243	169	252	297	395	387	787	600
草原地区	132	200	188	224	196	267	341	466	507	631	598
西西伯利亚地区	153	253	225	235	283	458	503	949	765	1016	904
东西伯利亚地区	105	201	174	205	221	166	248	381	334	335	320
芬兰边境的欧俄地区	149	218	190	233	208	264	320	480	566	635	566
欧俄	185	268	227	256	224	297	365	528	613	714	635

续表

地 区	1821~1830年	1831~1840年	1841~1850年	1851~1860年	1861~1870年	1871~1880年	1881~1890年	1891~1900年	1901~1910年	1911~1914年
北部地区	564	658	666	726	726	783	721	666	807	846
东部地区	386	561	522	545	907	879	777	755	892	1004
东南部地区	464	748	740	837	977	1148	941	863	1020	1046
伏尔加河地区	394	603	596	619	886	941	836	826	1015	1145
中央黑土区	458	676	613	788	870	964	861	876	1068	1058
中央非黑土区	518	672	630	752	858	900	755	723	908	993
波罗的海地区	121	141	149	168	170	189	151	144	170	174
西部地区	147	180	207	296	260	281	226	207	252	266
乌克兰地区	454	662	583	787	837	1055	824	768	1000	1052
西南部地区	496	610	685	988	992	1115	958	905	1106	1203
草原地区	596	880	785	1045	1174	1207	847	805	988	1033
西西伯利亚地区	719	931	1058	1202	2057	—	1173	1016	1656	2070
东西伯利亚地区	225	365	483	335	506	—	582	412	518	538
芬兰边境的欧俄地区	497	689	651	757	894	964	824	792	957	1031
欧俄	547	720	688	856	974	1024	844	801	968	1031

表 2-7　18 世纪末和 20 世纪初欧俄粮食价格指数的地区排名

排名	地区	1796~1801 年价格指数*	地区	1910~1914 年价格指数**
1	北方地区	602	西南部地区	313
2	中央非黑土区	583	乌克兰地区	283
3	东部地区	563	伏尔加河地区	225
4	东南部地区	544	中央黑土区	220
5	伏尔加河地区	510	草原地区	204
6	草原地区	507	东南部地区	192
7	中央黑土区	480	东部地区	178
8	西南部地区	384	中央非黑土区	170
9	乌克兰地区	371	北方地区	141
10	西部地区	212	西部地区	117
11	波罗的海地区	135	波罗的海地区	109

注：* 1707~1710 年 = 100，** 1796~1801 年 = 100。

18 世纪的区域价格上涨（一些例外情况将在下文介绍）遵循一定规律：越靠北和靠西的地区，价格涨幅越大。这一规律表明，18 世纪俄国物价上涨的源头或诱因正是在西北部。事实上，这个源头就是欧洲市场。随着 18 世纪初俄国进入波罗的海沿岸，俄国获得了里加、雷瓦尔和彼得堡 3 个大型港口；同时在北部，白海沿岸港口也早已于 16 世纪存在。正如后面将详细说明的那样，俄国通过白海、波罗的海港口的对外贸易已成为西欧高价格市场将俄国的低价格提高到其水平的"阿基米德杠杆"。

东部、东南部、草原和波罗的海地区打破了地理位置与价格上涨之间的联系。波罗的海地区是 18 世纪粮食价格上涨幅度最小的地区，在加入俄国之前已经有机地成为欧洲市场的一部分，价格水平很高，接近欧洲，所以俄国价格革命对它的影响很小。此外，东部、东南部和草原地区是新内部殖民区的一部分，直到 18 世纪下半叶才开始被积极开发。尽管这些地区土地肥沃广阔，但直至 18 世纪末它们仍然依赖粮食进口，这些粮食来自与其北部、西部相邻的黑土省份。[7]

进口粮食地区的粮食价格高于粮产区是理所应当的。因此，东部地区的粮食价格整体高于偏西部的伏尔加河和中央黑土区，东南部地区的粮食价格高于偏北的地区，如伏尔加河地区。对各时期地区价格增长情况的比较显示，西欧市场对俄国市场的影响在两个阶段具有不同性质。首先，在18世纪的前25年，靠近俄国波罗的海港口的北部和中部非黑土地区受欧洲市场的影响更大，正是那里粮食价格上涨幅度最大。然后，价格上涨趋势向南部和东部地区传导，1761~1810年，俄国边远地区的价格增长较快，赶上了西部和北部地区的价格上涨。伏尔加河地区的价格上涨特别快，该地区通过便捷的水路与彼得堡相连，并通过后者与国外市场联系，这证明了俄国本地价格上涨与对外贸易、欧洲市场之间的关系。

19世纪至20世纪初，区域价格的波动是由18世纪末发生的事件、19世纪黑海沿岸俄国港口的兴起和外贸的繁荣，以及19世纪下半叶铁路的密集建设引起的。根据19世纪至20世纪初的粮食价格上涨情况，欧俄被划分为3个大区：①与波罗的海港口紧密相连并进口粮食的北部、波罗的海沿岸和西北部省份，是价格涨幅较小的地区；②与波罗的海港口有密切贸易关系的中部非黑土省份、东部和伏尔加河中部省份，是价格增长较平稳的地区；③南部地区、西部地区和中央黑土区是粮食生产区，是价格涨幅较大的地区。

第一个大区，即价格涨幅较小的地区，包括1791~1800年粮食价格水平最高的地区及靠近波罗的海的地区。与波罗的海港口地理位置上的邻近使得当地粮食价格与西欧市场粮食价格间的差距早在18世纪末，在当时的交通条件下就被缩到尽可能小的程度（越靠近港口的区域，价格与西欧市场越接近）。由于从第一大区不同地区向波罗的海港口运送粮食的成本波动很大，因此会不可避免地出现第一大区内部各地区和各省之间的粮食价格波动。随着从俄国向西欧运输粮食的成本降低，第一大区的粮食价格越来越高，越发接近欧洲粮食价格。

然而，19世纪至20世纪初西欧粮食价格呈下降趋势，也就是说，此时西欧粮食价格反过来变得更接近俄国粮食价格。第一大区的粮食价格上涨空间由此受到限制，这就是为何在最接近西欧国家且拥有18世纪末最高粮食价格水平的波罗的海地区，粮食价格在1801~1914年仅上升了9%。粮食价格初始水平较低、离港口较远的西部地区，价格上涨的空间更大，因为该地区不仅受益于与世界粮食价格的趋同，而且还受益于出口价格，因为将粮食运送至港口的成本较低。北部地区离港口更远，在1791~1800年拥有与西部地区大致相同的价格水平，但它的提价空间更大，因为对它而言，到波罗的海港口的运输成本降低比西部地区更明显。

粮食价格在其最低增长区的价格走势特点表明，那里的粮食价格走势主要受欧洲市场粮食价格和从波罗的海港口向西欧运输粮食的成本下降的影响。然而，外部因素并不能完全解释该地区的价格动态，因为第一个大区的粮食价格还受到纯粹的俄国内部因素的影响，如运粮成本降低，以及粮产地生产成本和劳动生产率的变化。

第二大区是粮食价格增长平稳温和的地区，包括消费粮食的中央非黑土省份及生产粮食的中伏尔加和乌拉尔地区的省份。这些省份被波罗的海港口吸引，物价上涨幅度大于第大一区的省份。造成这种情况的主要原因是，第二大区的初始价格水平远低于第一大区，第二大区的粮食价格受粮食出口和欧洲市场的影响，其价格差别是第一大区价格水平与从第二大区到第一大区的粮食运输成本之间的差额。19世纪下半叶，粮食运输成本急剧下降促进了第二大区的粮食价格上涨，因此两区价格开始趋于接近。

值得注意的是，粮食消费和生产省都处于粮食价格温和上涨区。1801~1914年中等涨幅地区粮食价格上涨的原因在于，生产粮食的中伏尔加和东部省份比消费粮食的中央非黑土区省份离波罗的海港口更远。

1791~1800 年产粮省拥有相对较低的粮食价格，这可能使它们比中央非黑土区省份更大限度地提高粮食价格。然而，由于从中伏尔加和东部省份到波罗的海港口的运输成本更高，这种可能性被严重限制了。因此，远离港口的中伏尔加和东部省份虽然拥有较低的初始粮食价格，但在价格增幅方面与靠近港口的中央非黑土区省份处于同一组，后者则离港口较近，初始价格水平较高。

在第二个粮食价格增长区，个别地区的价格增幅存在相当大的差异。东部地区最偏远，同时初始价格水平比伏尔加河地区高，但价格增幅不如后者。伏尔加河地区与中央非黑土区相比，离港口更远，价格涨幅更大，这是因为初始价格水平差距超过了与港口的距离差距：1791~1800年，中央非黑土区粮食价格比伏尔加河地区高 43%，而在 19 世纪 80~90年代，从前者运输粮食只比从后者运输便宜 20%。

以上阐述表明，在价格平稳温和上涨区，其价格变动更多地受到俄国国内因素而非外部因素的影响。

第三大区，即粮食价格大幅上涨的区域，包括南部和中央黑土区省份。销售了一半以上商品粮的南部省份倾向于黑海港口。中央黑土区省份分为南北两个组，第一组更倾向于黑海港口，第二组则更倾向于波罗的海与俄国北部和中部地区的国内市场。该地区粮食价格增幅较大的原因在于价格初始水平极低。第三大区省份拥有 18 世纪末最低的粮食价格水平，主要是由于远离波罗的海港口和主要国内销售市场。黑海港口的开放使大多数第三大区省份将目标市场从波罗的海港口和国内市场转向了更方便有利的黑海港口，作为其多余粮食的销售点。在 19 世纪的前 30年，黑海港口的出口价约比波罗的海港口低 56%，到 19 世纪中叶，黑海和波罗的海港口的粮食价格趋于一致，到 19 世纪 80 年代末，两者的出口价几乎完全相同。高出口价是俄国南部粮食价格迅速上涨的主要原因。事实证明，黑海港口的出口价随运费的下降而上升，并与西欧价格趋同。

而出口粮生产省份的当地粮食价格随港口粮食供应的减少而上涨两倍，与出口粮食价格及西欧粮食价格趋同。这个双重过程致使最高增长区的粮食价格比最低增长区的粮食价格多出 1 倍。

第三大区内部各地区有不同的贸易取向和初始粮食价格水平，这影响了各地区的价格增长率。18 世纪末更"便宜"的、离黑海港口不太远的西南地区及乌克兰地区的粮食价格上涨幅度较大。在更偏远、更"昂贵"的中央黑土区，价格涨幅较小，因为将粮食运到港口的成本较高。而且 18 世纪末粮食价格较高，降低了当地粮食价格上涨的可能性。与西南部和乌克兰地区相比，草原和东南部地区的粮食价格增长滞后，首先是由于其粮食价格初始水平较高，其次是由于后者靠近港口，19 世纪至 20 世纪初将粮食运送到港口的成本降低了，但沿海地区受到的影响比偏远地区小。

与第一大区即价格涨幅最小地区一样，价格涨幅最大地区的价格走势主要受世界价格和世界粮食市场行情的影响，同时也受铁路建设、粮食产量增长及其他俄国内部因素的影响。但由于经济条件不同，即使以上两区粮食价格受相同因素影响，结果也大不相同：第一大区粮食价格略有上涨，而第三大区粮食价格上涨明显，是三个分区中俄国粮食价格上涨幅度最大的地区。

对 18 世纪至 20 世纪初俄国各地粮食价格走势进行分析得出的结论是，俄国各地区的粮食价格上涨取决于 1707～1710 年的初始价格水平、是否临近销售市场、距港口的远近程度以及向港口运输粮食的成本。这些因素综合，造成了俄国各地不同的粮食价格增长速度。值得强调的是，港口像指南针一样引导着当地粮食价格，这表明了世界粮食市场的存在和高度发展。自 18 世纪下半叶起，俄国就已是世界粮食市场的有机组成部分[8]，这间接证明了俄国经济与其他欧洲国家的经济相互依存。

18 世纪至 20 世纪初，粮食价格的空间结构显示出极大的流动性和灵活性。由于出口、市场、城市人口分布、工业布局、粮食销售和运输条件及农业生产日益专业化等因素的不断变化，粮食价格历史上的 7 个阶段都没有与上一个阶段的地理结构完全重复。

18 世纪的前 1/3，全俄粮食价格较低的地区是奔萨、萨拉托夫、辛比尔斯克和坦波夫。18 世纪的第二个 1/3，只有黑麦和燕麦保持较低价格，乌克兰成为小麦、大麦和荞麦价格最低的区域。18 世纪的最后 1/3 到 19 世纪 20 年代末，乌克兰 5 种谷物的价格都保持着最低水平。最低粮食价格区域向乌克兰的转移与俄国南部开发加速有关，那里的作物种植面积和粮食供应量迅速增加，而且俄国南部远离主要的粮食进口省份和港口，当时黑海港口的粮食出口才刚刚开始。但随着通过黑海港口的粮食出口增加，最低粮食价格区域向东移动，逐渐转移到生产粮食但相对远离市场的东部和伏尔加河地区。1881～1895 年农业危机期间，最低粮食价格区域又向东移，到达西西伯利亚并一直维持到一战爆发。1895 年前，乌克兰在整个欧俄地区粮食价格最低，而在 1895～1914 年，粮食低价区逐渐变成东部地区。从 18 世纪初到 1881～1895 年的农业危机期间，粮食价格最高的地区是波罗的海沿岸地区，农业危机之后则是北部地区。在研究所涉时期内，最高和最低粮食价格区域的粮食价格差异缩小了一半。

决定出口区、进口区和这些区域内部价格水平之间关系的最重要因素是销售市场远离生产地。此外，对粮食出口和进口地区来说，靠近外部出口市场特别重要，这对价格水平产生了重大影响——欧洲市场粮食价格总是远高于俄国当地粮食价格。直到 18 世纪末，当黑海港口刚开始运作时，俄国主要粮食市场位于其中部、北部和西部（在波罗的海港口和进口粮食的非黑土省份）。因此，粮食从南部和东部向北部和西部运输。粮食价格的空间结构与之对应：在接近港口时，价格从南到北、从东到西上升。从 19 世纪初开始，大部分出口粮食通过黑海港口运输，相应的粮食价格地理结构发生变化，从中心向北、南、东、西上涨。1791～

1800 年，在中央黑土区，一普特的粮食均价约为 27 黄金戈比，而在南部草原、西南部和乌克兰地区为 23 黄金戈比；1896~1914 年，这两个地区的 1 普特粮食均价分别为 51 黄金戈比和 52 黄金戈比。

在研究所涉期间发生了一个极其重要的过程，地方（县级、省级和地区）粮食价格的趋同或持平。18 世纪至 19 世纪上半叶，最高和最低粮食价格的差异（在地区一级）在 2.75~3.35 倍波动。随着铁路建设的开始和运输成本的降低，这种差距开始缩小。到 20 世纪初，北部地区的最高粮食价格仅比西西伯利亚地区的最低粮食价格高 70%。

根据当地价格的变动系数能更准确地评估粮食价格趋同程度。[9] 1707~1914 年，所有粮食的区域价格趋同系数达到 359，其中黑麦的趋同系数为 343，燕麦为 352，小麦为 396（见表 2-8）。

表 2-8　1707~1914 年俄国区域粮食价格趋同系数

年份	荞麦	黑麦	大麦	燕麦	小麦	平均
1707~1710	58.8	55.3	51.8	51.1	43.6	52.1
1796~1801	49.1	46.4	43.3	42.8	36.5	43.6
1910~1914	16.1	16.1	14.9	14.5	11.0	14.5
趋同系数	365	343	348	352	396	359

1744~1913 年欧俄诸省粮食价格变化见表 2-9。

表 2-9　1744~1913 年欧俄诸省的粮食价格趋同系数

年份	黑麦	燕麦	小麦	大麦	荞麦	平均	铁路（千米）
1744~1753	54.3	56.1	57.8	54.2	56.2	55.7	—
1796~1800	37.1	38.6	40.0	37.1	38.6	38.3	—
1801~1810	40.9	40.1	44.1	40.8	40.6	41.3	—
1811~1820	37.0	46.6	40.2	35.0	29.3	37.6	—
1821~1830	30.5	36.4	33.7	29.3	30.2	32.0	—
1841~1850	33.3	28.8	33.3	27.6	25.8	29.8	—

年份	黑麦	燕麦	小麦	大麦	荞麦	平均	铁路（千米）
1851~1860	35.9	33.2	30.1	29.8	31.7	32.1	1500
1871~1880	20.7	22.3	21.5	26.3	27.1	23.6	10202
1881~1890	20.8	21.5	13.1	22.7	25.2	20.7	21555
1891~1900	17.8	17.2	10.9	23.0	24.4	18.7	27093
1901~1910	17.9	15.9	16.0	18.1	23.2	18.2	41114
1909~1913	15.2	13.1	15.0	15.0	21.0	16.0	70300
趋同系数	357	430	385	361	268	348	—

13个地区的价格变异程度与欧俄50个省份的价格变异程度相差不大，表明19世纪初地区内的省平均价格之间没有显著差异。19世纪末至20世纪初的粮食价格趋同主要发生在不同地区之间。整个研究所涉期间最大的价格趋同发生在19世纪的最后30年，即铁路建设迅速发展的时期，粮食价格趋同程度达到最大。

各省和地区粮食价格水平的这种波动势必影响农民和地主农场的经济收益、土地价格的变化、土地租金和农民需支付的各种费用、粮食生产和粮食市场的发展、租赁关系制度以及改革后俄国社会经济生活的其他方面。这些问题已经在苏联史学中得到了反映。

通过分析地区粮食价格得出的结论是：粮食价格演变主要受市场情况和趋势的影响，俄国各地区的粮食价格逐渐与出口价格、世界市场价格趋同。市场形势决定了俄国粮食价格的动态走势，是上涨、下降还是稳定，而价格趋同趋势则对各地区的价格变化速度进行了重大调整，甚至在某些情况下阻碍了某些地区的市场表现。

市场形势不良导致粮食价格总水平下降的情况很常见，然而，某些地区的粮食价格趋向平衡反过来提高了整体价格水平。市场形势与当地粮食价格的相互作用不是偶然的，而是严格取决于地区间粮食价格水平的比例关系。例如，在1829~1881年和1895~1914年这些市场形势良好的时期，粮食价格在粮食价格较低地区上涨较多，在较高地区甚至是下降的。在1806~1829年和1881~1895年这些市场形势不良的时期，粮食价格较低地区的粮食价格下降幅度较小，有时甚至会上升。

不同地区和省份之间的粮食价格持平与交通运输的发展和粮食运输成本的降低密切相关。18世纪至19世纪上半叶，粮食运输成本降低主要归因于新道路的建设和旧道路的改进，包括马车道路和河道、运河等水道建设。[10] 然而，这些措施并未给粮食运输的速度和成本带来根本性改变，因此，18世纪至19世纪上半叶，各省之间粮食价格的接近程度较小。自19世纪下半叶特别是60年代以来，铁路建设的迅速发展极大地促进了粮食价格的趋同，因为铁路降低了陆运成本，使占粮食运输成本80%的陆路运输成本降低到原来的1/8~1/7。[11] 比较铁路网的扩张速度与价格差异的缩小速度可以表明二者之间存在密切联系。俄国铁路建设经历了两个高峰期——19世纪60年代末到70年代初和90年代下半期。1865~1875年，铁路线路平均每年增加1.5千米，1893~1897年每年增加2.5千米。正是在19世纪70年代和90年代，各省间粮食价格差距的缩小最为明显，70年代比50年代缩小了40%，90年代则比70年代缩小了25%。

然而，需要强调的是，在整个研究所涉时期，区域价格差异程度根据商品生产的定价规律确定，主要是从粮产地到粮食消费地及港口的运输成本，因为其他间接成本相对较低。[12] 在19世纪中叶的交通技术革命之前，把粮食从肥沃黑土区的粮产地运输到销售地或最近的港口，会使粮食价格翻倍。所以，按照当年的计算，农民"必须用自己一半的商品来支付运输费用"。[13] 铁路建设实现了地区价格的均衡，低价格的地区向高价格的地区靠拢，而后者则向出口市场和国际市场靠拢。因此，调动粮食出口的可能性大大增加。正如一些历史学家认为，地区价格均衡并不会降低粮食生产贸易的利润率。[14]

改革后俄国粮食价格的均衡在很大程度上归功于政府对铁路运输粮食的关税政策。俄国粮食关税政策根据粮食的目标市场（出口或内销）及与目标市场的距离来区分税率。关税政策给予偏远地区和远离中心地带的低粮食价格地区优惠，以扩大国内消费市场并保持国内市场商品粮的流通。[15] 这极大地促进了当地粮食价格自然地均衡化，使低价向高价靠拢，并对高粮食价格地区的粮食价格上涨造成一定限制。

五　地方粮食价格波动趋向一致

弄清各县、省、地区价格走势的一致性程度非常重要，有助于回答全俄统一粮食市场形成的时间和方式等根本性问题。[16] 我们的基本观点是：国家统一市场受供求规律的影响（在统一市场条件下，供求规律也具有全俄性），当地市场价格的变化应该完全一致，如果没有这种规律，则应呈现异步（不同步）变化。因此，当地市场价格波动的一致性可以作为当地市场融入国家统一市场程度的指标，而当地价格波动的一致性变化则可作为当地市场一体化程度的指标。

各县、省和地区价格波动的一致性已经用相关性分析法确定。在计算价格动态的相关性时，惯例是比较它们的随机波动，即把趋势从经验时间序列中排除。然而，这项任务的性质是衡量当地价格波动的一致性，因此，在这种特殊情况下从经验价格序列中排除趋势是无效的。事实上，不同地区和省份的粮食价格受到相同因素的影响，因此，俄国不同地区的价格动态是一个定性的同质过程。只有当动态序列成为带有不同趋势的多质过程时，趋势才会消失。而趋势的消除在很大程度上是为了获得或多或少的同质现象，并摆脱虚假相关性。在这种情况下面临着一个完全不同的任务——确定受到相同因素影响的粮食价格在不同地区和省份间波动的一致性。在这种情况下消除对粮食价格造成影响的因素，如粮食生产成本的增加、全球粮食价格或铁路运输等，有什么意义呢？实际上，正是所有因素在某年或十年内的综合作用，决定了特定省份的粮食价格，并通常形成了价格运动的某种方向。我们的目标是确定不同地区和省份最终的实际粮食价格之间的一致性。[17]

我们对整个研究所涉期间的所有或大多数当地市场的价格波动进行了一致性分析，时间跨度从 6 年到 30 年不等。通过对动态价格序列的实验研究，我们得出了两个结论。首先，分析俄国地方市场 18~19 世纪价格变动之间相关性的时间间隔不应少于 13~15 年。更短时间序列的相关性分析容易导致不稳定和不可靠的结果，有效性无法准确评估。[18]而且，短时间序列的相关系数可能会夸大或低估真实相关性。这个纯粹由实践得出的结论得到了数理统计学家的支持。他们认为，"为了计算相关性所使用的数值不应少于 12 对"[19]，并且，"把基于短时间序列得出的估计值作为实际参数的特征没有特别的意义"[20]。在研究当地市场价格波动的一致性时，选择时间间隔应考虑价格波动的周期性特征。最好是将时间间隔设置为跨越至少两个重要的 7~8 年的尤格拉周期，它在价格和收成的周期性波动中具有关键作用（个别周期的实际持续时间为 5~12 年）。同时，在分析价格时间序列时，第一个被分析的价格点应该落在一个周期的起始位置，而最后一个则应落在另一个周期结束的位置。这样可以确保对整个周期进行研究，这在时间序列的相关性分析中非常重要，能够保证分析结果的可靠性和准确性。通过这项工作，可得到反映当地市场价格波动一致性的成对相关系数矩阵，并得出矩阵的平均系数。

在涵盖两个尤格拉周期的时间间隔内，分别对欧俄各县、各省最重要的粮食作物——黑麦和燕麦进行了相关系数矩阵计算，结果见表2-10。

表 2-10　1708~1915 年欧俄黑麦和燕麦的价格相关系数

年份	黑麦	燕麦	年份	黑麦	燕麦
1708~1721	0.40	0.43	1828~1844	0.79	0.79
1738~1754	0.44	0.45	1814~1858	0.76	0.78
1754~1771	0.73	0.76	1858~1871	0.72	0.74
1771~1790	0.76	0.77	1871~1887	0.71	0.72
1790~1811	0.77	0.78	1887~1903	0.83	0.79
1811~1828	0.79	0.80	1903~1915	0.89	0.88

　　一般来说，当相关系数的绝对值大于 0.71 时，变量波动的一致性就被认定为很高。相关性分析表明，1750~1770 年，地方市场上粮食价格波动的一致性较高，这表明全俄粮食市场大体上在 18 世纪 50~70 年代形成。可以认为，1754~1757 年废除国内关税是促使全俄统一粮食市场形成的最后一个重大经济事件。[21] 在随后的时间里，地方粮食市场的一体化程度不断提高，除了 1850~1870 年的价格波动一致性短暂停止。地方价格波动外部一致性的降低是由于铁路建设导致价格地理结构调整，以及与此相关的俄国各地区和省的粮食价格水平下降。省和地区价格的均衡是通过个别地区、省价格的不均匀下降和上升来实现的，这是唯一可行的方法，也是粮食价格波动的外部一致性下降的直接原因。从本质上讲，各地区、省之间的经济联系增加了，所有经济现象的相互影响不断加强，因此价格趋同了。

注　释

1. Миронов Б. Н. Революция цеп в России в XVIII в. Вопросы истории, 1971, № 11, с. 51-52.

2. Приняты веса: для продуктов сельского хозяйства, производимых в России——

60%, для ремесленных и промышленных изделий отечественного производства —40%. Веса взяты на основании структуры товарного обращения в первой четверти XVIII в. по данным из кн.: Кафеигауз Б. Б. Очерки внутреннего рынка России первой половины XVIII века. М., 1958, с.41, 70, 91, 110, 195, 204, 233, 304. —Цены импортных товаров при подсчете общего индекса цен не учитывались, что завысило общий индекс цен, поскольку реальные цены импортных товаров возросли за XVIII в. всего примерно в 1.5–2 раза (подсчитано по кн.: Семенов А. Изучение исторических сведений о российской внешней торговле и промышленности с половины XVII столетия до 1858 г. СПб., 1859, ч.3, с.502–505).

3. Стрцмилин С. Г. Очерки экономической истории России и СССР. М, 1900, с.212.

4. Все коэффициенты корреляции статистически значимы и существенны, поскольку их стандартные ошибки при 95% вероятности не превышают ± 0.14; в дальнейшем будут приводиться только статистически значимые коэффициенты корреляции без их стандартных ошибок. О применении корреляционного метода в исторических исследованиях см.: Миронов Б. Н., Степанов З. В. Историк и математика. Л., 1975. с.90–157.

5. Например, во временном ряду 1801–1880 гг. при сопоставлении цен всех хлебов и цен пшеницы год в год коэффициент корреляции составил 0.68. а при сопоставлении цен со сдвигом для пшеницы относительно всех хлебов на один год назад −0.87.

6. См. подробнее: Миронов Б. Н. Движение российских и мировых хлебных цен в 1801–1914 гг. В кн.: Проблемы развития феодализма и капитализма в странах Балтики. Тарту, 1975, с.237–252.

7. Яцунский В. К. Изменения в размещении земледелия в Европейской России с конца XVIII в. до первой мировой войны. В кн.: Вопросы истории сельского хозяйства, крестьянства и революционного движения в России. М.. 1901, с.115, 127; Рубинштейн Н. А. Сельское хозяйство России во второй половине XVIII в. М., 1957, с.230, 319, 381.

8. Миронов Б. Н. Экспорт русского хлеба во второй половине XVIII – начале XIX в. Ист. зап, 1974, т.93, с.149–188.

9. Коэффициент вариации —отношение среднего отклонения конкретных членов статистического ряда от арифметической средней этого ряда (отклонения, взятого в квадрате) к средней арифметической ряда.

10. Строительство железных дорог началось в 1834 г. , но построенные в 30-40е
    гг. XIX в. дороги не имели хозяйственного значения. См. : Соловьева А.
    М. Железнодорожный транспорт России во второй половине XIX в. М. ,
    1975, с. 38.

11. Катикман А. А. Железные дороги. 1825-1925. Л. , 1925, с. 39.

12. Аленицын В. Д. Опыт расчета стоимости пшеницы, ржи, овса и ячменя в
    производстве и в отношении пользования сбором. Временник Центрального
    статистического комитета, 1889, № 12, с. VI.

13. Шелехов Д. О настоящем положении сельского хозяйства в России и о
    причинах прошлогодних неурожаев. СПб. , 1842, ст. 1, с. 4; Пузанов М. О
    земледелии и скотоводстве в России: Наблюдения и исследования. СПб. ,
    1862, с. 246-247.

14. Яковцевский В. Н. Купеческий капитал в феодально - крепостпической
    России. М. , 1953, с. 77-103.

15. Китанина Т. М. Хлебная торговля России в 1875 - 1914 гг. : Очерки
    правительственной политики. Л. , 1978, с. 77-95, 179-200, 246-255.

16. Время возникновения единого национального рынка в России до сих пор
    является дискуссионной проблемой в историографии. См. : Ковалъченко И.
    Д. , Милое Л. В. Всероссийский аграрный рынок XVIII - начала XX в. :
    Опыт количественного анализа. М. , 1974, с. 380 - 382; Тихонов Ю. А.
    Проблема формирования всероссийского рынка в современной советской
    историографии. В кн. : Актуальные проблемы истории России периода
    феодализма. М. , 1970, с. 200 - 223; Миронов В. Н. Внутренний рынок
    России во второй половине XVIII-первой половине XIX в. Л. , 1981, с. 243-
    247; Kerblay B. Les foires commerciales et le merché du Monde Russie dans la
    première moitie du XIX^{e}siècle. Cahiers du Monde Russe et Sovietique, 1966,
    vol. 7, No 3, pp. 414 - 435; Metzer J. Railroad development and market
    integration: The case of tsarist Russia. *Journal of Economic History*, 1974, vol. 34,
    No 3, pp. 529-550.

17. Интересно отметить, что взаимосвязь натуральных цен и случайных
    колебаний цен дает примерно одинаковые результаты. См. : Ковалъченко
    И. Д. , Милое Л. В. Всероссийский аграрный рынок. . . , с. 114-119, 131-
    139, 188-191.

18. Миронов Б. Н. О методике обработки источников по истории цен: (К
    исследованию проблемы образования всероссийского рынка). В кн. :

Археографический ежегодник за 1968 г. М. , 1970, с. 154 – 165; Малое Д. Н. К вопросу о складывании единого хлебного рынка во Франции в XVIII-XIX веках: (Опыт корреляционного анализа). В кн. : Французский ежегодник за 1979 г. М. , 1981, с. 198–199.

19. Юл Дж. Э. , Кендэл М. Дж. Теория статистики. М. , 1960, с. 358.

20. Вайну Я. Я. Ф. Корреляция рядов динамики. М. , 1977, с. 90.

21. См. также: Миронов Б. Н. О критерии единого национального рынка. В кн. : Ежегодник по аграрной истории Восточной Европы за 1968 г. Л. , 1972, с. 180189.

第三章
俄国部分地区的粮食价格变动

第二章已确定全俄粮食价格运动规律，在此背景下分析地区粮食价格动态对于理解全俄粮食价格的演变至关重要。从这个角度研究地区粮食价格，可以了解每个地区在俄国历史上最大粮食价格动荡中的位置，并看到这些一般模式的具体地理表现。

一　北部地区

北部地区包括 6 个省：阿尔汉格尔斯克、沃洛格达（从 1861 年起）、诺夫哥罗德、奥洛涅茨、彼得堡和普斯科夫。在北方诸省中，除阿尔汉格尔斯克和奥洛涅茨外，农业和畜牧业都发挥了重要作用。彼得堡和诺夫哥罗德，以及普斯科夫的部分地区工业发达，其他省份的手工业性质明显。北部地区居住着大量城市人口、非农业人口和外来务工人口，通过彼得堡和阿尔汉格尔斯克与外部市场紧密相连。

在整个研究所涉期间，该地区的主要粮食作物一直是黑麦和燕麦。在阿尔汉格尔斯克和奥洛涅茨省，大麦种植也占有重要地位。由于该地区的工业、手工业及商业性质，黑麦、小麦和米类作物①经常处于短缺状

---

① 直译为"颗粒粮作物"，概指米类作物。——译者注

态。燕麦短缺常见于彼得堡和奥洛涅茨省，普斯科夫和阿尔汉格尔斯克直到 19 世纪末至 20 世纪初才出现燕麦短缺，而在诺夫哥罗德和沃洛格达，直到 1914 年燕麦都有盈余。从 19 世纪末开始，诺夫哥罗德和沃洛格达出现大麦短缺。粮食缺口主要从伏尔加河流域黑土省份补充。[1]

北部地区的经济特点影响了地区的粮食价格演变。在研究所涉期间，该地区的粮食价格增长了 7.5 倍。其中，价格上涨最多的是燕麦，增加了 8.9 倍，其次是黑麦（8.2 倍）、荞麦（8 倍）、大麦（7.9 倍）和小麦（5.2 倍）。无论粮食总体还是单独种类粮食的价格上涨幅度都比俄国总体水平小得多。1707~1914 年俄国各区 1 普特黑麦、燕麦、荞麦、大麦和小麦的零售价格分别见表 3-1 至表 3-5。

个别粮食价格上涨幅度存在差异的原因在于：彼得堡和阿尔汉格尔斯克吸引了北方的粮食出口、该地区的粮食价格平衡结构以及 18 世纪初该地区的粮食价格初始水平。在研究所涉时期，特别是在 18 世纪末黑海港口开通后，彼得堡和阿尔汉格尔斯克港口专门出口黑麦、大麦和燕麦。粗面包在该地区的国内消费中发挥了重要作用，因此价格相对上涨更多。荞麦的价格上涨幅度超过了大麦，这是由于陆军和海军对荞麦的需求大幅增加（在北方的粮食供应中完全没有荞麦）。该地区（与全俄相比）价格上涨滞后，这是由于在 18 世纪前 25 年，受俄国新首都和欧洲市场对粮食需求的影响，北方的粮食价格非常高，与距离彼得堡和阿尔汉格尔斯克最近的欧洲国家的价格也相差不大。

由于各种粮食的价格在不同幅度地上涨，200 年来北方各种粮食之间的价格比率已发生变化。1911~1914 年小麦价格相对于黑麦下降，其价格仅比黑麦贵 20%。大麦和荞麦相对于黑麦也降价了，只有燕麦涨价了。除燕麦外，所有种类粮食相对于黑麦来说都降价了。因此，价格差距缩小了 133%。

表 3-1 1707~1914 年俄国各区 1 普特黑麦的零售价格

单位：黄金戈比

地区	1707~1710年	1711~1720年	1721~1730年	1731~1740年	1741~1750年	1751~1760年	1761~1770年	1771~1780年	1781~1790年	1791~1800年	1801~1810年
北部地区	9.25	18.0	22.2	18.5	21.4	17.9	24.5	29.5	45.8	50.1	59
东部地区	4.42	5.6	11.4	9.8	10.0	7.5	14.1	14.0	22.9	23.5	26
东南部地区	4.89	—	11.9	13.8	12.9	8.5	15.0	23.2	—	27.0	29
伏尔加河地区	5.09	5.8	9.9	8.9	7.7	5.9	14.0	12.6	21.2	23.2	25
中央黑土区	4.48	5.5	10.0	9.0	9.2	6.0	12.2	12.9	22.0	19.8	24
中央非黑土区	6.79	7.6	10.4	8.4	9.4	7.5	15.1	16.0	23.4	25.6	38
波罗的海地区	33.8*	—	19.9	16.2	22.3	19.6	29.4	28.7	41.2	49.0	68
西部地区	25.0*	—	—	—	—	—	—	30.0	38.0	47.0	54
乌克兰地区	4.73	5.5	9.5	7.7	14.5	7.6	13.1	15.8	22.6	18.0	28
西南部地区	4.59	5.8	10.5	9.0	11.5	7.5	11.5	13.9	18.8	14.0	37
草原地区	4.79	6.0	10.9	10.3	11.5	10.3	13.6	17.9	25.7	23.0	29
西西伯利亚地区	2.09	3.2	5.4	4.7	4.9	5.9	13.0	12.6	19.2	16.0	24
东西伯利亚地区	10.5	11.0	17.4	16.6	20.4	23.1	17.3	26.0	40.0	35.0	33
欧俄 1	5.34	8.0	13.1	11.2	12.9	11.2	15.6	18.2	28.1	30.0	34
欧俄 2	5.34	10.4	16.0	13.3	13.8	11.3	16.6	19.2	29.7	32.0	38

续表

地区	1811~1820年	1821~1830年	1831~1840年	1841~1850年	1851~1860年	1861~1870年	1871~1880年	1881~1890年	1891~1900年	1901~1910年	1911~1914年
北部地区	53	46	57	59	59	57	63	68	63	81	85
东部地区	22	17	32	26	26	43	44	40	39	46	53
东南部地区	24	18	38	30	34	46	53	48	45	53	55
伏尔加河地区	21	18	33	29	26	42	43	46	43	53	60
中央黑土区	23	19	36	27	32	37	41	41	42	53	55
中央非黑土区	35	32	46	43	44	50	55	55	52	66	70
波罗的海地区	59	44	54	61	69	63	74	58	58	71	71
西部地区	46	30	40	48	67	61	62	53	50	61	62
乌克兰地区	26	19	37	27	36	40	45	41	38	54	55
西南部地区	28	21	29	29	44	41	53	44	42	53	56
草原地区	28	25	42	34	46	54	55	45	42	53	55
西西伯利亚地区	19	16	21	25	31	43	—	32	25	45	52
东西伯利亚地区	30	20	37	51	36	53	—	52	37	53	54
欧俄 1	30	25	40	35	39	46	50	49	47	58	62
欧俄 2	34	27	41	38	44	49	53	50	48	59	62

注：欧俄 1 指 1701 年划定的欧俄范围，欧俄 2 指相应年代不含波兰和芬兰的欧俄范围。＊指 17 世纪 90 年代的数据。

表 3-2　1707~1914 年俄国各区 1 普特燕麦的零售价格

单位：黄金戈比

地区	1707~1710年	1711~1720年	1721~1730年	1731~1740年	1741~1750年	1751~1760年	1761~1770年	1771~1780年	1781~1790年	1791~1800年	1801~1810年
北部地区	6.55	14.3	17.7	14.3	20.0	17.6	18.2	26.4	31.8	45.9	53
东部地区	4.38	5.5	8.0	8.4	9.5	8.8	11.5	13.9	23.7	27	21
东南部地区	4.44	—	—	—	15.8	12.3	14.4	25.8	—	36.8	25
伏尔加河	4.10	4.8	7.7	8.6	9.6	8.0	11.2	13.4	18.9	23	24
中央黑土区	4.04	5.1	7.6	8.2	9.5	7.9	11.6	13.3	19.1	23.7	22
中央非黑土区	5.10	7.5	10.7	9.7	12.1	11.9	14.2	21.6	26.4	32.3	36
波罗的海地区	44.5*	—	—	—	32.0	31.6	33.8	36.9	43.2	52.9	62
西部地区	20.0*	—	—	—	—	—	—	22.0	33.0	45	50
乌克兰地区	4.10	—	5.2	7.0	9.6	6.6	11.9	12.3	16.6	21.4	25
西南部地区	3.90	4.8	7.8	6.3	10.0	6.9	9.8	11.0	14.7	19	30
草原地区	4.41	5.8	7.6	7.8	9.7	8.2	12.2	13.7	19.3	25	29
西西伯利亚地区	2.67	4.1	6.5	—	6.3	7.6	9.0	11.2	—	20.4	24
东西伯利亚地区	9.80	—	23.9	18.9	21.2	21.8	16.5	—	—	33	35
欧俄 1	4.74	6.8	9.7	8.8	11.6	10.5	11.9	14.4	21.2	28	30
欧俄 2	4.74	8.3	11.8	10.2	12.6	11.5	14.0	18.0	24.3	31	34

续表

地区	1811~1820年	1821~1830年	1831~1840年	1841~1850年	1851~1860年	1861~1870年	1871~1880年	1881~1890年	1891~1900年	1901~1910年	1911~1914年
北部地区	47	42	46	50	56	56	59	58	54	64	65
东部地区	16	17	19	22	23	37	34	33	34	40	48
东南部地区	23	26	32	37	45	45	54	51	45	56	61
伏尔加河	20	18	23	27	31	39	43	34	36	44	48
中央黑土区	20	20	23	25	36	37	41	33	37	43	48
中央非黑土区	33	29	34	35	46	51	51	40	42	52	60
波罗的海地区	51	49	48	51	60	64	64	55	53	62	65
西部地区	41	32	34	39	64	58	64	49	43	53	59
乌克兰地区	23	21	23	26	37	34	48	36	34	44	48
西南部地区	22	20	23	34	45	43	42	41	40	49	59
草原地区	27	30	39	43	55	54	56	40	41	50	54
西西伯利亚地区	24	18	23	25	26	—	—	24	23	34	46
东西伯利亚地区	35	26	37	47	32	—	—	67	47	52	55
欧俄1	27	25	30	33	41	44	47	40	41	49	55
欧俄2	30	28	32	35	46	49	50	42	41	51	56

注：欧俄1指1701年划定的欧俄范围，欧俄2指相应年代不含波兰和芬兰的欧俄范围。*指17世纪90年代的数据。

表 3-3　1707~1914 年俄国各区 1 普特荞麦的零售价格

单位：黄金戈比

地区	1707~1710 年	1711~1720 年	1721~1730 年	1731~1740 年	1741~1750 年	1751~1760 年	1761~1770 年	1771~1780 年	1781~1790 年	1791~1800 年	1801~1810 年
北部地区	8.38	15.2	19.1	16.5	18.2	17.0	19.7	29.9	43.1	50	52
东部地区	5.03	6.6	9.9	8.3	10.2	9.3	11.4	14.0	21.3	24	21
东南部地区	4.39	—	—	—	—	—	—	—	—	21	18
伏尔加河地区	5.08	6.7	9.0	8.1	9.4	8.5	10.0	14.3	21.2	23	27
中央黑土区	4.43	5.9	7.8	6.8	8.5	7.3	10.5	12.8	18.4	20	24
中央非黑土区	6.85	11.1	15.1	13.8	15.7	14.7	16.8	25.5	35.0	36	41
波罗的海地区	—	—	—	—	—	—	—	—	—	57	70
西部地区	19.0*	—	—	—	—	—	—	22.0	35.0	46	51
乌克兰地区	4.63	6.2	8.0	6.9	9.2	7.4	12.8	13.8	19.1	17	23
西南部地区	4.15	5.5	6.6	5.9	8.2	6.1	12.4	12.7	16.8	14	19
草原地区	4.84	6.4	9.5	8.3	9.8	9.0	11.0	18.5	20.8	23	28
欧俄 1	5.67	8.7	11.3	9.4	11.8	10.4	13.3	17.9	26.1	29.7	30
欧俄 2	5.67	—	—	—	—	—	—	19.8	29.2	31	34

续表

地区	1811~1820年	1821~1830年	1831~1840年	1841~1850年	1851~1860年	1861~1870年	1871~1880年	1881~1890年	1891~1900年	1901~1910年	1911~1914年
北部地区	47	40	45	55	71	52	76	63	60	71	75
东部地区	18	15	24	29	27	29	31	34	38	45	49
东南部地区	17	16	29	23	23	24	26	37	46	—	65
伏尔加河地区	26	17	35	27	27	32	39	40	44	53	56
中央黑土区	21	19	36	26	30	31	43	40	46	54	54
中央非黑土区	37	32	49	35	47	37	52	55	58	72	76
波罗的海地区	48	38	47	51	59	42	63	50	52	60	68
西部地区	38	28	36	40	60	35	48	39	44	55	59
乌克兰地区	21	15	31	20	23	17	27	34	40	47	50
西南部地区	15	11	19	15	28	16	28	39	45	50	52
草原地区	30	28	46	36	52	35	59	39	46	60	55
欧俄1	27	23	37	32	39	33	46	45	49	59	58
欧俄2	29	24	36	33	42	33	47	44	48	55	56

注：欧俄1指1701年划定的欧俄范围，欧俄2指相应年代不含波兰和芬兰的欧俄范围。*指17世纪90年代的数据。

表3-4 1707~1914年俄国各区1普特大麦的零售价格

单位：黄金戈比

地区	1707~1710年	1711~1720年	1721~1730年	1731~1740年	1741~1750年	1751~1760年	1761~1770年	1771~1780年	1781~1790年	1791~1800年	1841~1850年	1851~1860年	1881~1890年	1891~1900年	1901~1910年	1911~1914年
北部地区	8.41*	15.8	20	15.4	20.4	19.1	20.5	20.3	41.5	50	55	—	64	59	70	75
东部地区	4.05	8.9	9.9	8.4	7.6	8.2	14.1	14.6	29.5	26	23	—	38	36	48	55
东南部地区	4.02	—	—	—	9.7	6.6	10.6	—	—	24	39	—	42	36	48	53
伏尔加河地区	4.22	10.1	9	7.6	9.1	8.6	11.4	15.4	21.7	24	28	—	38	42	53	59
中央黑土区	4.1	8.7	8.8	7	8.8	7.8	10.5	13.4	19.2	21	26	—	39	37	50	53
中央非黑土区	5.92	10.8	13.4	11.4	13	12.8	19.7	21.8	29.5	35	37	—	48	46	61	68
波罗的海地区	34.1*	—	20.1	16.4	23.9	21.8	27.3	29.3	37.9	46	55	—	59	54	64	68
西部地区	20.0*	—	—	—	—	—	—	23	34	46	51	—	51	47	60	65
乌克兰地区	4.37	8.1	9.3	6.9	9.4	7.6	10.4	12.9	18.4	18	28	—	37	34	47	51
西南部地区	4.18	7.7	8.9	6.2	9.3	7.3	9.2	11.3	16	20	26	—	44	39	50	56
草原地区	4.38	7.6	8.8	6.1	9.2	7.6	9.5	14.5	15.6	23	34	—	38	34	48	54
欧俄1	5.2	8	11.3	9	11.2	10.2	13.3	16.9	25.2	30.5	34	—	45	42	54	60
欧俄1	5.2	11.3	13	10.4	11.9	11.2	13.8	18.9	23.2	32	37	—	46	43	55	61

注：欧俄1指1701年划定的欧俄范围，欧俄2指相应年代的欧俄范围。* 指17世纪90年代的数据。

表 3-5　1707~1914 年俄国各区 1 普特小麦的零售价格

单位：黄金戈比

地区	1707~1710年	1711~1720年	1721~1730年	1731~1740年	1741~1750年	1751~1760年	1761~1770年	1771~1780年	1781~1790年	1791~1800年	1841~1850年	1851~1860年	1881~1890年	1891~1900年	1901~1910年	1911~1914年
北部地区	16.9	23.0	32.1	28.6	32.8	30.8	33.5	49.9	63.4	88	73	84	78	76	94	104
东部地区	10.8	14.3	18.7	18.4	17.9	21.6	24.1	27	43.8	64	36	47	58	55	67	73
东南部地区	11.0	—	—	—	26.5	16.3	29.2	—	—	44	—	—	64	60	73	76
伏尔加河地区	8.8	11.9	14.7	14.7	16.1	14.7	19.6	28.7	39.6	58	38	47	60	57	72	77
中央黑土区	8.5	11.4	14.1	13.2	15.7	14.3	19.4	26.7	37.2	53	49	60	63	57	69	74
中央非黑土区	12.9	16.8	23.3	20.8	22.1	20.5	26.1	37.9	51.4	74	61	78	72	63	83	92
波罗的海地区	57.5*	—	—	—	—	28.3	31.2	37.5	70.1	105	83	91	74	66	77	80
西部地区	31.0*	—	—	—	—	—	—	36	49	81	70	94	70	59	69	71
乌克兰地区	9.3	12.3	15.3	13.5	17.3	15.9	21.0	28.2	38.2	41	43	57	63	57	66	71
西南部地区	7.8	10.3	12.5	10.5	15.2	13.7	18.1	28.5	31.4	37	36	53	63	55	67	69
草原地区	11.0	13.6	17.9	17.1	21.7	18.7	22.0	28.5	38.6	43	47	68	63	58	66	69
西西伯利亚地区	3.9	—	—	—	—	—	—	—	—	38	71	66	49	43	52	73
东西伯利亚地区	18.8	—	—	—	—	—	—	—	—	63	57	52	121	72	73	83
欧俄 1	11.3	15.0	20.0	18.2	20.2	19.5	23.8	32.9	45.4	62	51	64	66	61	75	81
欧俄 2	11.3	15.6	22.0	20.9	23.6	22.0	28.5	37.2	49.6	68	55	69	67	61	74	79

注：欧俄 1 指 1701 年划定的欧俄范围，欧俄 2 指相应年代不含波兰和芬兰的欧俄范围。 * 指 17 世纪 90 年代的数据。

19 世纪 80 年代之前，北部地区的粮食价格在全俄排名第 2。但是，自 19 世纪 80 年代开始，北部地区的粮食价格超过了波罗的海地区，跃居全俄最高位。但与整个俄国相比，北部地区的粮食价格下降了近 22%，因为新铁路降低了粮食运输成本，使北部地区和全国其他地区的粮食价格趋于平衡。

与俄国大多数地区一样，北部地区粮食价格在本研究涉及的 200 多年中，有 140 多年上升，另外 60 多年下降。这也是北部地区与全俄粮食价格增长最快的时期。同时，18 世纪北部地区的粮食价格增长率超过了俄国的平均增长率。但在 19 世纪至 20 世纪初，北部地区的粮食价格低于全俄粮食价格，涨价速度放缓，最终北部地区的粮食价格在 1911~1914 年相对下降。如果说 18 世纪北部地区的粮食价格上涨了 5 倍，即比欧俄地区（以 1701 年疆域划分为准）高出 28%，那么，19 世纪至 20 世纪初，当全俄的粮食价格上涨时，北部地区的粮食价格只上涨了 40%，比全俄平均水平低 40%。对价格呈上升趋势的时期进行分析可以看出，1829~1881 年北部地区的物价上涨幅度比全俄平均值低 3 个百分点（分别为 21% 和 24%）；而在 1895~1914 年，北部地区的物价上涨幅度比全俄平均值低 7 个百分点（分别为 15% 和 22%）。

北部地区的粮食价格下降与大多数地区的粮食价格下降同时发生，但由于靠近欧洲粮食市场，北部地区的粮食价格一般低于全俄平均水平。1806~1829 年，北部地区的粮食价格与 18 世纪末相比下降了 9%，低于全俄平均水平，而尽管 1881~1895 年发生了农业危机，但粮食价格还是比前一时期上升了 2%。

18 世纪，俄国和欧洲粮食市场的波动对黑麦的影响最大。因此，黑麦的价格走势为其他粮食的价格走势定下了基调。19 世纪，价格主导地位首先转移至小麦，然后转移至大麦，这些都是极具商品价值的谷物品种，比其他面向国外市场的谷物更具竞争力。

在总结北部地区的粮食价格走势时必须指出，该地区的粮食价格走势既有全俄的共性，也有自身的特性。由北部地区和全俄经济统一决定的共同特征包括：地区内粮食价格水平的均衡化；个别种类粮食价格的协调波动；地区粮食价格逐渐与其他地区粮食价格趋同；地区粮食价格和俄国粮食均价在各时期和几十年的大部分时间中同时变化；黑麦价格在 18 世纪起主导作用，19 世纪则是小麦和大麦。

由于北部地区的经济特点，地区价格运动的特殊性表现在该地区的粮食价格增长滞后于全俄平均水平，在萧条时期价格具有稳定性，几十年来价格动态具有某些自身特征（例如，与 19 世纪 40 年代和 60 年代俄国粮食均价的波动不一致），而且个别粮食具有特殊表现（如相对于其他地区，北部地区的小麦在价格增长上落后于其他粮食种类）。总体而言，北部地区的粮食价格与俄国平均粮食价格协调发展，同样保持了 18 世纪至 20 世纪初占主导地位的粮食价格增长趋势。

二　东部地区

欧俄的另一个边陲——东部地区，包括非黑土区的维亚特卡和彼尔姆以及黑土区的奥伦堡、萨马拉和乌法。东部地区以农业为主，但彼尔姆和奥伦堡有相当发达的工业。畜牧业在东部诸省都占有重要地位。在 19 世纪中叶之前的农业生产中，东部地区的主要作物是黑麦和燕麦，然后又增加了春小麦。双粒小麦、大麦和小米在农作物中占有突出地位，尤其是在乌法、奥伦堡和彼尔姆。18～19 世纪，维亚特卡的粮食完全可做到自给自足，到 20 世纪初开始出现小麦短缺。在 19 世纪中叶之前，彼尔姆没有充足的粮食，于是从邻近的维亚特卡和奥伦堡等省进口。19 世纪 70 年代后，彼尔姆不仅能够实现粮食自给，还能外销粮食，只有小麦不能自给，小麦短缺要依靠外地输入来弥补。东部地区的黑土省份为产粮区，19 世纪末出现大麦短缺，开始从其他省份输入大麦。东部地区，特别是在 19 世纪 60～80 年代铁路建设后，倾向于使用波罗的海港口，与专门生产黑麦和燕麦的北部地区和中央黑土区进行激烈的市场竞争，这促进了 19 世纪 60 年代以来春小麦在东部地区的广泛传播，春小麦已成为乌法和萨马拉最重要的出口作物。

东部地区与主要的国际和国内市场距离远，与粮食价格低廉的西西伯利亚相邻，因此粮食价格很低。从 19 世纪 60 年代到 1914 年，东部一直是欧俄粮食价格最低的地区。铁路的建设引起长途运输成本急剧下降，促使东部地区更深入地参与到粮食贸易中，粮食价格也得到提高，这为乌拉尔周边省份的粮食生产注入了活力，促进了经济作物种植面积的扩大。

如果说 19 世纪 60 年代前东部地区在粮食价格涨幅上落后于其他地区，那么从 60 年代开始，东部地区的粮食价格涨幅开始领先，1911～1914 年价格上涨幅度接近全俄平均水平。从 1707～1710 年到 1911～1914 年，东部地区的粮食价格上涨了 9 倍，略低于全俄平均水平，其中黑麦价格上涨了 11 倍，大麦上涨了 10.8 倍，燕麦上涨了 10 倍，荞麦上涨了 8.7 倍，小麦上涨了 5.8 倍。黑麦和大麦的价格上涨指数高于全俄平均水平，其他种类粮食则未能达到全俄平均水平。

小麦价格上涨滞后既有国家层面的因素，也有本地因素。本地因素就是小麦的长途运输（比黑麦、燕麦和荞麦的运输距离更长，因为小麦是外销，其他粮食则为内销）迫使东部地区的贸易商尽其所能地降低价格，以便能够与靠近港口的省份竞争。出于同样的竞争原因，东部地区所有种类粮食的价格涨幅均低于中央黑土区（东部地区为 1004%，中央黑土区为 1056%）。中央黑土区毗邻粮食的主要市场——中央非黑土区中心，也是东部地区省份所生产的粗面包的销售市场。由于靠近消费市场，中央黑土地区能够凭借更低的运输成本降低粮食价格，从而迫使竞争对手也降低粮食价格。

东部地区的商品粮主要销往国内市场，国内市场对黑麦和燕麦的需求量很大，因此，东部地区黑麦和燕麦的价格上涨幅度较大。与其他品类的粮食相比，大麦价格的上涨更加明显，原因在于东部地区的大麦产量不足，需要从其他省份输入。

东部地区的粮食价格波动在方向和强度上都与全俄价格波动一致，价格的涨幅与跌幅一致。只有 19 世纪 60~70 年代是个例外，这些年全俄的粮食价格指数上涨了 8%，而东部地区却上涨了 51%。东部地区如此大的涨幅是铁路建设的结果，尤其是 1802 年莫斯科至下诺夫哥罗德段和 1871 年察里津至里加段铁路的开通，降低了东部地区到目标市场的粮食运输成本，推动了粮食价格上涨。

在本研究所涉时期，东部地区以及整个俄国的整体粮食价格上升趋势中出现 3 次下降：1723~1757 年、1806~1829 年和 1881~1895 年。然而，价格的上升趋势更强，在粮食价格上升期间，不仅经济萧条的影响被抵消了，而且粮食价格大大超过了萧条前的水平。1723~1757 年的粮食价格下跌被 18 世纪 60 年代的价格上涨所抵消，1806~1829 年的价格下跌在 1829~1881 年被补偿，所以 1796~1801 年的价格水平比农业危机开始时高 1.56 倍。同样，1881~1895 年的价格下跌在 1896~1914 年被抵消了。值得注意的是，虽然在 1881~1895 年农业危机期间东部地区粮食价格有所下降，但当时总体水平比前一时期高 6%。

18 世纪东部地区的粮食价格波动对黑麦影响最大，在 19 世纪则是对燕麦影响最大。1806~1829 年燕麦价格下跌最多，下降了 29%；1829~1881 年燕麦价格上涨最多，上涨了 106%；1881~1895 年，燕麦价格完全符合下降趋势，下跌了 3%，而其他类型的谷物价格上涨；1895~1914 年，燕麦价格表现出最高涨幅，涨幅为 18%，而所有粮食价格平均上涨 9%。在东部地区，大麦和燕麦对价格波动反应敏感。燕麦对价格波动敏感是因为燕麦在东部地区粮食出口中发挥着重要作用，大麦对价格波动敏感则是因为东部地区的产量不足。总体来说，东部地区所有种类粮食的价格变化是一致的。

与整个俄国相同，东部地区的粮食价格比率在研究所涉期间发生了变化，因为相对于其他作物而言，小麦的贬值幅度很大，几乎达到110%。荞麦和燕麦的价格相对于黑麦价格下降，大麦和黑麦的价格比率保持不变。总体而言，5种粮食的价格下降了283%。

三　东南部地区

东部地区的更南部是东南部地区，是欧俄的第三个边疆区，包括阿斯特拉罕、顿河、斯塔夫罗波尔（1847年以前）和高加索。与东部地区类似，自18世纪下半叶以来东南部地区开始被密集开发，但是与东部地区不同的是，东南部地区与黑海和亚速港的距离更近，这对其粮食价格动态产生了影响。

1861年前斯塔夫罗波尔的主要粮食作物是黑麦和燕麦，改革后则是小麦和大麦。在整个研究所涉期间，阿斯特拉罕的主要粮食作物为黑麦和小麦，顿河则是以小麦和大麦为主。19世纪上半叶，由于粮食种植面积快速增长，斯塔夫罗波尔已经有了相当多的粮食结余，当时主要供应给高加索军队和黑海哥萨克；从19世纪70年代开始，斯塔夫罗波尔的粮食主要用于出口。18世纪上半叶，顿河普遍粮食短缺；从18世纪下半叶到19世纪的前30年，顿河的粮食产量已能满足自身需求。19世纪70年代以后，顿河只缺少燕麦和米类作物，而其他粮食种类特别是小麦和大麦的产量非常大，可用于出口。18世纪至20世纪初，阿斯特拉罕无法做到任何种类粮食的自给自足，主要依赖于从伏尔加河地区省份进口。

除粮食种植外，畜牧业在东南部地区发挥了重要作用，特别是在斯塔夫罗波尔。此外，种瓜业和渔业在阿斯特拉罕和顿河、酿酒业在顿河都占据重要地位。但制造业和采矿业在东南部地区极其不发达，该区城市人口也很少。

　　从 1707～1710 年到 1911～1914 年，东南部地区的粮食价格涨幅略高于全俄平均水平，为 9.5 倍，而全俄平均水平为 9.3 倍，其中荞麦 13.8 倍，燕麦 12.7 倍，大麦 12.2 倍，小麦 5.9 倍。除小麦外，所有粮食的价格涨幅均超过全俄平均水平。然而，在小麦价格涨幅方面，东南部地区仅在 18 世纪才落后于其他地区，当时东南部地区是一个粮食进口区，与粮食出口毫无关系。19 世纪至 20 世纪初，顿河和斯塔夫罗波尔通过附近的黑海和亚速港出口小麦，使得东南部地区的小麦价格涨幅高于全俄，东南部地区为 69%，全俄为 16%。

　　东南部地区荞麦和燕麦的价格上涨幅度比全俄平均水平更高，这是由于该地区荞麦和燕麦产量不足，无法满足自身需求，只能依赖于从其他省份输入。制作粗面包所需的黑麦的价格涨幅最小，这是由于黑麦在东南部地区的消费不旺以及在贸易中所占份额不大。

　　在谷物中，小麦和大麦对 19 世纪至 20 世纪初的市场行情反应最强烈。在经济萧条年代，小麦和大麦的价格下降到最低点，而在经济繁荣年代，价格则上升到最高点，这是由东南部地区以上两种作物的出口性质决定的。

　　靠近黑海港口和参与粮食出口意味着东南部地区的粮食价格在繁荣时期的上涨幅度更大，而在萧条时期的跌幅比俄国中部地区小。1806～1829 年该地区的粮食价格下降了 20%（全俄平均下降 6%）；1829～1881 年该地区的粮食价格上涨了 70%（比整个欧俄高 37 个百分点）；1881～1895 年该地区的粮食价格上涨了 13%（比全俄平均涨幅高 12 个百分点）；只有在 1895～1914 年，该地区的粮食价格上涨幅度比全俄平均水平低 7 个百分点。

　　与所有边疆区一样，东南部地区自 19 世纪 60 年代以来有大量粮食结余主要受益于铁路。铁路建设使东南部地区每次都能利用有利的经济形势来提高地区粮食价格，在 1829～1881 年的粮食价格上升期间，该地区

的粮食价格平均上涨了 70%（小麦价格甚至上涨了 264%），1895～1914
年又上涨了 15%。在 1881～1895 年农业危机期间，铁路通过促进该地区
的剩余粮食出口，防止了该地区粮食价格的过度下降，从而将粮食生产
者的损失降到最低。[2]

该地区粮食价格的波动与全俄平均粮食价格的波动基本一致，只有
1731～1740 年和 1801～1810 年除外，这两个时期粮食价格波动的同步性
被扰乱。与全俄平均粮食价格的波动一样，东南部地区粮食价格涨幅较
大的是以下各阶段：1761～1770 年、1790～1800 年、1831～1840 年、
1851～1860 年和 1901～1910 年，跌幅较大的是 1811～1820 年和 1821～
1830 年。

尽管 1723～1757 年、1806～1829 年和 1881～1895 年期间的粮食价格
水平有所下降，但东南部地区的粮食价格仍以上升趋势为主。在所研究
的 7 个阶段中，任何一个阶段的价格水平都高于前一时期的水平和初始
价格水平。即使是在农业危机期间，粮食价格也没有低于前一时期，反
而比前一时期水平超出 13%。因此，东南部地区的粮食均价总体呈上升
态势，并在 1911～1914 年达到最高。

东南部地区的粮食价格比率发生了变化，小麦和黑麦变得比其他粮
食作物更便宜。最昂贵的粮食作物的相对贬值导致 5 种粮食价格趋同
了 213%。

由于 1707～1914 年的粮食价格变化，东南部地区的粮食价格水平从
18 世纪初的欧俄第 6 名变成 1911～1914 年的欧俄第 5 名。因此，东南部
地区的粮食价格水平相对俄国平均价格水平上升了一个等级。

四　伏尔加河地区

位于东南部地区北部且与东部地区、中央黑土区和中央非黑土区接

壤的是伏尔加河地区。一方面，伏尔加河地区是以上3个地区之间的纽带；另一方面，伏尔加河地区也是以上3个地区与北部地区之间的纽带。

伏尔加河地区包括喀山、辛比尔斯克、奔萨（1861年以前）、萨拉托夫（1861年以前）和下诺夫哥罗德（从1861年起）。区域规划变化与19世纪中叶之前诸省的平均价格变化息息相关，因为奔萨和萨拉托夫深化了农业专业化程度，而下诺夫哥罗德的工业仍然落后于中央黑土区的省份。尽管喀山、辛比尔斯克和下诺夫哥罗德的渔业活动非常普遍，而且工业发展和城市化程度超过了奔萨和萨拉托夫，但伏尔加河地区总体上农业性质较为突出。

在整个研究所涉期间，伏尔加河地区的主要粮食作物是黑麦和燕麦，小麦占据显著位置。伏尔加河地区内所有省份都拥有充足的粮食。但是从19世纪末开始，下诺夫哥罗德的所有种类粮食都开始出现短缺，而另外两个省喀山和辛比尔斯克则开始需要进口大麦。

伏尔加河地区的粮食价格上涨趋势占据主导。1707～1914年，伏尔加河地区的粮食价格增长率（10.5倍）在当时的欧俄和全俄分别排名第2和第3。除燕麦外，所有种类粮食的价格涨幅都高于全俄平均水平：黑麦（本区10.8倍，全俄10倍）、大麦（本区13倍，全俄10.7倍）、荞麦（本区10倍，全俄7.9倍）、小麦（本区7.8倍，全俄6倍）、燕麦（本区10.7倍，全俄10.8倍）。伏尔加河地区的粮食价格涨幅很大，粮食是输入和输出的主要商品。输出的主要作物是黑麦，输入的主要作物是大麦。

伏尔加河地区和俄国的粮食价格波动方向基本同步，但是强度有所不同。在歉收年份，伏尔加河地区的粮食价格通常上涨得更快；在丰收年份，粮食价格则下降得更快。例如，19世纪30年代伏尔加河地区的粮食价格上涨了22%，而在19世纪20年代粮食价格下跌了5%，跌幅高于全俄平均水平。这是何种原因造成的呢？19世纪30年代，伏尔加河地区的粮食价格异常上涨，这首先是由大规模歉收导致的（1831～

1840 年是整个 19 世纪该地区粮食收成最差的时期，人均粮食收成为
19.2 普特，1801～1910 年的人均粮食收成为 22.1 普特）。伏尔加河地
区受到了双重影响——农作物歉收，加上本地区和邻近省份大量采购粮
食。19 世纪 20 年代发生了完全相反的现象，由于丰收，伏尔加河地区
的码头上粮食堆积，粮食价格比其他地区下降得更多。这就是转运和分
销中心的逻辑，在粮食需求增加的年份，承受全俄粮食短缺的巨大压
力，而在粮食供应增加的年份，承受粮食过剩的压力。当然，前提是没
有其他影响因素。

但是，其他因素往往会打破这个逻辑。例如，19 世纪 50 年代，由于
战争发生以及通过黑海港口出口的粮食迅速增加，粮食价格普遍上涨，
而伏尔加河地区在很大程度上未受到粮食价格上涨的影响。这股粮食价
格上涨热潮主要席卷了南部沿海地区，而伏尔加河地区主要为北部地区
服务，没有充分体验到上涨热潮。与此相反，19 世纪 60 年代伏尔加河地
区的粮食价格涨幅超过了全俄平均水平，1862 年莫斯科至下诺夫哥罗德
铁路的修建为弥补 19 世纪 50 年代的损失创造了一个有利机会——粮食运
输成本降低，粮食价格提高。

在伏尔加河地区，没有哪种粮食作物在价格涨跌方面一直突出，所
以很难找出对市场波动反应最强烈的作物。18 世纪可能是黑麦，19 世纪
可能是黑麦和燕麦，1895～1914 年则可能是大麦。以上都是伏尔加河地
区最有市场的粮食作物。

在伏尔加河地区，各种类粮食价格也趋于一致。与黑麦相比，小麦
的价格在两个世纪内几乎下降了一半。相对于黑麦来说，燕麦、大麦和
荞麦也降价了。结果，5 种粮食作物的价格趋同了 267%。

1707～1710 年，伏尔加河地区的粮食价格水平在欧俄排名第 7，而在
1911～1914 年，伏尔加河地区与西南部地区并列第 7 名和第 8 名，保持了
在地区价格等级体系中的地位。

五　中央黑土区

中央黑土区包括沃罗涅日、库尔斯克、奥尔洛夫、梁赞、坦波夫、图拉、哈尔科夫以及自 1861 年以来的奔萨和萨拉托夫。

这个对欧俄非常重要的大区早在 18 世纪就已经存在了，是俄国的主要粮仓。19 世纪，受南部和东南部地区土地开发的影响，中央黑土区作为商品粮生产区的重要性降低了，开始主要为邻近的中央非黑土区供应粮食。然而，无论是在人口数量还是在商品粮生产方面，中央黑土区在欧俄仍然占有重要地位。中央黑土区的农业专业化发展有消极的一面——工业和城市发展缓慢，阻碍了庞大区域粮食市场的形成，因此中央黑土区严重依赖那些需要输入本区粮食的地区。

18 世纪至 19 世纪初，中央黑土区的主要粮食作物是黑麦和燕麦，荞麦和小米也占有重要地位。19 世纪上半叶，中央黑土区的粮食生产出现了某种程度的专业化——北部较大的区域越来越专注生产黑麦和燕麦，减少了其他作物的种植；在南部，小麦、大麦和小米等作物的种植面积扩大。19 世纪下半叶，农业专业化程度继续加深。因此，20 世纪初，奥尔洛夫、奔萨、梁赞、萨拉托夫、坦波夫和图拉在南部形成了一个黑麦、燕麦种植区，同时还种植大量小米。而中央黑土区的其他省份则形成了大麦、小麦和米类作物种植区。

除自然气候因素外，农业专业化程度还取决于不同的贸易方向，中央黑土区的北部面向国内市场，其中包括中央非黑土区，南部则面向国外市场。国内市场对黑麦和燕麦的需求更大，国外市场则对小麦和大麦的需求更大。由于这种专业化，自 19 世纪 60 年代开始，梁赞和奔萨首先出现了小麦和大麦短缺，自 19 世纪末开始，在奥尔洛夫、图拉和坦波夫也出现了小麦和大麦短缺。

从 1707～1710 年至 1911～1914 年，中央黑土区的粮食价格上涨了 9.6 倍，超过了全俄 27% 的平均价格涨幅。根据粮食价格的上涨速度，中央黑土区在欧俄排名第 3，仅次于西南部地区和伏尔加河地区。从 1707～1710 年至 1911～1914 年，大麦价格涨幅最大，为 11.9 倍，其次是黑麦，价格上涨 11.3 倍，荞麦价格上涨 11.2 倍，燕麦价格上涨 10.9 倍，小麦价格上涨 7.7 倍。中央黑土区所有粮食作物的价格上涨幅度都超过了全俄平均水平，特别是小麦和荞麦。

应该指出的是，中央黑土区仅在 19 世纪至 20 世纪初，主要是改革后时期，在价格增长方面取得了优势（特别是相对于非黑土区省份）。原因在于铁路建设后粮食运输成本降低了，这使中央黑土区能够在不失去竞争力的情况下提高粮食价格。中央黑土区不仅受益于运输成本的整体下降，而且还受益于政府的关税政策，政策赋予了这个俄国地主经济中心支付粮食货物的特权，并保护其免于与西伯利亚的廉价粮食竞争。[3]

中央黑土区的市场波动对所有粮食作物的影响几乎相同，因此在各时期的价格波动基本一致。然而，小麦对恶劣市场形势的反应更强烈，黑麦对良好市场行情的反应更强烈。

几十年来，全国各地和中央黑土区粮食均价的变化方向是一致的。然而，中央黑土区的价格波动往往更剧烈。例如，1721～1730 年，该地区的粮食价格上涨了 54%，而欧俄平均上涨了 45%；1761～1770 年，该地区和欧俄的粮食价格分别上涨了 49% 和 33%；1831～1840 年，该地区和欧俄的粮食价格分别上涨了 48% 和 32%；等等。1741～1750 年，全俄平均粮食价格下降了 12%，中央黑土区下降了 19%；1841～1850 年，该地区和欧俄的粮食价格分别下降了 4% 和 9%。在这里，我们遇到了一个出口省份特有的情况。

粮食出口省份的价格波动总是比粮食进口省份剧烈得多，这是事实，在没有铁路的时代尤其如此。1831～1840 年，粮食出口省份和粮食进口省份黑麦的最低价与最高价之比见表 3-6。

表 3-6　1831~1840 年粮食进口省份与粮食出口省份黑麦的最低价与最高价之比

粮食进口省份	最低价与最高价之比	粮食出口省份	最低价与最高价之比
普斯科夫	10：21	哈尔科夫	10：45
奥洛涅茨	10：22	辛比尔斯克	10：48
诺夫哥罗德	10：25	沃罗涅日	10：50
科斯特罗马	10：25	基辅	10：50
雅罗斯拉夫	10：26	奔萨	10：57
斯摩棱斯克	10：29	梁赞	10：65
弗拉基米尔	10：38	坦波夫	10：67
莫斯科	10：42	萨拉托夫	10：67
彼得堡	10：43	库尔斯克	10：82

粮食消费省的粮食价格或多或少是稳定的。出口省份只能依靠自身的粮食供应，在丰收的情况下有充足粮食，甚至试图以最低价格出售，但在歉收情况下就没有粮食了，因为它们在丰收年份几乎将所有的粮食都出售了。因此，出口省份的粮食价格在丰收年份大幅下降，而在歉收年份则急剧上升。

与俄国平均价格相比，总的来看，中央黑土区的多年平均价格在萧条时期下降较少，而在条件有利年份上涨更快。这种模式出现于 18 世纪中叶，明显表现于 19 世纪：1723~1757 年（与前一时期价格相比）该地区的粮食价格上涨了 32%（全俄平均上涨了 35%）；1757~1806 年，该地区和全俄的粮食价格分别上涨了 198% 和 194%；1806~1829 年，该地区和全俄的粮食价格分别下降了 9% 和 12%；1829~1881 年，该地区和全俄的粮食价格分别上涨了 58% 和 40%；1881~1895 年，该地区和全俄的粮食价格分别上涨了 10% 和 1%；1895~1914 年，该地区和全俄的粮食价格分别上涨 18% 和 22%。因此，该地区的粮食价格不仅绝对地上涨了，而且与其他地区和整个俄国的粮食价格相比也上涨了，尽管在 1707~1710 年和 1911~1914 年的地区粮食价格等级排行中，中央黑土区都在欧俄中排名第 9。

1707~1914 年，中央黑土区的粮食价格比率发生了重大变化。相对于黑麦，小麦、燕麦、大麦和荞麦的价格有所下降，但由于小麦的贬值幅度更大，它相对于所有的粗面包更便宜。最终结果是，各种类粮食作物的价格趋同了 233%。

六　中央非黑土区

中央非黑土区包括弗拉基米尔、卡卢加、科斯特罗马、莫斯科、斯摩棱斯克、特维尔、雅罗斯拉夫和下诺夫哥罗德（1861 年以前）诸省。农业和畜牧业是中央非黑土区人口从事的主要行业，渔业和工业也有所发展，大量的城市和非农业人口离不开进口粮。由于中央黑土区与非黑土区及其邻近地区的经济专业化程度不尽相同，中央黑土区与非黑土区在很多领域相互合作，促进了两个地区的经济发展。

在整个研究所涉期间，中央非黑土区的农作物以黑麦和燕麦为主，同时大麦也占据了突出位置。早在 18 世纪下半叶，中央非黑土区的粮食生产就不足以满足自身需求，主要依赖于粮食输入，粮食的主要输入区是中央黑土区。唯一的例外是雅罗斯拉夫，在 19 世纪中叶前有少量余粮。随着工业专业化的发展及人口与农业的分离，中央非黑土区的粮食短缺加剧，特别是小麦和米类作物，黑麦也出现少量短缺。19 世纪上半叶，中央非黑土区几乎可实现燕麦自给自足；在改革后的时期，卡卢加、莫斯科和弗拉基米尔出现了燕麦短缺。从 19 世纪末开始，斯摩棱斯克和特维尔出现了燕麦短缺。在改革后的时期，中央非黑土区的大多数省份出现了严重的大麦短缺，卡卢加直至 19 世纪末才出现大麦短缺，而科斯特罗马在 1914 年前都有充足的大麦供应。

从 1707~1710 年到 1911~1914 年，中央非黑土区的粮食价格增长了8.9 倍，低于俄国的平均水平。其中，燕麦上涨了 10.8 倍，大麦上涨了

10.5 倍，荞麦上涨了 10.1 倍，黑麦上涨了 9.3 倍，小麦上涨了 6.1 倍。大麦、黑麦和燕麦的价格涨幅比全俄平均水平低，中央非黑土区能够基本满足需求或者说在很大程度上能够自给自足，而几乎完全需要输入的小麦和荞麦的价格涨幅高于全俄平均水平。在整个研究所涉期间，中央非黑土区的价格涨幅排名第 8，超过了其他所有的非黑土地区，仅次于黑土地区。与整个俄国一样，其价格上涨主要发生在 18 世纪至 19 世纪初。

中央非黑土区是俄国为数不多的粮食价格动态（特别是在 19 世纪）在方向和波动强度上与俄国粮食均价动态较为吻合的地区之一。1707~1723 年，该地区的粮食价格上涨了 81%（全俄上涨了 62%）；1723~1757 年，中央非黑土区的粮食价格上涨了 33%（全俄上涨了 35%）；1757~1806 年，中央非黑土区的粮食价格上涨了 95%（全俄上涨了 94%）；1806~1829 年，中央非黑土区和全俄的粮食价格均下降了 12%；1829~1881 年，中央非黑土区和全俄的粮食价格均上涨了 40%；1881~1895 年，中央非黑土区的粮食价格下降了 5%（全俄上涨了 1%）；1896~1914 年，中央非黑土区的粮食价格上涨了 25%（全俄上涨了 22%）。

中央非黑土区的市场波动影响了所有粮食作物，特别是小麦和大麦。大麦和小麦是中央非黑土区价格波动的主要粮食作物。

与小麦、燕麦、大麦和荞麦相比，粗面包的价格上涨了。所有 5 种粮食作物的价格平均趋同了 62%。

在非黑土地区中，中央非黑土区的粮食价格涨幅最高，粮食价格水平从 1707~1710 年的欧俄第 4 位上升到 1911~1914 年的第 3 位，已经超过了西部地区。这种转变是粮食运输成本降低的结果，运输成本降低对中央非黑土区（地处欧俄中心，远离港口）粮食价格的影响要大于对靠近港口的北部、西北部和波罗的海地区粮食价格的影响。与全俄平均水平相比，中央非黑土区的粮食价格下降了 4%，这是地区价格趋同的结果。

七　波罗的海地区

波罗的海地区包括埃斯特兰、利沃尼亚省和库尔兰（从 1796 年起）。波罗的海地区是俄国农业和工业最发达以及城市化程度最高的地区之一，充当了欧洲和俄国国内市场之间的中介。

我们对 18 世纪波罗的海地区粮食价格走势的分析主要基于里加和烈韦里[①]的价格。然而，考虑到波罗的海地区规模有限，以及西部城市在决定波罗的海地区价格动态方面具有决定性作用，我们可以获得相当可靠的结果，更何况 18 世纪末库尔兰加入了波罗的海地区。由于缺乏 1701～1720 年的数据，作为波罗的海地区粮食价格动态序列的比较基础，我们采用了 1690～1699 年里加和烈韦里的粮食均价，其中不包括三年"大饥荒"时期（1695～1697 年）。[4]

自 18 世纪 30 年代以来，已经形成了有关里加和烈韦里粮食价格走势的系统性数据。诚然，不同来源报告的信息确实存在差异，但是并不明显。[5]产生差异的主要原因可能在于粮食价格是以不同货币表示的，其汇率不断变化，并且属于不同贸易范围和一年中的不同季节。如果同一日期有几个不同的价格，那么优先考虑那些出自较长动态序列的零售价格。

我们将波罗的海地区的度量衡换算成俄石和普特，货币换算成卢布，比例如下：1 拉斯特黑麦相当于 16 俄石（或 135.8 普特）；1 拉斯特小麦相当于 16 俄石（或 153 普特）；1 拉斯特大麦相当于 15 俄石（或 119.3 普特）；1 拉斯特燕麦相当于 14.5 俄石（或 84.1 普特）[6]；1 个阿尔伯特银币含有 24.65 克纯银，相当于 1764～1915 年的 1.3694 白银卢布[7]。

自 18 世纪末以来，波罗的海地区的粮食价格数据得到收集，按照全

---

① 即现在的爱沙尼亚首都塔林。——译者注

俄标准提交给中央机关。从数量、性质和可靠性的角度来看，波罗的海地区的价格数据与其他地区的数据一致。

在整个研究所涉期间，波罗的海地区的主要粮食作物是黑麦、大麦和燕麦，马铃薯也在其粮食种植中发挥了重要作用。19世纪80年代前，波罗的海地区有充足的粮食（根据总体平衡表），并且可以用于酿酒和出口。然而，到了19世纪80年代，除库尔兰外，该地区开始出现小麦短缺，黑麦及燕麦的短缺直到19世纪末才出现。在整个研究所涉期间，除埃斯特兰在19世纪末出现了大麦短缺外，波罗的海地区其余区域的大麦产量都能够实现自给自足并有余量。此外，19世纪末，埃斯特兰还出现了燕麦短缺。直到19世纪末，除了利沃尼亚之外，波罗的海地区都能够实现粗面包的自给自足。

波罗的海地区长期以来一直与欧洲市场紧密相连，因此当波罗的海地区在18世纪初加入俄国时，粮食价格为全俄最高。直到19世纪80~90年代，波罗的海地区在高粮食价格方面的领先地位才让位于北部地区。由于地区间经济联系的加强、专业化和劳动分工的增强及道路的建设，俄国粮食价格引发了趋同过程，影响了波罗的海地区，阻碍了波罗的海地区原本已经很高的粮食价格继续上涨。

从1690~1699年到1911~1914年，波罗的海地区的粮食价格上涨了74%（低于欧俄平均水平），其中黑麦价格上涨110%，燕麦价格上涨46%，大麦价格上涨99%，小麦价格上涨39%。黑麦和大麦价格涨幅较大是因为这两种谷物在波罗的海港口的粮食出口中发挥了巨大作用。值得强调的是，波罗的海地区的粮食价格上涨基本到1806年为止。后来的粮食价格走势以下降为主，1911~1914年的粮食价格总指数比1801~1810年低2%，虽然黑麦、燕麦和大麦价格略高，但小麦价格则低得多，相比前三者要低64%。这是粮食运输成本下降的直接结果。与俄国其他地区（西部地区除外）相反，波罗的海地区粮食运输成本的下降促进了其粮食价格的下降。

波罗的海地区的粮食价格涨幅居全俄最末位。波罗的海地区粮食价格走势的一个显著特点是，经济繁荣时期价格上涨较慢，萧条时期粮食价格的跌幅大于俄国其他地区。例如，1806~1829 年，波罗的海地区的粮食价格下降了 17%（与前一时期相比），与此同时全俄粮食价格下降了 12%；1820~1881 年，波罗的海地区的粮食价格上涨了 24%（全俄上涨了 40%）；1881~1895 年，波罗的海地区的粮食价格下降了 14%（全俄上涨了 1%）；1895~1914 年，波罗的海地区的粮食价格上涨了 13%（全俄上涨了 22%）。波罗的海地区粮食价格动态的这一特点是由于该地区的初始粮食价格水平非常高，接近西欧，因此和俄国其他地区的价格平衡可以通过降低粮食价格增幅和直接降低该地区的粮食价格水平来实现，事实上也的确如此。

值得注意的是，在整个研究所涉期间，波罗的海地区的粮食价格不是在 1911~1914 年，而是在农业危机前夕（1871~1880 年）达到最高点，此时波罗的海地区的粮食价格是 17 世纪末粮食价格水平的 1.89 倍。后来在农业危机的影响下，当然主要是由于粮食的铁路运输成本下降，该地区的粮食价格开始下降。

与世界粮食市场的密切联系和农业的高度市场化使该地区粮食价格极度受市场波动影响。所有粮食的价格对供求关系微小变化的反应如此之快，以至于很难确定主导作物。应该强调的是，尽管波罗的海地区的粮食价格增长率落后于其他地区，但该地区的粮食价格变化与全俄保持一致，这充分说明波罗的海地区是全俄粮食市场的一部分。

波罗的海地区的粮食价格比率变化与俄国大部分地区相同。小麦和荞麦比黑麦便宜。大麦从 18 世纪初到 19 世纪 80 年代，先是比黑麦贵，然后变得比黑麦便宜。黑麦和燕麦的价格比率反复变化，但其 1911~1914 年的比率与 18 世纪初相同。总体而言，5 种粮食的价格大致趋同了 156%。

八 西部地区

西部地区包括 6 个省（根据 1913 年的行政区划）：1772 年后的莫吉廖夫，1796 年后的维尔纽斯、维捷布斯克、格罗德诺、科文斯克和明斯克。对西部地区粮食价格走势的分析表明，西部地区的相关情况与波罗的海地区非常相似。这是一个农业地区，酿酒业普遍，制造业和采矿业薄弱，城市化水平低，与波罗的海港口和欧洲农业市场保持密切的贸易联系对西部地区的影响很大。

俄国的西部地区于 1772 年开始形成，在 18 世纪末最终形成。因此，19 世纪西部地区的领土划分与 18 世纪最后 25 年不尽相同。1772～1796 年的粮食价格数据仅是莫吉廖夫省的数据[8]，而 1796 年后的粮食价格数据是西部地区所有省份的数据。

为了不破坏分析各地区粮食价格走势时的顺序，1698～1707 年被作为西部地区价格动态的主要参考时期，来自什克洛夫省（后来成为莫吉廖夫省的一部分）的数据被作为基准数据。[9] 基于什克洛夫省的数据构建了截至 1730 年的地区价格指数。立陶宛现有的粮食价格数据分析呈现出与什克洛夫省相似的粮食价格局面[10]，这说明该省在整个西部地区具有代表性。

西部地区的主要粮食作物是黑麦和燕麦，土豆和大麦也被广泛种植。尽管西部地区具有农业性质，但早在 19 世纪 60 年代，维捷布斯克和莫吉廖夫省就开始部分输入粮食，19 世纪 70 年代，明斯克也成为粮食输入省份。从 19 世纪 80 年代开始，西部地区的所有省份都出现了粮食短缺。所有省份都输入小麦和米类；除科文斯克和明斯克外，所有省份都进口黑麦；除科文斯克外，所有省份都进口燕麦；莫吉廖夫和维尔纽斯从 19 世纪 60 年代开始输入大麦，维捷布斯克和格罗德诺从 19 世纪末开始进口大麦，而科文斯克和明斯克在 1913 年前都有充足的大麦。

从 1698~1707 年到 1911~1914 年，西部地区的粮食价格仅上涨了 1.7 倍，其中大麦价格上涨了 2.3 倍，荞麦价格上涨了 2 倍，黑麦价格上涨了 1.5 倍，小麦价格上涨了 1.3 倍。西部地区的粮食价格总指数比俄国平均水平低 765 个点。与波罗的海地区一样，西部地区的粮食价格上涨主要发生在 18 世纪至 19 世纪初。在随后的一段时间里，下降趋势占主导地位，只有 1851~1870 年和 1911~1914 年，地区的粮食价格上涨到高于 1801~1810 年的水平。

就粮食价格的涨速而言，西部地区在俄国排名倒数第 2，仅领先于波罗的海地区。在地区粮食价格排名中，西部地区从 18 世纪初的第 2 位下降到 1911~1914 年的第 4 位。在俄国的非黑土地区中，西部地区成为粮食价格最"便宜"的地区。一方面，这是由于西部地区靠近波罗的海港口和欧洲市场；另一方面，西部地区靠近产粮省。与波罗的海地区一样，铁路建设也为西部地区的粮食价格降低做出了贡献。这就是为什么在整个研究所涉期间，西部地区的粮食价格在 1850~1870 年达到最高，之后开始下降，到 1911~1914 年，西部地区的粮食价格比最高水平期间的粮食价格低 30%。

按照阶段、数十年以及逐年分析，西部地区的粮食价格与俄国平均粮食价格同时变化，但有一个明显的区别，即在繁荣时期粮食价格上涨较少，在萧条时期粮食价格下降较多，这也是与西部地区紧密联系的波罗的海地区的粮食价格变化特点。西部地区个别粮食作物的价格变化非常一致。市场波动对所有粮食作物都产生了重大影响，但也许对大麦的影响最大，因为大麦在该地区的粮食价格波动中处于领先地位。

西部地区粮食价格比率的变化与俄国其他地区大致相同。小麦比粗面包便宜得多，燕麦和荞麦比黑麦便宜，黑麦比大麦便宜。总体而言，5 种粮食作物的价格趋同了 257%。

九 乌克兰地区

在与西乌克兰接壤的地区（包括波尔塔瓦省和切尔尼戈夫省），农业专业化程度与乌克兰相似，工业发展薄弱，城市化水平低，土地肥沃，以黑海港口为导向，粮食价格的初始水平低，这些特点导致乌克兰地区与邻近地区的粮食价格走势不同。

由于土地肥沃，乌克兰地区一直普遍存在粮食过剩问题，但切尔尼戈夫省自19世纪末开始出现燕麦短缺。19世纪中叶前，乌克兰地区最重要的粮食作物是黑麦和燕麦。自19世纪下半叶以来，小麦、大麦和小米在粮食作物中占有重要地位。

自18世纪末以来，乌克兰地区开始通过黑海港口参与粮食出口。然而，在19世纪60年代连接乌克兰地区各省与黑海港口及俄国中心的铁路建成之前，由于粮食销售困难，切尔尼戈夫省和波尔塔瓦省将粮食用于酿酒，然后将便于储存的酒输送到远离乌克兰地区的地方。

从1707~1710年到1911~1914年，乌克兰地区的粮食价格增长了9.5倍（略高于俄国平均水平），其中黑麦、大麦和燕麦的价格增长了10.7倍，荞麦的价格增长了9.8倍，小麦的价格增长了6.7倍。上涨是该地区粮食价格演变的主要趋势，不管按几十年统计还是按阶段统计都是如此，直到18世纪初价格总指数下降到原点。尽管如此，乌克兰地区依然是两个世纪以来粮食价格最低的地区之一。1707~1710年，乌克兰地区在欧俄地区粮食价格等级中排第8位，1911~1914年排第10位，也是倒数第2位。18世纪下半叶有一段时间，乌克兰地区的粮食价格甚至为全俄最低，这主要是由于乌克兰地区远离俄国国内和国外粮食的主要需求中心。18世纪最重要的粮食出口港口位于波罗的海，而粮食主要消费区域位于北部地区，所以未售出的多余粮食的价格被大幅压低。然而，一旦黑海港口将乌克兰地区纳入影响范围，乌克兰地区的粮食价格就会开始迅速上涨。

在研究所涉期间，乌克兰地区粮食价格的总体上涨名列前茅，仅次于伏尔加河地区、西南部地区和西西伯利亚地区。19世纪初、19世纪中叶与20世纪初是乌克兰地区粮食价格上涨较快的时期：1801～1810年上涨了46%（这与黑海港口的发展有关）；1831～1840年上涨了56%（部分原因是农作物歉收，主要原因是粮食出口的增加）；1851～1860年上涨了32%（原因是克里米亚战争）；1901～1910年上涨了26%（这在很大程度上是由于农业危机后世界粮食市场复苏导致的粮食出口增长）。

对按数十年和按阶段进行的粮食价格动态分析表明，乌克兰地区的粮食价格波动与俄国的平均粮食价格波动存在很大的一致性。俄国和乌克兰地区平均粮食价格的运动方向几乎总是一致的，只是在波动速度上有所差异，这是由乌克兰地区的地理位置及其与外部市场的密切联系导致的。乌克兰地区各省和整个俄国粮食价格走势的一致性表明，乌克兰地区自18世纪下半叶以来就已进入了全俄粮食市场体系。

乌克兰地区个别粮食的价格也是同步变化的。其中黑麦对市场波动最敏感，是乌克兰地区粮食价格走势的主导作物。黑麦的价格涨幅最高，因为黑麦在乌克兰地区的粮食出口中发挥了重要作用（小麦和大麦在出口中所占份额较小）。

乌克兰地区的粮食价格比率与全俄所有地区一样发生了变化。小麦比粗面包便宜，燕麦和大麦比黑麦便宜，黑麦比荞麦便宜。最终结果是乌克兰地区各种粮食作物的价格趋同了162%。

十　西南部地区

西南部地区与乌克兰地区相邻，两个地区的粮食价格在许多方面的变化方式类似。两个地区在经济上有很多共同点是自然的。属于西南部地区的沃伦、波多利斯克和基辅是农业省，工业不发达，城市人口较少。

西南部地区的主要粮食作物是冬小麦、大麦和小米。自 18 世纪末以来，西南部地区的粮食供应一直充足，多余粮食通过黑海港口出口，进入第聂伯河与德涅斯特河。仅在 20 世纪初，基辅省和沃伦省才出现燕麦短缺，这是两省专门生产其他粮食作物造成的结果。

西南部地区形成于 18 世纪末。在此之前，西南部地区仅限于基辅及其周边地区，西南部地区 1796 年前的地区粮食价格指数正是基于基辅的粮食价格，从 18 世纪末开始则基于所有省份的粮食价格。正如对 18 世纪下半叶乌克兰右岸地区粮食价格走势分析所表明的那样，基辅的粮食价格相当准确地反映了整个西南部地区的粮食价格动态。18 世纪下半叶乌克兰右岸地区和基辅的粮食价格走势见表 3-7。

表 3-7　18 世纪下半叶乌克兰右岸地区和基辅的粮食价格走势

粮食种类	按兹罗提计算				按 1 普特银戈比计算			
	18 世纪 50 年代	18 世纪 60 年代	18 世纪 70 年代	18 世纪 80 年代	18 世纪 50 年代	18 世纪 60 年代	18 世纪 70 年代	18 世纪 80 年代
黑麦	2.5	3.5	5.5	8.0	6.78	8.24	12.46	17.97
小麦	4.0	6.5	9.0	12.0	9.97	14.08	18.76	24.80
大麦	1.5	3.5	4.0	5.5	4.45	9.03	9.92	13.50
燕麦	1.0	2.0	3.0	5.0	3.34	5.80	8.37	13.80
荞麦	2.0	3.0	3.0	6.0	6.44	8.41	8.08	15.62
乌克兰右岸地区价格指数	—	—	—	—	100	139	188	271
基辅价格指数	—	—	—	—	100	149	176	234

资料来源：Маркина В. А. Движение цен в магнатских латифундциях Правобережной Украины во второй половине XVIII в. В кн.：Ежегодник поаграрной истории Восточной Европы за 1963 г. Вильнюс，1964，с. 337-346。

从 1707~1710 年到 1911~1914 年，西南部地区的粮食价格上涨了 1103%，超过欧俄任何其他地区，比全俄平均水平高出 172%。该地区的粮食价格涨幅居全俄第 1，且所有粮食作物的价格增长率都非常高。燕麦的价格上涨了 15.1 倍，大麦价格上涨了 13.4 倍，荞麦价格上涨了 12.5

倍，黑麦价格上涨了 12.2 倍，小麦价格上涨了 8.8 倍。

西南部地区粮食价格的上升趋势非常明显，以至于没有一个 10 年的价格低于或等于其初始价格水平。在最萧条的 10 年即 1821~1830 年，西南部地区的粮食价格比 18 世纪初高出 3.5 倍。粮食价格的稳步上涨也可以通过对总价格指数的比较看出，按时期划分，这些总价格指数相比初始水平的上涨情况如下：1707~1723 年上涨 156%，1723~1757 年上涨 133%，1757~1806 年上涨 195%，1806~1829 年上涨 442%，1829~1881 年上涨 783%，1881~1895 年上涨 910%，1895~1914 年上涨 1041%。因此，价格上涨的趋势战胜了导致价格下跌的所有因素。18 世纪初，西南部地区的粮食价格居欧俄第 10 位，1911~1914 年上升到第 7 位（与伏尔加河地区并列）。

西南部地区粮食价格的大幅上涨主要是由于优越的地理位置——靠近黑海港口，有通航的河流，自 19 世纪 60 年代以来出现了连接西南部地区和黑海的铁路。在分析几十年来的粮食价格走势时，这一点变得很清楚。1801~1810 年，西南部地区的粮食价格相比 18 世纪末翻了一番（这是黑海港口投入使用的原因）。俄国最便宜的粮食以前找不到销路，从西南部地区各省涌入敖德萨后价格立即大幅上涨。1811~1830 年，在粮食出口减少和趋于稳定以及世界市场的粮食价格下降期间，西南部地区的粮食价格大幅下降了 24%，降幅超过了俄国粮食平均降幅（下降 7%）。粮食出口的增长伴随着粮食价格的上涨，19 世纪 30 年代上涨 23%，50 年代上涨 44%，70 年代上涨 12%，而在 19 世纪 80~90 年代的出口停滞和世界粮食价格下降期间，西南部地区的粮食价格分别下降了 30% 和 5%（在所有情况下与前 10 年相比）。19 世纪 90 年代末，世界粮食市场的新一轮复苏导致西南部地区各省的粮食价格在 1901~1910 年上升了 22%，在 1911~1914 年上升了 9%。由此可看出粮食出口对于西南部地区的重要性。

铁路对西南部地区粮食价格的直接影响可以从 19 世纪 70 年代的强劲价格上涨中看出，该时期的粮食价格上涨了 39%，这种上涨是西南公路网建设的结果，公路网的建设使从基辅、波多利斯克和沃伦到敖德萨的粮食运输变得快速而便宜，从而导致粮食价格上涨。

西南部地区个别粮食作物的价格变动是一致的，尽管粮食价格的 10 年最大涨幅和跌幅并不总是一致。该地区粮食价格变动的主导作物是黑麦，因为它对市场形势的波动反应最强烈，尽管黑麦不是西南部地区任何省份的主要商品粮。

西南部地区各粮食作物的价格比率发生了以下变化：与整个俄国一样，小麦价格相对于粗面包跌价，燕麦、大麦和荞麦的价格相对于黑麦跌价。总体而言，5 种粮食作物的价格趋同了 225%。

十一　草原地区

草原地区包括比萨拉比亚省、叶卡捷琳诺斯拉夫省、塔夫里切斯克省和赫尔松省，主要形成于 1783 年克里米亚加入俄国后，1812 年比萨拉比亚省划为草原地区后，本研究范围内的草原地区完全形成。18 世纪 80 年代前，草原地区只限于未来的叶卡捷琳诺斯拉夫的一小部分，中心位于巴赫穆特市，该区域的粮食价格波动在 18 世纪 80 年代前一直代表着草原地区的粮食价格动态。自 18 世纪 90 年代以来，随着大量粮食价格信息的出现，区域粮食价格指数能够基于广泛的数据得出。

18 世纪与 19 世纪之交，畜牧业是草原地区的主要农业部门，粮食无法自给自足。来自俄国中部的移民迅速开发处女地，使草原地区在 19 世纪前 25 年就出现了粮食盈余，19 世纪至 20 世纪初，粮食产量不断增长。由于港口城市的发展，草原地区自 19 世纪下半叶以来经历了城市化，且工业发展迅速。草原地区的主要粮食作物是世界粮食市场上需求量最大的小麦和大麦，黑麦也在粮食作物种植中占有重要地位，玉米在赫尔松省和比萨拉比亚省的北部占有重要地位。

就 1707～1914 年的粮食价格上涨而言，草原地区超过了所有非黑土地区，但低于所有黑土地区。这种增长是因为草原地区的粮食价格初始水平较高：草原地区的粮食价格在 18 世纪是所有黑土地区中最高的，因为那时草原地区粮食短缺，无法实现自给自足。

从 1707～1710 年到 1911～1914 年，草原地区的粮食价格上涨了 9.3 倍（全俄也上涨了 9.3 倍），其中燕麦和大麦的价格上涨了 11.3 倍，黑麦和荞麦的价格上涨了 10.4 倍，小麦的价格上涨了 5.3 倍。

然而，最高的粮食价格并未出现在 1911～1914 年，而是出现在 1871～1880 年，那时的粮食价格水平是初始粮食价格水平的 1207%。随后的农业危机使粮食价格降到了 19 世纪 40 年代的水平，后来也未能完全克服危机的影响。尽管 1911～1914 年的黑麦价格达到了 19 世纪 70 年代的水平，但 1911～1914 年草原地区的平均粮食价格还是比 1871～1880 年低 14%。

我们在波罗的海地区和西部地区已经遇到过类似情况。这是因为这 3 个地区（其中两个是滨海边疆区）与俄国其他地区相比受世界粮食市场行情的影响较大，而且和其他地区相比，其受到的 1881～1895 年农业危机的影响较大。与此同时，在边境地区，很少有其他地区能够利用低廉的粮食运输成本来抵御经济萧条和支撑价格下跌。

在草原地区，尽管个别几十年粮食价格有所下降，但整体呈上升趋势，比较不同时期的粮食均价可以看出：与 1707～1710 年的初始粮食价格水平相比，1707～1723 年粮食价格上涨了 145%，1723～1757 年粮食价格上涨 210%，1757～1806 年粮食价格上涨 408%，1806～1829 年粮食价格上涨 542%，1829～1881 年粮食价格上涨 902%，1881～1895 年粮食价格上涨 826%，1895～1914 年粮食价格上涨 989%。

在 1731～1740 年、1751～1760 年、1811～1830 年、1841～1850 年和 1881～1900 年这 5 个 10 年期间，粮食价格下降；在其余时期，粮食价格上涨。草原地区在粮食价格上涨期间成功地克服了萧条期的不利影响，而且粮食价格还普遍超过了萧条前几年的价格。

对粮食价格波动的分析揭示了草原地区与欧洲粮食市场的密切联系。这种联系可以从粮食价格波动的一致性以及世界市场对该地区粮食价格的巨大影响中看出。与俄国其他地方相比，19世纪80～90年代的农业危机（外部因素）对草原地区的影响最为强烈。与此同时，在俄国其他地方，铁路建设（内部因素）对粮食价格的影响并非像草原地区一样微不足道。与其他黑土地区相比，草原地区省份较接近欧洲市场，受到了强烈的影响。

草原地区个别种类粮食作物的价格走势基本一致。由于与欧洲粮食市场的密切联系和农业的高度市场化，所有种类粮食的价格都对市场波动做出了相当敏感的反应。黑麦是18世纪草原地区的主导粮食作物，1801～1881年是小麦（在此期间小麦在黑海港口的粮食出口中占据主导地位），1881～1914年为大麦，大麦成为当时最重要的出口作物。

在研究所涉期间，草原地区各种类粮食作物的价格比率发生了变化。小麦比粗面包便宜，大麦比黑麦便宜，黑麦比荞麦便宜。由于以上所有变化，该地区5种粮食作物的价格趋同了30%。

尽管粮食价格大幅上涨，而且初始水平相对较高，但草原地区在欧俄的地区粮食价格等级中从1707～1710年的第5位下降到1911～1914年的第6位。在黑土地区中，草原地区的粮食价格排名第2，仅次于东南部地区。

十二　西西伯利亚地区

西西伯利亚地区包括托博尔斯克省和托木斯克省。通过收集两省的价格数据（尽管不及欧洲省份的一半），可以了解西西伯利亚地区的粮食价格演变。

西伯利亚地区远离俄国国内外粮食市场，面积辽阔，人口稀少，但在粮食价格演变上与欧俄有许多相似之处。

18 世纪至 19 世纪上半叶，西西伯利亚地区的主要粮食作物是黑麦和燕麦，小麦和大麦也占有重要地位。[11] 在改革后时期，西西伯利亚地区被指定专门种植小麦和燕麦。19 世纪末之前，西西伯利亚地区的粮食生产结构如下：小麦 38%，燕麦 30%，黑麦 22%，大麦 5%，其他作物 5%。[12] 早在 18 世纪，西西伯利亚地区不仅能够完全实现粮食自给，还将余粮销往乌拉尔和东西伯利亚，乌拉尔和东西伯利亚的个别地方在 19 世纪中叶前无法实现粮食自给。[13]

西西伯利亚地区的粮食价格从 1707~1710 年到 1911~1914 年上涨了 19.7 倍（是欧俄的 2 倍），其中，黑麦价格上涨 23.9 倍，小麦价格上涨 17.8 倍，燕麦价格上涨 16.2 倍，大麦价格上涨 13.8 倍。这里的粮食价格与整个俄国一样呈现明显上升趋势。[14]

西西伯利亚地区和欧俄的 10 年粮食价格变化基本一致。与俄国其他地区一样，18 世纪 30 年代、19 世纪 10 年代、19 世纪 20 年代和 1881~1900 年期间，西西伯利亚地区的粮食价格也都有所下降。然而，与欧俄不同的是，西西伯利亚地区 18 世纪 90 年代的粮食价格相对于 18 世纪 80 年代下降了 20%。18 世纪的粮食价格最高值在 80 年代实现，为初始粮食价格水平的 919%。在剩下的几十年里，西西伯利亚地区的粮食价格和整个俄国一样都在上涨。涨幅较大的年代如下：18 世纪 20 年代为 63%，18 世纪 80 年代为 83%，19 世纪前 10 年为 330%，19 世纪 30 年代为 29%，19 世纪 60 年代为 71%，1911~1914 年为 25%（与前 10 年相比）。

从各个时期来看，西西伯利亚地区和欧俄的粮食价格变化较为同步。1707~1729 年，粮食价格在西西伯利亚地区比上一阶段增长了 150%，全俄增长了 85%。1757~1806 年（与上一阶段相比），西西伯利亚地区和全俄的粮食价格分别增长了 107% 和 94%。1806~1829 年，该地区的粮食价格（与 1796~1801 年相比）下降了 24%，全俄下降了 12%。1829~1881 年，该地区的粮食价格上涨 17%，全俄上涨 40%。1881~1895 年，该地区和全俄的粮食价格分别上涨了 5% 和 1%。1896~1914 年，西西伯利亚地区出现 19 世纪末 20 世纪初最大幅度的增长，粮食价格上涨了 25%（欧洲部分为 21%）。这是西西伯利亚地区的粮食通过白海、波罗的海和黑海的港口进入俄国北部和世界市场的最直接结果。[15] 俄国欧洲和西西伯利亚地区粮食价格波动的一致性表明，西西伯利亚地区在 18 世纪至 20 世纪初是整个俄国粮食市场的一部分。

西西伯利亚地区的粮食价格涨幅在俄国排名第 1，然而，在几乎 200 年的时间里，西西伯利亚地区的粮食价格一直是俄国最低，这首先是因为西西伯利亚地区的粮食价格起点很低，其次是由于西西伯利亚远离俄国的主要消费地区和港口。19 世纪 70~90 年代，铁路的修建使在欧洲市场也能买到廉价的西西伯利亚粮食，但车里雅宾斯克在 1896~1913 年进行了铁路关税的"根本改革"。1907~1914 年关税立法后，边疆地区受到限制，西西伯利亚地区的粮食不能像从前那样顺畅地运送到欧洲市场。[16] 因此，直到 1914 年，西西伯利亚地区的粮食价格一直是俄国最低。

西西伯利亚地区并没有漠视本地区粮食价格的稳定。小麦相对于粗面包价格下降，燕麦和大麦相对于黑麦价格下跌。总体上 4 种粮食的价格趋近。

十三　东西伯利亚地区

东西伯利亚地区的粮食价格信息不如欧洲部分完整，但也足以让我们大致了解叶尼塞省、外贝加尔斯克省和伊尔库茨克省的粮食价格情况。

在所研究的时间范围内，东西伯利亚地区的农业取得了很大的进展。17 世纪，东西伯利亚地区完全靠外来粮食生活。从 17 世纪末开始，当商品粮生产的第一个丰产区出现时[17]，粮食短缺现象不断减少；到 19 世纪初，广大地区除个别歉收年份外，基本能够自给自足[18]；从 19 世纪下半叶开始，完全不再需要进口粮食。18 世纪至 20 世纪初，东西伯利亚地区的粮食种植以黑麦和燕麦为主，小麦种植也占据突出地位，尤其是在叶尼塞省。[19]

从 1707~1710 年到 1911~1914 年，东西伯利亚地区的粮食价格上涨了 4.4 倍（几乎是整个俄国的 2 倍和西西伯利亚地区的 4 倍），其中黑麦价格上涨了 4 倍，燕麦价格上涨了 4.2 倍，大麦价格上涨了 4 倍，小麦价格上涨了 3.4 倍。东西伯利亚地区的粮食价格以上涨趋势为主，虽然比俄国大部分地区幅度小（不包括波罗的海地区和西部地区）。[20] 1881~1890 年，东西伯利亚地区的最高粮食价格达到了 18 世纪初粮食价格的 582%。通过比较 19 世纪各个时期的平均粮食价格证实了以下几点：1806~1829 年粮食价格达到 18 世纪初的 90%，1829~1881 年是 126%，1881~1895 年是 149%，1895~1914 年是 146%。

对东西伯利亚地区粮食价格波动性的分析表明，欧俄和东西伯利亚地区的粮食价格波动具有相当大的一致性。尽管从 1741~1870 年逐年的价格变化相关分析中可以看出，俄国欧洲地区的市场变化往往早于东西伯利亚的市场变化，但是这也表明俄国欧洲地区和东西伯利亚粮食市场之间存在联系。这是很自然的，毕竟直到 19 世纪中叶，东西伯利亚各省才开始完全自给自足，不再依赖乌拉尔和西西伯利亚各省的粮食供应。然而，粮食的自给自足并没有削弱欧洲地区和东西伯利亚粮食价格波动的同步性，尽管没有足够的剩余粮食从东西伯利亚运往欧洲地区，而且该地区的偏远极大地拖延了东西伯利亚粮食价格对欧俄市场波动的反应。因此，1881~1895 年，当欧洲俄国爆发农业危机时，东西伯利亚的粮食价格相应出现下降。19 世纪末，当欧洲地区的粮食价格开始上涨时，东西伯利亚地区的粮食价格也开始每隔一段时间就上涨。

东西伯利亚地区粮食价格的低增长率（仅超过波罗的海和西部地区）导致东西伯利亚地区粮食价格相对下降——粮食价格排名从 1707~1710 年的第 3 名跌至 1911~1914 年的第 6 名。我们注意到，由于 18~19 世纪粮食价格增长率的差异，西西伯利亚和东西伯利亚的粮食价格在 20 世纪初变得更加趋近，它们几乎相等。[21]

　　从表面上看，东西伯利亚与东欧的距离造成了东西伯利亚粮食价格的低速增长。事实上，东西伯利亚的粮食价格增长滞后是由于其较高的基线水平，在区域粮食价格趋同的情况下，这一基线水平在很大程度上决定了该区域的粮食价格低增长率。

　　然而，欧俄和西伯利亚的区域粮食价格平均化机制有所不同。在欧俄，区域粮食价格的趋同是在铁路的影响下发生的，铁路降低了粮食运输的成本，为出口粮食的低粮食价格省份提供了价格上涨的空间，使它们比进口粮食的高粮食价格省份有更高的增长率。在粮食价格平均化的基础上，东西伯利亚和西西伯利亚粮食价格的趋近还有另一个原因——东西伯利亚粮食种植的发展。当地的谷物生产足以满足该地区对粮食的需求，从而节省了从西西伯利亚运送粮食的高额运输费。假设18世纪至19世纪俄国的粮食价格没有整体上升，那么东西伯利亚的粮食价格就能摆脱巨大的间接成本，到20世纪初就一定能低于18世纪初的水平。

　　东西伯利亚的粮食价格变化基本与整个俄国一致，小麦与粗面包相比价格下跌。区别于其他地区，燕麦相对于黑麦价格上涨，大麦价格下跌。总的来说，各类粮食的价格趋同了31%。

　　因此，西西伯利亚和东西伯利亚的省份早在18世纪就进入了全俄粮食市场体系。尽管距东欧较远，但西伯利亚地区经过了和欧洲部分类似的粮食价格波动过程。

　　本章提供的材料表明，自18世纪初以来，各地区粮食价格之间的联系越发密切，1914年达到关联的最高值。全俄出现了统一的经济体系，各地区的体系运转各具特色，地区间相互协调。这一现象只有在一个单一的经济机制下才有可能出现。对任一地区粮食价格波动的分析都揭示了全俄粮食价格波动的一系列共同原因。区域之间的粮食价格走势趋同，俄国与世界粮食价格和经济的走势也趋同。由于国家幅员辽阔，各省和各地区的自然和社会经济条件不同，它们的价格波动具有各自的特点。但是，通过本章的分析可以看出，粮食价格变动的地区特点被全俄从西到东、从南到北的共同规律所消除。

注　释

1. Сведения о хлебопашестве, избытках и недостатках хлеба в Северном и других районах см. : География избытков и недостатков сельско － хозяйственных продуктов. М. , 1928. 52 с; Карнаухова Е. С. Размещение сельского хозяйства России в период капитализма. М. , 1951, с. 77–113; Ковалъченко И. Д. Русское крепостное крестьянство в первой половине XIX в. М. , 1967, с. 67–80; Кулябко － Корецкий Н. Г. Районы хлебной производительности Европейской России и Западной Сибири. СПб. , 1903. 120 с; Рихтер Д. И. Попытки разделения России на районы по естествепнонсторическим и экономическим признакам. В кн. : Современные вопросы русского сельского хозяйства. СПб. , 1904, с. 49－78; Рожкова М. К. Сельское хозяйство и положение крестьянства. В кн. : Очерки экономической истории России первой половины XIX в. М. , 1959, с. 5－23; Рубинштейн Н. Л. 1) Территориальное разделение труда в России и развитие всероссийского рынка. В кн. : Из истории рабочего класса и революционного движения. М. , 1968, с. 91－105; 2) Сельское хозяйство России во второй половине XVIII в. М. , 1957, с. 317－433; Скворцов А. Н. Хозяйственные районы Европейской России. СПб. , 1914, вып. 1. 180 с; Челипцев А. Н. Русское сельское хозяйство перед революцией. М. , 1928, с. 65－100; Хозяйственно － статистический атлас Европейской России, изданный Департаментом сельского хозяйства Министерства государственных имуществ. 1－е изд. СПб. , 1851. 16 л. ; 4 － е изд. , 1869. 11 л. ; Объяснения к Хозяйственно － статистическому атласу... 1－е изд. СПб. , 1851. 89 с; 4－е изд. СПб. , 1869. 523 с.

2. Шацкий П. А. Некоторые вопросы социально － экономического развития Юго-Восточной России. Ставрополь, 1970, с. 196, 280.

3. Китанина Т. М. Хлебная торговля России в 1875 － 1914 гг. : (Очерки

правительственной политики）. Л. , 1978, с. 196, 280.

4. Дорошенко В. В. Цены и меры в Риге: Прибыли рижских купцов и от западнодвинской торговли в конце XVII в. В кн. : Spoleczenstwo. Gospodark. Kultura: Studia ofiarowano M. Malowistowi. Warsyawa, 1974, s. 69-81; Dunsdorfs E. Der Aussenhandel Rigas im 17. Jahrhundert. In: Prima Baltijas Vesturnieku konference Riga 16 - 20 VIII. 1937. Riga, 1938, S. 457 - 486; Liiv O. Die wirtschaftliche Lage des estnischen Gebietes am Ausgang des XVII. Jahrhunderts. I. In: Opertatud Eesti Seltsi aastaroamat. Tartu, 1935, XXVII, S. 280-294; Soom A. Der baltische Getreidehandel im 17. Jahrhundert. Stockholm, 1961, S. 209-244.

5. Архив ЛОИИ СССР, ф. 36 (Воронцовы）, оп. 1, д. 552, л. 348 - 349; д. 1068, л. 85-86 (цены в Риге 1751-1786 гг. ）; История Эстонской ССР: В 3 - х т. Таллин, 1961, т. 1, с. 612; История Латвийской ССР. Рига, 1971, с. 105; Вирст Ф. Г. Рассуждение о некоторых предметах законодательства и управления финансами и коммерциею Российской империи. СПб. , 1807, табл. 23; Файнштейн В. Переход от трехполья к плодосмену в эстляндском помещичьем хозяйстве. Учен. зап. Тартус. гос. уп - та, 1972, вып. 290, с. 174; Sepp H. , Liiv O. , Vassar Y. Eesti majandusajalugu. Tartu, 1937, t. 1, IK. 322-325; Materialien zu einer Geschichte der Landgüter Livlands, gessammelt von Heinrich von Hagemeister. Riga, 1836. T. 1, S. 26.

6. Архив ЛОИИ СССР, ф. 36, оп. 1, д. 552, л. 344.

7. Зварич В. В. Нумизматический словарь. Львов, 1979, с. 10, 147.

8. Лунин А. М. Историческое и хозяйственное описание Полоцкого наместничества. СПб. , 1792, л. 3. Рукопись храпится в ГПБ, в отделе ВЭО. См. также: ЛО ААН, ф. 27 (И. Ф. Герман）, оп. 1, д. 111, л. 1-20.

9. Topolska M. B. Dobra szklowskie na Bialorusi Wschodniej w XVII i XVIII w. In: Studia z dziejow gospodarstwa wiejskiego, zeszyt 3. Warszawa, 1963, t. 11, zeszyt 3, s. 46-47, 147-150. Данные о курсе польского злотого см. : Шлоссберг Е. П. К вопросу об изменении феодальной ренты в Белоруссии XVII-XVIII вв. В кн. : Ежегодник по аграрной истории Восточной Европы за 1958 г. Таллин, 1959, с. 109, 119, 124.

10. История Литовской ССР: (С древнейших времен до наших дней）. Вильнюс, 1978, с. 127, 156.

11. Крестьянство Сибири в эпоху феодализма. Новосибирск, 1982, с. 61; Громыко М. М. Западная Сибирь в XVIII в. Новосибирск, 1965, с. 148.

12. Кулябко - Корецкий Н. Г. Районы хлебной производительности..., с. 41;

Крестьянство Сибири в эпоху капитализма. Новосибирск, 1983, с. 67.

13. Громыко М. М. Западная Сибирь в XVIII в. , с. 177; Крестьянство Сибири в эпоху феодализма, с. 65, 188－198.

14. По данным М. М. Громыко, в Западной Сибири（если судить по Тюменскому рынку）в течение 1725 － 1800 гг. хлебные цены номинально выросли в 6－7 раз（Западная Сибирь в XVIII в. , с. 181）, следовательно, реально, в постоянной валюте, в 4－5 раз. По нашим данным, относящимся ко всему региону, реальные цены за это же время поднялись в 5 раз. Результаты М. М. Громыко и автора настоящего исследования очень близки, если учесть, что в первом случае речь идет об одном, хотя и важном, местном рынке, а во втором －обо всем регионе.

15. Китанина Т. М. Хлебная торговля России в 1875－1914 гг. . . . , с. 190.

16. Там же, с. 185－200, 252－255.

17. Шерстобоев В. Я. Илимская пашня. Иркутск, 1949, т. 1, с. 322－356; 1957, т. 2, с. 200－204.

18. Крестьянство Сибири в эпоху феодализма, с. 65, 188 － 198; Крестьянство Сибири в эпоху капитализма, с. 67.

19. Шерстобоев В. Н. Илимская пашня, т. 2, с. 215－221; Крестьянство Сибири в эпоху капитализма, с. 67.

20. В. Н. Шерстобоев построил динамические ряды средних многолетних хлебных цен в Илимском（Киренском）уезде Иркутской губернии за 1724－ 1800 гг. , опираясь на данные официальных источников. Основываясь на ценах ржи и ржаной муки, автор пришел к выводу, что за 75 лет номинальные хлебные цены на илимском хлебном рынке выросли примерно в 2 раза（Шерстобоев В. Н. Илимская пашня, т. 2, с. 312－314）, если же учесть изменения денежного курса, －на 73%. По нашим данным, реальные цены в Восточной Сибири с 1721－1730 по 1791－1800 гг. поднялись на 66% （см. табл. 13 и 14 в гл. IV）. Получается почти полное совпадение результатов. Однако динамические ряды, построенные В. Н. Шерстобоевым для цен овса, гороха и других сельскохозяйственных товаров, свидетельствуют об нх понижении, что весьма сомнительно. Вероятно, чувствуя недостоверность этих данных, автор итоговый вывод о росте цен в 2 раза основывает именно на ценах ржи и ржаной муки（там же, с. 314）.

21. Тенденцию к выравниванию цен в Западной и Восточной Сибири в XVIII в. отметила М. М. Громыко（Западная Сибирь в XVIII в. , с. 182）.

第四章
影响粮食价格波动的因素

　　本章的主要内容是确定影响 18 世纪至 20 世纪初俄国粮食价格波动的主要因素。这个问题的解决分为 3 个阶段。首先，通过定性理论分析从众多因素中梳理出几个重要的因素，这些因素在理论上可以影响粮食价格的波动；其次，确定检验标准，诸因素通过检验标准影响粮食价格；最后，分析诸因素对粮食价格波动的影响。

　　本章分析的是粮食价格的波动因素，而不是粮食生产成本的波动因素。粮食成本分析涉及粮食生产条件、生产成本的结构和粮食成本的形成因素。而粮食价格波动分析是研究价格的形成、导致粮食价格与其价值偏差的条件，以及价格波动和变化的因素。在分析粮食成本时，要特别关注粮食的生产条件，而在分析粮食价格时，应主要关注粮食的销售条件。[1] 因此，对粮食价格因素和成本因素的分析方法相异。借助相关性分析，可以解决各种因素对粮食价格波动的影响与粮食成本的关系问题，但无法解决粮食生产成本如何影响粮食价格波动的问题。

一　因素选择

粮食价格波动是一个复杂的经济过程，受一系列内部和外部因素的影响。在确定影响粮食价格波动的因素时，必须从所研究时期俄国商品农业生产的特点出发，这些特点直接影响了粮食价格的形成。18 世纪至 20 世纪初，俄国农业生产以原子结构为特点，粮食生产集中在数百万大小生产者手中，粮食市场的竞争将粮食生产联系起来。自 18 世纪下半叶以来，粮食生产是在全俄统一粮食市场形成和运行的条件下发生的[2]，所以我们可以从整个国家的角度来分析影响粮食价格波动的因素。俄国积极参与世界市场或泛欧市场，粮食价格波动还需要考虑到国际因素的影响。

俄国的农业生产具有各行业中独立小生产者互相竞争的性质，粮食生产与国内市场和世界市场相联系，因此 18 世纪至 20 世纪初俄国的粮食价格是在全俄市场和世界市场自由竞争的条件下和形成和波动的，这种竞争对价格形成起决定性作用。我们假设以下因素可能在理论上影响粮食价格。[3]

粮食生产成本：这一因素的检验标准是单位粮食生产的货币成本或实物成本。

粮食供给：播种面积、产量、农民和地主农场的市场化程度决定粮食供给，人均商品粮的数量是该因素的检验标准。

粮食需求：最明显的检验标准是人均粮食需求。

供求关系：检验标准是粮食平衡。

粮食市场：检验标准是世界粮食价格、出口粮食价格、俄国卢布汇率、俄国贸易和国际收支。

货币流通：检验标准为货币流通量、货币流通速度、货币价值的变化。

运输成本：检验标准是运输粮食的货币成本。

在特定时期的特定历史条件下，上述假设因素的经验意义可能有所不同。

作为一种食品，粮食的消费弹性不大，唯一变化明显的需求是粮食出口量，但即使是这一因素也在很大程度上由粮食供给（产量）决定，加上粮食出口量在粮食总消费量中的比重较小，因此并不能明显影响供求关系。

由于人均粮食需求几乎不变，粮食的供求关系几乎完全由供给决定，也就是说产量起决定性作用。因此，一方面，供需关系由产量决定；另一方面，如相关分析指出的那样，供需比呈现函数关系，系数为 0.95。鉴于供求关系完全依赖于产量，所以没有必要将其看作一个独立因素。

接下来，我们在寻找分析检验标准的最适合的粮食价格因素时，得到了意外的重要结论。最初，人们认为粮食供给的最佳检验标准是"人均商品粮"。然而，相关分析并没有证实我们的假设。计算表明，粮食供给应该通过"产量"这个更基本的特征表现。显而易见，18～19 世纪买卖双方的经济行为更加情绪化，买卖双方不具备现代商人的理性和知识。他们的经济行为主要受具体"产量"的影响，而非抽象的"人均商品粮"。此外，研究期间未发现"人均商品粮"的计算数据。

在粮食需求的几个组成部分中，除粮食出口量显示出极大的变化外，其他部分几乎没有变化。因此，粮食出口量动态序列基本可以覆盖人均粮食需求的动态序列，这使得粮食出口量成为粮食需求的检验标准，同时也简化了粮食需求的分析过程。

粮食市场有 5 个检验标准。但是相关分析结果显示，市场状况基本上是通过世界粮食价格[4]或出口粮食价格表现出来的。其余检验标准也与世界粮食价格或出口粮食价格有关，因此没有必要单独考虑它们。

货币流通有 3 个检验标准。在货币贬值时，货币流通量最能表现货币流通的状况，所以货币流通量将是之后价格波动相关分析的因素之一。

由于缺乏相关数据，不可能构建粮食生产成本和运输成本的动态序列。因此，粮食生产成本和粮食运输成本不直接参与价格波动的相关分析，它们的作用通过商品价格指数和货币购买力，以及其他无法解释的因素间接考量。

综上所述，导致粮食价格波动的因素主要有以下 5 个：粮食生产成本、货币流通量、粮食需求（粮食出口量）、世界市场（世界粮食价格和粮食出口价格）、粮食供给（粮食产量）。[5]我们将使用相关分析对 5 个因素的重要性进行定量评估。

二　粮食价格波动的分析方法

为了更深入地了解粮食价格波动的原因，有必要将自然价格的波动（经验观察到的年度价格波动）和价格因素的波动分为 3 部分：①长期（世纪）波动；②周期性波动；③不规则波动。为了不使问题变得过于复杂，我们不考虑季节性的变化。价格及其影响因素的检验标准是这 3 种变化相互作用的结果，也是在多个特殊原因的影响下形成的。

价格及其影响因素的长期波动（经济学家也称其为趋势和演变过程）构成了一个动态的架构，是在长达 50 多年的时间跨度中的总体方向。在我们的研究中，趋势是用移动平均法揭示的，与直线方程近似。

价格及其影响因素的周期性波动是指价格及其影响因素的指数所呈现的一种波浪式变动的趋势。每个周期都有两个波段或者两个半周期：

上升和下降。一般来说，动态序列周期的计算方式有两种：一种是使用谐波分析和周期图的方法；另一种是使用平滑不规则波动的方法。

价格及其影响因素的不规则波动（在序列图中表现为无序的曲折）一方面是由战争、自然灾害、流行病、动物流行病等灾难性原因造成的；另一方面还与当地的一些特殊因素有关，如河流泛滥、恶劣天气、猜测、谣言、交通中断等。这在短期内扰乱了市场上的粮食供求关系。第一类不规则波动称为灾难性波动，第二类称为随机波动。灾难性波动通常比随机波动更加显著。不规则波动是从显著指数中减去趋势和周期性波动。在我们的案例中，这个问题通过从自然动态序列中减去 8 年或 9 年间隔的移动平均数来解决。[6]

在将粮食价格及其影响因素的动态序列分解为长期、周期性和不规则波动时，我们认为每个因素同时影响价格动态序列的所有 3 个要素，即 3 种波动。影响因素本身是一个时间序列，也与价格序列一样由相同的要素构成：因素的不规则波动引起了粮食价格的不规则波动，因素的周期性波动决定了价格的周期性波动，因素的长期波动决定了粮食价格的长期波动。这 3 个要素的同时变化，即要素的总体变化，决定了粮食价格的总体变化。因此，为了评估不同因素对粮食价格的影响，有必要将粮食价格及其影响因素的动态序列分解为各组成要素，然后将粮食价格的不规则波动与其影响因素的不规则波动相关联，将粮食价格的周期性波动与其影响因素的周期性波动相关联，将粮食价格的长期波动与其影响因素的长期波动相关联，最后将粮食价格的总体变化与其影响因素的总体变化相关联。分析得出的对应相关系数和决定系数为定量评估各因素对粮食价格不规则、周期性和长期波动的影响提供了可能性。

通过粮食价格波动的相关分析总结出的一个特征是，粮食价格变化往往滞后于价格影响因素的变化。例如，粮食收成对次年粮食价格的影响比当年更大。同样，货币流通量、粮食出口、世界粮食价格和

其他因素在一定时期后才会对粮食价格产生影响。粮食价格对其影响
因素变化的反应滞后，首先是由于经济现象之间相互作用的缓慢性质，
这种相互作用很少在短期内发生；其次是由于通信手段的发展；最后
是由于一种经济现象发生地与依赖它的另一种经济现象发生地之间的
距离。粮食价格反应的这种滞后在 19 世纪中叶之前的价格趋势分析中
尤为重要，当时俄国还没有发达的铁路、电报和电话网络。粮食价格
相对于价格影响因素的滞后变化是通过将价格序列相对于一年、两年
等因素序列的变化来考虑的，即价格序列和因素序列在考虑到一定滞
后的情况下相互关联。

　　线性相关系数的误差估计值并非完全准确。众所周知，根据样本数
据中计算的相关系数与一般人口中的相关系数不完全相同，偏离后者的
相关系数标准误差值是根据特殊公式计算的。然而，本研究没有分析抽
样数据，而是对所有人口进行了分析。在指定的时间范围内与整个欧洲
部分有关的数据，相关分析的结果不适用于其他时期和地区，它们适用
于严格限定的时间和地区（18 世纪至 20 世纪初的俄国欧洲地区）。这在
其应用中发挥了很大的优势。首先，无须确定相关系数的误差并对其进
行修正。其次，无须检查线性相关应用的两个条件之一——符号分布的
正态性。

　　使用价格与其影响因素之间的关系图形和相关方程来检验价格与其
影响因素之间的线性关系是应用线性相关的第二个条件。事实证明，条
件已经满足。

　　最后一点涉及对相关性分析结果的解释。通过这一分析，得到了 6
个不同且密切相关的系数：全相关系数、偏相关系数、全决定系数、偏
决定系数、多重相关系数和多重决定系数。可以简单地定义这些系数的
逻辑性质。

　　相关系数的数值在−1 到+1 之间，显示了所研究的现象、属性和因素

之间的一致性与联系的紧密性，以及相互作用与相互依赖的程度；系数的绝对值越大，表明相互联系和相互作用越强。系数的符号表明所研究的现象之间存在正向还是反向关系。

决定系数（取值范围为0~1），即为相关系数的平方。在所研究的现象存在因果关系的前提下（通过资料丰富的逻辑分析证明），决定系数证明了"因"对"果"的影响力。例如，如果Ａ（因素）和Ｂ（结果）之间的相关系数为0.72，决定系数为0.52（0.72^2），这意味着Ａ对Ｂ提供了52%的影响值，其他因素对Ｂ提供了48%的影响值（100%-52%）。

在我们的案例中，可以看到多个因素和一个结果参与分析。这是一个多重相关的问题。在这样的问题中，每一个因素本身又通过其他因素作用于结果。例如：收成本身影响粮食价格，又通过影响粮食出口影响粮食价格，还可通过影响粮食需求影响粮食价格。在这种情况下，既要衡量一个因素本身及其通过其他因素对结果的全部影响，又要衡量一个因素的影响净值，即假设其他因素对结果没有影响。一个因素的完全影响可以由全决定系数（全相关系数的平方）来呈现，一个因素的影响净值可以由偏决定系数（偏相关系数的平方）来呈现。全相关系数和偏相关系数的取值范围是-1到+1，全决定系数和偏决定系数的取值范围是0~1。

此外，在研究多因素依赖关系时，需要考量所有因素对结果的整体影响。多因素影响值可以由多重决定系数（多重相关系数的平方）呈现。多重相关系数和多重决定系数的取值范围为0~1。例如，如果多重相关系数为0.94，则多重决定系数为0.88（0.94^2），说明所有考虑到的因素对结果产生88%的影响，未考虑到的因素产生12%的影响（100%-88%）。

相关系数的计算参见专门文献。[7]

最后一点涉及数学统计分析的准确性和可靠性。需要强调的是，任何数学统计分析的结果都不是绝对的，而是概率性的。这是由两种情况造成的：原始数据的不准确和不完整以及数学统计分析本身的概率性质。研究者影响分析的概率，这一影响概率值通常很高（95%）。

　　然而，除了粮食价格外，不够准确的原始数据不能总是得到有效的计算。因此，我们无法准确地确定数理统计分析结果的可信度。我们将通过各分析结果之间的一致性和连贯性，以及各分析结果与实际观察到的现象和政治经济学理论之间的一致性来判断所得出的结果是否可靠。本书中不会出现滥用"大约""大概""可能"等词语的现象，但是读者要意识到一些数值只是估计值。下一节，笔者将继续分析已确定因素对粮食价格波动的影响。

三　粮食价格波动的世纪趋势

　　具体案例表明，粮食价格呈上涨趋势。18 世纪至 19 世纪初，粮食价格增长较快，19 世纪至 20 世纪初粮食价格增长较慢。粮食价格波动的世纪趋势折线图在数学上可用直线方程表示。例如，黑麦价格波动趋势的直线方程为：$y = -5250.3049 + 3.0845x$（1707 ~ 1803 年）、$y = 11.72 + 0.0177x$（1799 ~ 1914 年）。其中，x 为年份，y 为该年份黑麦的理论价格（每普特）。粮食价格的整体上升阶段分为几个上升或下降期，可持续13 ~ 48 年。通过移动平均方法（每 9 年为一区间）平滑价格序列，可以估计 17 世纪下半叶至 20 世纪初俄国粮食价格运动的 8 个连续波动趋势：1663 ~ 1710 年下降；1710 ~ 1723 年上升；1723 ~ 1757 年下降；1757 ~ 1805年上升；1805 ~ 1828 年下降；1828 ~ 1871 年上升；1871 ~ 1898 年下降；1898 ~ 1914 年上升。[8] 粮食价格的上升和下降交替出现，一个趋势结束的年份同时也是另一个趋势开始的年份。从总体上看，1663 ~ 1914 年，4 次上升趋势持续 120 年，4 次下降趋势持续 131 年，平均每次上升时间 30年，下降时间 32.8 年。

决定粮食价格走势的因素是什么呢？众所周知，在很长一段时间内，在自由竞争和金属货币的支配下，价格的变化取决于商品生产成本和货币价值（购买力）的变化，因为价格与生产成本相同（或至少倾向于相同）。[9]因此，我们首先应该关注这些最重要的因素，这些因素是粮食价格长期波动的原因。

四　粮食生产成本

1861年废除农奴制之前，农业中的雇佣劳动并不普遍，地主庄园也是如此，显然商品货币关系只是渗透到地主的经济中。地主庄园单独记录各自的生产成本，大部分税收得到免除且存在农奴免费劳动，因此生产成本的记录是不完整的。并且在当时，大部分农民从事的是自给自足的小农经济，普通农民的生产成本也很难计算。直到1885~1913年，才保留了相对可靠的粮食生产成本数据。在早期，只留存了有关土地耕种和生产粮食的劳动力投入的信息，即以人/日为单位计算。事实上，自然指数是可以较为准确地估量生产成本的变化的。首先，劳动力成本在生产成本中的占比很小，如在1887~1888年期间，仅占25%。[10]其次，劳动力成本的估算不考虑劳动强度的变化。我们对劳动力数据至少能呈现生产成本的总体趋势持乐观态度。

决定粮食生产成本变化的因素有两个：农业技术和土地肥力。俄国的粮食生产成本有很大的地区差异。在探究俄国粮食生产成本变化原因的过程中，需要着重关注俄国中部地区，俄国中部是俄国粮食生产成本最高的地区，在粮食定价方面发挥主要作用（农业中粮食价格由地区价格而非平均价格决定，即生产力最低和资本性成本支出最少的地区的粮食价格[11]）。

正如苏联历史学家研究的那样，18~19世纪俄国中部地区的粮食产量增加。这种增加发生在农业技术和农业产量都变化不大的背景条件下，伴随着种植面积的增加和肥力较差土地的开垦。因此，土地耕作和粮食生产的成本（至少是劳动力成本）趋于上升。[12]

为了量化粮食生产成本的波动，我们将使用间接方法，其实质如下。在很长一段时间内，货币价值的波动与一般价格指数的波动大致吻合。因此，通过粮食价格指数和一般价格指数，我们就可以得到粮食生产成本的近似指数，也被称为粮食购买力指数。[13] 这一方法的结果见表 4-1。

表 4-1　18 世纪至 20 世纪初俄国粮食生产成本的变化

指数	1707~1710 年	1796~1801 年	1910~1914 年
粮食价格指数	100	566	1031
一般价格指数	100	496	660
粮食生产成本指数	100	114	156

计算结果表明，粮食生产成本（包括从出口地区向进口地区运送粮食的运输成本）在 18 世纪至 20 世纪初趋于上升，在这一时期总体上相对于其他商品生产成本上升了约 60%[14]（部分原因是粮食生产成本绝对上升，部分原因是工业商品生产成本绝对下降）。因此，18 世纪至 20 世纪初，粮食价格的世纪水平在粮食生产成本增长的情况下增长 60%，在货币价值下降的情况下增长 5.6 倍。

将粮食生产成本的上升归结为人口密度的增加是不正确的。人口需求的增加和农业利润的提高，以及地主和国家在低农业技术条件下对农民剥削的加强，也对开垦肥力差的土地以扩大耕地面积和提高劳动强度起到了重要作用。正如西欧国家的经验所表明的那样，粮食生产成本的降低只有在 20 世纪的农业生产革命中才成为可能，这种革命类似于 18 世纪末至 19 世纪的工业技术革命。

五 俄国卢布购买力的变化

现在梳理第二个重要的因素——货币价值及其在粮食价格世纪运动中的作用。货币在很长一段时间内的购买力由贵金属的价值决定，取决于货币的内在价值和流通中的货币数量。

18世纪之前，俄国国内市场上黄金和白银的价值都趋于上升。18世纪至20世纪初，黄金和白银的价格出现下降（18世纪急剧下降，19世纪至20世纪初缓慢下降）。17世纪下半叶，1千克白银的价值约为17票面卢布，1千克黄金的价值约为255票面卢布。20世纪初，白银和黄金的价值分别为每千克45卢布和1630卢布。[15]贵金属价格下跌的原因之一是货币"贬值"。

18~19世纪，俄国市场上贵金属价格下降的主要原因是俄国和其他欧洲国家黄金和白银价格之间的巨大差异，这种差异在18世纪之前就存在。通过比较俄国和国外的总体价格水平，可以准确确定西欧和俄国市场的贵金属价格。遗憾的是，我们没有取得西欧有关贵金属价格的数据。直到19世纪中叶，官方时间为直至19世纪末，俄国的货币流通都是以银本位为基础的，这就是我们为什么必须以白银重量"克"为价格标准。

由于大多数国家的官方价格统计开始得比俄国晚，所以没有关于17世纪和18世纪西欧整体价格波动的数据：英国开始于1770年，法国和德国分别开始于1756年和1816年。因此，17世纪至18世纪下半叶西欧的平均粮食价格以克（白银重量）为单位，根据伦敦、温彻斯特（英国）、阿姆斯特丹（荷兰）、柏林、莱比锡、奥格斯堡（德国）、巴黎、斯特拉斯堡、格勒诺布尔、贡蒂耶城堡、诺曼底、安茹（法国）、马德里、托莱多（西班牙）、热那亚（意大利）、达皮（挪威）的价格计算，而19世纪的西欧平均价格按全俄平均价格计算。俄国17世纪下半叶的平均粮食价格根据 15 个主要城市的价格数据计算，18～19 世纪的平均价格根据全俄大多数城市和省份的价格数据计算，计算结果见表 4-2。[16]

表 4-2　17 世纪下半叶至 20 世纪初西欧和俄国的粮食价格比率
（俄国的价格 = 100）

粮食作物	1651～1700 年	1701～1750 年	1751～1800 年	1801～1850 年	1896～1913 年
黑麦	661	507	316	248	127
燕麦	566	482	308	237	130
小麦	423	357	225	170	120
大麦	700	511	304	234	126
平均	588	464	288	209	126

从粮食价格的数据来看，17 世纪与 18 世纪之交，欧洲的贵金属价格约是俄国市场的 1/7，到 1914 年，俄国和西欧的贵金属价格实际上是相等的，商品的总体价格水平基本上已经趋同。我们可以具体解释 18 世纪初俄国和国外贵金属价格和总体价格水平的差异是如何形成的，以及为何 18 世纪至 19 世纪初粮食价格差异又降至最低。

六　俄国与西欧粮食价格差异的形成

16～17 世纪，由于与世界主要贸易路线隔绝、缺乏商船队、经济市场化程度低，以及政府有意限制进口和贵金属需求，俄国参与世界贸易的程度有限。俄国商人很少出现在欧洲市场，俄国和外国的商品贸易主要发生在俄国边境城市，而且往往是以物易物。俄国国内没有贵金属开采。[17] 1493～1745 年的 253 年间，流入欧洲的白银约为 78469 吨。据粗略估计，流出地是俄国的白银仅占 5%。[18]

鉴于俄国国内市场的自主性和自身在贵金属开采方面的不足，俄国的金银价格逐渐上升，俄国国内生产的商品价格与国外生产的同样商品的价格越来越脱节。在 16 世纪至 17 世纪上半叶所谓价格革命期间，两地价格之间的差距尤其扩大。这场革命蔓延到俄国边界，但对俄国国内没有产生实质性的影响，粮食价格的波动可以证明这一点。1551~1700 年俄国粮食零售价格变化见表 4-3。

表 4-3 1551~1700 年俄国粮食（黑麦、燕麦、小麦和大麦）零售价格变化
（1701~1710 年 = 100）[19]

	1551~1560 年	1561~1570 年	1571~1580 年	1581~1590 年	1591~1600 年	1601~1610 年	1611~1620 年	1621~1630 年
一	91	99	85	119	83	134	191	165
二	248	272	234	327	227	360	390	321
	1631~1640 年	1641~1650 年	1651~1657 年	1659~1663 年	1664~1670 年	1671~1680 年	1681~1690 年	1691~1700 年
一	147	119	106	178	245	244	77	107
二	209	209	287	313	431	253	136	155

注：一栏为 8 普特俄石粮食票面价格的非加权指数，二栏为以银（克）为单位的 8 普特俄石粮食价格的非加权指数。

16 世纪下半叶至 17 世纪上半叶爆发的价格革命席卷了中欧和东欧国家[20]，俄国的粮食价格也受到一定程度的影响，趋于下降。之后 3 次粮食价格飙升打破了下降趋势，此时的价格上涨纯粹是俄国本身的原因。16 世纪 80 年代，受利沃尼亚战争和经济危机[21]影响，粮食价格猛增；17 世纪前 30 年，大面积作物歉收和战争，以及由此导致的相关经济破坏[22]造成粮食价格上涨；17 世纪 60~70 年代，发生在 1654~1663 年的金融危机引发粮食价格飙升。[23]

早在 16 世纪 70 年代，从白海港口出口的包括粮食在内的俄国商品就达 32 种，平均价格约是荷兰港口价格的 45%。[24]应当考虑到，由于运输成本高，白海港口的出口价格在俄国港口中是最高的，得益于得天独厚

的地理条件，俄国出口的商品平均价格要低于欧洲其他国家，比荷兰的价格更低。

如果俄国与欧洲其他国家同时经历价格革命，那么在生产技术不变或变化很小的条件下，所有商品的价格都应该同步和均匀地上升。然而，从 1551~1560 年到 1591~1600 年这个时间段内，一些商品的价格反倒有所下降（粮食的价格下降了 9%，蜂蜜、蜡和树脂的价格下降了 46%，鱼的价格下降了 5% 等），其他一些商品出现不同幅度的价格上涨（羊皮的价格上涨 15%，钉子的价格上涨 38%，纺织品的价格上涨 73%，斧头的价格上涨 162% 等），还有一类商品价格保持不变，如盐。[25]

一些历史学家认为，16 世纪至 17 世纪上半叶在俄国也发生了价格革命[26]，但上述数据与此观点相悖。与 А. Г. 马尼科夫的观点一致，16 世纪上半叶俄国确实出现了价格上涨现象，但这与 16 世纪至 17 世纪上半叶欧洲的价格革命无关。

七　17世纪至20世纪初俄国对外贸易发展

18 世纪，俄国先后得到了波罗的海和黑海两个出海口，极大地促进了俄国对外贸易的发展，这种发展势头一直持续到 1914 年。[27] 17 世纪至 20 世纪初俄国对外贸易状况见表 4-4。

表 4-4　17 世纪至 20 世纪初俄国对外贸易的年均交易额

	1604 年	1642 年	1653 年	1690~1699 年	1717~1719 年	1726 年	1742~1751 年	1791~1800 年	1841~1850 年	1904~1913 年
一	0.300	0.800	1.165	0.850	3.429	4.274	9.876	92.0	183.4	2228.3
二	1.359	2.536	3.833	2.567	5.178	6.240	12.6	68.1	179.7	1485.6
三	453	317	328	302	151	146	127.4	74.0	98.0	66.7

注：一栏以现今卢布为单位，二栏以金卢布为单位，三栏为现今卢布与金戈比的票面兑换率。

较之 17 世纪末，18 世纪前 25 年对外贸易额增加了约 1.5 倍，18 世纪末较 17 世纪末增长了 25.5 倍，20 世纪初较 17 世纪末增长了 577.7 倍。对外贸易促进了俄国贸易总额的增长。1724 年对外贸易额占全俄贸易总额的 25%，1753 年占 39%，1888 年占 45%，1913 年占 38%。[28] 俄国对外贸易条件和体量的变化对俄国国家经济和国家财政产生了重大影响。[29] 在新的对外贸易条件下，俄国积极参与欧洲和世界贸易，因此俄国和西欧市场上的贵金属价格以及其他商品价格不可能再有很大的差异。根据世界贸易中的价格形成规律，商品经济生产条件下商品价格必须调整到不超过间接费用（运输成本、关税等）和企业主的平均利润之和。[30]

价格水平测量规律完全适用于粮食价格，18 世纪，特别是在 1762 年俄国政府实施自由贸易后，俄国的粮食出口持续快速增长。16~17 世纪俄国的粮食出口还不成规模[31]，1701~1761 年粮食的年平均出口量达到 22.5 万普特，1791~1801 年达到 260 万普特[32]，1910~1914 增长了 5.21 亿普特[33]。18 世纪至 20 世纪初，粮食出口量增加了 2315 倍。此外，越来越多的商品粮销售到了国外市场，如果以 17~18 世纪为基准，那么 1801~1810 年增长了 25%[34]，19 世纪与 20 世纪之交增长了 54%[35]。

18 世纪，由于运输成本较低（俄国至西欧国家），粮食价格比较稳定。[36] 19 世纪至 20 世纪初，交通运输方式发生变革，俄国至西欧国家的粮食运输费用只有原来的 1/8。[37]

八　17世纪至20世纪初的货币流通

18~19 世纪，俄国积极参与欧洲贸易，为降低俄国贵金属价格和提升粮食价格创造了条件。二者的价格平衡能否实现可以根据货币购买力的公式计算：$P=M \cdot V/Q$。其中，P 代表商品价格的一般水平或货币购买力（价值），M 代表国家的流通货币总量，V 是货币流通率，Q 是商品质量。[38]

对货币流通的计算表明[39]，提高俄国物价水平的必要条件已经满足[40]。1701～1914 年，在价格不变的情况下，人均商品产量增长了约 3.3 倍[41]，一般价格指数增长了 5.6 倍，因此对货币的需求增长了 27.4 倍。

在此期间，人均货币流通量经粗略估计增长了 6.4 倍，出现了货币流通量不足的问题，货币流通速度的提高和期票流通的逐步扩大缓解了货币流通量不足的问题。这是我们在评估货币流通量时没有考虑到的。[42] 1701～1914 年，俄国人均货币流通量的变化和粮食价格的波动见表 4-5。

表 4-5　1701～1914 年俄国人均货币流通量的变化和粮食价格的波动

年份	人均货币流通量		粮食价格指数	年份	人均货币流通量		粮食价格指数
	金额（戈比）	指数			金额（戈比）	指数	
1701～1710	112	100	100	1811～1820	529	472	566
1711～1720	239	213	149	1821～1830	407	363	497
1721～1730	246	220	218	1831～1840	397	354	689
1731～1740	232	207	190	1841～1850	417	372	651
1741～1750	278	249	233	1851～1860	676	604	757
1751～1760	383	342	208	1861～1870	813	726	894
1761～1770	475	424	264	1871～1880	828	739	964
1771～1780	484	423	320	1881～1890	715	638	824
1781～1790	677	604	480	1891～1900	662	591	792
1791～1800	833	744	566	1901～1914	830	741	978
1801～1810	662	591	635				

货币流通量和粮食价格波动之间的比较表明两者存在密切的联系——货币流通量增加的年份粮食价格上涨，货币流通量下降的年份粮食价格下跌；粮食价格上涨的时期与货币流通量增加的时期一致，粮食价格下跌的时期与货币流通量减少的时期也一致；粮食价格和货币流通量暴涨的时期也是重合的。18 世纪至 20 世纪初，粮食价格与货币流通量之间的长期关系是不可否认的，相关系数高达 0.85 有力地证明了二者之

间的相关性。

在 18~19 世纪的具体时代背景下，为什么会存在这种相关性呢？是货币还是粮食价格占主导地位？为了回答这个问题，我们需要比较货币流通量和粮食价格波动之间的具体关联。首先，是共时比较（比较同一年份的粮食价格和货币流通量）；其次，是历时比较（分别比较粮食价格和货币流通量各自当年与上一年份的数据）；最后，是价格变动（比较当年货币总量与上一年度价格）。为了可靠地应用这一方法，需要在所研究的时期内选择一个稳定的单一金属货币垄断流通的时期，因为一种金属货币"贬值"时，会出现另一种金属货币和纸币在贸易市场居主导地位的现象，货币流通量和粮食价格之间的关系会因为货币的汇率而变得复杂（汇率易变，纸币、白银、铜、黄金都有各自的汇率）。18 世纪至 20世纪初，对维特货币改革（1897~1914 年）后的货币流通量和粮食价格之间关系的分析表明，货币流通量的变化先于粮食价格的变化。因此，我们得出结论，货币流通量是影响粮食价格波动的一个积极和重要的因素。

九　国产金银的生产

货币流通量的增加对物价总水平的提高，特别是对粮食价格提高的影响很大。如果贵金属价格并未伴随货币流通量的增加而变化，其结果将是票面价值的增加。[43] 在俄国，白银或黄金的价格水平也有提高，这意味着贵金属的价格下降。由于俄国采矿业的发展和国外贵金属流入量的增加，黄金和白银出现贬值，俄国国内物价总体上涨。俄国的白银生产始于 1704 年，黄金生产始于 1745 年。18 世纪末，白银的年产量达 25 吨（另一些资料显示达 33 吨），黄金的年产量达 0.66 吨。[44] 1911~1914 年，白银和黄金的产量分别为 14.3 吨和 61.1 吨。[45] 俄国贵金属的生产成本低于欧美。俄国金银矿开采的发展使俄国政府早在 18 世纪 60 年代就开始主要用国内原材料铸造金银币。1760～1790 年，俄国国产的白银可满足 61% 的货币金属需求，18 世纪 90 年代达到 98%。

还应该注意到，通过关税流入国库的贵金属数量大大增加（17 世纪 90 年代，作为关税的白银收入为 1.544 吨[46]，18 世纪 90 年代为 25.677 吨[47]）。18～19 世纪，白银进口量约为每年 1.5～2 吨。[48]

18 世纪初，政府开始铸造大量铜币，1769～1839 年发行大量纸币，1840～1896 年发行信用券。市场上对黄金和白银的需求下跌，带动贵金属整体需求下行。贵金属流通量增加而需求减少，导致贵金属价格与生产成本趋同，最终导致金银价格下跌，总体价格水平上升，特别是粮食价格上升。

18 世纪至 20 世纪初，俄国粮食价格上涨了 60%；如果考虑粮食加工费用的话，粮食价格上涨了 20%；如果考虑到货币总量的增加，粮食价格上涨了 5.6 倍；如果再考虑到贵金属的供给，那么粮食价格上涨了 80%。粮食价格的上升趋势主要与货币流通量和贵金属价格有关。

俄国物价（包括粮食价格）猛增与其说是受外部贵金属流入的影响，不如说是受货币发行的影响，主要是纸币和铜币的影响。纸币和铜币的购买力与其内在价值不相符。它们的发行与其说导致了通货膨胀，不如说导致了金银币的同时贬值。换句话说，商品的纸币、铜币和金银币价格同时上涨，这是因为俄国的物价上涨是建立在俄国物价与欧洲物价持平基础上的。由于 18 世纪至 20 世纪初对外贸易额的增加，物价较高的欧洲市场可以有效地影响价格较低的俄国市场。这一过程的结果是俄国爆发了价格革命。不断增长的货币流通量助长了俄国价格的增长和与欧洲价格持平的过程，这就是为什么任何货币都适合于俄国的价格革命，而不仅仅是黄金和白银。

十　粮食价格世纪波动趋势的数学统计分析

关于俄国价格革命原因的结论得到了相关分析的充分支持。[49]

从表4-6中可以看出，在影响粮食价格世纪波动趋势的重要因素中，货币流通量起决定性作用，对粮食价格世纪波动的"纯"影响值达到30%。粮食需求（粮食出口量）、粮食出口价格和粮食供给大多是通过货币渠道间接对当地粮食价格产生影响（从全相关系数的绝对值远远大于偏相关系数的绝对值中可以得出此结论）。结合货币流通量对当地粮食价格的直接影响，以及其他因素（包括未包括在内的因素）对粮食价格的间接影响，可以得出结论：货币流通量对粮食价格世纪波动的影响可达76%（$R^2 = 0.869^2 = 0.76$）。

表4-6　18世纪至20世纪初影响粮食价格世纪波动的重要因素

粮食价格波动因素	相关系数		偏决定系数
	全相关系数	偏相关系数	
货币流通量	0.869	0.551	0.304
粮食需求（粮食出口量）	0.641	0.060	0.004
世界市场：			
世界粮食价格	0.016	0.025	—
粮食出口价格	0.645	0.278	0.077
粮食供给（粮食产量）	0.512	0.062	0.004

偏相关系数之和为0.389，远小于多重相关系数0.89。这表明粮食价格不仅受每个因素的单独影响，而且还受各种因素的综合影响，如粮食的供求、世界和俄国的市场情况、货币流通量和行情等。

地方粮食价格与粮食出口量和粮食出口价格之间的全相关系数和偏

相关系数指出了两个重要问题：①俄国粮食出口西欧极大地促进了俄国地方粮食低价与西欧粮食高价的趋同，换句话说，它刺激了俄国粮食价格的上涨；②粮食出口为价格上涨创造了机会，通过货币流通量实现了价格上涨。因此，货币流通量的增加本身导致了俄国世纪粮食价格水平的上升。粮食价格上涨的一个直接原因是自 18 世纪初以来俄国对外贸易的增长以及随后俄国市场上贵金属价值的下降。由于经济规律的作用，俄国和西欧的粮食价格趋同。货币流通量的增加只是将这个经济过程正式化并加以巩固。

货币流通量、粮食需求、世界市场和粮食供给 4 个因素综合起来对粮食价格世纪波动的影响高达 79%。这意味着未考虑的因素（其中最重要的未考虑因素为粮食生产成本）对粮食价格的世纪波动仅产生了 21% 的影响。这与我们根据一般价格指数和粮食价格指数的变化数据计算生产成本对粮食价格影响的结果不谋而合，根据该数据，生产成本决定了粮食价格波动的 20% 左右。两种完全不同的方法所得出结果的一致性表明了该结果的有效性和指数分析方法的可靠性。

十一　粮食价格的周期性波动

在粮食价格的波动周期中既能观察到持续 40~50 年的周期，也可以观察到持续仅 3~3.5 年的周期，这些长短不一的周期同时存在且相互重叠。这些大小不一的周期按持续时间长短可以分为 40~50 年的康德拉季耶夫周期、20~25 年的库兹涅茨周期、7~11 年（或持续时间更长）的尤格拉周期、3~3.5 年的基钦小周期和其他一些周期。[50] 科学家尚未阐明各种周期的性质和相对意义[51]，因此，我们将仅限于确定一些周期的大致时长（没有任何现有方法能够准确确定周期的时间范围），并对周期性价格波动的原因提出假设。

17 世纪下半叶至 20 世纪初，可以看到 5 个完整的康德拉季耶夫周期和一个不完整的康德拉季耶夫周期（见表 4-7）。

表 4-7　1658~1914 年俄国粮食价格的康德拉季耶夫周期

单位：年

康德拉季耶夫周期		周期上升期		周期下降期	
年份	周期时长	年份	周期时长	年份	周期时长
1658~1708	50	1658~1683	25	1683~1708	25
1708~1754	46	1708~1734	26	1734~1754	20
1754~1799	45	1754~1775	21	1775~1799	24
1799~1844	45	1799~1822	23	1822~1844	22
1844~1896	52	1844~1868	24	1868~1896	28
1896~1914	—	1896~1912	16	—	—
平均	47.6		23.8[*]	—	23.8

注：[*] 不含 1896~1912 年。

首先，确定趋势（理论序列）；其次，确定经验（自然）波动价格序列与理论序列的偏差；最后，使用 9 年移动平均法对所得的偏差进行平滑处理（以排除平均数、小周期和随机波动的影响）并绘图。[52]

应该强调的是，康德拉季耶夫周期、库兹涅茨周期和尤格拉周期也可以直接在粮食经验价格的动态图上看到。这一点非常重要，因为以不同方式剖析的价格图总是带有一些人为设定的和主观的印记。

18 世纪末至 20 世纪初的俄国周期在时间上与康德拉季耶夫在英国和法国定义的周期大致吻合：1795~1843 年、1843~1895 年和 1895~1914。[53] 17 世纪下半叶至 20 世纪初，俄国粮食价格的康德拉季耶夫周期的持续时间在 45~52 年，上升期的持续时间在 16~26 年，下降期的持续时间在 20~28 年。两次上升期在同一周期中比下降期的持续时间长（1708~1754 和 1799~1844 年），还有两次上升期较短（1754~1799 年和 1844~1896 年）以及一次上升期和下降期时长相等（1658~1708 年）。
上升期和下降期的平均持续时间为 23.8 年。

17 世纪下半叶至 20 世纪初，库兹涅茨周期的持续时间从 18 年到 28
年不等，平均为 23.3 年（不包括最后一个周期为 23.8 年）（见表 4-8）。

表 4-8　1658~1914 年俄国粮食价格的库兹涅茨周期

单位：年

年份	周期时长	年份	周期时长
1658~1686 年	28	1799~1820 年	21
1686~1708 年	22	1820~1844 年	24
1708~1731 年	23	1844~1871 年	27
1731~1754 年	23	1871~1896 年	25
1754~1778 年	24	1896~1914 年	18
1778~1799 年	21		

粮食价格波动中尤格拉周期表现得非常明显，因此它们是直接根据
经验价格的动态图确定的。从 17 世纪下半叶到 20 世纪初可以观察到 32
个尤格拉周期（见表 4-9）。

表 4-9　1658~1915 年俄国粮食价格的尤格拉周期

单位：年

年份	周期时长	年份	周期时长	年份	周期时长	年份	周期时长
1658~1668	10	1721~1731	10	1790~1799	9	1858~1865	7
1668~1678	10	1731~1738	7	1799~1811	12	1865~1871	6
1678~1686	8	1738~1747	9	1811~1820	9	1871~1877	6
1686~1694	8	1747~1754	7	1820~1828	8	1877~1887	10
1694~1701	7	1754~1760	6	1828~1837	9	1887~1896	9
1701~1708	7	1760~1771	11	1837~1844	7	1896~1903	7
1708~1713	5	1771~1778	7	1844~1850	6	1903~1910	7
1713~1721	8	1778~1790	12	1850~1858	8	1910~1915	5

　　从表4-9中可以看出，时长5年的周期出现2次，时长6年的周期出现4次，时长7年的周期出现9次，时长8年的周期出现5次，时长9年的周期出现5次，时长10年的周期出现4次，时长为11和12年的周期分别出现1次和2次。尤格拉周期平均持续时间为8年，模态持续时间为7年。法国尤格拉周期的平均持续时间为7.8年，意大利为7.3年。[54]

　　我们在比较不同持续时间的周期性波动时可以发现，它们之间有着十分紧密的多重性和相互关联性。2~4个（多数情况下是3个）尤格拉周期形成一个库兹涅茨周期，2个库兹涅茨周期形成一个康德拉季耶夫周期。库兹涅茨周期的上升期一般包括一个完整的尤格拉周期再加上一个尤格拉周期的上升期，库兹涅茨周期的下降期一般包括一个尤格拉周期的下降期和1个完整的尤格拉周期。康德拉季耶夫周期的上升期由一个完整的库兹涅茨周期或2~3个完整的尤格拉周期再加上1个尤格拉周期的上升期，而下降期则由库兹涅茨周期或2~3个完整的尤格拉周期以及1个尤格拉周期的下降期形成。这一观察结果表明，首先，尤格拉周期、库兹涅茨周期和康德拉季耶夫周期这3个周期的波动具有共同的性质，或者说至少有共同的特征；其次，尤格拉周期是库兹涅茨周期和康德拉季耶夫周期的组成部分。尤格拉周期引起研究人员极大关注的原因可能在于此。

　　是什么导致了粮食价格的周期性波动？有关价格和产量的比较表明，粮食价格的周期性波动与产量的周期性波动相对应（波动方向相反）。产量波动的最大值是价格波动的最小值，产量波动的最小值是价格波动的最大值。在某些情况下，价格最大值年份与产量最小值年份重合，但更常见的是价格最大值年份相对于产量最小值年份滞后一年（见表4-10）。[55]

表 4-10　1658~1915 年俄国粮食产量和价格周期性波动的最大值和最小值年份

产量最小值年份	价格最大值年份	产量最小值年份	价格最大值年份	产量最小值年份	价格最大值年份
1662	1663	1748	1749	1848	1849
1669	1670	1757	1758	1855	1856
1682	1683	1766	1767	1861	1862
1690	1691	1774	1775	1867	1868
1699	1700	1787	1787	1872	1873
1702	1703	1795	1796	1880	1881
1710	1711	1805	1806	1891	1892
1716	1717	1818	1818	1897	1898
1722	1723	1821	1822	1906	1907
1733	1734	1833	1834	1911	1912
1742	1743	1840	1840	—	—

在尤格拉、库兹涅茨和康德拉季耶夫周期中，价格波动的峰值通常出现在歉收的第二年，在歉收的当年较少出现。此外，康德拉季耶夫周期的最大峰值，即 45~52 年周期性价格上涨的最大值，出现在作物歉收异常严重或连续两三次作物歉收之后的一年。1682 年、1733~1734 年、1773~1774 年、1820~1821 年、1865~1867 年和 1911 年的作物歉收与 1683 年、1734 年、1775 年、1822 年、1872~1873 年和 1912 年的周期性价格波动的最大峰值相对应。[56] 即使产量的周期性波动不是粮食价格周期性波动的主要原因，也应该是粮食价格周期性波动的重要原因之一。相关分析证实了这一假设，分析结果见表 4-11。[57]

表 4-11　18 世纪至 20 世纪初俄国粮食价格周期性波动的重要因素

粮食价格波动因素	相关系数		偏决定系数
	全相关系数	偏相关系数	
粮食供给(粮食产量)	-0.86	-0.91	0.828
粮食需求(粮食出口量)	0.53	0.11	0.012
世界市场(粮食出口价格)	0.45	0.15	0.022
货币流通量	0.74	0.41	0.168

在 4 个重要因素中，粮食产量不仅是影响粮食价格周期性波动的主要因素，而且实际上是唯一的因素。其余 3 个与价格相关的因素并没有独立的意义，而是与产量因素的影响一致。因此，粮食产量与价格之间的偏相关系数大于全相关系数，多重决定系数（$R^2 = 0.854$）几乎等于粮食产量与粮食价格之间的偏决定系数（$R^2 = 0.828$）。粮食产量的周期性波动先于粮食价格的周期性波动，这一事实使人们对粮食与价格之间的因果关系更加确信。

货币流通量和粮食价格周期性波动之间的偏相关系数为 0.41，表明了它们之间的相互作用。我们可以得到这样的因果关系，其中产量是因，价格和货币总量是果。如果我们比较粮食产量和货币流通量之间的相关性，就会发现粮食产量的周期性波动先于货币流通量的周期性波动，因为当年度货币流通量波动时，相关系数明显增加（无波动时 $r = 0.05$，有波动时 $r = 0.46$）。这种关系表明，货币流通量随着粮食产量的增减而增减。[58] 由此可见，收成好的时候市场情况缓和，收成差的时候市场发展受限。总的来说，俄国由于其农业经济占主导地位的性质，国内工业和整个经济发展在很大程度上受到粮食价格的影响，粮食价格的影响即使在 19 世纪下半叶到 20 世纪初也依然存在。这是俄国市场经济的一个特点[59]，西欧国家在工业革命前的市场状况也是如此，在工业革命后这种状况则较少出现[60]。

粮食（作物）供给的周期性波动和其他因素在粮食价格的周期性波动中起到了约 86% 的作用。粮食价格周期性波动中无法解释的部分（14%），可能是由波动周期截取的不完整或来源数据的不准确造成的。粮食产量的周期性波动引起了研究人员的极大关注。学者们认为影响粮食产量周期性波动的因素大致可以分为 5 类：气象因素、宇宙现象（太阳黑子、地球与金星距离的变化等）、气候变化、农业因素和各种复杂的因素。[61] 在我们看来，最有说服力的解释是 18~19 世纪俄国农作物的周期性。简而言之，在一个农业水平低的国家，粮食产量的波动性是由气象、气候条件以及高产和低产之间的内在因果关系决定的。良好的气象条件加快了土壤中养分的消耗，为歉收年份创造了条件。相反，歉收年份（有时是连续的）有利于土壤养分的积累，同样为良好气象条件下的丰收年份创造了条件。由于气象条件各不相同、相互影响，每个条件都有自己的周期性，在粮食产量的周期性波动中，就会有几个持续时间不同的周期并存。因此，粮食价格的周期性波动有时相互背离，有时相互重合。在极端歉收和价格飙升的非常年代会出现各种不利于收成的条件巧合，也就是各种负面因素的共振，而在丰收年份，也会出现各种有利条件的巧合。[62] 气候的周期性长期波动显然是造成农业和收成大周期的因素，因此也是粮食价格变动大周期的因素。[63]

价格周期波动与作物周期波动之间的关系得到了有力的证明。不同周期的持续时间和相互作用的问题仍然存在争议，并且将继续存在，直到科学家能够准确地测定气象波动的周期性[64]以及产量规律[65]。

十二 粮食价格的不规则波动

粮食价格不规则波动的因素多种多样且难以把握。然而，当涉及俄国这样一个大国时，确定最重要的不规则波动因素并不是绝无可能。事实上，俄国粮食平均价格的不规则波动可能会导致全国性的现象。在一些偏远省份，成千上万的偶然事件造成了地方粮食价格的不规则波动，但这些因素对研究俄国平均粮食价格并无影响。因此，这些偶然因素并没有包含在考虑范围内，这就极大地简化了问题的解决方式。在影响粮食价格不规则波动的大量因素中，将战争、粮食产量和市场的波动纳入研究范围是合理的。

在18世纪和19世纪的欧洲战争期间，金属货币占主导地位，包括粮

食在内的所有商品的票面价格都会上涨，因为财政困难的政府不得不
"贬值"货币或发行铜钱和纸币。通常，以黄金或白银计价的粮食价格，
不仅不会上升，反而会下降，除非战争涉及对人口和经济的直接破坏。

原因如下。第一，商品供求的变化要么是协调一致的，要么是税
收增加和实际工资下降（也就是人口购买力的下降）使得需求降低，
需求的下降均衡了供给的下降，在某些情况下甚至导致供过于求。虽
然这种模式较之粮食价格更适用于其他商品的价格，但由于粮食消费
的弹性比其他商品低，在所研究时代的困难时期俄国人找到了粮食的
替代品，因此粮食的消费每年都有相当大的波动。[66]第二，18~19世纪
成年男子应征入伍，但从军的人数只占俄国数百万人口的一小部分，所
以并没有造成生产的大幅下降和经济萎缩，军队对粮食的需求与和平时
期相比略有增加。第三，贵金属价格在战时没有下降的趋势，这使其他
商品的价格没有上涨。[67]让我们看看俄国的战时价格规律。

18世纪至20世纪初，俄国对外战争共计17次：①北方战争
（1700~1721年）；②俄国和伊朗战争（1722~1724年）；③俄土战争
（1735~1739年）；④俄国和瑞典战争（1741~1743年）；⑤七年战争
（1756~1762年）；⑥俄土战争（1768~1774年）；⑦俄土战争（1787~
1791年）；⑧俄国和瑞典战争（1788~1790年）；⑨俄国和法国联军战争
（1798~1807年）；⑩俄国和伊朗以及俄土战争［1804~1812年（1807~
1808年有间断）］；⑪俄国和瑞典战争（1808~1809年）；⑫1812年卫国
战争和1813~1814年的出国作战；⑬俄国和伊朗战争（1828~1830年）；
⑭俄土战争（1828~1829年）；⑮克里米亚战争（东方战争）（1853~
1856年）；⑯俄土战争（1877~1878年）；⑰俄日战争（1904~1905年）。
在我们研究涉及的213年（1701~1913）中，发生战争的时间长达69年
（其中18世纪作战48年），平均每一年作战期后可以有两年的和平时期，
而且，大多数战争并未发生在俄国境内。

在 1874 年实行普遍征兵制度之前，军队的规模占总人口的 1.1%~
1.8%[68]，18 世纪和 19 世纪上半叶，征兵活动吸收了大约 0.5% 的男性人
口[69]。在战争期间（不包括 1812 年卫国战争），军队人数略有增加。[70]

粮食价格走势图显示：在 3 次战争期间（1741~1743 年、1812~1814
年、1904~1905 年），实际价格上涨；在 5 次战争期间（1735~1739 年、
1788~1790 年、1804~1806 年、1808~1809 年、1828~1829 年），价格下
跌；在 9 次战争期间（1700~1721 年、1722~1724 年、1756~1762 年、
1768~1774 年、1787~1791 年、1798~1807 年、1804~1812 年、1829~
1830 年、1877~1878 年），价格波动。价格波动和战争之间没有明确的联
系。在一些战争期间（1710 年、1721~1724 年、1742 年、1756~1757
年、1787~1788 年、1801~1802 年、1811 年、1855 年），粮食价格上升
（尽管局部地区发生歉收），而在另一些战争期间（1708 年、1713 年、
1738 年、1760 年、1771 年、1790 年、1799 年、1811 年、1828 年、1877
年），粮食价格下降（或者丰收造成价格浮动）。如果考虑这些因素，那
么，在金属货币流行期间，战争并不会造成实际价格的上涨。战争期间
影响粮食价格不规则波动的因素不是战争本身，而是受战争影响发生波
动的其他因素，如粮食产量波动。

然而，必须指出的是，虽然俄国的对外战争并没有对粮食价格的不
规则波动产生重大影响，但它们确实影响了粮食价格波动的总体趋势。
在战争进入白热化阶段的时期，不仅票面价格上涨，而且实际价格也上
涨。北方战争发生在 1710~1723 年价格上涨时期；18 世纪下半叶至 19 世
纪初几乎连续的战争也发生在 1757~1805 年又一轮价格上涨期；伴随
1828~1830 年战争的爆发，19 世纪开始了新一轮的价格上涨，其价格上
涨的峰值发生在克里米亚战争期间；日俄战争期间价格也处于上升趋势。
大多数战争发生在价格上涨的年份，而和平时期也大多与价格下跌期相
吻合。[71] 出现这种现象的原因是，首先，战争时期会大量印发纸币和发行

铜币；其次，战争加强了俄国与西欧国家的贸易和金融关系。正如上文
已经指出的那样，由于俄国贸易和经济的特殊条件，这两种情况不仅促
进了票面价格的增长，也促进了实际价格的增长。因此，战争并不是 18
世纪至 20 世纪初俄国粮食价格不规则波动的重要因素，也不是导致粮食
价格上涨的直接原因。然而，战争是粮食价格上涨的一个重要因素，因
为它增加了货币流通量并加强了俄国与西欧的联系。

　　粮食产量可能是粮食价格不规则波动的一个比战争更重要的因素。从
价格趋势图表中可以看出，价格和产量各自严重偏离平均水平的时期是重
合的。对价格和粮食产量不规则波动的相关分析充分证实了这一点。相关
发现指出，在过去的两三年里，粮食价格和粮食产量之间存在着统计学上的
显著关系。H. C. 切特韦里科夫首次根据 1883~1913 年的数据对欧俄粮食价格
和产量之间的关系进行了非常仔细的研究[72]，相关研究结果如表 4-12 所示。

表 4-12　1883~1913 年俄国粮食价格与粮食产量之间的关系

粮食	相关系数			3 种粮食价格的多重决定系数
	$(i+1)$ 年	$(i+2)$ 年	$(i+3)$ 年	
黑麦	-0.575	-0.521	0.003	0.71
小麦	-0.570	-0.459	0.170	0.71
燕麦	-0.796	-0.055	0.629	0.80

　　这些数据表明，粮食产量对粮食价格波动发挥了约 50% 的影响。使
用相同的方法处理 1801~1914 年的粮食产量和价格数据，得出的结果几
乎相同，前两年的粮食产量对粮食价格不规则波动的影响高达 48%。世
界市场对地方粮食价格不规则波动的影响为 13%，货币流通量的影响为
18%，粮食需求的影响为 6%（见表 4-13）。[73]

　　总体而言，多重决定系数显示，所考虑的因素对俄国粮食价格不规
则波动的影响约为 63%。

表 4-13　18 世纪至 20 世纪初影响俄国粮食价格不规则波动的重要因素

粮食价格波动因素	相关系数		偏决定系数
	全相关系数	偏相关系数	
粮食供给(粮食产量)：	0.693	——	——
谷物(i-1)年	−0.575	−0.387	0.150
谷物(i-2)年	−0.521	−0.570	0.325
世界市场：			
世界粮食价格	0.270	0.352	0.124
粮食出口价格	−0.051	−0.069	0.005
货币流通量	0.256	0.419	0.176
粮食需求(粮食出口量)	−0.428	−0.249	0.062

十三　粮食价格自然波动因素

我们可以看到，经验价格动态序列的各个要素（长期、周期性和不规则波动）是由相同的因素决定的——货币流通量、粮食供给（产量）、粮食需求（粮食出口量）、粮食生产成本、世界市场（世界粮食价格和粮食出口价格），尽管它们在影响粮食价格长期、周期性和不规则波动方面的作用不同。根据经验观察到的自然价格是长期、周期性和不规则波动的结果，因此可以合理假定它们也受到基本相同的因素的影响。相关性分析充分证实了这一点（见表 4-14）。[74]

表 4-14　18 世纪至 20 世纪初俄国粮食价格自然波动的重要影响因素

粮食价格因素	相关系数		偏决定系数
	全相关系数	偏相关系数	
货币流通量	0.711	0.312	0.097
粮食需求(粮食出口量)	0.384	0.059	——
粮食供给(粮食产量)：			

粮食价格因素	相关系数		偏决定系数
	全相关系数	偏相关系数	
谷物$(i-1)$年	0.119	−0.169	0.029
谷物$(i-2)$年	0.207	−0.171	0.033
世界市场：			
世界粮食价格	0.094	−0.183	0.033
粮食出口价格	0.761	0.519	0.269

分析结果表明，俄国粮食价格受粮食出口价格和世界粮食价格的影响较大。世界粮食价格和粮食出口价格两者对俄国粮食价格自然波动的影响约占 44%，超过了每个因素单独影响的总和。第二个重要因素是货币流通量，第三个因素是粮食供给（粮食产量），它们对俄国粮食价格自然波动的影响分别为 10% 和 6%。粮食需求对粮食价格自然波动的净影响微乎其微，不过世界市场和粮食供给通过粮食需求影响粮食价格。值得注意的是，所考虑的 4 个因素的综合影响对粮食价格自然波动的影响高达 67%（因为多重决定系数 $R^2 = 0.82^2 = 0.67$），而单个相关系数的和仅为 0.461。在这里，我们又遇到了这样一种情况：每个因素不仅单独影响价格，而且还与其他因素结合在一起，这增加了各因素的整体效果。

粮食生产成本和粮食运输成本因缺乏数据而未被列入相关分析，可间接估算其影响。上述 4 个考虑因素综合起来对粮食价格自然波动的影响占 67%，未考虑因素中粮食生产成本和粮食运输成本占主导，因此可认为其对粮食价格自然波动的影响约占 33%。

根据黑麦、燕麦、小麦、大麦和荞麦 5 种粮食的平均价格，我们对18 世纪至 20 世纪初俄国粮食价格变化的因素进行了分析。虽然黑麦和燕麦单独研究的结果与上述结论的细节有所不同，但价格动态因素研究的结果同样适用于所有粮食。

总结起来，粮食价格的长期波动趋势在很大程度上取决于货币流通量，价格的周期性和不规则波动取决于粮食供给（粮食产量），粮食价格的自然波动取决于世界市场（粮食出口价格和世界粮食价格）。其他因素单独发挥的作用较小，综合起来与主导因素对价格动态的贡献大致相等。这是粮食价格与其影响因素相互作用的一般模式。当然，在某些时期，一些年份的因素与价格的相互作用偏离了一般模式，因为每个因素在时间上的变化不是均匀（直线）的，而是跳跃的，并与因素变化成比例，其影响时而增加时而减少。然而，最终因素的相互作用可以规范在一个共同的模型中。由此可见，在 19 世纪至 20 世纪初的粮食价格运动中，为个别时期构建的模型与所研究的整个时期的一般模型没有根本性区别。[75]

价格与其影响因素相互作用的模型具有重要的认知意义。它可以让我们根据误差不超过经验价格值 20% 的因素数据预测 18~19 世纪任何一年的粮食价格。此外，这个模型还能够估计每个重要因素对所研究期间任何一年粮食价格的贡献值。这就是模型的应用价值。最重要的是，依靠这个模型可以用一种有别于欧洲其他国家的方式理解和解释 18~19 世纪俄国粮食价格的波动。

货币流通量在粮食价格长期波动中的主导作用表明，18 世纪和 19 世纪初俄国发生了类似于一个半世纪前欧洲发生的价格革命。粮食出口价格在粮食价格自然波动中的主导地位表明，由于从 18 世纪初与西欧建立了密切的贸易和文化联系，俄国粮食价格的波动与西欧趋同。20 世纪之前，在影响粮食价格周期性和不规则波动的因素中，粮食产量都居于主要地位，这说明了落后的俄国农业无法摆脱自然、气候和天气的影响，因为直到 20 世纪初，产量本身主要由土壤和气候因素决定，而非社会经济因素。[76] 两个世纪以来，西欧国家在农业、交通和通信方面取得的巨大进步使其比俄国更早地实现了某种程度上的自然独立，即摆脱自然束缚，从而走上了降低粮食生产成本，进而降低粮食价格的道路。[77]

18 世纪初俄国与西欧粮食价格水平的巨大差距表明，俄国在经济和文化上与西欧还存在着相当大的隔绝；相反，18～19 世纪粮食价格水平趋同则是俄国与西欧融合的证明。显然，18～19 世纪俄国的粮食价格波动只有在俄国和欧洲互动的背景下才能理解。

注　释

1. О различных подходах марксистского исследования цены см.: Никитин С. М. Проблемы ценообразования в условиях современного капитализма. М., 1973, с. 7-26; Вайнштейн А. Л. Хлебный рынок и условия ценообразования хлебов до войны и в 1922-24 гг. В кн.: Хлебные цены и хлебный рынок. М., 1925, с. 3-9.

2. Миронов Б. Н. Внутренний рынок России во второй половине XVIII-первой половине XIX в. Л., 1981, с. 243-247.

3. О факторах ценообразования см.: Никитин С. Н. Проблемы ценообразования..., с. 43-49; Раппопорт А. Б. Товарные цены и рынок. М., 1927. с. 154.

4. Мировые хлебпые цены образовывались в мировых торговых центрах, где в мировом масштабе концентрировались предложение хлеба и спрос на него. В XVIII-начале XX в. этими центрами являлись крупнейшие западноевропейские порты -Лондон, Амстердам, Марсель и др. См.: Мерварт Й. Ценообразование в международной торговле. М., 1962, с. 85-86.

5. Подробнее см.: Миронов Б. Н. Факторы динамики российских хлебных цен в XIX - начале XX в. В кн.: Математические методы в исследованиях по социально-экономической истории. М., 1975, с. 237-252.

6. О методике выделения тренда, циклов и нерегулярных колебаний в динамических рядах цен см.: Вайнштейн А. Л. Урожайность, метеорологические и экономические циклы, проблема прогноза. В кн.: Проблемы урожая. М., 1926, с. 51 - 104; Кондратьев Н. Д., Опарин Д. И. Большие циклы конъюнктуры. М., 1928, с. 10-14; Ланге О. Введение в эконометрику. М., 1964. с. 28-62.

7. Дружинин Н. К. Математическая статистика в экономике. М., 1971, с. 74-

157；Езекиэл М．，Фокс К. А. Методы анализа корреляций и регрессий. М．，1966，с. 559；Ферстер Э．，Ренц Б. Методы корреляционного и регрессионного анализа. М．，1983. 302 с. О применении корреляционного метода в исторических исследованиях см．：Миронов Б. Н．，Степанов З. В. Историк и математика. М．，1975，с. 90–157；Славно Т. И. Математико-статистические методы в исторических исследованиях. М．，1981，с. 87–147.

8. Данная периодизация истории цен несколько отличается от периодизации по эмпирическим данным, так как основывается на теоретических трендовых ценах.

9. Никитин С. М. Проблемы ценообразования. . . ，с. 339–361.

10. Струмилин С. Г. Очерки экономической истории России и СССР. М. 1966，с. 201.

11. Никитин С. М. Проблемы ценообразования. . . ，с. 332–333.

12. Струмилин С. Г. Очерки. . . ，с. 186；Милое Л. В. О производительности труда в земледелии России в середине XVIII в．：（ По материалам монастырской барщины ）. Ист. зап．，1870，т. 85，с. 264 – 265；Михайловский В. Г. Урожаи в России 1801–1914 гг. Бюл. ЦСУ，1921，№ 50，с. 4；Индова Е. И. Урожаи в Центральной России за 150 лет （ вторая половина XVII – XVIII в. ）. В кн．：Ежегодник по аграрной истории Восточной Европы за 1965 г. М．，1970，с. 144–152；Горская II. А．，Милое Л. В. Опыт сопоставления некоторых сторон агротехнического уровня земледелия Центральной России начала XVII и второй половины XVIII в. В кн．：Ежегодник по аграрной истории Восточной Европы за 1964 г. Кишинев，1966，с. 173 – 192；Яцунекий В. К. Изменения в размещении земледелия в Европейской России с конца XVIII в. до первой мировой войны. В кн．：Вопросы истории сельского хозяйства，крестьянства и революционного движения в России. М．，1961，с. 125–130.

13. Об этом методе см．：Студенский Г. А. Проблемы экономии и географии сельского хозяйства. М．，1927，с. 213–214；Струмилин С. Г. Очерки. . . ，с. 167–170.

14. Аналогичный процесс наблюдался в страпах Западной Европы и США. См．：Студенский Г. А. Проблемы экономии. . . ，с. 214–218.

15. Прозоровский Д. И. Монета и вес в России доконца XVIII столетия. СПб．，1865，с. 99–101；Кашкаров М. П. Денежное обращение в России. СПб．，1898，т. I，с. 155；Кауфман И. И. Серебряный рубль в России от его

возникновения до копца XIX в. СПб. , 1910, с. 147, 150, 153, 243.

16. О ценах в России см. табл. 5 (гл. III) и 18 (гл. V) ; о ценах в Западной Европе см. : Abel W. Agrarkrisen und Agrarkonjinktur in Mitteleuropavon 13 bis zum 19 Jahrhundert. Berlin, 1935, S. 179; Ashton T. S. *An Economic History of England in the18th Century.* London, 1955, p. 257; Beveridge W. *Prices and Wages in England from Twelfth to the Nineteenth Century.* London, 1939, Vol. 1. p. 816; Braudel F. P. , Spooner F. , "Prices in Europe from1450 to 1750", In: *The Cambridge Economic History of Europe.* Cambridge, 1967, Vol. IV, pp. 378 - 486; Elsas M. *Umriss einer Geschichte der Preise und Lölne in Deutschland von ausgehenden Mittelalter bis zum Beginn des neunzehnten Jahrhunderts.* Leiden, 1936, Bd 1. S. 808; Friis A. , Clamann K. *A History of Prices and Wages in Denmark, 1660 - 1800.* Copenhagen, 1958, p. 350; Goldevin A. *Naeringsliv og priser i Nordland,* 1700 - 1880. Bergen, 1938, S. 239; Hauser H. *Recherches et documents sur l'histoire des prix en France de 1500 à 1800.* Paris, 1936, p. 522; Hamilton E. S. *War and prices in Spain. 1651-1800.* Cambridge, 1947, p. 295; *I prezzi in Europa dal XIII secolo a oggi: Saggi di storia dei prezzi racolti e presentati da Ruggiero Roniano.* Torino, 1967, p. 590; Labrousse E. C. *Esquissedu mouvement desprix et des revenues en France au XVIII - e siècle.* Paris, 1933, Vol. 1. p. 306 Vol. 2. p. 691; Posthumus N. W. *Inquiry into the history of prices in Holland.* Leiden, 1946, Vol. 1. p. 660; Rogers J. E. *A History of Agriculture and Prices in England from the Year after the Oxford Parliament (1259) to the Commencement of the Continental War (1793).* Oxford, 1887, Vol. 5. p. 849; Vol. 6, p. 768; 1902, Vol. 7. p. 966; Simiand F. *Becherches anciennes et nouvelles surl e mouvement général des prix du XVIe au XIXe siècle.* Paris, 1932, p. 677; Slicher van Bath B. H. *The Agrarian History of Western Europe A. D, 500-1850,* London, 1966, pp. 326-327; Tooke T. , Newmarch W. *A History of Prices and the State of the Circulation.* London, 1838-1857, Vol. 1-6; Сборник статистико-экономических сведний по сельскому хозяйству России и некоторых иностранных государств. Год пятый. СПб. , 1912, с. 420 - 431; Год седьмой. СПб. , 1914, с. 448 - 499; Георгиевский П. П. Между народная хлебная торговля. СПб. 1885, Вып. 1. Прил. IV, с. 1; Материалы по разработке тарифов российских железных дорог. СПб. , 1889, вып. 1, с. 464 - 504. Для XVII - XVIII вв. исходные данные выражены в граммах Серебра, для XIX-начала XX в. в граммах золота.

17. Кулишер И. М. История русской торговли. Пг. , 1923, с. 180 - 249;

Бакланова Н. Д. Внешняя торговля России В XVII в. В. Кн. : Очерки по истории торговли и промышленности в России В 17 и в начале 18 столетия. М. , 1928, с. 6 – 42; Attman A. 1) *The Russian and Polish Markets in International Trade. 1500 – 1650.* Göteborg, 1973, p. 232; 2) *Ryssland och Europa： En handelshistorisk översikt.* Göteborg, 1973. S. 79; Kirchner W. *Commercial relations between Russia and Europe： 1400 to 1800.* Collected essays. Bloomington, 1966, pp. 1–25.

18. Кауфман А. А. Сведения о производстве золота и серебра на земном шаре со времени открытия Америки до наших дней (1493 – 1892). СПб. , 1894, с. 1–29.

19. 1551–1600 гг. : Аграрная история Северо – Запада России XVI века: Новгородские пятины. Л. , 1974, с. 20 – 24; Маньков А. Г. Цены и их движение в Русском государстве XVI века. М. ; Л. , 1951, с. 40. 1601–1700 гг. Индекс цен построен по данным о движении хлебных цен в 15 городах – крупных торговых центрах (Архангельске, Вологде, Дмитрове, Звенигороде, Клине, Кашине, Кашире, Можайске, Москве, Олонце, Ржеве. Ростове, Старице, Устюге, Холмогорах). Сведения о ценах извлечены из приходо-расходных книг следующих монастырей: Соловецкого (ЦГАДЛ, ф. 1201, оп. 1, д. И, 12, 18, 19, 21–25 и др.), Троицко-Гледеиского (там же, ф. 1187, оп. 1, д. 404, 487, 569, 666, 690 и др.), Кирилло-Белозерского (ф. 1441, оп. 1. д. 560, 1478 и др.), Антоииево-Сийского (ф. 1196, он. 3, д. 9, 78, 95; он. 4, д. 4, 9 и др.), Онежского Крестного (ф. 1195, оп. 1, д. 5, 12–14, 17 и др.), Знаменского в г. Москве (ф. 1191, оп. 1, д. 99, 102–113 и др.), Александро-Свирского (Архив ЛОИИ СССР, ф. 3, оп. 2, д. 5, 32 и др.), Антониево-Краснохолмского (Государственный архив Калининской области, ф. 186, оп. 1, д. 7, 11, 13 и др.), Новоторжского Борисоглебского (там же, ф. 185, оп. 1, д. 5, 8, 10, 12 и др.). Московского Донского (ЦГА г. Москвы, ф. 421, оп. 1, д. 340, 377, 455, 457 и др.). Пробелы в динамических рядах цен за полнены сведениями из следующих источников: ЦГАДЛ, Приказные дела старых лет, 1652 г. , № 107, ч. 1–2; 1660 г. , № 104; 1661 г. , № 33. 69; Базилевич К. В. Денежная реформа Алексея Михайловича и восстание в Москве в 1662 г. М. ; Л. , 1936, с. 40–44; Бакланова И. А. Торгово-промышленная деятельность Калмыковых (во второй половине XVII в.). М. , 1959г с. 94 – 95; Важинская В. И. Хлебная торговля на Юге Московского государства во второй половине XVIII в. Учен. зап. Моск.

обл. пед. ин-та им. И. К. Крупской, 1963, т. CXXVII, История СССР, вып.
7, с. 26; Временник Московского общества истории и древпостей российских.
М., 1852. кн. 13, с. 1-62; 1851, кн. 6, смесь, с. 1-15; Зерцалов А. Н.
Материалы для истории Симбирска и его уезда. 1665-1667 гг. Симбирск,
1896. с. 208-253; Ключевский В. О. Русский рубль XVI-XVIII вв. Соч. М.,
1957, т. 7, с. 170 - 237; Костомаров II. Очерк торговли Московского
государства в XVI и XVII столетиях. СПб., 1862, с. 213-218; Курц Б. Г. 1)
Состояние России в 1650-1655 гг. по донесении Родеса. М., 1915, с. 157-
160; 2) Сочинение Кильбургсра о русской торговле в царствование Алексея
Михайловича. Киев, 1916, с. 142-147; Саранская таможенная книга за 1692
г. Саранск, 132 1951, с. 33 - 60; Струмилип С. Г. Очерки..., с. 35 - 70;
Тихонов Ю. А. Помещичьи крестьяне России: Феодальная рента в XVII -
начале XVIII в. М.. 1974, с. 110 - 111; Тр. Воронеж, учен. арх.
комис. Воронеж, 1902, вып. 1, с. 124; Чтении в имп. Об-ве ист. и древн.
российск. при Моск. ун-те, 1903, кн. 3, отд. 1, с. 1-69; Шинков В. //.
География хлебных цен Сибири XVII в. - В кн.: Вопросы географии, М.,
1953, сб. 31, с. 169-205.

20. Беров Любен. Движеннто на цените на Балканите проз XV - XIX в. и
европейската революция на цените. София, 1970, с. 312-310; Дорошенко
В. В. Действие «революции цен» в Восточной Прибалтике. В кн.:
Ежегодник по аграрной истории Восточной Европы за 1961 г. Рига, 1903.
с. 114-125; История народного хозяйства Молдавской ССР: (С древней
ших времен до 1812 г.). Кишинев. 1976, с. 216 - 222; Мейер М. С.
Влияние «революции цен» в Европе на Османскую империю. Народы Азии
и Африки, 1975, № 1, с. 96-107; Hoszowski S. L'Europe centrale devant la
révolutiondes prix. Annales: Economies, Sociétés, Civilisations, 1961, № 3,
pp. 441 - 456; Zimányi Véra. Mouvements des prix hongrois et l'evolulion
européenne (XVIe-XVIIe siècles) Acta Historica, 1973, vol. 19, pp. 305-333.

21. Blum J., "Prices in Russia in the sixteenth century", *Journal of Economic
History*, 1956, Vol. 16 (JNe 2), pp. 182-199; Mankov A. G. *Lc mouvementdes
prix dans l'etat Russe du XVÍe siècle*. Paris, 1957, pp. 36-37.

22. Очерки истории СССР: Период феодализма. XVII в. М., 1955, с. 31-35.

23. Там же, с. 432-435.

24. Громыко М. М. Русско-нидерландская торговля на мурманском берогу в
XVI в. Средине века, 1900, т. 17, с. 252-255.

25. Маньков А. Г. Цены и их движение..., с. 147, 161, 167-108, 171, 178, 189. 204.

26. Bushkovitch P. The merchants of Moscow 1580-1650. Cambridge, 1980. pp. 52-54; Маньков А. Г. Цены и их движение.., с. 99.

27. 1604 г. (Архангельск): Флоря Б. П. Торговля России со странами Западной Европы в Архангельске: (Конец XVI-пачало XVII в.). Средние века. 1973, т. 36, с. 144. Оценка экспорта из Архангельска удвоена. 1642 г. (Архангельск): Attman A. Den ryska marknaden i 1500-talets baltiska politik. Lund, 1944, s. 60. Оценка экспорта из Архангельска удвоена. 1653 г. (Архангельск, экспорт): Курц Б. Г. Состояние России..., с. 106. Б. Г. Курц высказывает обоснованные сомнения в достоверности данных Родеса, считая их сильно преувеличенными. См.: там же, с. 210 - 211. 1690 - 1699 гг. (Архангельск). Объем торговли приблизительно определен по среднему проценту таможенного обложения, равному 10; данные о сборе пошлин см.: Изюмов А. Размеры русской торговли XVII в. через Архангельск в связи с необследованными архивными источниками. Изв. Арханг. об-ва изучения Русского Севера, 1912. № 6, с. 250-253; Летопись Двинская. М.. 1889, с. 34. 46, 61, 62, 71, 115. 1717 - 1718, 1726 гг. (Архангельск и Петербург): Семенов А. Изучение исторических сведений о российской внешней торговле и промышленности с половины XVII столетия по 1858 год. СПб., 1859, ч. III, с.\8 - 28. 1742 - 1914 гг.: Опарин Д. И. Схематический анализ развития внешней торговли России за 175 лет (1742-1917 гг.). В кн.: Методологические вопросы в статистических исследованиях. М., 1968. с. 120 - 125. Данные о вексельном курсе см.: Storch H. Historisch-statistish Gemälde des Russischen Reichs am Ende des 18 Jabrhunderts. Leipzig, 1800, T. 6. Taf. VII; Hart S. Amsterdam shipping and trade to Northern Ru1ssia in the seventeenth century. Mededeelinger van de Nederlands Vereniging voor Zeegeschiedenis, 1973, vol. 26, p. 30. Объем торговли в текущих деньгах переведен в золотые рубли 1/10 империала (1 зол. руб. = 1.188 г чистого золота) по вексельному курсу в Архангельске и Петербурге.

28. Струмилин С. Г. Очерки.... с. 160.

29. См., например: Сироткин В. Г. Континентальная блокада и русская экономика: (Обзор французской и советской литературы). В кн.: Вопросы военной истории России, XVIII - первая половина XIX века. М., 1969, с. 54-76.

30. Мерварт Й. Ценообразование... , с. 82 – 97; Angell J. V. *The Theories of International Prices: History, Criticism and Restatement.* Cambridge, 1926, pp. 397–398.

31. Курц В. Г. Сочинение Кильбургера... , с. 111; Пийримяэ Х. Л. Состав, объем и распределение русского вывоза в 1661 – 1700 гг. через шведские владения в Прибалтике на примере г. Нарвы. В кн.: Скандинавский сборник. Таллин, 1962, V, с. 78–87.

32. Козинцева Р. И. Русский экспорт сельскохозяйственной продукции в первой половине XVIII в. В кн.: Материалы по истории сельского хозяйства и крестьянства СССР. М., 1980, т. 9. с. 234–254; Миронов Б. П. Экспорт русского хлеба во второй половине XVIII – начале XIX в. Ист. зап., 1974, т. 93, с. 168–169.

33. Сборник статистико-экономических сведений по сельскому хозяйству России и иностранных государств. Год десятый. Пг., 1917, с. 350.

34. Яцуиский В. К. Изменения в размещении... , с. 133. Среднегодовой товарный хлеб −5650 тыс. четв. См. также: Сборник сведений по истории и статистике внешней торговли России. СПб., 1902, т. 1, с. 3. Среднегодовой экспорт −1406. 8 тыс. четв.

35. Нифонтов А. С. Зерновое производство России во второй половине XIX века. М., 1974, с. 143, 211, 310.

36. Knoppers J. V. T. Dutch trade with Russia from the time of Peter I to Alexander I. Montreal, 1976, pp. 173–174, 237.

37. Гайстер А. Сельское хозяйство капиталистической России. М., 1928, ч. I. с. 49; Конюков И. А. Европейский сельскохозяйственный кризис. М.. 1925, с. 33–35; Свод товарных цен на главнейших русских и иностранных рынках за 1914 г. Пг., 1916, с. 112.

38. Трахтенберг И. А. Денежное обращение и кредит при капитализме. М., 1962, с. 61–73; Fisher I. The purchasing power of money. New York, M., 1962, с. 61–73; Формула упрощена с учетом слабой роли вексельного обращения в России, где некоторое распространение получил просто! вексель, а переводной (тратта) мало употреблялся даже во второй половине XIX–начале XX в. См.: Ламаиский Е. П. Статистический обзор операций государственных кредитных установлений с 1817 г. до настоящего времени. СПб., 1854, с. 88–95; Барац С. М. Задачи вексельной реформы в России. СПб., 1896, с. 11, 29–32; Друян А. Очерки по истории денежного обращения в России в XIX в. М., 1941, с. 42; Надо М., Ван

Режемортер Ж. Л. Внешняя торговля России в 1784 г. по путевому дневнику Баера дю Оллана. В кн. : Франко - русские экономические связи. М.. 1970. с. 174-175.

39. О методике расчета величины денежной массы см. : Миронов Б. И. Революция цен в России в XVIII в. Вопросы истории, 1971, № 11. с. 54-56.

40. Георгий Михайлович [Романов]. 1) Монеты царствования императора Петра I. СПб. , 1892. Т. 1. 153 с; 2) Монеты царствования императрицы Анны Иоановны и императора Иоанна III. СПб. , 1901, с. 215 - 216; 3) Монеты царствования. императрицы Елисаветы I и императора Петра III. СПб. , 1896, т. I, с. 272 - 277; 4) Монеты царствования императрицы Екатерины II. СПб. , 1894, т. I, с. 335 - 341; 5) Монеты царствования императора Павла I и императора Александра I. СПб. , 1891, вып. 1, с. 22-23; вып. 2, с. 75 - 79; 6) Монеты царствования императора Николая I. СПб. , 1890, с. 170-179; 7) Монеты царствования императора Александра II. СПб. , 1888, с. 139 - 144; Кауфман И. И. 1) Серебряпый рубль в России... , с. 131 - 132, 150; 2) Из истории бумажных денег в России. СПб. , 1909, с. 13 - 39; Кашкаров М. П. Денежное обращение в России, т. 1, с. 72; т. 2. Прил. , с. 20; Краткая ведомость о всех сделанных на монетных дворах России золотых и серебряных монетах. Чтения в ими. О-ве ист. и древи. российск. при Моск. ун-те, 1864. ч. 3, смесь, с. 101-104; Шторх П. Материалы для истории государственных денежпых знаков в России с 1653 по 1840 г. Журнал Министерства на родного просвещения, 1868, март, с. 773 - 847; Сперанский М. М. Записка о монетном обращении. СПб. , 1895, с. 40 - 45; Ежегодник Министерства финансов. СПб. , 1889, вып. 16, с. 241 - 264; Отчет Государственного банка о денежных эмиссиях по годам не совпадают, отклонения незначительные, при наличии нескольких разных цифр бралась наибольшая. Бумажные, кредитные, медные и серебряные деньги переводились на золотые деньги по курсу на Петербургской бирже в золотые рубли 1/10 империала (1 зол. руб. = 1. 161 г чистого золота), после чего определялась общая сумма находившихся в обращении денег в золотых рублях 1/10 империала.

41. Струмилии С. Г. Очерки... , с. 160-162.

42. Аналогичный процесс наблюдался в Западпой Европе во время революции цен в XVI-XVII вв. См. : Braudel F. P. , Spooner F. *Prices in Europe from 1450*

to 1750. . ., p. 449. Несмотря на громадный рост денежной массы, Россия в конце XIX в. по - прежнему занимала последнее место в Европе по количеству денег (на душу населения), находившихся в обращении, уступая Франции в 5. 6 раза, Великобритании в 2. 1, Европе в целом в 2 раза (Mulhall M. G. The dictionary of statistics. London, 1892, p. 407), что объяснялось незначительным (относительно количества населения) товарооборотом.

43. Никитин С. М. Проблемы ценообразования. . . , с. 339–361.

44. Данилевский В. В. Русское золото: История открытия и добычи до середины XIX в. М. , 1959, с. 15–59; Зябловский Е. Статистическое описание Российской империи. СПб. , 1808, т. 2, ч. 4, с. 226; Кеппен А. Драгоценные металлы, их потребление и производительность. Горный журнал, 1880, т. 1, кн. 2, с. 261– 263; Нартов А. , Шлаттер И. Историческое описание до монетного дела принадлежащее. Там же, 1832, кн. 9–12, с. 116–117.

45. Статистический ежегодник России 1915 г. Иг. , 1916, отд. VIII, с. 1; Статистический сборник за 1913–1917 гг. М. , 1921, вып. 1, с. 80.

46. Изюмов А. Размеры русской торговли. . . , с. 250–253. Цена фунта серебра принимается за 7 руб. принудительная цена для иностранцев при уплате пошлин.

47. Storch H. Historisch-statistish. . . : Supplementband. Leipzig, 1803, Taf. 2.

48. ЦГАДА, ф. 276, оп. 1, д. 821, л. 3–4; Кауфман И. И. Серебряный рубль в России. . . , с. 208.

49. Источники сведений о денежной массе указаны в примеч. 40, об урожае-в примеч. 55, о мировых ценах - в примеч. 16, об экспорте хлеба - в примеч. 32–35 к настоящей главе. Данные об экспортных ценах хлеба см. в кн. : Временник Центрального статистического комитета. СПб. , № 4. 90 с; № 5. 47 с; Доклад высочайше учрежденной Комиссии для исследования нынешнего положения сельского хозяйства и сельской производительности в России: Приложение IV. СПб. , 1873; Обзор внешней торговли России по европейской и азиатской границам за [1802–1807, 1812–1914] год. СПб. , 1802–1916; Прейскурант приходящим в Одессу иностранным товарам и исходящим российским товарам за [1809–1841] год. Одесса, 1809–1841; С. -Петербургский прейскурант, изд. от гос. Коммерц-коллегии за [1777– 1857] год. СПб. , 1777–1857; Сборник сведений по истории и статистике внешней торговли России, т. I, табл. , с. 104–105; Свод товарных цен на

главных русских и иностранных рынках за 1914 год. СПб. , 1916, с. I-VII;
Семенов А. Изучение исторических сведений ч. 3, с. 418−470.

50. Циклы цен в специальной литературе получили имена их открывателей,
см. : Braudel F. P. , Spooner F. *Prices in Europe from 1450 to 1750. . .* , pp. 430−442.

51. Митчелъ У. К. Экономические циклы: Проблема и ее постановка. М. ; Л. ,
1930, с. 231−235; Кахк Ю. , Реммель М. Опыт изучения циклов аграрного
развития методами распознавания образов. В кн. : Количественные методы
в советской и американской историографии. М. , 1983, с 162−176; Braudel
F. P. , Spooner F. *Prices in Europe from 1450 to 1750. . .* , pp. 430−438.

52. Кондратьев Н. Д. , Опарин Д. И. Большие циклы конъюнктуры, с. 14.

53. Там же, с. 36, 49.

54. Braudel F. P. , Spooner F. *Prices in Europe from 1450 to 1750. . .* , p. 435.

55. Анненский Н. Ф. Средние урожаи главных хлебов. В кн. : Влияние урожаев
и хлебных цен на некоторые стороны русского народного хозяйства. СПб. ,
1897, т. 2. Прил. , с. 3 − 99; Безобразов П. В. Неурожаи прошлого века.
Русское обозрение, 1892, кн. 2, с. 692 − 744; Вахтре С. Х. О влиянии
климатических условий на урожай в Эстонии в XVIII − XIX вв. В кн. :
Ежегодник по аграрной истории Восточной Европы за 1968 г. Л. , 1972,
с. 203− 208; Михайловский В. Г. Урожаи в России 1801 − 1914 гг. , с. 4;
Словцов П. А. Историческое и статистическое обозрение неурожаев в
России. В кн. : Сборник статистических сведений о России. СПб. . 1858,
т. 3, с. 465 − 502; Станиловский Л. М. Хронология голодных годов за 14
столетий в метеорологическом отношении. В кн. : Проблемы урожая. М. ,
1926, с. 309− 337; Фортунатов А. Ф. Урожаи ржи в Европейской России.
М. , 1893, с. 85−96.

56. Связь между циклическими колебаниями урожаев и цен, хотя и не столь
четко выраженная, как в России, существовала и в западноевропейских
странах в XVIII − XIX вв. См. , например: Moore H. L. *Generating Econonmic
Cycles.* New York, 1923, p. 253.

57. Об источниках см. примеч. 49 к настоящей главе.

58. Влияние денежного обращения на циклические колебания экономики и цен в
западноевропейских странах в рассматриваемое время было большим, но
оно еще более возросло после первой мировой войны, когда
бумажноденежное обращение пришло на смепу металлическому. См. :

Хаберлер Г. Процветание и депрессия: Теоретический анализ циклических колебаний. М., 1960, с. 511–539.

59. Первушин С. А. Хозяйственная конъюнктура: Введение в изучение динамики русского народного хозяйства за полвека. М., 1925, с. 60, 209–213; Нифонтов А. С. Хозяйственная конъюнктура в России второй половины XIX века. История СССР, 1972, № 3, с. 49–63.

60. Хаберлер Г. Процветание и депрессия..., с. 173–189.

61. Чаянов А. В. Проблема урожая и опыты ее разрешения в развитии русской научной мысли. В кн.: Проблема урожая. М., 1926, с. 38–50.

62. Череванин Н. Эволюция русского земледелия по данным об урожаях. Вести, статистики, 1920, № 8–12, с. 14–15; Проблемы урожая. М., 1926. 337 с. В особенности см. статьи В. М. Обухова, М. Давидовича, П. Некрасова Н. Розова.

63. Бессмертный Ю. Л. Климат и сельское хозяйство во Франции (800–1800 гг.). В кн.: Общество и природа: Исторические этапы и формы взаимодействия. М., 1981, с. 169–180.

64. Сводку мнений по этому вопросу см.: Бучинский И. Е. О климате прошлого русской равнины. Л., 1957, с. 47–104; Изменение климата/Под ред. Д. Гриббина. Л., 1980, с. 180–208; Ле Руа Ладюри Е. История климата с 1000 года. Л., 1971, с. 218–230; Монин А. С, Шишков Ю. А. История климата. Л., 1979, с. 15–25; Post J. D., "A study in metcorological and trade cycle history: The economic crisis following the Napoleonic wars", *Journal of Economic History*, 1974, Vol. 34, No 2, pp. 315–349.

65. Многолетние попытки раскрыть закономерности взаимодействия всех факторов, формирующих урожай, до сих пор не дали удовлетворительных результатов. См.: Рюбензам Э., Рауэ К. Земледелие. М., 1969, с. 112.

66. Потребление хлеба в неурожайные годы в среде русского крестьянства в конце XIX в. сокращалось на 50% и более за счет суррогатов изотрубей, лебеды, жмыхов, костера и пр.

67. См., например: Took T., Newmarch W. *A History of Prices and Circulation.* London, 1838, vol. I, pp. 86–117.

68. Кабузан В. М. Народонаселение России в XVIII–первой половине XIX в. М., 1963, с. 153.

69. Подсчитано по: Столетие Военного министерства. 1802–1902. СПб., 1902. Т. 4, ч. 1, кн. 1, отд. 1. 486 с; Отд. 2. 314 с; 1907. Ч. 2, кн. 1, отд. 2.

348 с；1914. Ч. 3, кн. 1, отд. 2. 324 с.

70. Бескровный Л. Г. 1) Русская армия и флот в XVIII в. М., 1958, с. 23—27, 294—297；2) Русская армия и флот в XIX в. М., 1973, с. 74.

71. На подобную зависимость указывал еще Н. Д. Кондратьев. См. : Кондратьев И. Д., Опарин Д. И. Большие циклы конъюнктуры, с. 42—44.

72. Четвериков Н. С. Статистические и стохастические исследования. М., 1963, с. 118—119. Связь между колебаниями цен и урожаев в конце XVIII—XIX в. изучал Л. В. Милов. См. : Ковалъченко И. Д., Милов Л. В. Всероссийский аграрный рынок. М., 1974, с. 196—210.

73. Об источниках см. примеч. 49 к настоящей главе.

74. Об источниках см. примеч. 49 к настоящей главе.

75. Миронов Б. Н. Факторы динамики российских хлебных цен..., с. 190—210.

76. Воскресенская Н. О. Динамика и структура производительных сил в зерновом производстве Европейской России в конце XIX — начале XX в. : Автореф. дис. на соиск. учен, степени канд. ист. наук. М., 1980, с. 15.

77. Следует иметь в виду, что в XIX в. даже в наиболее развитых странах Запада предложение сельскохозяйственных товаров на рынке находилось в тесной зависимости от капризов погоды. Например, в США в 1880—1914 гг. между случайными колебаниями цен на сельскохозяйственные продукты и их урожаями наблюдалась довольно тесная корреляция : от −0. 45 у хлопка до −0. 90 у картофеля; лишь у пшеницы эта связь была слабой (r = − 0. 23). См. : Moore H. L. Generating econonmic cycles, pp. 23, 36—37.

第五章
影响粮食价格的地理因素

一 影响粮食价格的地理因素分析

本章分析的不是粮食的省际或省内生产成本（体现在粮食生产中的社会劳动意义上的成本），而是各省份空间或地理结构意义上粮食价格的形成。本章的重点是分析使各省粮食价格形成和分化的因素，也就是粮食价格的空间差异。鉴于相关分析可以准确估计变量的特性，可以采用相关分析解决以上问题。

在分析影响粮食价格波动的因素时，我们已经采用了相关分析的方法。在分析粮食价格形成的地理因素时，我们将运用典型线性相关模型，无须具体研究其应用的方法。需要注意的是，影响粮食价格的地理因素是否呈正态分布是通过标准正态峰度和偏度检验的。各省数值的分布情况接近于正态分布。省份因素和其他因素之间的线性关系通过图形表示，并通过相关方程检验。

为分析影响粮食价格的地理因素而选择的时段必须是典型的：首先，这个时段存在某种占主导地位的生产关系；其次，这个时段存在粮食价格上升、下降或稳定的现象。基于这一条件，并结合现有的资料，对 1801~1810 年、1851~1860 年、1883~1887 年和 1909~1913 年的粮食价格地理结构进行分析。首先，在时间段的选择上选取了农奴制经济和资本主义经济盛行的时期；其次，选取了农奴制经济和资本主义经济时期各自价格的增长、停滞和下降时期。我们希望对影响粮食价格的地理因素的分析能够反映整个研究时期粮食价格空间结构形成的规律性。正确研究影响粮食价格的地理因素的一个重要条件是，选择长期的研究时段，排除随机因素，如短期的、季节性的和随机性的时期等。为此，我们选取 10 年或 5 年的平均数，因为 10 年或 5 年的时间足以消除所有统计序列中的随机波动。

对各省粮食价格形成的分析分为两个阶段。第一阶段，确定因素指数；第二阶段，构建多因素价格形成模型，并测量各因素的独立作用及它们对粮食价格水平的综合影响。

从理论上讲，粮食价格的地理分布应该受到与价格波动的相同因素的影响：粮食的生产和运输成本、市场条件、货币流通量、粮食供求关系等。然而，货币流通量是根据货币需求平均分配给各省的，因此不可能对各省的粮食价格变化产生明显的影响。所以，不需要将这一因素纳入分析范围。对于其余几个因素，应确定这些因素实际影响各省份粮食价格的指标，然后从中选择最适合分析的指标，即简单、直观、易于解释的指标。在我们的具体分析中，对于粮食生产成本因素，传统的经验指标是各省份生产粮食的货币成本。为了完整地考虑这个因素，我们将检验另外两个指标：地租和国家税收。粮食供给因素通过各省的收成或粮食产量来表示。粮食需求因素通过以下指标表示：①人口密度；②城市人口比例；③酿酒业；④粮食出口（所有指标都是针对个别省份的，由于缺乏数据，粮食出口因素无法考虑在内）。粮食供求关系因素以各省的粮食平衡为指标。市场条件因素以距离该省最近的港口的粮食出口价格为指标。粮食运输成本因素通过以下变量来表示：①从各省到最近港口的运输成本；②从各省到最近港口的距离；③各省运输路线（水路和陆路）的总长度（这个指标也称为"各省的运输状况"）。

我们现在通过选定的指标来分析个别因素对粮食价格形成的影响。

二　粮食生产成本

在商品生产条件下，生产成本是粮食价格中最重要的组成部分。[1]然而，尽管生产成本非常重要，但并不能对19世纪至20世纪初俄国粮食价格的地理分布产生重大影响。首先，在全俄统一粮食市场存在的条件下，粮食的价格与任何商品一样，不是由其在该省的个别生产成本决定的，而是由该国的最高生产成本决定的。因此，个别粮食生产成本不会对各省粮食价格产生较大影响。其次，俄国积极参与世界粮食市场（19世纪末，俄国大约40%的粮食用于出口）。因此，俄国最高粮食生产成本对各省粮食定价不起决定性作用。1881～1895年农业危机期间，俄国粮食价格对各省粮食生产成本的依赖性很低，当时一些省份的粮食价格不能均衡地方生产成本。数学统计分析充分证明了各省的个别生产成本对粮食价格的空间结构没有影响。

表5-1中相关系数的负号表明，在生产成本较低的省份，粮食价格往往更高。这说明，各省具体的生产成本并不影响粮食价格水平，也不影响俄国地方粮食价格的地理分布。[2]

不同省份之间的粮食生产成本比地方粮食价格的差异要大得多。19世纪末至20世纪初，利沃尼亚省的最高粮食生产成本比奥洛涅茨省的最低粮食生产成本高8倍，而省内最高和最低价格只相差200%。各省生产成本的变异系数为34%，而粮食价格的变异系数为16%。因此，平均生产成本的变化约是各省之间粮食价格变化的两倍。

表 5-1　1801~1913 年欧俄 50 省粮食生产成本、利润率和粮食价格之间的关系

粮食价格影响因素	相关系数			
	1801~1810 年 *	1851~1860 年 *	1883~1887 年	1909~1913 年
粮食生产成本	− 0.52+0.20 **	− 0.48+0.22 **	− 0.52±0.20	− 0.02 ***
粮食种植利润	—	—	− 0.33±0.25	− 0.21 ***

注：* 为 1883~1887 年粮食生产成本。** 这里与其他表格中的标准系数误差是根据大样本中的误差公式确定的：$S_r = \dfrac{1-r^2}{\sqrt{n-1}}$。*** 相关系数在统计上不显著。

　　这些数据清楚地表明，地方生产成本和粮食价格几乎是相互独立的。但是，不能由此认为粮食生产成本在粮食定价中没有发挥重要作用，也不能认为价值规律不适用于 19 世纪至 20 世纪初的俄国。关于地方粮食生产成本与粮食价格之间关系的数据表明，在世界粮食市场中，决定定价的不是地方生产成本，也不是俄国的最高粮食生产成本，而是欧洲粮食消费者支付的世界最高成本。因此，价值规律超越了国界，在世界（至少欧洲）范围内"起作用"。包括俄国在内的世界粮食市场的所有参与者都遵守价值规律。但随着价值规律适用范围的扩大，只有在全球范围内才有可能真正把握它的特点。

　　各省粮食种植收益率与粮食价格之间相关系数的绝对值较小且为负，表明两者之间没有因果关系。这些系数仅表明，在价格较低的地方，粮食种植的收益往往较低；反之亦然。

三　地租和税收是否构成粮食的生产成本

　　确定地租和税收对粮食价格的影响程度是非常有意义的，它可以说明粮食生产者（主要是农民）是否将税收和地租包括在生产成本和粮食价格中，换句话说，可以说明粮食生产者是否将一些税收负担转嫁给了

粮食消费者。为了解决这个问题，我们需要分析各省地租、税收和粮食价格变化之间的密切联系。[3]

在分析相关关系结果前，回溯改革前和改革后的俄国可发现，农民支付给地主的租金具有根本不同的性质。在第一种情况下，农民支付给地主的租金具有封建性；在第二种情况下，只是地租。农奴制时期，农民以实物或货币形式向地主或国家支付具有封建性质的租金，除此之外还包括农业、非农业活动等的部分收入。不可能将地租与封建租金分开，因此分析改革前俄国的粮食价格与地租的关系是行不通的。然而，我们可以衡量封建地租和粮食价格之间的关系。改革后俄国地租（指土地所有者出租土地 1 年所收到的租金，这是最普遍的地租类型）的留存数据使我们能够评估它对粮食价格地理分布的影响。相关分析结果见表 5-2。

表 5-2 1801~1913 年欧俄 46 省地租、税收和粮食价格之间的关系

价格因素	相关系数			
	1801~1810 年 *	1837~1846 年	1883~1887 年	1909~1913 年
地租	0.50±0.22	0.74±0.14	−0.51±0.22	−0.52±0.22
税收	0.21 **	0.27±0.26	0.24 **	0.41±0.24
国库收入	0.36±0.25	0.32±0.25	0.24 **	0.37±0.25

注：* 为 19 世纪 50 年代的封建地租，1837~1846 年的税收。** 系数在统计上不显著。

表 5-2 的数据说明，19 世纪至 20 世纪初，国家税收与粮食价格之间存在一种直接但并不密切的关系。对各省税率和粮食价格变化顺序的比较表明，价格不是随着税收的增加而上涨，反而是税收随着粮食价格的上涨而增加。由此可见，税收对粮食价格没有影响，在废除农奴制之前或之后，粮食生产者的生产成本中都没有包括税收。这并不令人惊讶。总的来说，国家税收具有任意性，税率的变化与经济条件和纳税人的收入并不相关。[4] 例如，在 30 年的时间里，国库的直接税收增加了 1%（从

1832～1836 年的 1733.7 万白银卢布到 1857～1862 年的 1755.7 万白银卢布），主体人口数量增加了 11%（男性农奴从 2328.2 万人增长到 2586 万人），黑麦价格上涨了 9%。[5] 封建地租和粮食价格之间存在着明显的相关关系。为了解封建地租是否取决于粮食价格的高低或粮食价格在多大程度上取决于封建地租的问题，有必要找出二者变化的先后顺序。苏联研究人员引用的数据提供了令人信服的证据，即粮食价格的上涨通常先于封建地租的变化，并进一步引起了封建地租的上涨。[6] 各省封建地租的变化与粮食价格之间的密切联系只能说明，在粮食价格上涨的省份，地主可以从农民那里得到更多的收入，而且在粮食价格高的省份，地租更高。事实上，非黑土省份农民的封建租金往往高于黑土省份[7]，而非黑土省份的粮食价格也较高。

国有农民的情况也是如此。从 1832～1836 年到 1857～1861 年，所有这类农民的代役租增加了 42%（从 2299.2 万白银卢布到 3295.1 万白银卢布），国有农民的数量增加了 27%，粮食价格上涨了 9%。[8]

在改革后的俄国，地租对各省的粮食高价没有影响。这一点从地租的地理分布和粮食价格的地理分布之间的相互关系中得到了证明。在那些地租较高的省份，粮食价格较低（相关系数为负）。如果粮食价格水平取决于地租水平，则这种关系应该有所不同：地租越高，粮食价格越高。很可能，在改革后俄国的具体经济条件下，地租水平取决于土地的价格和需求以及各省的人口过剩程度。这种相关性在第一次世界大战期间表现得最为明显，大部分农民由于参军，不再交地租或希望降低地租，租金急剧下降，而粮食价格却急剧上升。[9]19 世纪末至 20 世纪初，欧俄 50 省的地租和粮食价格之间存在着密切的相关性（$r = 0.76$）证实了以上观点。各省地租与农民份地之间的相关性也很明显（$r = -0.54$）。相关系数为负表明各省地租的高低与农民的份地之间成反比，农民得到的土地越差，地租就越高。

因此，无论是在农奴制废除前还是废除后，俄国农民都不能将役税转移给消费者，只能依靠自己的劳动独立承担。

四　粮食供给：粮食的产量与征集数量

正如第四章所述，粮食供给对 1701~1914 年俄国粮食价格的波动有重大影响。在各省粮食价格的形成中，除 19 世纪外，通过粮食征集方式进行的粮食供给的作用整体来说很显著（见表 5-3）。[10]

表 5-3　1802~1913 年欧俄 50 省粮食价格、产量和总征集量之间的关系

粮食价格影响因素	相关系数			
	1802~1811 年	1857~1863 年	1883~1887 年	1909~1913 年
粮食征集量	−0.28±0.25	−0.03±0.17	−0.73±0.14	−0.62±0.14
粮食产量	−0.20*	−0.34±0.25	−0.34±0.45	−0.11

注：* 相关系数在统计上不显著。

1802~1811 年，各省的粮食价格发生了 4%~8% 的变化，这是由普特计量的粮食产量和征集量决定的。此后，粮食征集量对各省粮食价格水平的影响增强了，19 世纪 50 年代为 40%，19 世纪 80 年代为 53%，1909~1913 年又降到 38%。

因此，粮食征集量这一因素在粮食定价中的重要性并非一成不变。其主要原因是在所研究期间，粮食供给时常波动。18 世纪末和 19 世纪初，国外市场对俄国粮食的需求导致了俄国欧洲地区种植面积的急剧扩大，由此出现了粮食过剩的现象。在这种情况下，需求（尤其是国外市场的需求）对各省粮食价格的形成至关重要，需求主导了粮食价格的增长和俄国粮食种植面积的扩大。

到 19 世纪中叶，在一系列原因的影响下（其中包括俄国农业在世界

粮食市场上条件的恶化、俄国欧洲地区的闲置土地储备耗尽、农业生产停滞），粮食供给停止快速增长，而国外市场从 19 世纪 40 年代起又开始显示出对俄国粮食需求增加的迹象。粮食市场有利形势的中心点是粮食供给不足，这导致产量对各省价格的影响增加，从而影响地方粮食价格的地理分布。

在 1881～1895 年的农业危机中，粮食市场再次发生变化。国外市场对俄国粮食的需求下降，但国内市场的需求有所增加。然而，国内市场对粮食需求的增加主要取决于粮食价格的低廉，并没有完全解决销售问题。因此，各省粮食供过于求对粮食定价具有重要意义。在整个研究期间，粮食产量对粮食价格地理分布的影响达到了最高水平。

在农业危机之后，由于国内外对粮食的需求增加，粮食供给相对于需求的重要性略有下降。其结果是，在一定程度上减少了产量对地方粮食价格的影响。

因此，在 19 世纪的大部分时间和 20 世纪初，粮食供给对粮食价格地理分布的重要性很大。在农业危机期间，各省份粮食价格的 1/3，甚至 1/2 都取决于这个因素。各省粮食供给与粮食价格水平的密切联系表明，19 世纪至 20 世纪初，俄国农业中的商品货币关系达到了一定程度的成熟，在经济因素的影响下，当时粮食价格的地理分布在很大程度上摆脱了自然因素的影响。

五 粮食需求

人口密度

对各省的人口密度和粮食价格水平进行比较有以下 3 个原因。第一，人口密度在很大程度上决定了各省的国内粮食需求。第二，有观点认为，农业的劳动生产率、成本生产集约性等都取决于人口密度。[11]如果这个观点正确，那么各省之间粮食价格水平的变化也应该与人口密度的变化有很大关系：粮食价格应该随着各省人口密度的增加而上升。第三，粮食生产者是否通过提高粮食价格来平衡土地短缺和较小的生产规模？如果是这样，那么各省的粮食价格水平应该随着人口密度的增加和土地短缺而提高。

为了解决人口密度对粮食价格地理结构的影响问题，我们要分析的不是粮食价格与全省总人口密度之间的关系，而是粮食价格与农村人口人均份地面积，以及粮食价格和份地面积与农村人口匹配程度之间的关系[12]，因为这些指标更准确地描述了土地与人口数量之间的关系（见表5-4）。

表5-4　1802~1912年欧俄50省人口密度与粮食价格水平的关系

粮食价格影响因素	相关系数			
	1802~1810年	1851~1860年	1883~1887年	1900~1912年
农村人口人均份地面积	−0.18*	−0.17*	−0.16*	−0.34±0.25
份地面积与农村人口匹配程度	—	−0.30±0.26	−0.54±0.22	−0.48±0.22

注：＊相关系数在统计上不显著。

表5-4中的数据表明，各省农村人口人均份地面积与粮食价格之间的关系较弱，且为反向相关关系（系数为负，数值较小）。因此，我们可以得出结论：人口密度对各省的粮食价格水平几乎没有影响，因此不能作为粮食需求因素的适当指标。

此外，农业经济中的土地短缺不影响各省的粮食价格水平。因此，农民无法通过提高粮食价格来弥补其生产的不足，只能被迫寻找其他方法来提高赢利能力。

城市人口

城市人口的持续增长（从 1801~1810 年到 1910~1914 年，俄国城市人口的比例从 8% 增加到 14.5%）[13] 导致粮食需求增加，正如我们在选择价格因素时假设的那样，其对各省的粮食价格产生了一定的影响，因此也影响了粮食价格的地理分布。

1801~1810 年，城市人口的需求决定了各省粮食价格水平的约 12%（$r = 0.35^2 = 0.122$）；到 1851~1860 年，其决定作用增加到 16%（$r = 0.40^2 = 0.160$）；到 1881~1895 年，城市人口的决定作用达到最低值 8%（$r = 0.29^2 = 0.084$）；到 1909~1913 年，又增加到 13%（$r = 0.36^2 = 0.129$），但没有达到农业危机前的水平。19 世纪末 20 世纪初，城市人口在各省粮食价格方面的作用越来越大，这与城市人口的增长及其在商品粮消费中所占比例的增加有关。1876~1880 年，国内市场消费了 43% 的商品粮，而在 1901~1910 年，这一比例达到 48%。[14] 19 世纪至 20 世纪初，城市人口在地方粮食价格中的作用普遍下降，原因是粮食出口和世界市场的重要性日益增加，俄国国内粮食市场的作用相应下降。

因此，城市人口的粮食需求对地方粮食价格的地理分布产生了一些影响，但随着时间的推移，这种影响往往会降低。

酿酒业

19 世纪至 20 世纪初，酿酒业对粮食的需求在粮食价格空间结构的形成中没有发挥任何明显的作用。[15] 这可以根据俄国欧洲地区 50 个省份的粮食价格水平与酒产量之间缺乏直接联系来判断。1801~1810 年，$r = -0.15$；1862~1870 年，$r = 0.17$；1883~1887 年，$r = 0.46$；1909~1913 年，$r = 0.53$。

理论上，酿酒业可以影响粮食价格，因为产生了对粮食的额外需求。那么，随着省内酒产量的增长，粮食价格也会随之增加，相关系数为正。

然而，在现实中，这种相关性是不同的。在拥有大规模酿酒厂的地区，粮食价格不高。由此可见，酿酒业并没有提高粮食价格，酿酒业只是集中在原材料（粮食）低廉的地区。将酿酒厂设在粮食价格低廉省份的趋势在 19 世纪变得越来越明显。19 世纪上半叶，酿酒厂和粮食价格之间几乎没有联系，但到 20 世纪初，这种联系达到了中等密切的程度。资本主义的逐利性使得酒商将资本投到利润高的省份。

六 粮食供求关系

任何省份的粮食供求关系，无论是通过粮食过剩（不足）还是粮食平衡来表示，都取决于该省份的粮食产量与征集量。[16] 因此，50 个省份粮食价格水平和粮食平衡之间的联系几乎与粮食价格和产量之间的联系一样密切：1802~1811 年，$r=-0.44\pm0.24$；1864~1867 年，$r=0.47\pm0.22$；1880~1884 年，$r=0.49\pm0.22$；1909~1913 年，$r=0.69\pm0.14$。由此可见，粮食供求关系对地方粮食价格的影响大约从 19 世纪初的 19%（$r^2=0.44^2=0.19$）增长到了 20 世纪初的 48%（$r=0.69^2=0.48$）。然而，粮食供求关系与产量的密切联系使其失去了独立意义，粮食供求关系可以说是产量对价格发挥影响的中间环节。粮食供给和城市人口的粮食需求这两个因素仅通过本省的粮食平衡对粮食价格产生影响，当消除了它们的间接影响后，如部分相关系数所示，粮食供求关系这一因素的重要性就降为零。

粮食产量不能直接影响粮食价格，因此粮食平衡起到了中介作用。价格不受收成期间从田间收获的粮食数量的影响，而是取决于所产的粮食是否足以满足居民的食品和工业需求，以及是否有必要从其他省份运来粮食并支付运费。省内粮食过剩越多，粮食需求越容易满足，粮食价格就越低。相反，粮食越短缺，需求越不满足，省内的粮食价格就越高。因此，产量通过供求规律影响粮食价格。

数学统计分析的结果表明，19世纪供求规律对各省粮食定价的重要性增加，到20世纪初供求规律的重要性达到了最大值。村庄资本化、农业市场化程度提高，以及农业对市场条件和经济波动的依赖程度加深，使得供求规律的重要性越来越明显。[17]

对1801~1810年、1864~1866年、1880~1884年和1909~1913年各省粮食盈余和亏损的比较表明，在随后的每个时期，各省的粮食平衡与该省在前一时期的平衡有密切联系（$r=0.7$）。

这证实了历史文献中众所周知的事实，即在19世纪末至20世纪初发展起来的省和地区的经济专业化可以追溯到18世纪下半叶至19世纪初。

七　产地至销售市场的粮食运输成本

粮食出口价格

有关18世纪至20世纪初地方粮食价格的分析表明，各省的粮食价格在很大程度上取决于世界市场的形势和各省与市场（特别是与港口）的距离，或取决于从各省到市场的运输成本。为了通过数学统计分析来证实这些结论，我们将为这些因素确定合适的指标。

我们将使用已经测试过的港口粮食价格水平作为市场条件因素的指标。[18]从省内到港口（或任何其他市场）的粮食运输成本可以用4种不同的指标表示：①从省内任一位置（包括所有区域）到港口的距离；②从省城到港口的距离；③从省城到港口的实际运输成本（基于粮食的实际运输）；④从省城到港口的理论运输成本（基于最优路线和关税率）。对这些指标之间的关系进行比较可以得出结论，第二个和第三个指标之间的吻合度最高，第一个指标与其他指标的吻合度较低。考虑到第三个指标（实际运输成本）是最接近现实的，我们必须承认在缺少关于运输成本的直接数据的情况下,从省城到港口的运输成本因素通过最基本的指标(从省城到港口的距离)可以得出最理想的结果。[19]

在衡量出口价格、距离和从省城到港口的运输成本对地方粮食价格水平的影响时,这里的港口指的是距省城最近的港口,显然在 19 世纪欧俄不同的省份靠近不同的港口。各省粮食价格与距离最近的港口有直接联系,而与其他港口仅存在间接关系。

各省份不仅与港口有贸易关系,而且与其他粮食市场也有贸易关系,将盈余粮食送至其他粮食短缺市场,或在粮食盈余省份购买粮食弥补短缺。在这两种情况下,粮食的运输成本都将对地方粮食价格产生影响。由于缺乏相关资料,无法直接计算这些费用。然而,它们可以通过一个额外的指标(省内交通状况)来间接考虑。19 世纪上半叶的交通状况通过各省河流通航长度来说明,对于 1883~1887 年和 1909~1913 年,我们将通过省内所有类型的交通状况来说明:石子公路、土路、铁路和水路(为了便于比较,交通长度是根据各省的面积和人口来衡量的)。[20]

地方粮食价格与运输成本之间相互作用的数学统计分析结果见表5-5。

表5-5 1801~1913 年欧俄 50 省交通路线长度、省内到港口的距离和
运费、粮食出口价格与粮食价格之间的关系

粮食价格影响因素	相关系数			
	1801~1810 年	1851~1860 年	1883~1887 年	1909~1913 年
水路运输	-0.08	-0.17	0.43±0.24	0.43±0.24
所有运输方式	—	—	0.25±0.25	0.09[*]
省内到港口的距离	-0.67±0.14	-0.76±0.12	-0.59±0.20	-0.42±0.24
省内到港口的运费	—	—	-0.55±0.20	—
港口价格:	0.62±0.18	0.59±0.18	0.51±0.21	0.67±0.16
黑麦价格	0.67±0.16	0.73±0.14	0.57±0.20	0.65±0.16
燕麦价格	0.64±0.16	0.63±0.16	0.31±0.25	0.27±0.25
小麦价格	—	—	0.20a	0.64±0.16
大麦价格	—	—	0.27±0.25	0.74±0.14

注:* 相关系数在统计上不显著。

在整个研究期间，将粮食运至港口的成本和出口粮食价格水平是影响省粮食价格的重要因素。19 世纪上半叶，地方粮食价格受这些因素的影响程度约为 65%~67%，而在 19 世纪下半叶为 27%~48%。各省离港口越近，粮食价格就越高；反之亦然。同样，离各省最近的港口的粮食价格越高，省内的价格也就越高。

值得注意的是，19 世纪上半叶，省内粮食价格对港口距离的依赖性比对最近港口粮食价格水平的依赖性更强。改革前出口粮食价格对粮食价格地理分布的影响较小，原因有二：1801~1860 年俄国的交通状况不佳；港口与省份之间距离遥远。首先，这两个原因减缓了地方粮食价格对粮食出口价格波动的反应程度；其次，二者使得粮食运输至港口的成本超过了其生产成本。运输成本取决于港口距离，因此到港口的距离是更为重要的因素。

到 20 世纪初，情况发生了变化。邻近港口的粮食价格水平对省粮食价格的影响比省到港口的距离更重要（1909~1913 年，到港口的距离与省内粮食价格之间的相关系数为 0.42，港口粮食价格与地方粮食价格之间的相关系数为 0.67）。连接最偏远省份和港口的铁路网使得当地粮食价格对粮食出口价格的反应更加灵敏，大大降低了粮食的运输成本。因此，19 世纪末至 20 世纪初，与改革前相比，省与港口的距离对地方粮食价格的影响有所下降，而出口价格的影响增加。

在 19 世纪 80 年代至 90 年代初的农业危机中，俄国粮食出口价格和地方粮食价格之间的关系值得特别关注。与前期相比，这一时期的粮食出口价格和港口距离对地方粮食价格的影响有所下降。原因之一是外部市场的相对重要性降低，而内部市场的重要性相应提升。1876~1880 年，出口的商品粮占 57%，1891~1895 年占 46%。1891~1895 年，出口的粮食在商品粮中的比例处于整个 19 世纪下半叶的最低水平。商品粮在一定程度上转向国内市场，并减少了地方粮食价格对粮食出口价格的依赖。

地方粮食价格对粮食出口价格依赖程度下降的第二个原因是发生了运输工具的"革命"，俄国粮食价格低的省份价格上涨，全国平均粮食价格稳定，相比世界粮食价格下降幅度较小，使得俄国平均粮食价格与世界粮食价格持平。这些波动打破了粮食出口价格与地方粮食价格之间的关系。在后危机时期，尽管外部市场对商品粮的重要性只增加了 7%～10%，但地方粮食价格对粮食出口价格的依赖性已然恢复，甚至还有所增强。

19 世纪至 20 世纪初，俄国地方粮食价格的波动基本一致。然而，它们对出口价格的依赖程度有所不同。粮食在出口中的比重越大，出口价格对国内价格的影响就越大；反之亦然。从 1909～1913 年的数据中可以清楚地看出这种关系。在这些年里，地方大麦价格与出口大麦价格之间的相关系数最高（$r=0.74$），因为自 20 世纪 80 年代以来，大麦在出口粮食中的比例不断增加：1881～1885 年为 10.7%，1909～1913 年为 31.2%。小麦的地方价格与出口价格之间的相关关系较弱（$r=0.64$）。与大麦相比，地方小麦价格对出口价格的依赖性较小，19 世纪下半叶小麦在俄国粮食出口中的比例持续下降：1861～1870 年为 61.0%，1881～1885 年为 41.2%，1909～1913 年为 35.6%。燕麦的地方价格与出口价格之间的相关关系最弱（$r=0.27$），燕麦在俄国粮食出口中的比例很小，且比重持续下降：1881～1885 年为 17.0%，1909～1913 年为 9.1%。

1801～1860 年，各省交通状况与粮食价格之间实际上没有任何联系，因为所有省份的通航河流总长度大致相同。改革前各省的水路供应情况大致相同，这一点从各省通航河流长度的低变异系数（仅为 2.7%）中可得到证实。

在改革后的时期，随着铁路网的建立，情况发生了变化。各省粮食价格水平与其交通运输状况之间出现了联系。尽管这种相关性并不是很强（$r=0.43$），但它表明了交通运输状况开始影响地方粮食价格水平。一个省的公路，特别是水路越多，其粮食价格水平就越高。

　　这一结论与分析铁路网建立后俄国地方粮食价格波动时的结论完全一致：①铁路最大限度地促进了俄国内陆省份粮食价格的增长；②随着铁路网的扩大，粮食价格上涨的浪潮波及越来越多的内陆省份。值得注意的是，在铁路发展迅猛的情况下，水路也变得更加重要，对各省的粮食价格水平产生了重大影响。

　　在铁路时代，由于各省之间的交通对地方粮食价格的影响越来越大，粮食市场的距离，特别是港口与各省之间的距离，变得不那么重要。如前所述，从各省份到港口的粮食运输费用取决于到港口的距离和与港口通信的便利性。在改革前，所有省份的通航河流总长度大致相同，因此各省份到港口的距离在粮食价格水平中起决定性作用。1801~1860年期间，交通运输状况与各省的粮食价格水平之间没有联系，而各省到港口的距离与粮食价格之间联系密切。19世纪60~70年代的铁路建设造成各省铁路供给的巨大差异，铁路开始对各省的粮食价格水平产生影响。因此，港口距离对地方粮食价格的重要性降低，而交通的重要性提高了。这些因素对地方粮食价格的持续影响直到20世纪初仍未改变，它们综合起来决定了地方粮食价格的约40%（$R^2 = 0.65^2 = 0.42$）。

　　19世纪至20世纪初，各省粮食价格的形成以及俄国粮食价格的地理分布受到粮食出口价格和各省与最近港口的距离的重大影响，在不同时期受影响程度约为41%~67%。由于粮食出口价格本身又受到世界粮食价格的影响，可以认为世界粮食价格在俄国地方粮食价格的形成中发挥了重要作用。[21]

八　粮食价格地理分布的共同和个别影响

地方粮食价格形成模型

　　通过数学统计分析可以得出以下影响地方粮食价格的重要因素：

①各省到最近港口的粮食运输成本和交通状况；②根据总产量确定的各省人均粮食供给；③最近港口粮食出口价格反映出的市场情况；④按各省城市人口占比得出的粮食需求。

研究所有因素对粮食价格地理分布的共同和个别影响对构建地方粮食价格形成模型同样具有重要意义。首先，能够确定因素的独立作用；其次，评估因素被充分考虑的程度；最后，构建不同时期粮食价格形成的模型。

1801～1810年粮食价格的形成

表5-6反映了19世纪初地方粮食价格的形成模式。

表5-6　1801～1810年欧俄50省地方粮食价格水平的重要影响因素

粮食价格影响因素	全相关系数	偏相关系数	偏决定系数
粮食供给(粮食产量)	-0.09	-0.24	0.057
粮食需求(城市人口)	0.35	-0.14	0.020
运输成本：			
水路长度	-0.08	0.20	0.040
港口距离	-0.67	-0.71	0.504
市场(港口价格)	0.62	0.74	0.548

1801～1810年，在各因素中较重要的因素是运输成本和市场。如偏决定系数所示，这两个变量对地方粮食价格的影响均约为50%，它们决定了粮食价格的地理结构。粮食供给和粮食需求等其他因素对粮食价格空间结构的形成几乎没有影响。

多重决定系数表明所考虑的因素对粮食价格的共同影响。4个因素共同决定了1801～1810年粮食价格的空间结构，它们的共同影响值约为76%（$R^2 = 0.872 = 0.76$），剩余未纳入考虑范围因素的影响值约为24%

（100%-76%）。

　　分析得出两个结论。首先，19 世纪初，各省的粮食需求而非粮食供给决定粮食价格，因为粮食产量对粮食价格地理结构的影响仅为 6%。其次，相比影响粮食价格的国际因素，俄国国内因素对地方粮食价格来说意义较小，俄国国内因素在所有因素的总影响中所占比例不超过 10%。19 世纪初，俄国已经参与世界粮食市场，因此世界粮食市场在地方粮食价格的地理分布中处于主导地位。

　　利用多元线性回归方程可以构建各省粮食价格形成的数学模型，在此基础上，可以进一步根据粮食价格影响因素的数值预测各省的粮食价格。例如，1801～1810 年，阿尔汉格尔斯克省的平均粮食价格为 53 戈比/普特。

　　回归方程可以验证数学模型的准确性。首先我们需要比较模型预测的 1801～1810 年的价格（理论价格）和在此期间各省的实际价格。通过比较可以发现，2 个省的理论价格和实际价格一致，22 个省的平均实际价格比理论价格高 10%，其余省的平均实际价格比理论价格低 10%；俄国欧洲地区的理论价格也与实际价格一致。由于对某些因素的考虑不足以及原始数据不准确，个别省份的理论价格与实际价格之间的平均差异只有 10%。回归方程验证的结果证明了各省粮食价格形成的数学模型的正确性和可靠性。

1851～1860年粮食价格的形成

　　农奴制废除前夕，地方粮食价格的形成模型并没有发生实质性的变化（见表 5-7）。通过 1851～1860 年和 1801～1810 年的数据可以得出以下结论：①运输成本和市场行情是首要的也是最重要的因素，约占所有因素对当地粮食价格影响的 67%；②对各省粮食价格而言，粮食需求因素比粮食供给因素更为重要，从 1801～1810 年到 1851～1860 年，后者的重要性几乎没有变化；③国际因素对地方粮食价格的影响明显大于俄国国内因素；④4个因素对1851~1860年粮食价格的共同影响几乎保持不变，它们决定了地方粮食价格的76%~77%。1801~1810年和1851~1860年地方粮食价格形成模型的一致性表明，在研究期间，粮食价格的形成模式几乎没有变化。

利用回归方程，我们构建了1851~1860年地方粮食价格形成的数学模型，并对模型预测的粮食价格和实际价格进行比较。结果表明，1851~1860年的模型与1801~1810年的模型准确性一致，50省的实际价格与理论价格的平均偏差仅为10%。

表5-7　1851~1860年欧俄50省地方粮食价格水平的重要影响因素

粮食价格影响因素	全相关系数	偏相关系数	偏决定系数
粮食供给（粮食产量）	-0.06	-0.25	0.017
粮食需求（城市人口）	0.40	0.13	0.063
运输成本：			
水路长度	-0.17	-0.02	—
港口距离	-0.76	-0.61	0.372
市场（港口价格）	0.59	0.54	0.292

九　1883~1887年粮食价格的形成

1883~1887年，粮食价格的形成模型发生了实质性的变化（见表5-8）。

根据1883~1887年的模型，粮食供给（27%）和运输成本（14%）这两个因素很重要，而市场和粮食需求只占所有因素对地方粮食价格总影响的不到3%。4个因素对粮食价格的共同影响有所下降，它们对地方粮食价格的决定系数降为58%（$R^2 = 0.76^2 = 0.58$）。

表 5-8　1883~1887 年欧俄 50 省地方粮食价格水平的重要影响因素

粮食价格影响因素	全相关系数	偏相关系数	偏决定系数
粮食供给(粮食产量)	0.68	-0.52	0.270
粮食需求(城市人口)	0.29	-0.15	0.023
运输成本：			
水路长度	0.25	0.05	0.003
港口距离	-0.59	-0.38	0.144
市场(港口价格)	0.51	0.08	0.006

这些变化使得 1883~1887 年粮食价格的地理结构模型与改革前的模型存在根本性的不同。其中，俄国国内因素的重要性上升，国际因素（市场和港口距离）的重要性降低，粮食供给开始占据主导地位。

1883~1887 年粮食价格形成的巨大变化与世界农业危机有关。世界农业危机降低了国际因素和与粮食需求有关的因素的重要性，俄国境内过剩的粮食供给已成为困难时期粮食价格形成的主要因素。

1883~1887 年的模型具有十分强大的预测能力。欧俄 50 省的理论价格与实际价格的平均偏差为 17%。准确的预测结果表明，该模型符合农业危机期间地方粮食价格形成的客观规律。

1909~1913 年粮食价格的形成

观察 1909~1913 年粮食价格的形成具有两方面的意义。首先，可以得出各因素在帝国主义时期地方粮食价格形成中的相应作用；其次，可以确定 1883~1887 年粮食价格异常受农业危机的影响程度及在整个资本主义时期的典型程度。

表 5-9 中的数据显示，1909~1913 年影响较大的因素仍是市场和运输成本，影响较小的因素是粮食供给和粮食需求。4 个因素综合影响了地方粮食价格的约 66%（$R^2 = 0.81^2 = 0.66$）。与 1851~1860 年模型一致，

1909～1913 年模型中与粮食需求有关因素的影响大于与粮食供给有关的因素，国际因素的影响大于国内因素；粮食供给在两个模型中的影响差别不大，市场的影响几乎相同。

表 5-9　1909～1913 年欧俄 50 省地方粮食价格水平的重要影响因素

粮食价格影响因素	全相关系数	偏相关系数	偏决定系数
粮食供给（粮食产量）	−0.62	−0.37	0.137
粮食需求（城市人口）	0.36	0.18	0.032
运输成本：			
水路	0.09	−0.21	0.044
港口距离	−0.42	−0.42	0.170
市场（港口价格）	0.67	0.55	0.303

　　1903～1913 年模型不是改革前 1851～1860 年模型的简单复制。1909～1913 年模型的第一个显著差异在于，俄国国内因素对粮食价格地理结构的影响增加了 1 倍，从 8% 增加到 17%。

　　第二个差异是，20 世纪初俄国国内粮食供给已经成为一个相当有影响力的因素，决定了粮食价格地理分布的约 14%。

　　通过比较 1883～1887 年和 1909～1913 年地方粮食价格的形成模型可以得出结论：在 1883～1887 年模型中，粮食供给占主导地位，俄国国内因素比国际因素占优势，而国内因素的影响大于国际因素这一结论是反常的，无论是在改革前还是改革后都不具备典型性。但是 1883～1887 年模型总体反映了省内粮食价格形成的一般规律：国内因素的作用增加，运输成本等改革前居主导地位的因素的重要性下降。

　　同样利用回归方程，比较 1909～1913 年模型预测的粮食价格和 50 个省份的实际价格，平均误差为 ±6%，可见该模型的准确性相当高。阿尔汉格尔斯克省、沃洛格达省和沃罗涅日省的理论价格和实际价格之间的偏差较大，也不超过 15%。库尔良、奥廖尔、彼得堡等地区的平均模型预测价格与实际价格一致。

十　俄国地方粮食价格的形成规律

综上所述，4 个粮食价格模型都具有极高的准确性。它们全面涵盖了所有重要因素，能够准确地预测各省粮食价格（见表 5-10）。

表 5-10　19 世纪至 20 世纪初欧俄 50 省地方粮食价格水平的重要影响因素

粮食价格影响因素	偏决定系数			
	1801～1810 年	1851～1860 年	1883～1587 年	1909～1913 年
粮食供给(粮食产量)	0.057	0.063	0.270	0.137
粮食需求(城市人口)	0.020	0.017	0.023	0.032
运输成本：				
水路	0.040	—	0.003	0.044
港口距离	0.504	0.372	0.144	0.176
市场(港口价格)	0.548	0.292	0.006	0.303

根据数学统计分析得出，影响 19 世纪至 20 世纪初地方粮食价格形成的因素相同。然而，个别因素的作用在粮食价格形成的过程中发生了变化，这种变化既包括单独变化，还包括整体趋势的变化。

在研究期间发生的重要因素变化是俄国国内因素的作用越来越大，而国际因素的作用相应降低。

俄国国内市场对地方粮食价格的重要性日渐增加。这反映在城市人口对粮食的需求增加，以及各省的粮食价格对运输成本和世界市场的依赖性降低。

运输成本存在一个显著的变化趋势，省内距最近港口的粮食运输成本对地方粮食价格的影响从 19 世纪上半叶的 37%～55% 下降到下半叶的

18%。出现这一变化的原因是，由于交货价格降低，粮食运输成本在粮食价格结构中的比例也降低。

地方粮食价格形成因素中另一个影响较大的变化是粮食供给的作用增加。1801～1810年，这一因素只占总影响的6%，1909～1913年为14%。粮食供给作用的增加，首先是由于粮食生产出现了一定的赤字（粮食生产供不应求）；其次是由于粮食运输成本下降，生产成本在粮食价格结构中的比例增加；最后是由于19世纪至20世纪初俄国乡村商品货币关系的发展。

在整个研究期间，市场特别是世界市场对俄国地方粮食价格地理分布的重要性是不变的。这体现了商品生产规律对国家农业的重要性和俄国在世界粮食市场上的重要作用。

比较改革前和改革后地方粮食价格的形成模型可以得出结论，农奴制本身并不像一些研究者认为的那样影响粮食价格模型。[22]这表明，改革前和改革后的粮食价格模型都遵循着同样的经济规律——商品生产规律和商品流通规律，这些经济规律甚至在农奴制废除之前就已经深深地渗透到了俄国经济中。只有在交通革命、城市化、粮食供不应求、俄国和世界粮食市场发展以及资本主义时期其他一些社会经济现象的影响下，俄国地方粮食价格的模型才发生了重大转变。

通过研究地方粮食价格的形成规律，可以得出以下有关19世纪至20世纪初价格形成的一般结论。

最近港口的粮食价格与该省到港口的运输成本之间的差额构成出口省份粮食价格的核心要素。在省内影响粮食价格的地方因素（收成、粮食需求与供给比例等）的影响下，这一差额进一步缩小。地方因素对价格进行了某些修正，有时修正幅度相当大。地方因素对各省粮食价格形成的作用取决于俄国国内市场和其他省份粮食平衡状况等因素。有时，地方因素在短时间内起主导作用，例如在某个省农作物歉收时，但在大多数情况下，该省粮食价格水平的决定性因素主要在于港口和全国总体的粮食平衡。

一般来说，出口省份的粮食价格高于地方生产成本。这是因为即使是在 1881~1895 年农业危机的特殊年份，当地方粮食价格处于非常低的水平时，欧洲地区 46 个省的年平均产量也实现了 1.5% 的土地资本利润率，但其中 19 个省的生产成本不明。[23] 19 世纪至 20 世纪初的专项研究结果表明，在那些粮食价格涨跌幅度不大的年份，如 1881~1895 年的农业危机或 1807~1829 年的萧条时期，谷物生产的利润率较高。[24] 1801~1914 年期间，这种年份超过 90 年。[25]

当出口价格与港口运输成本之间的差额低于地方生产成本时，各省就会减少或中断粮食出口，省内粮食需求增加。

当出口价格与将粮食从出口省运往港口的成本之间的差额低于当地生产成本时，从出口省运往港口的粮食就会减少，当地的粮食消费也会增加。在一般情况下，地方粮食价格可以在一定时期内保持高于出口价格与港口运输成本之间的差额。但如果是在经济萧条时期，如 19 世纪 10~20 年代或 80~90 年代，地方需求的增加无法消耗全部的剩余粮食，农民和地主迫于经济压力，往往会以低于生产成本的价格出售粮食。[26] 结果就是，地方价格下降，出口和地方价格之间的相互关系恢复。然而，地方粮食价格很少低于生产成本。19 世纪至 20 世纪初，小麦的出口价格高于地方价格和港口运输费用之和。由于出口价格能够收回生产成本并赚取利润，它们对地方粮食价格产生了特殊的影响。出口价格的上涨吸引了最偏远的省份出口粮食，而价格的下跌又迫使这些省份中断出口。[27] 出口高价粮为农业注入了新的活力。

在粮食进口省份，粮食价格大致是生产地的粮食价格与港口运输成本和商家利润的总和。由于出口省的出口价格和地方粮食价格关系密切，进口省的价格受到出口价格的影响，又进一步受到世界粮食价格的影响。

以下假设可验证地方粮食价格形成规律的正确性。假设从最近港口出口价格中扣除港口运输成本，并将所得额与实际粮食价格进行比较，则19世纪80年代欧洲地区50个省的粮食价格之间的差额将在-15%至9%之间。[28] -15%至9%的差额可以少部分通过省内因素的影响解释，而大部分的影响是外部因素所造成的，其中重要的外部因素是世界粮食市场和俄国总体粮食平衡。

需要指出的是，在维亚特卡、阿斯特拉罕、沃洛格达、喀山、奥伦堡、奔萨、萨马拉和乌法等远离波罗的海和黑海港口的省份，出口价格和地方价格与港口运输成本之间的差额较大。因此，距港口越远，地方因素在出口价格中的影响越大。在欧洲地区，平均出口价格为地方价格与港口运输成本之和的101%，因此二者之间存在非常密切的关系。

虽然未发现有关早期各省港口运输成本的系统资料，但一些零散的资料为研究提供了有力支撑。现有的有关19世纪上半叶各省港口运输成本和各省之间粮食运输成本的零星资料表明，上述地方价格和出口价格之间的规律也适用于1801~1860年。[29] 如果考虑到1801~1860年地方粮食价格、最近港口的距离和最近港口的粮食出口价格之间的联系比1861~1913年更密切，则19世纪上半叶地方粮食价格的形成与19世纪下半叶基本相同。

需要指出的是，与俄国粮食价格一致，任何参与国际粮食贸易的欧洲国家的地方价格都取决于其出口（进口）和世界粮食价格。与此同时，各粮食贸易国彼此之间都有单独的贸易关系，因此各国的价格波动是一致的，其程度由国家间贸易关系的密切程度决定。例如，20世纪的大多数时期，俄国的粮食价格与英国和德国的粮食价格密切相关，同时英国、德国也是从俄国进口粮食较多的国家。[30] 1882~1914年，美国和俄国的粮食价格波动有密切的联系，这是美国参与欧洲粮食贸易的结果（见表5-11）。

表 5-11　1801~1914 年世界粮食价格与俄国粮食出口价格之间的关系

国家/地区	相关系数		
	1801~1829 年	1830~1881 年	1882~1914 年
美国	0.13	—	0.76
英国	0.23	0.70	0.80
法国	0.48	0.39	0.22
德国	0.63	0.65	0.87
西欧	0.70	0.70	0.81

　　国家间地方粮食价格的关系是一种相互作用的关系，而非依赖或从属关系。这种相互作用促使世界粮食市场主要贸易中心形成世界粮食价格，进而影响各个国家内部的地方粮食价格。世界粮食价格对地方粮食价格的影响并不是单方面的，地方粮食价格也反作用于世界粮食价格。因此，尽管俄国地方粮食价格高度依赖世界价格，但它们还是表现出一定的独立性，这种独立性在俄国在世界粮食市场中处于有利条件的情况下尤为明显。长久以来，俄国的粮食生产者和贸易商追求利益最大化，这种日渐增长的独立倾向不容小觑。[31]

　　由此我们可以得出，在研究期间俄国粮食价格的地理分布和波动都受到世界粮食价格的影响，且世界粮食价格的形成也受到包括俄国在内的国家地方价格的影响。俄国和世界粮食价格波动的一致性以及它们趋于平缓的趋势清楚地表明了二者在 18 世纪至 20 世纪初的增长趋势和世界市场的统一性。

　　俄国地方粮食价格对出口价格和世界价格的依赖性基于以下几个原因。第一，依赖世界粮食市场条件下的价格形成规律。国内某种粮食的价格由剩余部分的销售价格决定，也就是出口粮食的价格和内部流转的粮食价格因粮食运输成本而有所不同。[32] 第二，西欧粮食价格水平高，粮食生产商和贸易商向外出售能获得高额利润。第三，粮食出口对俄国的经济、财政以及人民福利非常重要。西欧国家的城市化进程需要不断进口大量粮食，所以世界粮食价格对俄国粮食价格具有依赖性。

综上所述，由于缺乏相关数据，无法对 18 世纪粮食价格地理的因素进行相关分析，不过我们可以认为，1801～1810 年的数学统计分析结果完全适用于 18 世纪后 30 多年。当时俄国粮食出口已经成为一种普遍现象[33]，粮食种植的市场化程度几乎达到了 19 世纪初的水平。

至于 18 世纪的前 30 多年和 18 世纪中叶，可以假设当时影响粮食价格形成因素的重要性与 19 世纪不同。[34] 俄国国内因素的影响可能更大，出口粮食价格和港口运输成本的影响更小，粮食供给的重要性超过粮食需求。

注　释

1. Сведения об издержках производства имеются только с 1880 – х гг. См.: Аленицын В. Д. 1）Материалы по вопросу обработки земли в Европейской России. СПб., 1889. 43 с; 2）Опыт расчета стоимости пшеницы, ржи, овса и ячменя в производстве и в отношении пользования сбором. СПб., 1889. 49 с; Стоимость производства главнейших хлебов в Европейской России. СПб., 1890. 496 с; Стоимость производства главнейших хлебов: Статистические сведения по материалам, полученным от хозяев. Пг., 1915. Вып. 1. 449 с; 1910. Вып. 2. 1163 с; 1917. Вып. 3. 307 с. Чтобы получить хотя бы приблизительное представление о влиянии издержек производства на хлебные цены в более раппее время, коррелированы издержки произ водства конца XIX в. с ценами 1801 – 1810 и 1851 – 1860 гг. Этот расчет не лишен смысла потому, что соотношение издержек производства между губерниям в течение XIX в. вряд ли изменилось радикально.

2. Слабая зависимость хлебных цен от издержек производства отмечалась многими дореволюционными и советскими исследователями. См.: Заблоцкий А. П. Причины колебания цен на хлеб в России. Отечеств, зап., 1847, №

5. отд. IV, с. 1-66; Тенгоборский Л. В. О производительных силах России. М., 1857, ч. 2, отд. 1, с. 51-60; Бар Ф. О причинах малодоходности упадка сельскохозяйственного производства в России. Киев, 1877, с. 1-3; Бунин Н. Мысли о русском сельском хозяйстве и некоторых причинах дешевизны сельскохозяйственных произведений... М., 1832, с. 8-10; Ковальченко И. Д. Русское крепостное крестьянство в первой половине XIX в. М., 1967, с. 341, и др.

3. Данные о феодальной ренте помещичьих крестьян в канун падения крепостного права см.: Скребицкий А. Крестьянское дело в царствование Александра II. Бонн-на-Рейне, 1865, т. III, с. 1206-1273; Приложение к трудам Редакционных комиссий для составления положений о крестьянах, выходящих из крепостной зависимости: Сведения о помещичьих имениях. Т. V. Выводы из описаний имений по 28 великороссийским губерниям. СПб., 1860. 349 с. Данные о налогах в 1837-1840 гг. см.: Материалы к Статистическому атласу Н. Л. Милютина. ЦГИЛ СССР, ф. 869 (Милютины), оп. 1, д. 789, л. 22-27; Материалы Комитета для уравнения земских повинностей. Там же, ф. 1290 (Центральный статистический комитет), оп. 5, д. 14, л. 2-6. Подробную характеристику этих материалов см.: Неупокоев В. И. Государственные повинности крестьян в России в середине XIX в. В кн.: Ежегодник по аграрной истории Восточпой Европы за 1966 г. Таллин. 1971, с. 348-360. Данные о налогах, земельной ренте и ценах земли в пореформенное время заимствованы из следующих официальных источников: Материалы высочайше учрежденной 10 ноября 1901 г. Комиссии по исследованию вопроса о движении с 1861 по 1900 г. благосостояния сельского населения. СПб., 1903, ч. I, с. 251-300; Департамент окладных сборов 1863-1913 гг. СПб., 1913, с. 260-277; Антропов П. Л. Финансово-статистический атлас России. СПб., 1898, табл. 1.

4. Неупокоев В. И. Государственные повинности..., с. 348-349.

5. Статистический временник Российской империи. СПб., 1866, вып. 1, отд. III, с. 74.

6. Дружинин Н. М. Государственные крестьяне и реформа П. Д. Киселева. М.; Л., 1946, т. 1, с. 50; Ковалъченко И. Д. Русское крепостное крестьянство..., с. 292-295; Ковалъченко И. Д., Милое Л. В. Об интенсивности оброчной эксплуатации крестьян Центральной России в конце XVIII-первой половине XIX в. История СССР, 1966, № 4, с. 55-80; Милое Л. В. Об изучении роста оброка в России во второй половине XVIII в. Научные доклады высшей

школы：Исторические науки，1961，№1，с. 95 - 114；Рубинштейн Н. Л. Сельское хозяйство России во второй половине XVIII в. М. , 1957, с.156-167; Федоров В. А. Помещичьи крестьяне Центрально промышленного района России конца XVIII-первой половины XIX в. М. , 1974, с.225-249.

7. Ковалъченко И. Д. Русское крепостное крестьянство. . . , с.289-291.

8. Статистический временник. . . , вып. 1, отд. III, с.74.

9. Анфимов А. М. Российская деревня в годы первой мировой войны. М. , 1962, с.153.

10. Данные осборах хлебов и урожайности по губерниям см. : Яцуиский В. К. Изменения в размещении земледелия в Европейской России с конца XVIII в. до первой мировой войны. В кн. : Вопросы истории сельского хозяйства, крестьянства и револиюционного движения. М. , 1961, с.ИЗ - 148; Ковалъченко И. Д. Динамика уровня земледельческого производства России в первой половине XIX в. История СССР, 1959, № 1, с.53-86; Вильсон И. Объяснения к «Хозяйственно-статистическому атласу Европейской России». 1 - е изд. СПб. , 1851, с. 12 - 16; 4 - е изд. , 1869, с. 75 - 128; Сборник статистико - экономпческих сведений по сельскому хозяйству России и некоторых иностранных государств. Год 1 - 10. СПб. , 1907 - 1917; Свод статистических сведений по сельскому хозяйству России к концу XIX в. СПб. . 1902, вып. 1, с. 76 - 205; Материалы высочайше учрежденной 16 ноября 1901 г. Комиссии. . . , ч. I, с.155-177.

11. См. . например: Челинцев А. Н. Теоретические основания организации крестьянского хозяйства. Харьков, 1919, с. 51; Ковалевский М. М. Развитие народного хозяйства в Западной Европе. СПб. , 1899, с. 2; Милюков П. Н. Очерки по истории русской культуры. СПб. , 1904, ч. 1, с. 21.

12. Этот показатель определялся как соотношение между количеством имеющейся в наличие удобной надельной земли и количеством земли, которую крестьянское хозяйство в состоянии было обработать самостоятельно, не прибегая к посторонней помощи. Сведения о площади пашни по губерниям в 1802-1913 гг. см. : Яцунский В. К. Изменения. . . , с.125-127. Сведения о сельском населении см. : Кабузан В. М. Изменения в размещении населения России в XVIII-первой половине XIX в. М. , 1971. 190 с; Волков Е. 3. Динамика народонаселения СССР за 80 лет. М. ; Л. , 1930. 272 с; Сельское хозяйство России в XX в. : Сб. статистико - окомичесхнх сведений за 1901-1922 гг. М. , 1923, с. 114-116. Сведении о наделах и их

соответствии рабочему составу сельского населения в 1860, 1880 и 1900 гг. см. : Материалы высочайше учрежденной 16 ноября 1901 г. Комиссии..., ч. I, с. 75–89.

13. Сведения о городском населении см. : Рашин А. Г. Население России за 100 лет (1811–1913 гг.). М. , 1956, с. 98. –За 1801–1810 гг. расчет сделаннами по данным церковного учета. –ЦГИЛ СССР, ф. 1288 (Главное управление по делам местного хозяйства Министерства внутренних дел), оп. 25, д. 85а (Статистические сведения по городам России. 1825–1915 гг.). л. 136–163, 227–320; Fedor Th. Patterns of urban growth in the Rassian empire during the nineteenth century. Chicago, 1975, pp. 182–214.

14. Лященко П. И. Очерки аграрной эволюции России. Л. , 1924. т. 1, с. 203; Кондратьев Я. Д. Рынок хлебов и его регулирование во время войны и революции. М. , 1922, с. 18–19.

15. Сведения о винокурении см. : Ежегодник Министерства финансов на 1869 год. СПб. , 1869, вып. 1. отд. III, с. 73–112; Зябловский Е. Статистическое описание Российской империи. СПб. , 1808, ч. V, с. 47 – 50; Корсак А. О винокурении. В кн. : Обзор различных отраслей мануфактурной промышленности России. СПб. , 1865. т. 3, с. 215 – 515; Рапп Е. О винокурении. В тт. : Историко – статистический обзор промышленности России. СПб. , 1886, т. 2, с. 1 – 61; Сборник статистико – экономических сведений... Год 9. Пг. , 1916, с. 180–194; Сведения о питейных сборах в России. СПб. , 1860. т. 3, с. 3 – 5; т. 4, с. 127 – 128; Статистический «временник... , вып. 1. отд. II, с. 35 – 40. Данные о потреблении хлеба випокурением получены на основе порм перекура хлеба на спирт.

16. Сведения об избытках и недостатках хлеба по губерниям за 1864 – 1866 гг. см. : Военно – статистический сборник. Вып. IV. Россия. СПб. , 1871, с. 248. –За 1880–1884 и 1909–1913 гг. см. : Яцунский В. К. Изменение... , с. 145–147. Хлебный баланс губерний за 1802–1811 гг. подсчитаннами как разность между сбором хлеба и потреблением его населением, скотом и винокурением; сведения о сборе хлеба взяты из указанной выше статьи В. К. Яцунского. Полученные результаты близки другим подобным расчетам для начала XIX и. См. : Герман К. Ф. О нынешнем состоянии земледелия в России. Сын Отечества, 1814, № 13. с. 81 – 102; № 14, с. 41 – 58; № 22, с. 81 – 94. Статьи того же автора см. : Memoires de l'Academie imperiale des sciences de St. Pelersbourg, 1809, t. 1. pp. 662 – 730; t. 8, pp. 398 – 411;

Зябловский Е. Ф. Землеописание Российской империи для всех со стояний. СПб. , 1810, с. 335—338; Рубинштейн Я. Л. Сельское хозяйство с. 374—380. См. также обобщающую работу по истории хлебного баланса России: Попов П. Н. Хлебофуражный баланс, 1840 – 1914 гг. В кн. : Сельское хозяйство на путях восстановления. М. , 1925, с. 1—50.

17. Товарность хлебопашества в Европейской России с начала XIX по начало XX в. выросла с 10—15 до 26—31% от валового сбора хлебов. См. : Яцунский В. К. Изменения... , с. 136; Ковальченко И. Д. Русское крепостное крестьянство... , с. 97; Кондратьев Я. Д. Рынок хлебов... , с. 14—17.

18. Сведения о ценах в портах и экспортных хлебных ценах см. : Кауфман И. И. Сведения о международной хлебной торговле. СПб. , 1889. 47 с; Материалы по статистике хлебной торговли. СПб. , 1899. Вып. 1. 92 с; Обзор внешней торговли России по европейской и азиатской границам за [1802—1807, 1851—1860, 1883—1887, 1909—1913] год. СПб. , 1802—1915; Свод товарных цен на главных русских и иностранных рынках за 1914 год. Пг. , 1916, с. I – VII; Семенов А. Изучение исторических сведений о российской внешней торговле и промышленности с половины XVII столетия по 1858 г. СПб. , 1859, ч. 3, с. 418—470.

19. Расстояние от губернского города до ближайшего порта определилось по карте: Карта железных, водяных и шоссейных путей сообщения Европейской России: Издание Отдела статистики и картографии Министе ства путей сообщения. СПб. , 1913. Масштаб 1: 2520 000. Сведения об издержках провоза от губерний до портов за 1884—1889 гг. см. : Голицын Ф. С. Опыт вычисления стоимости провоза хлебных. грузов в зерне из отдельных губерний к русским портам и Кенигсбергу. СПб. , 1895, с. IX – XIV, 5—10; Распределение хлебных грузов по железным дорогам и водяным путям в губерниях за 1884 год и опыт вычислении стоимости провоза хлеба к границе. СПб. , 1889. 27 с; Сельское и лесное хозяйство России. СПб. , 1893, с. 482—488.

20. Длина путей сообщения Российской империи. В кн. : Статистический сборник Министерства путей сообщения. СПб. , 1914, вып. 124, с. 2—24; Статистический ежегодник России за 1914 г. Пг. , 1915, отд. XI, с. 1—85.

21. Современники и целый ряд исследователей уже для дореформенной России отмечали зависимость местных русских хлебных цен от экспортных и мировых. См. : Гагемейстер Ю. Об увеличении сбыта русских произведений

за границу. СПб. , 1852, с. 2; Кахк Ю. Ю. Место России на международном сельскохозяйственном рынке в первой половине XIX в. В кн. : Феодальная Россия во всемирно - историческом процессе. М. , 1972, с. 92 - 102; Неболсин Г. Статистическое обозрение внешней торговли России. СПб. . 1850, ч. 1, с. 60 - 68; Семенов А. Изучение исторических сведений..., с. 353–358; Фомин А. О понижении цен на земледельческие произведения в России. СПб. , 1829, с. 6. Что касается пореформенной России, то зависимость русских местных хлебных цен от экспортных общепризнана в работах как дореволюционных, так и советских исследователей. См. : Материалы по разработке тарифов российских железных дорог. СПб. , 1889, вып. 1, с. 404–504; Челинцев А. Н. Русское сельское хозяйство перед революцией. М. , 1928, с. 84–85; Егиазарова Н. А. Аграрный кризис конца XIX века в России. М. , 1959, с. 84–85; Изместъева Т. Ф. Россия в системе европейского рынка. Конец XIX – начало XX века: (Опыт количественного анализа): Автореф. дис. на соиск. учен, степени канд. ист. наук. М. , 1981, с. 24; Ратушняк В. Н. Товарно - зерновой рынок Кубани и его связь с внутренним и мировым рынками в конце XIX – начале XX в. В кн. : Советская историография аграрной истории СССР (до 1917 г.). Кишинев, 1978, с. 59–07.

22. Заблоцкий А. Причины колебания цен на хлеб в России. Отечеств, зап. , 1847, т. 52, отд. IV, с. 20–23, и др.

23. Аленицын В. Д. Опыт расчета..., с. 31–41; Анненский Н. Ф. Стоимость производства хлеба в частновладельческих хозяйствах. В кн. : Влияние урожаев и хлебных цен на некоторые стороны русского народного хозяйства. СПб. , 1897, т. 1, с. 231–235.

24. Карпович У. Хозяйственные опыты тридцатилетней практики. СПб. , 1837, с. 190, 199; Записки Лебедянского общества сельского хозяйства за 1849 г. М. , 1850, с. 14 - 78; Киязев М. Хозяйственно - статистическое описание Псковского уезда. В кн. : Материалы для хозяйственной статистики России. Изд. ВЭО. СПб. , 1853, кн. I, с. 236–238; Козлов Х. Расчет издержек на обработку земли под посев разных хлебов. Сельское хозяйство, 1800, т. 1, смесь; Ответы на задачу Юрьевского общества сельского хозяйства: При настоящих ценах на хлеб везде ли выгодно хозяйничать во Владимирской губернии наймом? Сельское хозяйство, 1861, № 0, с. 17–18, и др.

25. Материалы высочайше учрежденной 10 ноября 1901 г. Комиссии..., 1903.

ч. III, с. 206-209; Струмилин С. Г. Очерки экономической истории России и СССР. М. , 1960, с. 196-214.

26. На это многократно указывали исследователи. См. : Безобразов В. П. Хлебная торговля в Северо-Восточной России. СПб. , 1870, с. 112; Бунин Н. Мысли о русском сельском хозяйстве. . . , с. 8-10; Горлов И. Обозрение экономической статистики России. СПб. , 1849, с. 103; Дурасов Ф. Мысли о поддержании средних цен на хлеб. СПб. , 1845, с. 5-7; О торге хлебом во внутренних губерниях России. −Отечеств, зап. , 1840, № 1, отд. IV, с. 8-9; Сабуров Г. И. Взгляд на цены хлеба, бывшие в Пензенской губернии с 1830 по 1835 год, н на последствия сих цен. Московский наблюдатель, 1835, июнь, кн. I, с. 430; Теигоборский Л. В. О производительных силах России, ч. 2, отд. 1, с. 51; Якутовский П. Хозяйственные заметки о губернии Казанской, Симбирской и Пензенской. ЖМГИ, 1845, ч. XXV, с. 10.

27. Пузанов М. О земледелии и скотоводстве в России: Наблюдения и исследования. СПб. , 1862, с. 249-250; Шелехов Д. О настоящем положении сельского хозяйства в России и о причинах прошлогодних неурожае. СПб. , 1842, с. 4, и др.

28. Временник Центрального статистического комитета. 1889, № 12. с. 1-27.

29. Хозяйственно-статистические материалы, собираемые комиссиями и отрядами по уравнению денежных сборов с государственных крестьян. СПб. , 1857, вып. 2, с. 103-113; Материалы для статистики России. СПб. , 1839. ч. 1, отд. IV, с. 41-44; 1841, ч. 2, отд. IV, с. 42-45; Сравнение цеп, по каким русским купцам приходился хлеб и по каким ими продан в по следние 11 лет. ЖМГИ, 1847, ч. XXV, отд. IV. с. 172, и др.

30. Сборник сведений по истории и статистикевнешней торговли России. СПб. , 1902, т. I, с. 47. В 1801 − 1829 гг. российские и французские цены коррелировали сильнее, чем российские и английские, по причине конти нентальной блокады и наполеоновских войн, нарушивших традиционные торговые отношения.

31. Зак С. С. Цены и сельское хозяйство. В. кн. : Сельское хозяйство на путях восстановления. М. , 1925, с. 148; Касперов В. И. Хлебная торговля. В кн. : Россия в конце XIX века. СПб. , 1900. с. 678 − 691; Китанина Т. М. Хлебная торговля России в 1875-1914 гг. Л. , 1978, с. 162-170. 223; Федоров М. П. Оозор международной хлебной торговли. СПб. 1889,

c. 147，166；Свод товарных цен на главных русских и иностранных рынках за 1914 год，c. 4—5.

32. Макаров Н. П. Зерновое хозяйство Северной Америки. М. ，1924，c. 328.

33. Миронов Б. Н. Экспорт русского хлеба во второй половине XVIII — начале XIX в. —Ист. зап. ，1973，т. 93，c. 149—188.

34. Ковалъченко И. Д. Русское крепостное крестьянство. ，c. 97；Яцунский Я. К. Изменения. ，c. 133，136；Рубинштейн Н. Л. Сельское хозяйство. ，c. 376—377.

第六章
粮食价格对 18 世纪至 20 世纪初俄国社会经济发展的影响

全面研究 18 世纪至 20 世纪初粮食价格对俄国社会各方面的影响需要专门的著作进行阐述。这里我们将提出一些重要的相关问题并给出假设性的解决方案，这个解决方案不追求完整性和最终性。

1701～1914 年是俄国政治、经济、社会等异常活跃和变化多端的时期。因此，粮食价格的重要性在不同时期不可能相同。自然，在 18 世纪价格革命时期，粮食价格发生了巨大而迅速的变化，粮食价格也对社会经济发展产生了巨大的影响。首先，我们来谈论俄国价格革命产生的后果及其对俄国造成的影响。

一　18世纪价格革命的影响

在粮食价格上涨的过程中和影响下，俄国与东欧和中欧国家一样，作为农产品出口国和工业产品进口国参与国际分工。[1]首先，俄国历史上就是农产品出口国；其次，俄国工业产品在欧洲市场的竞争能力较弱，而且拥有丰富的土地资源，粮食、亚麻、大麻等农产品以其价格低廉而见长；再次，农产品出口为国家、地主、部分农民和商人提供了收入，不需要大量投资和农业经济结构调整，也不需要破坏国民经济的传统结构；最后，由于工业和农业产品价格上涨的不平衡，形成了有利于农产品的价格"剪刀差"，从而进一步刺激了农业经济的专业化。

农产品价格的大幅增长和国内外对农产品的巨大需求刺激了农奴制基础上的商业性农业生产，庄园劳役制的发展又加强了农奴制。[2]东欧和中欧的其他国家在16~17世纪就出现了类似的现象，18世纪在价格革命的影响下，俄国农奴制得到了加强，农民受到近乎奴隶制的压迫。恩格斯写道："直到17世纪末，俄国农民还没有受到什么压迫，享有迁徙自由，几乎不受依附关系的束缚……随着彼得大帝的即位，俄国的对外贸易开始发展，它当时只能输出农产品。于是就引起了对农民的压榨，这种为输出而进行的压榨随着输出的增长而日益加重，直到叶卡捷琳娜二世把这种压榨推进到极点，并且制定了法律。"[3]

一方面，庄园劳役制的发展强化了农奴制；另一方面，庄园劳役制在发展过程中体现了农业和工业生产中的贵族经营趋势。地主们纷纷抓住有利时机增加收入，扩大经营，开展扩殖运动，促进商品生产和商品货币关系发展。18世纪奴隶制在美国资本主义初始阶段发挥了重要作用，庄园劳役制也为俄国资本主义初始阶段的发展做出了贡献。[4]所以，我们有理由认为，农奴经济在资本主义初期发挥了重要作用，但最终因阻碍资产阶级进一步发展而在1861年农奴制改革中被废除。

价格革命对俄国城市产生了相当大的负面影响，18世纪下半叶，人们对城市衰败的抱怨之声不绝于耳。[5]事实上，18世纪至19世纪初城市固有的功能（工业、商业、文化、市政）在不同因素的影响下有所发展，其中最重要的因素当属价格革命。来自西欧的工业品占据俄国市场，竞争力强，而城市的工业功能欠发达，城市工业生产还面临农村贵族工业生产的竞争。城市商业功能的发展受到农村商业中心以及城市居民与地主和农民之间竞争的严重阻碍，农村贸易网的发展速度比城市快。[6] 此外，农产品在国内市场上的流通和在国外市场上的销售往往不在内陆城市进行，而往往是由地主及其仆从和份地农民自发进行。地主从粮食和其他未加工农产品的出口中获得了丰厚的收入，将这些收入用于购买进口商品，其中主要是奢侈品，于城市发展无益。[7] 1789 年克雷洛夫讽刺道："一个富有的地主把他的粮食和农民变成了时髦的商品，但法国人有一种艺术，可以使这些商品在一个月内消失殆尽：难怪会粮食短缺，至少需要四大袋面粉才能换一顶普通的英式帽，至少需要十大袋面粉才能在鞋上嵌上普通的银扣子。"[8] 贵族对奢侈品的大量需求促进了税率相对较低的工业制品的进口，同时减缓了国内城市工业和手工业的发展。B. П. 韦尔纳茨基认为，18 世纪封建社会商业和工业要素的发展在很大程度上是在城市之外进行的，有时甚至阻碍城市发展。这种观点未免有些绝对。[9]

与工业品相比，农产品价格上涨较快，工资增长普遍滞后于价格上涨，这对从事工业和手工业生产的城市居民的生活水平产生了负面影响。[10] 因此，城市居民没有完全脱离农业生产，仍然种菜、养牛和耕田，俄国的城市也因此在很长一段时间内保留农业特征，并发展成了特殊的农业城市。[11]

农产品以高于国内市场价格出口的增加和工业制成品的进口在一定意义上延缓了城市发展。18 世纪至 19 世纪初，种植面积大幅增加。1696~1796 年，有 2140 万公顷的森林被开垦为耕地，耕地面积增加了43%，耕地的比例在 17 世纪内从 20% 上升到 31%。[12] 18 世纪后 30 多年是价格增长的繁荣时期，耕地增长速度很快，尤其是在那些主要出口粮食的省份。仅 1780~1804 年，种植面积就增加了约 60%。[13] 然而，由于农业生产技术未发生变革，扩大种植面积意味着增加相应的劳动力。1767 年政府和 1803 年自由经济协会对粮食价格上涨的原因及其后果展开的问卷调查[14] 表明，这一问题的解决不仅需要强化农民劳动，而且还需要减少城市移民和促使城市居民转向农业生产。

阿斯特拉罕省省长在对 1767 年参议院调查问卷的答复中详细介绍了粮食价格和移民过程之间的相互作用：粮食种植的高成本对应的却是低廉的售价。在阿斯特拉罕，一大袋面粉售价 40 戈比，在喀山地区就更便宜了。农民不知疲倦地工作了一夏天，收入只够交人头税和购买生活必需品。每个人都会为自己的利益而斗争。当一个农民愿意靠另一种对他来说更有利可图的工作来养活自己时，就意味着他放弃了自己的耕地，转而在城市里从事不同的工作获取相应的报酬以购买粮食，但是他们的报酬只够用来购买粮食。慢慢地，情况发生了反转，许多城市的居民开始耕种土地，这种势头很快被遏制了。当粮食价格极高时，许多小商小贩认为种地得到的利润更多，纷纷开始耕种土地。自 1765 年起，由于粮食价格高涨，农民人数大增，到 1768 年连士兵和商贩也都开始加入种地的行列，还有商人和店主，也为了耕地定居下来。[15] 我们不禁产生疑问：18 世纪有利的农业市场是不是城市人口增长缓慢的原因之一？1719～1795 年，城市居民在总人口中的比例从 3.64% 下降到 3.51%。19 世纪前30 多年农业市场萧条，城市居民比例有所增长，1833 年城市居民比例为4.6%，而当 19 世纪下半叶粮食价格再次增长时，城市居民比例又略有下降，1857 年的比例为 4.5%。[16]

价格革命对城市以及商人和手工业者的地位产生了不利影响，但它也为地主阶级和商人的经济繁荣提供了重要条件。坚实的物质基础又反过来促进了贵族在社会和政治上的地位提升。1785 年颁布的《贵族权利、自由和特权诏书》将贵族的政治地位提升到前所未有的高度，贵族作为国家统治阶层的地位得到法律确认。18 世纪下半叶通常也被称为"贵族的黄金时代"。[17]

俄国价格革命的一个重要结果是在税收和价格上涨之间形成了一个"剪刀差"，对国家财政造成了严重的影响。税收（尤其是直接税）的增长明显滞后于价格和封建租金的上涨。

例如，1725～1794 年，农民需要缴纳的最重要的直接人头税保持不变，至少名义上如此，而在此期间粮食价格却增长了 4 倍。人头税的实际价值减少了 4/5，地主增加农民的税收以攫取大量利益。1725～1800年，国家农民缴纳的名义税款上增加了 2.6 倍[18]，粮食价格增加了 4 倍多，于国库不利。由于税收和物价上涨之间的剪刀差，农民劳动创造的剩余产品在国库，农民和地主之间重新分配，给国库造成了不小的损失。

另外，价格革命也为国家财政带来了积极影响，帮助俄国政府成功应对了因在波罗的海和黑海航行而造成的财政困难。受价格革命的影响，18 世纪以白银计价的实际自然价格上涨了 4 倍（票面价格上涨了 9 倍），这就需要大量货币流通才能使市场正常运作。

为此，1700～1801 年，政府向市场投入 1.1 亿卢布的铜币（其面值比实际价值低几倍）、2.12 亿卢布的纸币（完全没有实际价值）和 1.85亿卢布的金币和银币（直到 1764 年银币的实际价值一直在下降）。[19] 由于银币"贬值"以及铜币和纸币的价值下降，到 19 世纪初价格出现了适度的上涨（在这一世纪里上涨了 2 倍）。实际价格的系统性上涨使政府能够发行大量没有实际价值的货币，而不会对货币流通产生任何重大影响，也不会出现国家预算赤字。彼得一世统治时期，货币的净利润可负担当时总军事开支的 1/5，叶卡捷琳娜二世时期可负担军费开支的 1/4。[20]1762～1796 年，国家财政耗费 2 亿卢布用于发动战争，其中包括以纸币形式发行的 1.57 亿卢布和 8000 万枚价值 4300 万卢布的铜币。纸币和铜币的发行，使得国库能够平衡国家预算中的借贷。[21] 因此，18 世纪的价格革命为俄国的贡献超过 2.7 亿卢布，使政府和人民均免于破产。俄国将这个金融奇迹完全归功于价格革命，如果价格革命未发生，1654～1663 年的货币危机将再次在俄国上演。

价格革命还有一个重要的影响。它极大地加强了商品货币关系在生活各领域中的重要性，促进了商品生产，使俄国经济中出现资本主义。根据大多数苏联历史学家的观点，俄国出现资本主义是在 18 世纪下半叶。[22]

我们也应该看到，价格革命在促进资本主义发展的同时，其自身也是 18 世纪商品生产和商品货币关系蓬勃发展的产物。[23] 无论货币（金属货币和纸币）流入俄国经济市场的数量有多大，如果当时俄国的商品货币关系没有达到足够高的发展程度，价格革命也不会发生。如果价格革命没有发生，黄金和白银就会成为宝藏，纸币和铜币则会贬值许多倍，以劣质货币表现的价格也会上涨，出现类似 1654~1663 年货币危机的情况。1654~1663 年，政府共发行了约 2000 万卢布的铜币，并强制要求其与白银等价。10 年间，铜币贬值到 1/15，白银退出流通市场，所有商品的价格上涨了 9~14 倍（以铜币计算）。[24] 结果就是金融危机爆发，之所以未发生价格革命，原因在于当时的经济未达到可以发生价格革命的水平。直到 18 世纪，彼得一世的改革和俄国商品货币关系的发展为价格革命创造了条件。由于商品经济的不断发展，价格革命也在不断加快。我们认为，货币的发行、贵金属的流入、俄国与国外的价格差异造成了价格革命。经济发展中的商品货币关系是发生价格革命的必要条件，没有商品货币关系，上述原因就不可能产生价格革命。

18 世纪，俄国的价格革命产生了多重矛盾的影响。一方面，它加强了农奴制，发展了农业经济，但又损害了工业经济，阻碍城市发展成为商业和工业中心，提高了贵族的地位，保留了封建社会晚期的社会政治结构。由于当时的俄国社会缺乏完备的鼓励措施和经济不发达，俄国资产阶级在资本主义诞生之初在经济和政治上还很弱小，无法为自己的阶级进行坚决的斗争，必然会直接倒向统治阶级和贵族。另一方面，价格革命刺激了货币关系的发展和促进了资本主义的产生，有利于对外贸易的发展，增加了俄国与西欧国家的经济和文化联系。16~17 世纪，在东欧、中欧和欧洲东南部的国家也观察到了类似价格革命产生的影响。[25] 在不同的历史背景下，发生在 16~17 世纪西欧国家的价格革命在 18 世纪又同样在俄国发生，促进了俄国资本主义的产生。

如前所述，16~17 世纪欧洲的价格革命几乎覆盖了整个西欧、中欧和欧洲东南部的地区，包括波兰、匈牙利、摩尔多瓦、波罗的海地区和巴尔干地区，并蔓延至俄国西部边界。16~17 世纪的西欧价格革命未波及俄国，其中部分原因是俄国对外贸易相对薄弱，但更重要的是当时俄国的商品生产和货币关系发展水平低下。1500~1650 年，通过贸易流入俄国的贵金属多半变成了财宝，未起到刺激价格上涨的作用。[26]

二　粮食价格对农业的影响

最晚从 18 世纪中叶开始，粮食价格和农业生产之间就建立了相当密切的关系，农民和地主对金钱的渴望使他们依赖价格和市场。因此，市场波动开始影响农业生产。

1730~1759 年，俄国的粮食价格呈下降趋势。调查显示，与工资和税收相比，粮食价格处于一个相对较低的水平。彼得三世于 1962 年 3 月 28 日签发的法令表示，在许多省份和河流地区，粮食的价格仍然很低，即使是在丰收情况下农民的收入也仅能用来支付税款。[27] 法令还指出，由于粮食价格低，作物生长最好的地区往往闲置土地最多。1767 年，8 个县的参议院调查问卷中，也记录了因利润低而闲置耕地的情况。13 个县的问卷调查显示，农民转向从事非农业工作造成了"粮食种植者流失"。叶列茨基的军政长官直言，1762 年以前粮食太便宜了，出售粮食的收益都无法弥补劳动成本。由于粮食价格低廉，农民开始从事"贸易和各种手工业"，地主也鼓励这种行为，从而导致了"农民流失"。[28]

从 1760 年开始，粮食价格上涨，人们转回农业生产，并扩大耕种面积。维亚茨基省科捷利尼齐市军政长官写道："农民并没有减少，反倒是在逐年增加，因为随着粮食价格的增长，人们更倾向于种地。"[29] 沃洛格达、阿斯特拉罕和利沃尼亚等省的报告证实了这一言论的正确性。[30] 利沃尼亚省省长也有相关言论："农民非但没有流失，反而有所增加，他们生产更多的粮食，扩大耕地面积，畜养牲畜，唯一的原因是里加港允许跨海出口粮食。我们要使这种势头保持下去，使每个贵族和农民既能自给自足，又能将多余的粮食卖给当地的粮食加工厂。"[31] 参议员们上报叶卡捷琳娜二世的关于省政府粮食价格对农业生产影响的报告中指出："在我们国家，可以计算出来用于耕种的土地没有那么多。此外，粮食价格低不能被认为是国家富裕和强大的标志。自然，如果农民的劳动能够获得丰厚的利润，那么粮食的价格对农民的益处更大。毫无疑问，当农民被利润吸引从事农业生产，而非使用强制性手段逼迫农民从事农业生产时，农业种植往往能取得成功。我们要担心的不是粮食价格上涨，而是粮食短缺。"[32]

农业发展对市场的依赖早在 18 世纪下半叶就已成为一个不争的事实[33]，研究人员往往没有充分考虑到这一点。重新将俄国经济史上这一重要的环节纳入研究范围，才有助于理解 18 世纪至 20 世纪初的一些重大经济现象。18 世纪下半叶至 19 世纪初以及 19 世纪 40~50 年代粮食生产的迅速增长在很大程度上是得益于有利的农业条件，19 世纪 20~30 年代粮食出口停滞和粮食价格下降引起了农业产量下降。[34] 根据 18 世纪下半叶至 19 世纪上半叶农业生产对经济条件的依赖，我们得出以下结论。首先，虽然农奴制对农业生产的限制比资本主义大得多，但农奴制的限制并没有想象中的那么大。其次，农奴制也是灵活的，可以根据市场需求调整。因为农奴经济必须服从商品生产规律，所以农奴制要灵活地适应市场条件，至少在它存在的最后一个世纪里必须如此。我们得出的结论也印证了 А. Л. 沙皮罗的观点，封建社会中没有"单一的生产关系"。[35]

废除农奴制后，农业生产更加依赖市场价格。1882 年全俄工业和艺术展览会委员会出版的《俄国工业历史统计概述》指出："改革后期俄国的农业并没有停滞不前，在俄国的许多地方，土地持有者努力适应新环境，试图寻找新的土地利用方式（资本主义），引入新品种，以便实现土地利润最大化。这是一个不争的事实。"[36] 20 年后，总结俄国 49 省地方委员会工作的农业产业需求特别会议指出，粮食价格、销售条件和农业的总体状况之间的联系日益密切。"某些产品的生产和改善主要取决于市场的力量。制造商对市场非常灵敏。一旦发现某种产品有利可图，制造商立即掌握全部信息，企业家也会投入资本……提高粮食价格是鼓励改进农业技术的最好方法。"[37]

事实上，受市场有利条件和粮食价格上涨的影响，1860～1870 年（尽管"大改革"调整了农业产业结构）和 19 世纪 90 年代后期至 1914 年，粮食产量增加；1880～1895 年，粮食产量下降，原因在于市场的不利影响导致农业危机。1801～1914 年，粮食产量波动与价格波动之间的相关系数为 0.6，证实了粮食产量和粮食价格之间存在相当密切的关系。

粮食价格既影响粮食产量和结构，又影响整个农业生产的结构。粮食价格比率决定粮食生产动态，粮食价格比率与某一农业部门的产品价格决定该部门的动态。18 世纪至 20 世纪初，小麦价格是其他粮食价格的 1.5～2 倍，同时国外市场对小麦和大麦的需求超过了对黑麦和燕麦的需求。19 世纪下半叶，铁路的建设也减少了国内市场对燕麦的需求。在不同种类粮食需求变化和价格关联的影响下，从 18 世纪末到 20 世纪初，小麦在粮食总产量中的份额从 8% 增加到 26%，大麦从 7% 增加到 12%，黑麦的份额从 45% 下降到 33%，燕麦的份额从 27% 下降到 19%。

土地经营者特别是地主和农村资产阶级追求实现土地利润最大化的愿望促使他们改变原有的耕作方式以满足市场需求。例如，在 19 世纪的前 30 年，当粮食价格下跌，国外对俄国粮食的需求下降时，农民根据土壤、气候和经济条件（通常是以粮食生产为代价）等其他因素转向利润更大的农业领域：在南方和伏尔加河下游的草原省份以及在波罗的海地区养殖细毛羊；在克里米亚种植葡萄和养蚕；在乌克兰种植烟草和甜菜；在北部、中部和波罗的海国家的非黑土省份种植亚麻、大麻、蔬菜和从事畜牧业；在白俄罗斯种植马铃薯。[38] 在19世纪80~90年代的农业危机期间，也出现了类似的农业结构调整，当时粮食被经济作物和亚麻、大麻、油籽、土豆等作物取代。[39] 以上这些数据表明，从18世纪最后30年开始，市场对农业生产起到了重要的调节作用。

粮食价格在资本主义农场和小规模农场中的作用是由其商品率决定的，因此有很大不同。无论是在废除农奴制之前还是之后，粮食价格对资本主义农场来说都具有无比重要的意义[40]，因为资本主义农场要在市场上出售一半以上的粮食，而对于小规模的消费型或守旧自给型农场来说，则不那么重要，因为即使是在19世纪末，绝大多数这类农场出售的粮食也不超过其产量的1/4。[41] 同时，上面指出的两种农业经济对市场的反应也不同。资本主义农场在市场需求的压力下，不仅改变了农场的结构，而且改变了产业结构，以各种方式实现经济集约化，在农业生产框架内适应市场需求。然而，广大农民受制于耕地分散、强制轮作、土地分配和资本匮乏，在家庭手工业、移民、城市迁移中寻求摆脱困境的办法，部分以租赁为生计，还有少部分采取生产集约化的手段，种植和捕鱼相结合。这就是为什么新作物、牧草栽培、矿物肥料、机器和高产牲畜主要分布在地主农场里的原因。[42]

评估粮食价格对农业生产以及对资本主义农场和小规模农场利润的影响在很大程度上取决于所研究时期的长度。在分析个别年份（丰年和灾年）农场产量和利润率对粮食高价的依赖性时可以看到，对于商品型农场和消费型农场来说，不规则的价格波动主要是受产量的影响，所以决定性的因素是产量而不是粮食价格。如果要分析粮食价格在几个农业周期的大时期内对生产和农场利润的影响，则影响所有类型农场的决定性因素是粮食价格。[43] 与短期相比，粮食价格在长期发挥的影响更大。首先，这是因为粮食价格的波动趋势几乎与收成无关，而是由出口、世界粮食价格和货币流通量决定；其次，在粮食价格处于上升趋势时，货币购买力增加，债务负担减少，而在粮食价格处于下降趋势时，货币购买力下降，债务负担增加。

最后，在很长一段时间内，工业和农业产品价格比率的变化具有重要性。一般来说，在 18 世纪至 20 世纪初的俄国，工业品价格的变化并没有与粮食价格的变化保持统一，而且这些变化幅度较小。因此，农业因粮食价格上涨而受益，因粮食价格下跌而受损。18 世纪至 20 世纪初，除一些发生农作物歉收、流行病和自然灾害的年份外，俄国的粮食价格上涨对以商品型为首的农场产生有利影响；相反，粮食价格的下降对农场产生不利影响。

国家财政在很大程度上取决于农业的状况，因此国家财政对价格波动反应灵敏。1824 年粮食价格下跌最严重的时候，财政部部长 Е.Ф. 坎克林向 А.А. 阿拉克切耶夫抱怨粮食价格下跌导致财政状况紧张。"事情并不像我希望的那样顺利，工业（指整个国民经济）的内部状况因粮食价格的下降而逐渐恶化，最终我也会精神崩溃。没有钱。"[44]

我们还要提到 18 世纪至 20 世纪初粮食价格对土地价格和地租的影响。粮食价格的上涨通常伴随着土地价格和地租价格的上涨；反之亦然。改革后农村的数据显示，租赁面积的大小也与粮食价格有关：以经营为目的的租赁面积与粮食价格成正比，以自然消费为目的的租赁面积与粮食价格成反比。因此，当粮食价格上涨时，货币地租上涨，相应的，商品粮生产也会扩大；当粮食价格下降时，实物地租增加，相应的，商品粮生产也随之减少。造成这一现象的原因是，在粮食价格下跌的年份里，由于商品粮生产的市场萎靡，富裕农户放弃了现金租赁，从而使低收入农户获得了更多的现金租赁机会。在价格上涨的几年里，情况发生了变化，现金租赁情况增加，实物租赁减少。[45]

粮食价格也影响了土地所有权的流动。19 世纪下半叶的资料显示

（18 世纪至 19 世纪上半叶没有发现类似资料），在粮食价格高的年份，任何地区出售的土地数量都比价格低的年份多。价格上涨促进了土地流动，刺激贵族和商人向农民出售土地。[46] 土地流动集中在经营状况良好的农场，这些农场受市场需求的影响。粮食价格上涨增加了农场收入，刺激了人们的逐利心理，为这些农场扩大生产提供了经济机会。

以上是对粮食价格与农业生产相互作用的一些初步观察。

我们要强调的是，粮食价格的影响范围不限于农业生产和农村，还影响了工资[47]、手工业[48]、出生率、死亡率、婚姻和人口自然增长[49]。粮食价格的波动也影响到城市人口状况。19 世纪的统计数据显示，对于城市人口，特别是靠固定工资生活的人来说，高产量和低价格的年份更为有利，因为在这些年份里，城市人口作为农产品的消费者而受益。[50]

然而，正如马克思主义经典著作所表明的那样，对无产阶级来说，在很长一段时间内，长期的粮食价格下降会导致劳动力价格的下降，继而导致工资的降低和工人生活水平的降低。[51]

国家预算收入在很大程度上取决于粮食价格水平，因为粮食价格水平是间接税、直接税[52]和外贸收入[53]的主要来源。

粮食价格对 18~19 世纪俄国经济、社会和政治发展的影响将成为研究人员新的重点研究领域，必将获得丰硕的研究成果。

注　释

1. Дьяков В. А., Миллер И. С, Фрейдзон В. И. Общие закономерности и специфика социального развития стран Центральной и Юго - Восточной Европы. В кн.: Социальная структура общества в XIX в.: Страны Центральной и Юго-Восточной Европы. М.. 1982, с. 346-366; Berend I. T., Ranki G. *The European Periphery and Industrialization 1780 - 1914.* Cambridge,

1982. p. 180.

2. Волконский Н. С. Условия помещичьего хозяйства при крепостном праве. Рязань, 1898. с. 43; Рубинштейн Н. Л. Сельское хозяйство России во второй половине XVIII в. М., 1957, с. 427–428; Шапиро А. Л. Развитие рыночных отношений и крепостничество в русской деревне первой половины XVIII в. В кн.: Ежегодник по аграрной истории Восточной Европы за 1961 год. Рига, 1963. с. 195 – 206; Сказкин С. Д. Основные проблемы так называемого «второго издания крепостничества» в Средней и Восточной Европе. Вопросы истории, 1958. № 2. с. 96–119; Янелъ З. К. О некоторых вопросах «второго издания» крепостного права и социально – экономического развития барщиппого поместья в России. Ист. зап.. 1965, т. 78, с, 150–280.

3. Энгельс Ф. Материалы к «Анти-Дюрингу». Маркс К., Энгельс Ф. Соч. 2-е изд.. т. 20. с. 645.

4. Болхоеитинов Н. Н. Некоторые проблемы генезиса американского капитализма (XVII–первая половина XIX в.). В кн.: Проблемы генезиса капитализма. М., 1970, с. 164.

5. Рубинштейн Н. Л. Экономическое развитие России в начале XIX в. как основа движения декабристов. Каторга и ссылка, 1925. № 8. с. 15.

6. Миронов Б. Н. Внутренний рынок России во второй половице XVIII–первой половине XIX в. Л., 1981, с. 62–63.

7. Наблюдений половине А. И. Барановича о том, что во второй половине XVIII в. на Правобережной Украине «товарное обращение развивалось не между деревней и городом, а между крепостным поместьем и заграницей» (Очерки истории СССР: Период феодализма. Россия во второй половине XVIII в. М., 1956, с. 593) имеет под собой веские основания и с известными оговорками может быть распространено на всю Центральную Россию, где господствовало помещичье хозяйство. См. также: Кулишер И. М. История русской торговли до девятнадцатого века включительно. Пг., 1923, с. 250–265.

8. Крылов. И. А. Почта духов... Соч. М., 1969, т. 2, с. 219; см. также: Kahan A., "The cost of «Westernization» in Russia: The gentry and the economy in the eighteenth century", In: Cherniavsky M. (ed.). *The Structure of Russian History: Interpretive Essays.* New York, 1970, pp. 224–250.

9. Бернадский В. Н. Классовая борьба в русском городе в третьей четверти XVIII в. Учен. зап. Ленингр. пед. ин-та, 1957, т. 131, с. 240; см. также:

Рубинштейн Н. Л. Экономическое развитие России в начале XIX в..., с. 15, 34; Кизеветтер А. А. Исторические очерки. М., 1912, с. 240.

10. Струмилин, с. 15, 34 С.; Кизеветтер Г. Очерки экономической истории России и СССР. М., 1966, с. 52, 56.

11. Милое Л. В. О так называемых аграрных городах России XVIII в. Вопросы истории, 1968, № 6, с. 54-64.

12. Цветков М. А. Изменение лесистости Европейской России с конца XVII столетия по 1914 г. М., 1957, с. 123, 133; Яцунский В. К. Измененин в размещении земледелия в Европейской России. В кн.: Вопросы истории сельского хозяйства, крестьянства и революциошюго движения. М., 1961, с. 125 - 127; Водарский Я. Е., Иваньков П. А. Распаханность земель Европейской России в первой половине XVII века. В кн.: Социально - экономические проблемы российской деревни в феодальную и капиталистическую эпоху. Ростов н/Д, 1980, с. 70.

13. Рубинштейн Н. Л. Сельское хозяйство..., с. 330-331.

14. ЦГИА СССР, ф. 91 (ВЭО). оп. 1, д. 462, л. 129-130, 149-150, 193-198 и др.; см. также: Миронов Б. Н. Экспорт русского хлеба во второй половине XVIII-начале XIX в. Ист зап., 1974, т. 93, с. 173-185.

15. ЦГАДА, ф. 248 (Канцелярия Сената), Оп. 113, д. 1651, ч. 3 л. 374. Аналогичные свидетельства содержатся в ответах яренского и сольвычегодского воевод (там же, л. 312, 316). По-видимому, все же уменьшение крестьянской миграции в город не было повсеместным. По подсчетам американского историка Д. Моррисона, приписка крестьян к посадам Московской и Ярославской губерний во второй половине XVIII в. сравнительно с первой половиной увеличилась: Morrison D., Trading Peasants and Urbanization in Eighteenth - century Russia the Central Industrial Region: Ph. D. dissertation. Columbia University. 1981, pp. 218-219, 288, 299.

16. Кабузан В. М. Изменения в размещении паселепия Госсип в XVIII-первой половине XIX в. М., 1977, с. 66, 114, 126, 149, 173.

17. Определенное влияние вековых колебаний хлебных цен и экономических циклов XVIII - XIX вв. на политическую историю европейских стран неоднократно отмечалось исследователями. См.: Кондратьев Н. Д., Опарин Д. П. Большие циклы конъюнктуры. М.. 1928, с. 37-40; Покровский М. Н. Очерк истории русской культуры. М.; Л., ч. 1, 1925. с. 95, 109 и др.; Kurth J. R., "The political consequences of the product cycle: Industrial history

and political outcomes", *International Organization*. 1979, Vol. 33. № 1. pp. 1–34; Lefebure, "The movement of prices and the origins of the French revolution", In: Kaplow J. (ed.). *New Perspectives on the French Revolution: Readings in Historical Sociology*. New York, 1965, pp. 103–135.

18. Чечулин Н. Д. Очерки по истории русских финансов в царствование Екатерины II. СПб., 1906, с. 122–123.

19. Шторх П. Материалы для истории государственных денежных знаков в России с 1653 по 1840 г. СПб.. 1868. 75 с; Кауфман И. И. 1) Из истории бумажпых денег в России. СПб., 1909, с. 13–23; 2) Серебряный рубль в России. СПб., 1910, с. 167–171; Storck H. Historisch-statistisch Gemälde des Russischen Reichs am Ende des 18 Jahrhunderts. Leipzig, 1801, T. VI, Taf. 3, 4.

20. Милюков П. Н. Государственное хозяйство России в первой четверти XVIII столетия и реформа Петра Великого. СПб., 1905, с. 152, 175, 363; Чечулин Н. Д. Очеркипо истории..., с. 232, 312–318.

21. Чечулин Н. Д. Очерки по истории..., с. 318 – 319; Мизулин П. П. Экономический рост Русского государства за 300 лет. М., 1913, с. 47–48, 62.

22. Дискуссия о расслоении крестьянства в эпоху позднего феодализма. История СССР, 1966, № 1, с. 71 – 75; Переход от феодализма к капитализму в России: Материалы Всесоюзной дискуссии. М.. 1969, с. 17, 35, 37, 44–45; Яцунекий В. К. Социально-экономическая история России XVIII–XIX вв. М., 1973, с. 96, 112, 288.

23. Бугапов В. И., Преображенский А. А., Тихонов Ю. А. Эволюция феодализма в России. М., 1980, с. 182–240; Яцунекий В. К. Социально-экономическая история России XVIII–XIXвв., с. 71–115.

24. Базилевич К. В. Денежная реформа Алексея Михайловича и восстание в Москве в 1662 г. М.; Л., 1936. 115 с.

25. Виттман Т. Революция цен и ее влияние на Венгрию во второй половине XVI в. Средние века, 1961, т. XX, с. 166–189; Дорошенко В. В. Действие революции цен в Восточной Прибалтике в XVI в. В кн.: Еже годник по аграрной истории Восточной Европы за 1901 г. Рига, 1963. с. 117 – 118; Зеленин В. В., Костюшко И. II. «Второе издание» крепостни чества и европейский рынок. Советское славяноведение, 1978, № 6, с. 90–96; Клима А., Мацурек Й. Вопрос о переходе от феодализма к ка питализму в Центральной Европе (XVI–XVIII вв.). Средние века, 1961, т. XX, с. 190–207; Маловист М. Экономическое развитие Польши в XIV – XVII вв.

Ист. зап. , 1955, т. 55, с. 203-218; Пийримяэ X. А. О влиянии балтийской торговли па процесс генезиса капитализма в Западной Европе (конец XVI-XVII в.). В кн. : Проблемы генезиса капитализма. М. , 1970, с. 13, 56; Тарвел Э. В. Фольварк, пан и подданный: Аграрные отношения в польских владениях на территории Южной Эстонии в конце XVI-начале XVII века. Таллин, 1964, с. 258-259; Hoszovski St. Revolucja cen w srodkowes Europie w XVI IiXVIT W. Kwattalnik Historycany, 1961. № 2. 302 – 303; Makkai L. , "Neo-serfdom: Its origin and nature in East and Central Europe", *Slavic Review*, 1975, № 2 June), pp. 225 – 238; Topolski J. 1) "Economic decline in Poland from the sixteenth to the eighteenth centitries", In: Earl P. (ed.). *Essays in European Economic Ilistory. 1500 – 1800*. Oxford, 1974. pp. 127 – 142; 2) Commerce des denrées agricoles et croissance économique de la zone Baltique aux XVIe el XVIIe siècles. *Annales: Economices, Sociétés, Civilisations*, 1974. 6 2. pp. 423-435.

26. Курц Б. Г. 1) Состояние РОССИИ в 1650-1655 гг. по донесениям Родоса. М. , 1914, с. 160 – 161; 2) Сочинение Кильбургера о русской торговле в царствование Алексея Михайловича. Киев, 1916, с. 401 – 403; Атtтап А. , "The Russian market in world trade. 1500-1800", *Scandinavian Economic History Review*. 1981, № 3, pp. 177-178, 184; Bushkovitch P. *The Merchants of Moscow 1580-1650*. Cambridge, 1980. pp. 62, 72, 172.

27. ГПСЗ, т. XV, №11489.

28. ЦГАДА. ф. 248, оп. ИЗ, д. 1651. ч. 3. л. 259.

29. Там же. л. 359.

30. Там же, л. 312, 316, 359.

31. Там же, л. 392.

32. Там же, ч. 1, л. 44.

33. Греков Б. Д. Хозяйственное состояние России накануне выступления декабристов. В кн. : Бунт декабристов. Л. , 1926, с. 5-28; Громыко М. М. Западная Сибирь в XVIII в. Новосибирск. 1965, с. 142 – 144; Ляхов Аре. Основные черты социальных и экономических отношений в РОССИИ в эпоху ИМИ. Александра I: (Опыт определения общего абриса народнохозяйствен ного целого). М. , 1912, с. 76; Самойлов Е. Г. Пензенский край в конце XVIII в. (1776-1800): Историко-экономический очерк. Пенза, 1959, с. 67- 69; Рубинштейн II. Л. Сельское хозяйство... , с. 401-419.

34. См. , например: Лооне Л. А. Развитие производительных сил в сельском

хозяйстве Эстонии в первой половине XIX в. Ист. зап. , 1957, т. 60, с. 217; Сирогкин В. Г. Континентальная блокада и русская экономика. В кн. : Вопросы военной истории России. XVIII и первая половина XIX ве ков. М. , 1969, с. 54–70; Стродс Г. П. Переход от паровой системы земледелия к плодосмену в Латвии в первой половине XIX в. В кн. : Ежегодник по аграрной истории Восточной Европы за 1958 г. Таллин, 1959, с. 46, 59, 60; Файнштейн В. Переход от трехполья к плодосмену в эстляндском помещичьем хозяйстве. Учен. зап. Тарт. гос. ун–та, 1972, вып. 290, с. 160–207.

35. Шапиро А. Л. О производственных отношениях в русской феодальной деревне и их разнообразии. В кн. : История крестьянства Северо – Запада России в XVII–XIX веках. Л. , 1983, с. 5 – 8; см. также: Гуревич А. Я. К дискуссии о докапиталистических общественных форма циях: Формация и уклад. Вопросы философии, 1968, № 2. с. 118–129.

36. Левигский И. Хлебная производительность. В кн. : Историко статистический обзор промышленности России. СПб. , 1983, т. 1, с. 40.

37. Свод трудов местных комитетов по 49 губерниям Европейской России: Сбыт/Сост. Н. Н. Белелюбский. СПб. , 1904, с. 2; см. также: Егиазарова Н. А. Аграрный кризис конца XIX века в России. М. , 1959, с. 135 – 137; Левитский И. Хлебная производительность, с. 39 – 43, 89 – 90; Мебус Г. А. Зерновые хлеба и хлебная торговля. М. ; Л. , 1926, с. 9; Нифонтов А. С. Хозяйственная конъюнктура в России второй половины XIX в. – История СССР, 1972, № 3, с. 108, 218–219, 286; Первушин С. А. Хозяйственная конъюнктура. М. , 1925, с. 203–215.

38. Вильсон И. Объяснения к « Хозяйственно–статистическому атласу Европейской России». 1–е изд. СПб. , 1851, с. 40; 4–е изд. , 1869, с. 67 – 68. 259–260, 292, 320–321, 331, 403; Неболсин Г. Статистические записки о внешней торговле России. СПб. , 1835, ч. 2, с. 14 – 15; Неупокоев В. И. Перестройка некоторых помещичьих хозяйств Литвы во второй трети XIX в. В кн. : Ежегодник по аграрной истории Восточной Европы за 1962 г. Рига, 1963, с. 331–348; Скалъковский А. Опыт статистического описания Новороссийского края. Одесса, 1853, ч. 2, с. 360; Стродс Г. П. Мериносное овцеводство в Латвии в первой половине XIX в. В кн. : Еже годник по аграрной истории Восточной Европы за 1960 г. Киев, 1962, с. 378 – 389; Улащик П. Н. Изменения в хозяйстве крепостной Литвы и Западной Белоруссии в связи с введением новых культур (картофель). В

кн. : Материалы по истории сельского хозяйства и крестьянства СССР. М. , 1962, сб. 5, с. 408-437; Федоров В. А. Помещичьи крестьяне Центрально-промышленного района России конца XVIII-первой половины X! X в. М. , 1974, с. 63-74.

39. Егиазарова П. А. Аграрный кризис. . . , с. 135-152.

40. Греков Б. Д. Тамбовское имение М. С. Лунина впервой четверти XIX в. Изв. АН СССР. Отд - ние обществ, наук, 1932, № 7, с. 647 - 648; Каблуков И. А. Значение хлебных цен для частного землевладения в Европейской России. В кн. : Влияние урожаев и хлебных цен на некоторые стороны русского народного хозяйства. СПб. , 1897, т. 1, с. 143 - 144; Ковалъченко И. Д. О буржуазном характере крестьянского хозяйства Европейской России конце XIX - начале XX века (по бюджетным данным среднечерноземных губерний). История СССР, 1983, № 5, с. 50 - 81; Мануйлов А. А. Хлебные цены и народное хозяйство. -Русское богатство, 1897, № 4, с. 19-20; Маресс Л. Н. Производство и потребление хлеба в крестьянском хозяйстве. В кн. : Влияние урожаев и хлебных цен. . . , т. 1, с. 48 - 52; Насонов А. И. Хозяйство крупной вотчины накануне осво бождения крестьян в России. Изв. АН СССР. Отд - ние обществ, наук, 1928, № 4-7, с. 374-376; Никишин И. И. Некоторые вопросы экономики крепостного хозяйства первой половины XIX в. Ист. зап. , 1953, т. 44, с. 194; Рахматуллин М. А. Хлебный рынок и цены в России в первой поло вине XIX в. В кн. : Проблемы генезиса капитализма. М. , 1970, с. 362; Селиванов Н. О произведениях Саранского уезда, сбыте их, ценности и влиянии на состояние помещичьих доходов. ЖМГИ, 1841, ч. 2, отд. 5, с 231.

41. Влияние урожаев и хлебных цен. . . , т. 1, с IV-V; Струве П. Б. Крепостное хозяйство: Исследования по экономической истории России XVIII и XIX вв. СПб. , 1913, с. 53 - 62; Энгельгардт А. Н. Из деревни: 12 писем. 1872 - 1887. М. , 1937, с. 89, 354. На рубеже XVIII-XIX вв. крестьяне сбывали на рынке не более 10% чистого сбора хлебов, а поме щики -более половины. См. : Яцунский В. К. Основные моменты истории сельскохозяйственного производства в России с XVI века до 1917 года. В кн. : Ежегодник по аграрной истории Восточной Европы за 1964 г. Кишинев, 1966, с. 59-61.

42. Яцунский В. К. Основные моменты. . . , с. 44-64.

43. Свод трудов местных комитетов. . . , с. 5; Карышев Н. А. Падение хлебных цен

в 1881–1887 гг. Русское богатство, 1894, т. VIII, с. 43–71; Туган-Барановский М. И. К вопросу о влиянии низких цен. Новое слово, 1897, № 6, с. 73–83; Рахматуллин М. А. Хлебный рынок..., с. 372–375. Аналогичная зависимость наблюдалась в западноевропейских странах до утверждения там промышленного капитализма. См.: Frieburg I. Agrarkonjunktur und Agrarstruktur in vorindustrieller Zeit. Vierteljahrschrift für Social und Wirtchaftsgeschichte, 1977, N. 3, S. 289–327.

44. Дубровин Н. Письма главнейших деятелей в царствование Александра I (с 1807–1829год). СПб., 1883, с. 443.

45. Анфимов А. М. Земельная аренда в России в начале XX века. М., 1961, с. 190 – 191; Карышев Н. А. Крестьянские вненадельные аренды в зависимости от колебаний хлебных цен и урожаев. В кн.: Влияние урожаев и хлебных цен..., т. 1, с. 277–349; Рихтер Д. И. Забытый материал по истории продажных цен на землю. Тр. ВЭО, 1897, № 4, с. 1 – 28; Рубинштейн Н. Л. Сельское хозяйство..., с. 47–48; Святловский В. В. Мобилизация земельной собственности в России. СПб., 1911, с. 81–83; Федоров В. А. Помещичьи крестьяне..., с. 34, 42–49.

46. Рубинштейн П. Л. Сельское хозяйство..., с. 24–37; Святловский В. В. Мобилизация земельной собственности в России, с. 98–134; Чупров А. И. Влияние хлебных цен и урожаев на движение земельной собственности. –В кн.: Влияние урожаев и хлебных цен..., т. 1, с. 423–463.

47. Анненский Н. Ф. Цены на земледельческий труд в связи с урожаями и хлебными ценами. В кн.: Влияние урожаев и хлебных цен..., т. 1, с. 517–523; Пажитнов К. Заработная плата в горнозаводской промышленности при крепостном праве. В кн: Архив истории труда в России. Пг.. 1922, кн. 3, с. 9–15; Струмилин С. Г. Очерки..., с. 85–86.

48. Плотников М. А. О влиянии урожаев и хлебных цен на кустарные промыслы. В кн.: Влияние урожаев и хлебных цен..., т. 2, с. 97–115.

49. Зайцев Вл. Влияние колебаний урожаев на естественное движение населения. В кн.: Влияние неурожаев на народное хозяйство России. М., 1927, ч. 2. с. 3–59; О влиянии неурожая на увеличение смертности в Но вороссийском крае в 1849 и 1850 гг. В кн.: Сборник статистических све дений о России/ Изд. РГО. СПб., 1854, т. 2, с. 97–101; Покровский В. И. Влияние урожаев и хлебных цен на естественное движение населения. В кн.: Влияние урожаев и хлебных цен..., т. 2. с. 171–238.

50. Григорьев В. Н. Влияние урожаев и хлебных цен на городское на селение

России. В кн.: Влияние урожаев и хлебных цен..., т. 2, с. 117 – 135; Струмилин С. Г. Очерки..., с. 83–85.

51. Маркс К. Речь о свободе торговли. –Маркс К., Энгельс Ф. Соч. 2-е изд., т. 4, с. 409–410; Ленин В. И. К характеристике экономического романтизма. Полн. собр. соч.. т. 2, с. 254 – 262. См. также: О принадлежности В. И. Ленину письма «К вопросу о хлебных ценах». Вопросы истории КПСС, 1985, № 4, с. 32–33.

52. Осипов Н. О. О некоторой зависимости между ценою хлеба и по ступлением акцизных сборов за последние 10 лет. В кн.: Влияние урожаев и хлебных цен..., т. 2, с. 371–381.

53. Сборник сведений по истории и статистике внешней торговли России. СПб., 1902, т. 1, табл., с. 105, 212.

结　论

　　1707~1914 年以克金表示的俄国粮食价格增长了 9.3 倍（18 世纪是 4.7 倍），国内商品价格总指数增长了 5.6 倍（18 世纪是 4 倍）。在 18 世纪和 20 世纪初的西欧国家，尽管出现了严重的周期性波动，但粮食价格和总价格指数却呈下降趋势。

　　本书研究中引用的数据表明，18 世纪至 19 世纪初，俄国发生了一场迟到的价格革命，类似于一个半世纪前欧洲其他地区发生的价格革命。

　　研究粮食价格上涨原因可以得出以下结论。在 18 世纪之前的几个世纪里，黄金和白银短缺在俄国一直存在并日益严重。短缺的原因在于：国内贵金属开采少，通过对外贸易方式进入俄国的贵金属也不多，国内大部分已有的贵金属非常珍贵。由于供应不足且需求量大，俄国的白银和黄金价值非常高（与在欧洲其他地区的价值相比），而且随着时间的推移而涨价，到 18 世纪初达到高峰。此后，随着俄国整体价格水平下降，17 世纪末 18 世纪初黄金和白银的价格达到最低。1704 年俄国开始开采白银，1745 年开始开采黄金。随着 18 世纪国家的崛起，波罗的海和黑海的对外贸易量增加了很多倍，由于积极的内外贸易平衡，贵金属开始流入俄国。与此同时，国家对贵金属的需求减少，国家转向了发行铜币和纸币。18~19世纪，贵金属供应量增加，需求量减少。在商品货币关系和对外贸易额持续增长的条件下，国内和欧洲市场对粮食的需求增加，引起两个后果：①俄国市场上黄金和白银价值下降，整体价格指数特别是粮食价格指数相应上升；②17世纪至18世纪初，俄国价格约是欧洲的1/10~1/9，19世纪至20世纪初，俄国价格仅比欧洲低20%~30%。

贵金属和所有其他商品的价格平均化是在商品生产和流通规律的影响下发生的，商品生产规律客观上要求商品价格上涨。第一，这不仅符合国内生产成本，而且符合世界生产成本；第二，由俄国和世界市场的供求关系决定。在俄国和世界价格拉齐的过程中，有一个值得注意的事实是，自18世纪初以来，俄国和世界价格的平均增长率一直在下降。俄国开始积极参与世界范围的劳动分工，并因此成为世界经济和世界市场的正式成员。

对粮食价格变动的历史经济学研究得到了数学统计分析的证实。数学分析表明，18世纪到20世纪初的价格变动主要取决于货币供应量、粮食出口、粮食的世界价格和出口价格、产量和粮食生产成本。因此，所有与货币供应、产品需求和供给相关的因素都超过了与生产有关的因素。分析表明，18世纪至20世纪初粮食价格及其影响因素的相互作用模式仍然没有改变，这是典型的商品货币生产模式，基于供求经济规律、获得收入的劳动成本补偿和资本成本补偿。因此，商品生产原则早在19世纪60年代改革之前就已经渗透到俄国的经济之中。改革后的国家经济进步是改革前发展的自然延伸，尽管是在新的质量水平上。

需要强调的是，改革前和改革后俄国经济具有连贯性，因为在现代资产阶级史学中谈论19世纪60年代"大改革"前俄国整个社会的宗法性质已经成为一种流行趋势。[1] 这些资产阶级历史学家认为，由于整个国家都被认为是君主和皇帝的私人财产、缺乏贵金属、商品信贷与银行机构发展羸弱以及俄国人民特殊的民族心理，商品货币关系的发展极为薄弱，商品生产的经济规律表现也受到严重限制。我们则认为，本书引用的材料论证出恰恰相反的结果，那就是：18世纪至20世纪初俄国社会经济发展的总方向在200多年的时间里保持不变，商品货币关系和资本主义发展迅速，作为生产调节器的市场作用提高。农奴制度的存在虽然妨碍了俄国的经济发展，但没有完全排斥，就像美国一直存续到1865年的奴隶制也没有制约美国资本主义经济的发展一样。

在18世纪俄国的特殊经济条件下，粮食价格对国家经济、社会甚至政治生活的许多方面都产生了重大影响，在农业资本化和现代化、农民的资产阶级分化发展、村社解体和国家工业化进程中发挥了重要作用。

注　释

1. Pipes R. *Russia Under the Old Regime*. New York, 1974. p. 360; Baron S., "The Weber thesis and the failure of capitelist development in early modern Russia", In: *Jahrbucher fur Geschichte Osteuropas*, 1970, Bd 18, S. 321-336.

表 1 18 世纪俄国各地区黑麦 (1) 和燕麦 (2) 的年度票面零售价格变动 *

单位：戈比/俄担

地区		1707 年	1708 年	1709 年	1710 年	1711 年	1712 年	1713 年	1714 年	1715 年	1716 年	1717 年	1718 年	1719 年
I. 北部地区	1	40	53	68	75	90	92	89	114	135	142	161	179	183
	2	20	25	28	35	54	56	58	80	53	74	68	73	90
II. 东部地区	1	26	32	23	26	35	39	41	38	34	31	38	36	53
	2	15	19	17	19	25	26	27	19	26	21	26	27	31
III. 东南部地区	1	22	31	32	36	—	—	—	—	—	—	—	—	—
	2	16	18	19	20	—	—	—	—	—	—	—	—	—
IV. 伏尔加河地区	1	32	34	32	30	28	26	28	25	28	49	55	63	67
	2	13	20	16	17	24	15	16	17	21	19	30	34	32
V. 中央黑土区	1	29	34	26	27	32	29	31	29	31	38	45	48	64
	2	14	17	18	19	25	21	22	18	24	20	28	28	31
VI. 中央非黑土区	1	31	40	47	58	54	53	52	59	72	84	123	131	134
	2	17	20	22	25	29	26	24	26	40	41	47	41	49
IX. 乌克兰地区	1	28	33	30	29	30	29	28	30	29	42	49	37	65
	2	14	20	16	18	—	—	—	—	—	—	—	—	—
XII. 西西伯利亚地区	1	12	14	12	14	28	52	50	62	44	—	—	—	—
	2	9	12	10	13	16	25	46	29	16	—	26	—	—
欧俄	1	25	35	36	41	43	43	41	49	57	66	82	85	95
	2	16	20	20	22	32	24	24	26	33	33	37	36	43
已保存价格数据的城市数量		20	37	34	28	35	30	33	35	30	33	31	34	40
平均误差	(%)	±5	±3	±4	±4	±4	±4	±4	±4	±4	±4	±4	±4	±3

续表

地区		1720年	1721年	1722年	1723年	1724年	1725年	1726年	1727年	1728年	1729年	1730年	1731年	1732年
I. 北部地区	1	196	201	217	227	222	207	167	150	127	98	83	84	118
	2	100	103	101	104	103	86	70	92	86	65	61	58	61
II. 东部地区	1	63	47	143	156	118	93	78	63	49	43	47	39	46
	2	36	28	55	57	40	30	30	42	36	31	28	—	—
III. 东南部地区	1					100	100	80	85	90			90	
	2													
IV. 伏尔加河地区	1	71	44	115	157	91	74	70	60	51	41	46	37	61
	2	34	24	54	63	42	32	30	30	30	30	28	—	—
V. 中央黑土区	1	80	46	123	156	92	76	73	68	53	44	49	39	63
	2	35	26	55	60	41	33	30	40	30	31	28	—	—
VI. 中央非黑土区	1	128	106	176	183	173	142	123	109	80	66	65	52	89
	2	56	54	60	78	68	50	45	56	49	40	36	34	—
IX. 乌克兰地区	1	77	46	103	145	64	74	70	67	52	43	53	38	63
	2	27	21	37	23	27						18		
XII. 西西伯利亚地区	1			50	65		35		33	30		31		
	2			40	48		28		25	56		23		
欧俄	1	103	83	147	170	129	110	99	88	68	54	58	46	74
	2	48	44	60	70	59	47	42	53	45	30	34	—	—
已保存价格数据的城市数量		41	42	108	42	129	110	21	26	56	29	145	22	21
平均误差	（%）	±3	±3	±2	±3	±2	±2	±5	±4	±3	±4	±2	±5	±5

续表

地区		1733 年	1734 年	1735 年	1736 年	1737 年	1738 年	1739 年	1740 年	1741 年	1742 年	1743 年	1754 年	1755 年
I. 北部地区	1	156	188	180	160	130	127	130	134	157	144	199	135	132
	2	66	73	59	72	68	73	80	91	96	113	118	—	—
II. 东部地区	1	60	79	115	107	57	96	60	56	65	72	74	52	51
	2	51	43	50	33	47	25	—	32	33	40	32	—	—
III. 东南部地区	1	—	160	—	—	—	61	—	—	—	—	—	—	—
	2	—	—	—	—	—	—	—	—	—	—	40	—	—
IV. 伏尔加河地区	1	186	115	101	82	54	43	44	43	67	71	62	45	44
	2	58	51	57	42	30	26	—	26	33	41	47	—	—
V. 中央黑土区	1	88	110	104	87	57	46	49	51	68	72	68	46	45
	2	54	47	54	37	39	25	—	29	33	43	43	—	—
VI. 中央非黑土区	1	125	148	143	110	77	75	80	85	101	121	146	89	85
	2	48	58	56	43	44	53	—	43	48	61	76	—	—
IX. 乌克兰地区	1	87	55	38	56	82	49	53	57	68	61	63	49	52
	2	—	26	34	—	42	—	—	—	—	27	35	—	—
XII. 西西伯利亚地区	1	—	—	—	—	—	—	—	—	—	—	75	—	—
	2	—	—	—	—	—	—	—	—	—	—	44	—	—
欧俄	1	103	118	115	100	74	67	67	107	88	98	109	73	72
	2	48	54	55	42	43	41	—	46	50	53	65	—	—
已保存价格数据的城市数量		20	64	41	19	58	42	19	31	47	65	75	21	22
平均误差	(%)	±5	±3	±3	±5	±3	±3	±5	±4	±3	±3	±2	±5	±5

续表

地区		1756 年	1774 年	1775 年	1776 年	1777 年	1778 年	1779 年	1780 年	1781 年	1782 年	1783 年	1784 年	1785 年
I. 北部地区	1	129	271	309	250	232	213	233	261	270	277	274	310	470
	2	—	126	222	187	149	142	144	147	141	146	126	158	207
II. 东部地区	1	48	118	149	144	127	116	110	112	109	80	142	211	281
	2	—	78	101	82	66	86	69	66	75	78	101	141	183
III. 东南部地区	1	—	123	101	107	81	76	95	93	101	84	81	106	106
	2	—	253	162	43	48	96	107	126	125	117	94	41	61
IV. 伏尔加河地区	1	143	135	156	121	97	95	99	116	94	93	109	160	186
	2	—	80	96	87	61	62	79	92	87	78	67	84	124
V. 中央黑土区	1	44	149	168	118	89	90	98	114	99	103	106	152	187
	2	—	86	106	87	60	65	78	88	85	73	68	91	120
VI. 中央非黑土区	1	81	221	301	217	173	155	180	216	178	181	198	253	290
	2	—	133	188	174	109	102	115	147	134	112	99	126	164
IX. 乌克兰地区	1	55	161	177	111	79	81	94	111	104	106	98	140	172
	2	—	82	96	76	47	56	75	82	69	53	57	77	80
XII. 西西伯利亚地区	1	—	99	90	65	73	108	105	86	—	—	—	—	—
	2	—	74	71	—	—	64	66	70	—	—	—	—	—
欧俄	1	70	185	223	168	137	129	142	164	148	154	161	211	252
	2	—	108	143	121	86	89	97	108	106	95	89	113	147
已保存价格数据的城市数量		24	125	86	137	159	129	137	150	147	48	46	75	105
平均误差	（%）	±4	±2	±2	±2	±2	±2	±2	±2	±2	±3	±3	±3	±2

续表

地区		1786年	1787年	1788年	1789年	1790年	1791年	1792年	1793年	1794年	1795年
I. 北部地区	1	476	537	580	495	547	480	566	819	602	624
	2	218	218	210	208	265	243	339	352	364	376
II. 东部地区	1	246	262	285	235	154	93	102	237	314	394
	2	157	157	169	163	150	89	99	143	241	354
III. 东南部地区	1	117	154	187	225	219	—	—	—	—	—
	2	61	225	190	151	115	—	—	—	—	—
IV. 伏尔加河地区	1	196	304	297	244	261	249	226	274	291	344
	2	85	127	149	161	162	141	119	182	180	190
V. 中央黑土区	1	207	386	351	231	259	229	208	252	268	324
	2	88	144	159	142	185	161	136	208	207	201
VI. 中央非黑土区	1	409	513	491	397	415	343	404	585	430	446
	2	160	195	178	192	225	181	253	262	271	262
IX. 乌克兰地区	1	202	423	346	221	265	176	157	232	337	303
	2	68	139	180	110	158	94	97	165	206	210
XII. 西西伯利亚地区	1	—	—	—	240	—	—	—	—	296	—
	2	—	—	—	160	—	—	—	—	167	—
欧俄	1	305	433	418	317	331	286	306	330	380	414
	2	133	171	175	165	195	165	190	233	250	261
已保存价格数据的城市数量		129	155	58	65	41	39	40	41	42	40
平均误差	（%）	±2	±2	±3	±3	±3	±3	±3	±3	±3	±3

注：＊欧俄的平均值是根据抽样数据计算得出，因此与真正的平均值有一定的差异，这就是抽样平均误差，平均误差是抽样样平均价格的 0.95%。

表 2　1708～1723 年黑麦零售价格

单位：票面戈比/俄担

城市	1708年	1709年	1710年	1711年	1712年	1713年	1714年	1715年	1716年	1717年	1718年	1719年	1720年	1721年	1722年	1723年
1. 阿尔汉格尔斯克	43	63	97	81	70	80	100	118	141	110	118	128	144	160	175	200
2. 别热茨克	40	48	68	68	70	45	48	80	100	151	160	170	240	130	120	215
3. 沃洛格达	—	—	83	51	52	56	66	75	108	127	140	148	141	120	180	201
4. 喀山	—	—	—	—	30	30	25	29	45	60	65	62	—	65	80	96
5. 梅津	74	78	72	73	77	90	100	111	140	110	112	110	200	190	175	—
6. 莫斯科	45	—	—	—	—	—	—	71	66	88	129	136	122	90	240	270
7. 普斯托泽尔斯克	80	100	—	—	100	—	—	143	—	130	164	180	—	200	—	—
8. 彼得堡	—	—	—	140	145	147	150	—	165	200	230	250	—	—	—	300
9. 斯维亚日斯克	24	24	25	25	25	30	30	30	30	30	55	60	80	70	80	140
10. 索利卡姆斯克	—	22	—	47	58	53	62	—	—	—	—	59	61	81	125	181
11. 索利维切戈茨克	43	41	—	50	55	50	65	—	78	—	—	108	99	—	115	—
12. 索利加利奇茨卡亚	50	57	81	59	59	62	64	78	84	136	115	164	121	105	141	—
13. 塞茨兰	—	36	27	26	22	23	27	28	60	75	80	60	50	45	87	140
14. 托季马	43	49	98	55	46	45	54	76	75	136	118	127	155	104	145	—
15. 图林斯克	20	—	—	28	52	50	62	44	—	—	—	—	—	—	50	163
16. 温扎	30	36	36	39	48	48	70	75	80	80	80	90	100	105	200	—
17. 乌斯秋日纳	—	—	—	—	—	—	—	200	210	220	230	250	270	280	300	—
18. 丘赫洛马	36	—	—	66	—	51	44	58	58	106	106	116	125	88	129	155
19. 申布尔斯克	40	60	70	50	51	50	75	90	75	88	90	105	140	145	120	—
20. 亚连斯克	—	60	50	80	75	72	84	65	55	70	72	100	120	100	120	135

表3 1708~1723年燕麦零售价格

单位：票面戈比/俄担

城市	1708年	1709年	1710年	1711年	1712年	1713年	1714年	1715年	1716年	1717年	1718年	1719年	1720年	1721年	1722年	1723年
1. 阿尔汉格尔茨克	35	30	37	35	35	43	44	49	48	49	50	57	63	70	70	—
2. 别热茨克	18	24	40	40	42	20	20	51	45	50	56	60	80	60	50	80
3. 沃洛格达	—	—	38	38	28	27	36	43	45	51	54	56	68	53	74	102
4. 喀山	—	—	—	—	20	20	15	16	16	22	21	35	45	44	60	—
6. 莫斯科	30	—	—	—	—	—	—	33	40	47	46	49	55	40	70	90
8. 彼得堡	—	—	—	100	111	120	150	—	120	—	—	150	—	—	—	190
9. 斯维亚日斯克	16	16	16	16	16	16	20	20	20	20	21	20	20	36	40	—
10. 索利卡姆斯克	—	18	—	26	26	22	35	37	38	27	21	46	56	60	—	—
11. 索利维切戈茨克	19	20	—	25	25	25	35	—	36	—	—	33	38	—	44	—
12. 索利加利奇茨卡娅	27	30	27	26	29	30	34	36	37	76	40	50	49	53	56	65
13. 塞兹兰	—	20	19	19	12	12	20	17	27	35	38	35	30	14	42	—
14. 托特玛	22	32	42	40	23	22	23	38	46	47	38	49	85	48	55	—
15. 图林斯克	14	—	—	16	25	46	29	16	—	—	—	—	—	—	40	48
16. 温扎	13	18	18	22	24	24	36	40	43	24	24	40	48	40	80	—
18. 丘赫洛马	16	20	25	34	—	28	19	33	32	40	39	42	58	48	53	82
19. 申库尔斯克	25	40	40	30	26	30	—	40	—	50	—	46	75	53	—	—

附　录

表 4　1708~1723 年黑麦面粉零售价格

单位：票面戈比/俄担

城市	1708年	1709年	1710年	1711年	1712年	1713年	1714年	1715年	1716年	1717年	1718年	1719年	1720年	1721年	1722年	1723年
1. 阿尔汉格尔斯克	—	—	116	100	88	104	136	136	132	136	144	166	172	160	196	—
3. 沃洛格达	—	—	85	85	58	59	83	79	125	138	140	180	160	110	191	405
4. 喀山	—	—	—	—	39	32	25	32	70	72	100	84	—	39	130	—
5. 梅津	88	96	88	100	96	96	140	97	—	136	128	143	240	220	240	—
7. 普斯托泽尔斯克	113	135	—	—	124	144	154	200	177	180	208	220	220	176	240	—
9. 斯维亚日斯克	27	27	27	27	27	36	36	36	36	36	65	70	80	100	120	—
10. 索利卡姆斯克	—	—	—	—	50	61	—	—	—	—	—	72	88	82	136	215
13. 塞兹兰	—	40	35	35	30	30	40	43	80	85	90	70	65	55	140	140
19. 申库尔斯克	45	70	—	65	65	60	86	96	80	96	100	110	150	—	130	—

· 227 ·

表5 1708～1723年燕麦零售价格

单位：票面戈比/俄担

城市	1708年	1709年	1710年	1711年	1712年	1713年	1714年	1715年	1716年	1717年	1718年	1719年	1720年	1721年	1722年	1723年
1. 阿尔汉格尔斯克	123	115	144	130	126	123	129	140	161	168	158	140	175	193	231	—
3. 沃洛格达	—	—	100	95	80	72	85	105	102	130	120	170	143	140	130	200
4. 喀山	—	—	—	—	90	83	67	70	70	80	115	105	155	—	110	205
7. 普斯托泽尔斯克	—	200	—	—	—	200	200	—	—	266	—	240	240	—	—	—
10. 索利卡姆斯克	—	—	—	80	100	60	—	—	—	—	—	84	—	80	—	—
13. 赛兹兰	—	50	50	50	45	45	—	—	—	—	60	—	60	—	175	—

单位：票面戈比/俄担

表 6　1744～1801 年诸省黑麦零售价格*

	1744 年	1745 年	1746 年	1747 年	1748 年	1749 年	1750 年	1751 年	1752 年	1753 年	1757 年	1758 年	1759 年	1760 年	1761 年	1762 年
I. 北部地区	201	188	183	174	166	167	147	144	161	151	138	150	142	145	163	180
1. 彼得堡**	200	188	200	216	184	192	160	144	192	176	150	176	157	160	200	170
2. 阿尔汉格尔斯克	153	154	145	140	137	123	105	85	83	85	100	80	70	70	90	140
3. 诺夫哥罗德	183	169	167	137	147	155	142	133	162	137	120	150	136	160	155	180
4. 彼得罗扎沃茨克	225	225	195	205	210	210	180	172	180	187	168	176	196	216	224	272
5. 普斯科夫	246	202	209	172	153	156	150	187	189	168	152	168	152	120	144	136
II. 东部地区	81	81	73	70	69	85	91	78	59	49	44	38	40	46	59	77
6. 维亚特卡	70	84	75	68	56	74	72	58	57	56	32	30	30	42	56	72
7. 彼尔姆	80	96	95	94	102	112	120	102	67	45	40	28	28	30	70	75
8. 萨马拉	90	67	53	45	36	35	45	40	37	41	45	50	52	50	48	60
9. 乌法	82	75	67	71	82	120	127	112	75	53	60	45	50	60	60	100
III. 东南部地区	118	110	96	87	83	65	73	68	67	64	60	57	50	46	55	63
10. 阿斯特拉罕	118	110	96	87	83	65	73	68	67	64	50	57	50	46	55	63
IV. 伏尔加河地区	63	60	44	38	38	38	41	38	39	41	39	42	44	41	40	47
11. 喀山	77	74	62	50	47	52	65	57	54	50	36	28	38	40	36	37
12. 奔萨	48	52	31	33	44	43	37	36	34	42	30	38	45	35	27	46
13. 萨拉多夫	70	62	40	30	32	30	32	34	36	40	60	70	63	65	70	75
14. 西伯利亚	56	52	44	40	30	26	30	26	30	32	30	30	30	24	26	30
V. 中央黑土区	65	60	47	47	69	118	59	40	46	44	40	52	43	35	36	51
15. 沃罗涅日	50	60	61	56	65	110	44	30	35	35	28	35	27	26	30	35
16. 库尔斯克	40	37	24	31	57	105	41	25	22	25	36	50	36	22	25	67
17. 奥廖尔	80	50	45	50	75	150	70	36	50	48	46	68	46	30	38	46
18. 梁赞	95	108	70	60	80	96	70	67	74	70	44	60	44	50	50	57
19. 坦波夫	70	54	44	35	58	47	40	34	46	45	32	36	32	32	26	26
20. 图拉	77	55	44	50	64	121	65	55	62	48	45	64	64	45	45	50
21. 哈尔科夫	45	55	40	45	85	200	80	35	30	35	46	50	42	38	40	75

续表

	1763年	1764年	1765年	1766年	1767年	1768年	1769年	1770年	1771年	1772年	1773年	1796年	1797年	1798年	1799年	1800年	1801年
I	175	197	236	274	300	275	249	265	271	290	300	567	595	635	611	648	649
1	173	221	276	320	390	365	334	328	244	255	315	650	690	726	690	590	670
2	150	180	200	200	250	230	215	235	250	280	230	525	536	667	510	500	442
3	170	176	215	272	280	250	230	245	260	288	328	500	580	605	590	632	620
4	224	230	290	288	—	300	—	—	280	300	307	620	642	620	608	640	630
5	160	180	200	288	280	230	218	250	320	325	320	540	525	556	657	876	882
II	89	93	93	106	156	157	147	172	127	91	83	391	428	320	201	206	266
6	100	80	80	95	169	176	160	131	106	125	72	273	326	300	200	200	208
7	86	96	86	85	109	120	119	168	120	100	60	480	625	480	200	206	290
8	70	95	110	135	200	188	179	215	140	75	130	380	365	268	224	235	307
9	100	100	97	110	147	143	131	175	140	63	68	430	396	232	180	181	260
III	67	106	100	128	208	203	—	—	130	102	132	406	335	290	280	280	336
10	67	106	100	128	208	203	—	—	130	102	132	406	335	290	280	280	336
IV	55	75	102	153	193	184	179	211	95	74	103	362	316	251	190	213	257
11	40	70	96	170	190	182	155	173	130	90	90	329	375	317	195	260	240
12	57	65	85	110	195	190	227	222	75	65	70	290	262	226	163	182	249
13	85	100	140	170	190	180	165	233	95	70	120	370	277	198	200	202	270
14	38	63	85	160	198	185	167	215	80	70	130	460	350	262	200	207	268
V	58	53	76	110	150	163	148	119	93	102	119	300	232	189	231	271	330
15	40	38	43	60	90	110	127	75	70	64	100	270	130	112	154	169	212
16	60	52	70	100	134	140	110	107	72	110	108	199	164	135	187	278	—
17	53	56	90	140	144	165	140	127	80	110	115	292	227	191	263	300	373
18	75	70	80	140	230	221	173	146	110	108	140	426	386	273	312	348	375
19	32	37	48	72	121	160	158	110	80	64	88	293	196	184	188	178	275
20	74	65	84	135	182	169	163	109	85	110	130	380	294	255	308	322	415
21	73	50	120	120	150	175	165	160	155	150	150	240	227	170	203	300	327

续表

	1744年	1745年	1746年	1747年	1748年	1749年	1750年	1751年	1752年	1753年	1757年	1758年	1759年	1760年	1761年	1762年
VI. 中央非黑土区	139	118	99	83	85	409	96	94	100	84	72	91	94	81	82	89
22. 弗拉基米尔	117	108	84	75	76	90	89	84	99	83	70	100	108	84	85	85
23. 沃洛格达	172	137	108	84	85	91	81	99	103	80	66	72	100	110	108	110
24. 卡卢加	100	97	65	60	70	80	61	67	80	73	65	95	80	57	60	65
25. 科斯特罗马	144	120	105	90	90	96	95	100	98	86	72	80	72	72	75	80
26. 莫斯科	130	100	90	90	100	170	120	115	110	90	75	90	85	85	79	120
27. 下诺夫哥罗德	132	97	70	74	65	88	65	72	78	65	50	56	70	55	60	53
28. 斯摩棱斯克	163	131	129	79	89	127	129	95	101	74	80	133	140	100	100	112
29. 特维尔	140	130	110	95	92	120	120	100	120	106	96	104	112	96	100	100
30. 雅罗斯拉夫	155	144	126	104	100	116	108	114	110	98	70	85	80	70	70	72
VII. 波罗的海地区	152	152	179	179	152	152	152	153	150	162	232	198	165	147	162	227
31. 塔林	152	152	179	179	152	152	—	142	139	162	198	208	164	133	153	223
32. 里加	—	—	—	—	—	—	140	165	163	210	265	187	165	160	171	231
IX. 乌克兰地区	92	99	82	74	123	278	140	53	47	55	76	72	72	45	55	93
33. 波尔塔瓦	87	87	80	50	135	280	113	50	40	50	76	64	84	40	50	70
34. 切尔尼戈夫	97	110	83	97	110	275	166	56	54	59	76	80	60	50	59	115
X. 西南部地区	70	90	80	82	107	159	75	60	67	73	80	64	56	55	60	85
35. 基辅	70	90	80	82	107	159	75	60	67	73	80	64	56	55	60	85
XI. 草原地区	90	80	85	80	160	320	110	60	50	60	74	90	60	67	70	83
36. 叶卡捷琳诺斯拉夫 ***	90	80	85	80	160	320	110	60	50	60	74	90	60	67	70	83
XII. 西西伯利亚地区	73	101	99	123	125	131	148	150	102	72	43	35	54	83	103	126
37. 鄂木斯克 ****	80	107	110	100	120	128	130	130	120	105	44	45	70	100	95	160
38. 托波尔斯克	60	92	88	120	104	120	150	132	90	50	44	32	36	60	84	108
39. 托木斯克	78	105	100	150	150	145	165	187	97	60	40	28	57	90	130	110
XIII. 东西伯利亚地区	168	120	121	125	200	234	135	118	108	110	96	136	144	127	92	139
40. 伊尔库茨克	180	135	112	150	225	277	150	112	90	82	60	60	75	67	67	112
41. 克拉斯诺亚尔斯克	75	45	37	38	39	50	75	83	75	76	42	48	56	54	58	80
42. 雅库茨克	250	180	213	187	337	375	180	158	160	172	187	300	300	260	150	225
欧俄（EP）	104	99	89	83	93	119	95	85	83	76	69	78	75	72	30	35

续表

	1763年	1764年	1765年	1766年	1767年	1768年	1769年	1770年	1771年	1772年	1773年	1796年	1797年	1798年	1799年	1800年	1801年
VI	91	105	134	209	275	216	189	184	170	185	189	480	469	424	431	452	467
22	90	98	130	192	300	265	213	199	173	180	215	532	518	431	450	404	470
23	108	120	160	216	240	184	170	190	200	250	240	445	534	519	491	469	430
24	66	76	109	190	226	210	180	145	120	125	140	380	373	322	344	380	467
25	78	99	118	198	282	204	176	188	185	180	190	536	518	467	417	415	400
26	104	110	126	225	283	240	208	150	145	160	160	455	432	374	440	461	480
27	68	80	105	160	256	189	176	200	130	125	135	420	430	409	336	280	384
28	120	130	160	260	300	185	178	156	190	225	210	458	349	320	422	642	600
29	104	130	160	232	304	219	186	208	200	226	220	527	512	492	513	535	583
30	80	100	135	210	285	250	213	220	189	192	189	570	520	486	472	460	403
VII	221	224	255	304	292	295	310	303	400	445	413	769	480	588	735	973	1016
31	242	243	257	312	304	300	310	305	420	450	415	822	534	705	840	1040	1070
32	200	205	252	295	280	290	310	300	380	440	410	715	426	470	629	906	961
IX	100	96	175	215	171	155	160	159	194	200	202	210	170	144	200	—	—
33	90	87	190	235	181	168	196	208	220	175	181	200	160	147	187	—	—
34	110	104	160	195	160	142	123	110	168	225	223	220	180	140	213	—	—
X	110	80	100	130	155	139	122	160	210	195	190	209	165	134	208	227	278
35	110	80	100	130	155	139	122	160	210	195	190	209	165	134	208	227	278
XI	101	90	98	106	123	143	176	166	156	137	105	442	120	169	357	510	—
36	101	90	98	106	123	143	176	166	156	137	105	442	120	169	357	510	—
XII	110	108	117	138	88	70	61	64	71	92	81	639	316	273	280	263	315

续表

	1763年	1764年	1765年	1766年	1767年	1768年	1769年	1770年	1771年	1772年	1773年	1796年	1797年	1798年	1799年	1800年	1801年
37	110	100	110	170	90	75	65	66	73	80	70	760	367	310	349	—	—
38	110	115	100	128	94	75	67	69	76	84	84	740	390	340	342	319	260
39	111	110	140	116	80	60	50	56	65	113	90	417	190	168	150	207	370
XIII	121	127	114	132	125	133	—	—	174	119	143	—	—	—	—	—	—
40	80	82	75	75	93	123	—	—	90	96	92	—	—	—	—	—	—
41	80	88	72	96	53	60	—	53	—	90	128	690	490	390	535	450	525
42	202	211	195	225	230	215	—	—	158	172	210	—	—	—	—	—	—
EP	37	40	129	167	207	189	170	177	163	166	166	428	384	328	323	348	377

注：* 黑麦的地区平均价格根据本表提供的各省城市价格数据计算得出，欧俄黑麦的平均价格根据所有可用数据计算得出。

** 1744~1773 年黑麦面粉数据。

*** 1744~1773 年巴赫穆特数据。

**** 叶尼塞斯克数据。

表 7　1744～1801 年诸省燕麦零售价格*

单位：票面戈比/俄担

	1744 年	1745 年	1746 年	1747 年	1748 年	1749 年	1750 年	1751 年	1752 年	1753 年	1759 年	1760 年	1761 年	1762 年	1763 年	1764 年
I. 北部地区	99	97	105	89	80	85	83	84	87	81	98	82	79	82	103	88
1. 彼得堡	114	104	126	108	93	106	101	98	101	99	114	110	110	126	143	142
2. 阿尔汉格尔斯克	78	77	73	70	69	62	60	53	52	53	—	—	—	—	—	—
3. 诺夫哥罗德	104	98	124	104	84	88	96	100	96	88	58	56	79	78	89	95
4. 彼得罗扎沃茨克	164	160	120	120	136	112	104	96	104	100	—	—	—	—	—	—
5. 普斯科夫	106	95	120	107	93	96	107	106	112	80	60	58	82	81	93	99
II. 东部地区	49	51	47	39	46	56	52	53	47	42	37	33	38	47	65	56
6. 维亚特卡	20	34	19	18	22	24	25	35	31	16	26	28	—	—	—	—
7. 维亚特姆	23	38	22	21	25	30	36	51	45	24	35	28	39	50	69	47
8. 萨马拉	51	72	50	38	41	50	57	64	45	41	41	39	28	30	57	65
9. 乌法	70	70	50	40	50	50	55	60	40	50	42	35	48	60	70	—
III. 东南部地区	89	113	107	82	64	58	65	60	68	51	—	—	—	—	—	—
10. 阿斯特拉罕	89	113	107	82	64	58	65	60	68	51	—	—	—	—	—	—
IV. 伏尔加河地区	51	56	52	41	43	55	46	41	43	39	40	32	33	36	42	48
11. 喀山	51	58	59	38	25	26	34	40	34	28	33	32	27	32	38	64
12. 奔萨	37	48	33	22	23	34	36	39	28	27	26	25	30	31	32	45
13. 萨拉多夫	42	58	40	31	33	41	46	51	36	33	34	33	28	34	39	45
14. 西伯利亚	38	53	37	28	30	37	42	47	33	30	21	17	16	32	35	43
V. 中央黑土区	48	50	48	42	47	69	46	38	41	39	44	34	41	46	54	57
15. 沃罗涅日	35	40	35	30	52	64	31	24	23	32	27	26	36	45	48	45
16. 库勒斯克	26	28	33	31	72	92	35	20	20	22	25	24	29	32	39	38
17. 奥廖尔	80	50	80	85	95	120	70	35	60	61	31	30	45	43	58	59
18. 梁赞	58	62	56	40	50	60	50	40	47	50	42	39	40	50	62	67
19. 坦波夫	41	46	40	25	38	32	31	30	32	36	41	40	32	40	48	44
20. 图拉	53	48	47	39	48	81	42	36	40	37	53	45	39	44	53	65
21. 哈尔科夫	45	45	43	47	70	110	45	30	30	42	59	38	51	58	59	60

续表

	1765年	1766年	1767年	1768年	1769年	1770年	1771年	1772年	1773年	1796年	1797年	1798年	1799年	1800年	1801年
I	105	108	113	104	102	114	102	130	159	355	349	398	427	446	461
1	130	135	140	145	120	132	120	148	180	360	400	410	460	450	460
2	—	—	70	75	—	—	—	—	—	245	220	230	260	280	275
3	103	105	108	116	110	121	107	160	178	400	360	410	450	431	440
4	—	—	—	—	—	—	—	—	—	460	550	519	531	510	650
5	107	109	104	105	115	126	111	142	192	300	284	320	403	552	518
II	71	70	65	66	61	66	67	77	85	308	275	185	163	157	159
6	38	51	48	67	56	65	40	72	57	170	194	167	130	117	143
7	49	42	52	59	47	52	56	48	45	300	267	140	114	105	120
8	55	98	80	86	92	111	77	67	90	340	275	234	210	224	237
9	61	84	53	54	61	90	71	65	52	320	265	133	123	137	165
III	—	—	90	72	—	—	—	—	82	—	210	310	275	260	220
10	—	—	90	72	—	—	—	—	82	—	—	200	250	200	200
IV	62	76	73	72	78	79	68	66	71	228	214	187	170	196	187
11	55	58	78	90	61	68	63	62	57	203	280	240	160	163	163
12	40	59	62	77	96	102	57	70	52	150	140	117	138	182	191
13	46	82	67	72	97	111	64	75	56	240	187	130	140	198	228
14	44	59	62	68	96	102	58	70	45	226	200	166	160	160	146
V	67	78	74	74	79	66	62	68	75	189	164	164	221	243	205
15	40	55	54	58	59	56	45	51	53	127	101	91	151	176	130
16	40	61	45	53	55	52	50	61	55	157	126	126	227	280	—
17	65	64	65	60	61	50	54	63	66	217	157	150	254	274	201
18	75	94	97	100	78	80	60	80	100	186	230	217	272	280	257
19	52	59	60	62	56	57	52	60	64	187	152	139	150	174	198
20	75	82	79	72	101	50	53	64	86	160	194	210	260	272	183
21	57	58	63	88	79	55	50	55	60	170	177	165	231	187	153

续表

	1744年	1745年	1746年	1747年	1748年	1749年	1750年	1751年	1752年	1753年	1759年	1760年	1761年	1762年	1763年	1764年
VI. 中央非黑土区	61	69	68	55	49	58	53	60	55	54	70	54	58	60	69	74
22. 弗拉基米尔	57	60	70	69	50	40	45	42	48	50	51	49	44	63	67	69
23. 沃洛格达	—	—	—	—	—	—	—	—	—	—	—	—	—	—	—	—
24. 卡卢加	50	56	60	45	50	60	55	50	55	65	53	51	59	57	60	68
25. 科斯特罗马	79	80	82	60	56	49	56	63	65	58	80	44	55	57	61	68
26. 莫斯科	70	75	80	70	64	72	54	65	64	66	69	66	54	57	85	88
27. 下诺夫哥罗德	65	70	74	47	43	45	42	61	43	49	36	35	50	38	49	56
28. 斯摩棱斯克	72	83	82	75	63	73	70	69	68	65	98	71	72	76	83	67
29. 特维尔	72	76	79	77	55	52	56	71	68	56	80	71	64	70	75	76
30. 雅罗斯拉夫	83	86	84	59	49	55	61	66	63	58	52	50	56	60	73	77
VII. 波罗的海地区	112	105	127	138	130	106	108	107	127	123	117	102	131	141	140	128
31. 塔林	103	97	117	128	121	97	99	98	117	115	—	90	128	—	—	—
32. 里加	120	112	136	148	138	114	116	115	136	130	117	114	134	141	140	128
IX. 乌克兰地区	43	45	41	42	67	84	41	26	26	33	43	33	37	44	42	46
33. 波尔塔瓦	25	38	32	40	62	71	19	14	18	22	50	24	34	37	36	38
34. 切尔尼戈夫	40	61	51	65	102	117	30	22	24	35	63	39	40	50	48	53
X. 西南部地区	33	50	42	53	83	95	25	18	20	29	—	—	—	—	—	—
35. 基辅	33	50	42	53	83	95	25	18	20	29	—	—	—	—	—	—
XI. 草原地区	50	45	40	30	60	60	50	50	25	30	—	—	—	—	—	—
36. 叶卡捷琳诺斯拉夫	50	45	40	30	60	60	50	50	25	30	—	—	—	—	—	—
XII. 西西伯利亚地区	44	47	54	49	56	52	59	55	61	54	—	—	—	—	—	—
37. 鄂木斯克	80	72	88	64	56	60	64	69	88	90	—	—	—	—	—	—
38. 托波尔斯克	26	40	46	45	56	54	56	65	57	30	—	—	—	—	—	—
39. 托木斯克	—	—	—	—	—	—	—	—	—	—	—	—	—	—	—	—
XIII. 东西伯利亚地区	184	120	112	110	120	176	152	104	99	88	—	—	—	—	—	—
40. 伊尔库茨克	184	120	112	110	120	176	152	104	99	88	—	—	—	—	—	—
41. 克拉斯诺亚尔斯克	—	—	—	—	—	—	—	—	—	—	—	—	—	—	—	—
欧俄（EP）	59	61	59	51	55	68	53	51	46	48	53	46	52	50	66	69

续表

	1765年	1766年	1767年	1768年	1769年	1770年	1771年	1772年	1773年	1796年	1797年	1798年	1799年	1800年	1801年
VI	79	102	97	92	84	70	80	95	110	244	264	261	292	291	264
22	74	109	106	90	76	66	85	99	103	208	360	262	287	283	263
23	—	—	67	75	—	—	—	97	—	237	257	252	246	257	250
24	60	84	82	105	80	60	70	80	89	216	233	244	305	303	268
25	65	103	105	102	84	65	75	91	115	228	274	251	287	325	270
26	94	125	122	138	98	70	96	116	136	256	—	339	400	—	—
27	55	88	89	70	75	80	76	84	80	203	254	243	225	260	230
28	100	105	72	80	85	64	85	101	117	238	214	185	258	350	297
29	96	108	103	98	107	72	104	123	137	232	295	306	328	345	310
30	75	120	108	105	101	75	86	113	125	288	320	330	340	380	350
VII	131	132	145	134	141	155	179	217	166	—	—	—	—	—	—
31	131	132	145	134	141	155	179	217	166	—	—	—	—	—	—
32	62	66	61	66	67	54	53	62	69	138	176	166	244	203	—
IX	40	48	47	58	56	38	50	55	60	75	125	120	185	—	—
33	60	48	51	69	61	49	58	75	84	150	180	160	250	—	—
34	61	—	74	76	100	—	—	—	87	106	175	167	257	218	192
X	61	—	74	76	100	—	—	112	87	106	175	167	257	218	192
35	—	—	68	75	121	—	—	—	—	212	120	157	197	240	—
XI	—	—	68	75	121	—	—	—	—	212	120	157	197	240	—
36	—	—	—	—	—	—	—	—	—	—	—	—	—	—	—
XII	—	—	57	51	—	—	—	61	64	362	243	226	202	213	263
37	—	—	88	84	—	—	—	56	95	190	195	227	216	327	320
38	—	—	31	44	—	29	54	68	72	363	218	214	212	215	150
39	—	—	55	54	—	—	—	73	84	302	202	184	210	270	530
XIII	—	—	70	70	—	—	—	99	106	259	185	201	208	290	343
40	—	—	89	85	—	—	—	134	140	—	208	216	176	—	—
41	—	—	51	55	—	30	—	64	72	200	122	130	208	286	345
EP	73	85	82	79	80	73	75	87	98	214	247	262	250	258	225

注：＊燕麦的地区平均价格根据所有可用数据计算得出，包括未列入本表的数据。

表 8　1744～1801 年诸省黑麦零售价格

单位：票面卢布/俄担

	1744 年	1745 年	1746 年	1747 年	1748 年	1749 年	1750 年	1751 年	1752 年	1753 年	1757 年	1758 年	1759 年	1760 年	1761 年	1762 年
I . 北部地区	187	166	160	173	148	152	137	132	146	136	126	141	140	138	147	158
1. 彼得堡	190	176	173	174	160	170	150	140	178	163	148	167	163	156	174	173
2. 阿尔汉格尔斯克	162	156	146	144	143	128	107	84	86	87	100	95	84	83	93	126
3. 维堡	220	212	232	244	242	254	224	196	208	238	229	222	220	220	210	269
4. 诺夫哥罗德	175	154	152	138	131	140	128	135	151	133	112	129	137	140	141	150
5. 奥洛涅兹	210	161	147	257	165	162	146	134	140	138	134	151	160	177	186	206
6. 普斯科夫	198	183	180	154	141	159	154	165	174	160	137	161	157	135	139	133
II . 东部地区	78	87	87	73	86	101	101	97	77	55	44	38	39	48	68	79
7. 维亚茨基	72	71	79	60	56	62	67	57	64	53	38	34	35	46	67	77
8. 奥伦堡	—	—	—	—	—	—	—	—	—	—	44	35	31	48	75	81
9. 彼尔姆	83	102	95	86	116	139	134	136	90	57	49	37	41	52	86	96
10. 萨马拉	—	—	—	—	—	—	—	—	—	—	36	37	40	39	48	64
11. 乌菲姆斯基	—	—	—	—	—	—	—	—	—	—	52	49	47	56	64	76
III . 东南部地区	123	115	98	85	112	70	72	67	68	65	63	69	56	55	63	73
12. 阿斯特拉罕	123	115	98	85	112	70	72	67	68	65	63	69	56	55	63	73
IV . 伏尔加河地区	71	64	53	48	49	49	48	46	45	49	40	45	43	40	41	47
13. 喀山	76	73	63	56	50	50	57	51	53	58	41	37	43	40	44	45
14. 奔萨	52	45	39	40	41	45	41	42	40	45	29	38	43	32	30	40
15. 萨拉托夫	88	75	62	55	64	61	49	46	44	49	58	69	52	54	56	67
16. 辛比尔斯克	69	63	47	42	39	39	43	43	44	45	33	36	35	33	32	37

续表

	1763 年	1764 年	1765 年	1766 年	1767 年	1768 年	1769 年	1770 年	1771 年	1772 年	1773 年	1796 年	1797 年	1798 年	1799 年	1800 年	1801 年
I	168	180	207	249	273	237	218	242	279	288	285	599	589	607	610	654	679
1	183	194	200	257	338	308	284	278	350	310	332	649	609	636	645	678	750
2	159	172	194	193	236	212	195	228	264	280	230	546	557	624	568	577	559
3	245	264	250	341	—	—	—	—	—	—	376	805	734	748	771	736	—
4	151	167	193	227	276	223	205	201	252	263	261	575	619	646	631	630	645
5	196	202	239	265	230	240	—	—	240	267	278	618	579	565	570	590	618
6	153	166	207	304	287	203	188	259	290	319	322	608	582	563	638	797	825
II	89	94	95	118	157	153	136	158	120	98	94	496	407	281	219	209	237
7	95	100	97	132	190	204	171	142	129	142	89	297	328	312	225	201	216
8	103	90	99	120	146	143	131	175	124	68	122	732	439	252	238	226	236
9	102	106	95	100	110	109	103	142	116	104	78	608	510	332	233	224	246
10	72	94	94	128	166	127	116	149	114	103	82	418	368	275	210	213	275
11	71	80	91	112	173	183	157	183	115	73	97	427	390	235	187	181	213
III	84	98	102	145	211	218	—	—	145	109	122	422	348	301	291	290	349
12	84	98	102	145	211	218	—	—	145	109	122	422	348	301	291	290	349
IV	55	72	92	139	200	181	177	195	106	83	98	374	329	277	209	210	271
13	52	80	105	144	200	171	156	159	118	102	107	336	374	305	210	200	236
14	44	55	70	125	196	188	213	182	73	62	116	315	315	268	198	203	284
15	77	81	101	144	193	173	466	225	114	79	125	395	272	246	220	230	285
16	48	71	93	144	212	191	171	215	117	89	134	450	356	287	207	205	277

续表

	1744年	1745年	1746年	1747年	1748年	1749年	1750年	1751年	1752年	1753年	1757年	1758年	1759年	1760年	1761年	1762年
V. 中部黑土区	65	61	51	51	80	125	71	45	47	45	46	61	52	42	44	65
17. 沃罗涅日	52	57	52	57	82	111	66	36	41	44	38	57	47	42	46	66
18. 库尔斯克	61	61	52	55	84	144	74	38	37	38	53	63	40	39	43	66
19. 奥尔洛夫	63	56	45	41	63	127	66	41	43	40	49	69	59	38	43	56
20. 梁赞	73	65	46	47	70	96	71	55	62	54	40	56	55	43	44	65
21. 坦波夫	58	51	45	40	53	57	57	40	45	45	29	41	43	39	37	47
22. 图拉	70	65	48	65	65	121	69	53	59	45	47	66	63	47	49	79
23. 哈尔科夫	76	73	72	71	143	220	96	54	43	50	65	72	55	44	47	73
VI. 中央非黑土区	127	116	101	86	88	108	96	93	97	85	72	88	92	85	88	95
24. 弗拉基米尔	124	108	96	74	78	97	82	87	97	85	70	88	90	81	81	84
25. 沃洛格达	152	134	129	113	102	106	94	86	80	76	63	62	54	72	87	110
26. 卡卢加	88	83	68	62	77	95	78	76	85	75	70	98	98	70	71	92
27. 科斯特罗马	135	130	110	84	86	93	89	101	95	86	74	79	83	84	96	96
28. 莫斯科	120	106	91	84	86	136	107	106	103	93	80	103	80	91	95	110
29. 下戈罗茨卡亚	107	92	76	67	66	72	65	64	74	63	47	54	61	54	51	55
30. 斯摩棱斯克	139	138	116	99	98	136	125	93	117	91	82	118	122	101	102	110
31. 特维尔	137	118	109	94	92	119	111	111	117	101	90	106	115	115	118	109
32. 雅罗斯拉夫	142	136	117	100	105	114	110	112	105	97	76	88	97	93	91	92
IX. 乌克兰地区	98	96	90	56	150	290	125	57	45	56	77	76	57	52	55	86
33. 波尔塔夫斯卡	90	88	82	51	139	270	115	52	41	51	78	63	53	45	51	79
34. 切尔尼戈夫斯克	105	103	97	60	160	310	135	61	48	60	76	88	60	58	59	93
XI. 草原地区	89	84	83	65	150	300	112	55	45	55	75	80	81	48	55	78
35. 叶卡捷琳诺斯拉夫	89	84	83	65	150	300	112	55	45	55	69	80	81	48	55	78
XII. 西伯利亚	83	105	106	112	127	138	156	157	115	97	75	66	73	82	122	124
36. 托博尔斯基	69	102	106	113	127	128	137	152	115	76	56	38	43	58	84	111
37. 托木斯克	96	107	106	111	127	148	174	161	115	118	82	93	103	105	159	136
XIII. 东西伯利亚地区	202	151	155	149	231	257	161	151	155	153	100	150	170	127	107	132
38. 叶尼塞	132	87	62	66	86	97	110	125	127	128	61	84	86	75	87	94
39. 外贝加尔	250	180	213	187	337	375	180	458	172	165	143	280	326	231	161	190
40. 伊尔库茨克	225	187	190	194	269	299	192	170	167	167	97	86	98	75	72	112

续表

	1763年	1764年	1765年	1766年	1767年	1768年	1769年	1770年	1771年	1772年	1773年	1796年	1797年	1798年	1799年	1800年	1801年
V	68	71	90	120	166	168	150	124	101	112	128	307	226	195	213	239	318
17	75	68	78	97	125	134	144	134	98	91	114	297	177	140	186	224	236
18	71	71	94	109	135	146	121	113	104	128	133	221	175	137	211	234	240
19	60	76	102	136	187	168	140	107	86	122	138	300	228	207	285	323	364
20	67	67	84	128	187	194	153	128	100	105	134	407	317	263	281	324	390
21	52	54	70	110	174	185	169	122	89	82	108	322	244	224	202	223	306
22	72	68	99	137	202	186	174	126	96	115	133	346	283	255	324	343	411
23	78	90	105	126	153	162	152	140	137	143	137	258	160	136	192	230	278
VI	126	144	186	236	340	281	241	244	233	245	247	513	487	449	441	441	463
24	85	97	134	195	306	250	221	198	195	174	187	610	539	461	449	429	463
25	128	143	146	150	194	180	164	193	209	233	185	467	537	532	468	433	400
26	89	90	128	181	236	207	172	153	137	157	173	438	377	346	399	437	485
27	94	111	136	190	276	232	188	200	181	194	188	562	595	520	460	416	414
28	103	114	152	110	271	233	207	183	161	186	188	494	—	432	—	—	—
29	64	86	114	162	257	191	165	188	143	125	154	419	411	370	313	273	355
30	113	121	155	232	267	201	181	164	181	204	212	481	347	338	461	557	579
31	113	135	187	229	293	228	189	216	212	228	228	542	525	528	530	538	564
32	93	109	150	206	282	246	202	215	209	213	214	600	564	511	451	445	440
IX	99	88	123	153	141	133	112	112	161	194	203	204	170	176	209	215	204
33	87	74	121	151	138	137	114	115	151	194	140	188	160	162	208	200	180
34	111	102	124	154	144	128	109	109	170	231	266	220	180	190	210	230	227
XI	91	83	124	158	160	164	177	152	165	154	127	274	174	158	273	360	—
35	91	83	124	158	160	164	177	152	165	154	127	274	174	158	273	360	—
XII	117	119	117	116	95	73	68	64	70	89	93	536	270	222	223	241	299
36	115	124	120	106	106	76	71	72	81	85	86	675	338	257	238	245	214
37	119	113	114	126	84	70	64	56	57	93	99	396	202	186	208	237	384
XIII	133	119	109	131	212	241	—	—	83	85	102	—	—	—	—	—	—
38	107	123	88	111	112	75	63	52	46	75	98	503	361	292	344	324	393
39	176	153	165	206	430	525	—	—	113	88	104	—	—	—	—	—	—
40	115	82	75	75	93	123	—	—	90	93	103	—	—	—	—	—	—

表 9　1760～1801 年黑麦面粉零售价格

单位：票面戈比/俄担

城市	1760 年	1761 年	1762 年	1763 年	1764 年	1765 年	1766 年	1767 年	1768 年	1769 年
1. 阿拉特里	42	30	48	53	74	93	252	254	230	—
2. 阿列克辛	—	—	—	—	100	—	220	225	—	—
3. 阿尔扎马斯	49	46	50	75	75	100	859	263	218	—
4. 巴拉赫纳	74	71	69	69	99	118	246	263	230	221
5. 别尔哥罗德	48	47	55	69	66	87	112	199	165	150
6. 别廖夫	—	—	—	67	—	89	169	169	168	—
7. 布良斯克	62	62	73	95	112	125	219	221	193	184
8. 弗拉基米尔	—	—	—	95	104	—	286	265	229	210
9. 沃罗涅日	32	33	45	63	53	61	118	122	183	138
10. 维亚济马	115	113	120	125	118	—	260	—	—	—
11. 维亚特卡	—	—	—	—	—	88	156	—	216	231
12. 格热利斯基	110	103	108	115	137	163	284	293	265	—
13. 叶拉季马	—	153	—	—	—	—	—	—	—	—
14. 叶列茨	32	33	38	65	56	64	145	—	174	—
15. 叶皮凡	48	53	55	58	50	—	—	—	—	170
16. 喀山	49	44	46	55	92	180	198	197	240	168
17. 卡卢加	69	76	73	78	87	109	216	219	203	185
18. 卡拉切夫	—	63	—	89	94	105	213	—	133	170
19. 卡西莫夫	—	77	75	—	96	—	273	—	—	228
20. 卡希拉	—	120	—	—	100	—	220	—	—	—
21. 科泽利斯克	—	—	—	—	100	123	210	195	163	160
22. 科济莫杰米扬斯克	78	48	47	63	76	120	177	219	129	166
23. 科洛姆纳	90	83	98	99	128	114	233	236	—	185

续表

城市	1770 年	1771 年	1772 年	1773 年	1796 年	1797 年	1798 年	1799 年	1800 年	1801 年
1. 阿拉特里	172	118	104	122	520	347	302	210	196	283
2. 阿列克辛	214	—	—	—	—	375	360	427	457	480
3. 阿尔扎马斯	194	156	168	218	—	402	—	283	270	400
4. 巴拉赫纳	206	150	139	158	—	467	123	380	370	440
5. 别尔哥罗德	123	114	124	125	197	204	255	202	240	—
6. 别廖夫	110	96	120	137	—	277	255	322	360	405
7. 布良斯克	135	144	181	185	433	330	267	336	475	518
8. 弗拉基米尔	163	229	184	180	—	502	382	420	427	457
9. 沃罗涅日	130	71	66	91	225	137	114	155	169	212
10. 维亚济马	160	190	210	215	502	345	370	—	502	540
11. 维亚特卡	131	—	122	145	307	352	322	337	—	—
12. 格热利斯基	198	228	211	245	487	352	—	420	510	532
13. 叶拉季马	—	—	—	—	460	445	448	—	448	—
14. 叶列茨	121	70	75	119	260	250	200	225	245	267
15. 叶皮凡	—	96	—	—	—	262	262	285	300	420
16. 喀山	188	123	86	94	319	375	337	195	262	240
17. 卡卢加	155	125	143	157	425	—	350	337	367	487
18. 卡拉切夫	134	128	197	170	450	270	280	398	379	440
19. 卡西莫夫	163	130	135	169	—	434	392	375	385	438
20. 卡希拉	—	—	—	—	—	360	307	375	390	435
21. 科泽利斯克	108	105	130	152	420	330	289	407	417	560
22. 科济莫杰米扬斯克	153	122	107	120	349	375	315	262	292	240
23. 科洛姆纳	160	138	137	154	450	—	—	—	—	—

· 243 ·

续表

城市	1760 年	1761 年	1762 年	1763 年	1764 年	1765 年	1766 年	1767 年	1768 年	1769 年
24. 科斯特罗马	71	79	90	78	96	112	282	270	204	176
25. 克罗梅	50	—	—	100	95	132	330	—	—	124
26. 昆古尔	45	77	86	98	92	86	110	114	218	111
27. 库尔斯克	31	32	120	72	60	85	151	123	168	111
28. 利赫文	86	100	—	103	124	—	224	224	223	190
29. 莫斯科	90	79	67	105	157	114	274	—	258	203
30. 穆罗姆	72	74	60	86	95	94	250	250	221	172
31. 姆岑斯克	46	46	57	71	70	118	174	171	159	140
32. 下诺夫哥罗德	64	65	55	72	86	105	261	265	194	—
33. 奥廖尔	38	45	50	65	70	80	187	191	184	159
34. 奔萨	41	40	110	60	70	191	181	289	210	223
35. 佩列斯拉夫尔	121	100	180	109	117	276	329	327	250	210
36. 彼得堡	165	210	245	173	221	252	320	390	365	334
37. 里加	175	180	90	220	242	155	286	289	294	301
38. 雷兵斯克	102	90	66	100	116	124	240	255	228	167
39. 雷利斯克	46	58	66	75	102	95	165	165	167	130
40. 梁赞	60	66	—	86	82	117	253	237	232	157
41. 萨马拉	53	—	—	72	86	125	165	—	95	
42. 谢夫斯克	—	—	101	85	106	—	114	234	186	168
43. 谢尔普霍夫	79	80	44	110	109	99	233	189	318	191
44. 辛比尔斯克	34	51	83	50	71	110	181	285	210	223
45. 苏兹达里	81	83	50	85	86	60	249	127	240	203
46. 坦波夫	46	40	105	58	51	185	138	301	158	161
47. 特维尔	107	110	66	101	131	136	287	224	221	186
48. 特鲁布切夫斯克	68	77	56	124	124	86	228	189	177	174
49. 图拉	56	55	38	75	73	110	199	193	173	169
50. 切博克萨雷	41	42	48	57	83	—	160	—	189	160
51. 沙茨克	65	—		—	—		199		220	200
52. 尤里耶夫	79	90	88	80	114	160	305	309	223	217
53. 亚罗斯拉夫尔	105	90	79	93	90	129	258	264	254	217

续表

城市	1770年	1771年	1772年	1773年	1796年	1797年	1798年	1799年	1800年	1801年
24. 科斯特罗马	188	192	198	195	—	510	457	405	390	395
25. 克罗梅	130	—	—	—	278	215	240	377	360	412
26. 昆古尔	165	113	96	64	517	495	315	217	247	292
27. 库尔斯克	154	96	130	142	202	168	143	212	256	—
28. 利赫文	140	144	149	180	413	—	—	—	—	—
29. 莫斯科	158	157	164	177	—	—	360	—	—	420
30. 穆罗姆	178	114	137	148	342	450	257	367	336	387
31. 姆岑斯克	100	80	124	144	—	260	—	293	315	425
32. 下诺夫哥罗德	233	144	131	136	297	426	217	350	313	370
33. 奥廖尔	132	121	142	—	280	240	220	282	314	240
34. 奔萨	208	75	57	77	—	220	—	180	174	—
35. 佩列斯拉夫尔	163	274	164	204	472	615	502	487	457	435
36. 彼得斯堡	328	244	258	269	664	604	664	736	645	760
37. 里加	283	386	473	410	267	—	—	—	—	—
38. 雷兵斯克	250	224	210	200	—	476	442	460	360	427
39. 雷利斯克	105	126	185	186	380	217	190	300	340	—
40. 梁赞	145	100	110	137	392	—	—	—	330	—
41. 萨马拉	250	133	88	135	375	335	268	240	235	340
42. 谢夫斯克	110	129	173	183	420	200	180	313	335	358
43. 谢尔普霍夫	150	128	148	167	—	—	277	—	—	—
44. 辛比尔斯克	208	75	57	77	305	300	—	—	240	—
45. 苏兹达里	169	175	178	180	457	562	427	420	472	427
46. 坦波夫	122	84	74	69	332	193	190	176	183	271
47. 特普尔	250	250	223	250	—	487	480	510	495	540
48. 特鲁布切夫斯克	125	152	188	—	321	255	270	360	430	490
49. 图拉	127	206	114	143	365	292	255	300	315	417
50. 切博克萨雷	137	103	89	100	—	—	285	247	202	247
51. 沙茨克	138	84	70	105	—	330	316	304	311	412
52. 尤里耶夫	255	190	250	210	—	327	442	502	442	442
53. 亚罗斯拉夫尔	210	223	173	207	490	585	495	457	405	405

表 10　1760～1801 年黑麦零售价格

单位：票面戈比/俄担

城市	1760 年	1761 年	1762 年	1763 年	1764 年	1765 年	1766 年	1767 年	1768 年	1769 年
1. 阿拉特里	42	30	48	53	74	93	252	254	230	180
2. 阿列克辛	60	64	70	87	85	103	185	227	219	213
3. 阿尔扎马斯	44	39	45	56	74	96	245	248	175	184
4. 巴拉赫纳	63	66	65	63	102	128	246	274	228	240
5. 别尔哥罗德	37	40	50	66	55	62	119	120	136	126
6. 别廖夫	45	50	65	80	72	90	186	190	167	—
7. 布良斯克	52	53	97	81	85	115	208	209	168	177
10. 维亚济马	113	108	115	110	106	163	261	259	221	181
12. 格热利斯基	86	84	90	95	110	138	296	296	229	210
13. 叶拉季马	75	63	73	80	85	110	455	255	220	200
14. 叶列茨	24	25	33	61	45	63	136	145	126	114
15. 叶皮凡	35	45	50	58	48	70	171	163	153	143
18. 卡拉切夫	46	55	60	69	79	105	197	226	176	147
19. 卡西莫夫	51	63	66	78	106	115	242	—	—	191
20. 卡希拉	78	72	90	80	89	120	204	215	210	190
21. 科泽利斯克	72	76	82	84	90	120	200	222	193	177
22. 科济莫杰米扬斯克	64	50	38	55	100	115	220	268	185	156
23. 科洛姆纳	78	76	98	97	100	113	229	235	248	228
25. 克罗梅	45	50	70	80	90	120	140	200	195	110

续表

城市	1770 年	1771 年	1772 年	1773 年	1796 年	1797 年	1798 年	1799 年	1800 年	1801 年
1. 阿拉特里	172	118	100	107	567	395	333	213	205	277
2. 阿列克辛	135	130	160	180	419	365	348	404	428	421
3. 阿尔扎马斯	166	114	103	159	389	371	321	281	240	341
4. 巴拉赫纳	186	140	130	150	493	446	410	340	320	363
5. 别尔哥罗德	128	88	120	122	197	154	107	177	213	—
6. 别廖夫	136	99	134	140	350	278	272	345	367	433
7. 布良斯克	110	120	159	181	387	285	234	300	440	470
10. 维亚济马	156	176	188	208	475	370	360	397	537	540
12. 格热利斯基	195	193	200	219	507	330	340	413	488	523
13. 叶拉季马	130	130	130	150	425	370	320	290	258	340
14. 叶列茨	107	60	65	106	250	192	159	204	228	180
15. 叶皮凡	122	71	89	113	350	250	234	263	295	417
18. 卡拉切夫	95	112	161	150	350	270	240	330	356	400
19. 卡西莫夫	168	118	120	143	417	395	360	325	320	390
20. 卡希拉	142	111	129	151	420	353	328	395	407	443
21. 科泽利斯克	130	148	148	162	384	331	289	387	415	467
22. 科济莫杰米扬斯克	143	110	103	118	349	375	320	262	210	240
23. 科洛姆纳	175	136	143	176	505	—	374	—	—	—
25. 克罗梅	124	—	—	—	258	227	230	377	332	375

续表

城市	1760年	1761年	1762年	1763年	1764年	1765年	1766年	1767年	1768年	1769年
26. 昆古尔	34	60	75	90	85	80	108	109	118	119
28. 利赫文	76	88	90	93	117	144	233	232	243	188
30. 穆罗姆	66	64	64	80	92	125	261	260	243	210
31. 姆岑斯克	33	33	45	54	70	80	159	172	165	115
35. 佩列斯拉夫尔	112	101	98	85	101	149	298	297	247	227
38. 雷兵斯克	83	83	80	90	101	153	254	251	242	175
39. 雷利斯克	36	48	56	65	87	110	455	155	160	120
42. 谢夫斯克	32	32	47	68	88	104	181	190	167	154
43. 谢尔普霍夫	64	68	90	97	98	128	230	234	219	194
45. 苏兹达里	56	74	77	77	83	135	282	219	240	210
48. 特鲁布切夫斯克	94	57	50	117	104	127	240	205	194	167
50. 切博克萨雷	36	30	30	46	63	103	124	192	191	460
51. 沙茨克	40	43	42	57	61	73	132	191	206	176
52. 尤里耶夫	64	80	74	76	85	138	200	285	213	207

续表

城市	1770年	1771年	1772年	1773年	1796年	1797年	1798年	1799年	1800年	1801年
26. 昆古尔	168	118	105	66	553	510	300	222	245	310
28. 利赫文	148	144	154	185	428	325	322	411	460	495
30. 穆罗姆	178	157	139	154	497	457	407	394	336	448
31. 姆岑斯克	91	80	116	131	287	227	210	274	314	350
35. 佩列斯拉夫尔	205	228	209	210	637	613	517	481	484	474
38. 雷宾斯克	212	204	210	195	518	480	465	400	390	453
39. 雷利斯克	101	123	175	179	250	194	175	256	280	—
42. 谢夫斯克	97	117	153	171	284	200	169	272	300	339
43. 谢尔普霍夫	137	122	142	162	425	—	350	—	—	—
45. 苏兹达里	199	225	180	178	592	571	482	454	442	477
48. 特鲁布切夫斯克	114	136	163	140	332	245	240	342	396	391
50. 切博克萨雷	146	99	79	96	321	304	280	210	186	240
51. 沙茨克	456	94	92	95	347	297	279	258	287	380
52. 尤里耶夫	190	180	187	200	584	520	465	445	450	467

表 11　1760~1801 年燕麦零售价格

单位：票面戈比/俄担

城市	1760 年	1761 年	1762 年	1763 年	1764 年	1765 年	1766 年	1767 年	1768 年	1769 年
1. 阿拉特里	23	25	25	38	51	67	86	97	84	—
2. 阿列克辛	54	48	48	60	72	88	89	90	93	92
3. 阿尔扎马斯	30	33	39	80	54	67	94	97	68	—
4. 巴拉赫纳	36	40	44	54	63	67	101	104	84	75
5. 别尔哥罗德	28	41	45	44	36	33	58	59	68	68
6. 别廖夫	—	—	—	75	—	64	79	81	85	—
7. 布良斯克	49	45	45	60	88	82	79	79	77	110
10. 维亚济马	70	71	75	83	66	80	85	77	78	84
12. 格热利斯基	51	63	62	64	73	90	95	95	80	75
13. 叶拉季马	49	62	60	55	50	78	—	115	85	69
14. 叶列茨	27	31	47	58	50	60	63	65	68	—
15. 叶皮凡	32	40	44	48	43	59	78	75	65	54
18. 卡拉切夫	—	45	—	57	65	70	74	72	60	93
19. 卡西莫夫	50	57	48	75	84	86	111	115	—	62
20. 卡希拉	36	50	53	55	58	55	98	103	—	—
21. 科泽利斯克	68	96	68	80	76	78	85	90	99	100
22. 科济莫杰米扬斯克	36	38	35	40	45	70	120	120	—	76
23. 科洛姆纳	61	60	70	76	87	85	108	108	99	100
25. 克罗罗梅	50	—	80	90	80	80	80	85	78	58

续表

城市	1770 年	1771 年	1772 年	1773 年	1796 年	1797 年	1798 年	1799 年	1800 年	1801 年
1. 阿拉特里	100	67	69	70	205	200	153	200	220	180
2. 阿列克辛	51	65	81	109	290	238	263	338	335	272
3. 阿尔扎马斯	80	60	74	83	177	240	223	217	260	210
4. 巴拉赫纳	80	88	83	101	206	233	230	232	280	240
5. 别尔哥罗德	45	50	55	40	85	140	113	165	215	—
6. 别廖夫	60	67	82	85	212	197	216	348	387	242
7. 布良斯克	60	75	86	92	275	210	197	237	265	255
10. 维亚济马	63	83	99	115	202	200	186	255	280	252
12. 格热利斯基	71	80	94	104	252	190	197	267	267	240
13. 卡拉季马	—	—	59	64	290	270	240	250	280	260
14. 叶列茨	65	47	56	65	130	160	127	217	270	266
15. 叶皮凡	50	49	56	70	155	165	199	263	280	242
18. 卡拉切夫	50	61	84	90	280	160	187	250	330	264
19. 卡西莫夫	92	70	88	95	220	280	281	277	322	265
20. 卡希拉	63	70	85	105	230	258	256	333	318	298
21. 科泽利斯克	70	77	86	90	247	279	259	367	343	274
22. 科济莫杰米扬斯克	95	87	80	80	193	240	251	180	169	154
23. 科洛姆纳	80	85	95	114	235	—	241	325	—	—
25. 克罗罗梅	—	—	—	—	217	205	180	338	338	227

续表

城市	1760 年	1761 年	1762 年	1763 年	1764 年	1765 年	1766 年	1767 年	1768 年	1769 年
26. 昆古尔	29	40	55	70	60	50	43	43	53	48
28. 利赫文	50	71	70	80	80	96	98	98	116	99
30. 穆罗姆	41	50	58	75	72	89	106	111	95	85
31. 姆岑斯克	38	45	52	59	65	70	67	70	82	84
35. 佩列斯拉夫尔	62	50	55	65	72	75	108	112	120	90
38. 雷兵斯克	63	60	60	70	71	77	98	105	98	78
39. 雷利斯克	28	31	38	45	45	54	45	45	68	47
42. 谢夫斯克	—	—	51	64	56	56	57	63	70	96
43. 谢尔普霍夫	50	56	60	72	82	—	103	103	100	102
45. 苏兹达里	35	36	50	46	63	57	98	97	80	84
48. 特鲁布切夫斯克	74	55	47	81	58	65	77	77	73	92
50. 切博克萨雷	22	22	25	36	57	60	75	73	50	72
51. 沙茨克	25	31	34	45	50	60	83	82	77	66
52. 尤里耶夫	33	40	48	54	69	60	120	116	82	73

续表

城市	1770年	1771年	1772年	1773年	1796年	1797年	1798年	1799年	1800年	1801年
26. 昆古尔	53	56	54	42	250	327	184	165	169	190
28. 利赫文	—	96	109	104	242	240	252	280	353	340
30. 穆罗姆	80	75	97	99	251	288	262	304	298	254
31. 姆岑斯克	50	55	70	76	178	160	170	325	325	245
35. 佩列斯拉夫尔	68	77	85	110	277	286	276	326	312	276
38. 雷兵斯克	72	93	90	112	239	290	320	340	330	320
39. 雷利斯克	47	55	70	79	177	150	136	222	248	—
42. 谢夫斯克	50	56	70	80	210	145	137	258	314	220
43. 谢尔普霍夫	59	73	91	103	277	—	280	360	—	—
45. 苏兹达里	56	75	104	105	235	293	280	288	300	254
48. 特鲁布切夫斯克	71	65	65	—	320	155	164	332	367	247
50. 切博克萨雷	77	49	60	70	162	214	211	147	159	150
51. 沙茨克	75	47	62	67	163	188	198	205	230	253
52. 尤里耶夫	82	69	82	93	212	282	257	281	296	256

表 12 1760～1801 年大麦零售价格

单位：票面戈比/俄担

城市	1760 年	1761 年	1762 年	1763 年	1764 年	1765 年	1766 年	1767 年	1768 年	1769 年
1. 阿拉特里	55	—	—	—	—	—	108	77	141	—
2. 阿列克辛	—	52	56	76	65	72	148	152	160	138
4. 巴拉赫纳	—	—	52	45	—	80	—	—	—	60
5. 别尔哥罗德	—	—	—	—	—	—	60	60	65	60
6. 别廖夫	65	44	—	—	—	105	140	125	130	110
7. 布良斯克	—	—	—	—	—	—	—	—	—	—
8. 弗拉基米尔	—	—	—	—	—	—	—	—	—	61
9. 沃罗涅日	30	—	70	81	47	48	50	52	70	—
10. 维亚济马	73	—	—	—	—	160	161	160	—	111
11. 维亚特卡	—	64	70	—	91	106	94	105	116	150
12. 格热利斯基	36	—	—	—	—	—	192	191	169	—
14. 叶列沃	—	—	—	—	—	—	110	—	120	—
16. 喀山	53	—	—	—	50	—	116	140	148	80
17. 卡卢加	—	73	58	59	72	—	121	125	91	—
18. 卡拉切夫	—	—	—	70	73	—	—	—	—	—
20. 卡希拉	68	96	66	—	—	75	148	160	150	129
21. 科泽利斯克	56	50	60	74	78	70	158	146	153	130
23. 科洛姆纳	60	60	66	84	89	90	197	164	—	130
24. 科斯特罗马	44	69	85	100	90	95	94	201	138	91
26. 昆古尔	—	—	—	—	—	96	—	92	75	—
27. 库尔斯克	—	—	—	—	—	—	—	—	—	—

续表

城市	1770 年	1771 年	1772 年	1773 年	1796 年	1797 年	1798 年	1799 年	1800 年	1801 年
1. 阿拉特里	120	—	—	—	315	—	—	—	—	—
2. 阿列克辛	125	110	112	140	—	256	262	340	345	316
4. 巴拉赫纳	—	—	—	—	—	—	—	—	280	—
5. 别尔哥罗德	63	49	61	45	—	150	153	190	227	—
6. 别廖夫	—	—	—	—	323	238	207	—	—	260
7. 布良斯克	80	64	—	—	365	340	221	800	—	—
8. 弗拉基米尔	—	—	—	—	298	338	342	—	—	—
9. 沃罗涅日	56	45	51	53	230	148	147	202	198	176
10. 维亚济马	—	—	—	159	400	266	251	297	312	376
11. 维亚特卡	88	45	106	67	240	233	279	—	223	266
12. 格热利斯基	126	152	153	168	325	238	258	226	325	364
14. 叶列茨	—	—	—	—	—	—	225	—	—	—
16. 喀山	111	105	—	70	—	—	—	—	—	—
17. 卡卢加	—	—	—	95	312	247	239	343	322	289
18. 卡拉切夫	—	—	—	—	—	175	180	250	—	—
20. 卡希拉	81	70	96	127	305	240	272	382	352	304
21. 科泽利斯克	93	98	126	131	265	240	248	336	342	298
23. 科洛姆纳	90	86	95	124	310	—	368	420	—	—
24. 科斯特罗马	140	150	173	160	410	415	415	415	410	430
26. 昆古尔	153	120	108	63	444	—	—	230	250	—
27. 库尔斯克	—	—	—	—	—	300	—	215	344	280

续表

城市	1760年	1761年	1762年	1763年	1764年	1765年	1766年	1767年	1768年	1769年
29. 莫斯科	—	—	—	—	—	—	—	—	—	—
30. 穆罗姆	—	—	—	60	70	—	—	—	—	137
31. 姆岑斯克	—	—	—	—	—	—	—	—	—	—
32. 下诺夫哥罗德	50	45	41	59	66	75	154	158	86	110
33. 奥廖尔	—	—	—	—	—	—	112	114	120	115
34. 奔萨	—	—	—	—	—	—	—	—	144	136
35. 佩列斯拉夫尔	91	70	73	105	86	83	135	140	142	—
36. 彼得堡	—	—	—	—	—	—	—	—	—	120
37. 里加	187	167	177	173	170	163	170	177	187	207
38. 雷兵斯克	—	80	75	90	60	120	180	176	170	—
40. 梁赞	—	—	—	—	—	—	—	—	—	—
41. 萨马拉	—	—	75	80	—	60	96	95	93	120
43. 谢尔普霍夫	49	50	63	64	70	—	148	146	149	145
44. 辛比尔斯克	20	22	29	37	49	—	120	120	98	—
45. 苏兹达里	—	—	—	—	—	—	—	—	—	—
46. 坦波夫	—	—	—	—	—	—	72	—	80	80
47. 特维尔	94	80	90	99	110	120	191	171	169	165
48. 特鲁布切夫斯克	—	—	—	—	—	—	148	147	102	—
49. 图拉	68	40	58	65	70	80	122	123	144	110
50. 切博克萨雷	31	30	30	35	50	—	—	—	53	90
51. 沙茨克	—	—	—	—	—	—	102	109	108	105
52. 尤里耶夫	65	60	60	65	—	99	—	—	160	—
53. 亚罗斯拉夫尔	60	65	68	83	87	90	206	177	180	180

续表

城市	1770 年	1771 年	1772 年	1773 年	1796 年	1797 年	1798 年	1799 年	1800 年	1801 年
29. 莫斯科	—	—	—	—	332	—	339	—	352	—
30. 穆罗姆	135	120	—	130	—	—	400	—	—	—
31. 姆岑斯克	—	—	—	—	300	230	236	277	390	330
32. 下诺夫哥罗德	130	113	99	—	—	330	290	250	246	270
33. 奥廖尔	—	67	63	64	412	367	320	298	415	280
34. 奔萨	130	—	—	—	—	—	75	110	—	—
35. 佩列斯拉夫尔	132	120	148	180	464	396	437	400	425	513
36. 彼得堡	223	270	327	287	550	460	550	—	—	—
37. 里加	116	—	—	—	—	—	—	—	—	—
38. 雷宾斯克	—	—	—	—	405	359	418	366	340	430
40. 梁赞	125	—	—	85	499	360	233	380	320	—
41. 萨马拉	70	72	111	112	—	—	—	—	—	—
43. 谢尔普霍夫	—	—	—	80	280	—	—	—	—	—
44. 辛比尔斯克	—	—	—	—	—	—	130	—	—	—
45. 苏兹达里	—	—	—	—	—	350	375	400	—	—
46. 坦波夫	—	—	—	—	—	—	—	165	—	—
47. 特维尔	112	135	145	170	320	370	340	430	439	450
48. 特鲁布切尔夫斯克	90	—	80	—	380	175	192	355	375	—
49. 图拉	80	66	87	117	230	257	240	320	311	270
50. 切博克萨雷	—	—	—	—	—	—	—	—	—	—
51. 沙茨克	—	—	—	—	—	—	280	—	—	275
52. 尤里耶夫	125	130	164	173	—	—	375	375	462	500
53. 亚罗斯拉夫尔	—	—	—	—	310	400	—	—	—	—

表 13　1760~1801 年小麦零售价格

单位：票面戈比／俄担

城市	1760 年	1761 年	1762 年	1763 年	1764 年	1765 年	1766 年	1767 年	1768 年	1769 年
1. 阿拉特里	—	—	—	—	—	260	—	243	234	—
2. 阿列克辛	—	—	—	—	—	—	—	—	320	—
3. 阿尔扎马斯	—	—	—	136	—	—	—	278	—	—
4. 巴拉赫纳	120	110	125	127	179	170	210	283	205	280
5. 别尔哥罗德	—	—	—	—	—	—	—	—	166	—
6. 别廖夫	—	—	—	170	—	200	295	256	246	—
7. 布良斯克	—	—	—	—	—	—	—	—	—	—
8. 弗拉基米尔	—	—	—	—	—	—	—	—	—	—
9. 沃罗涅日	—	—	—	—	—	—	—	—	—	—
10. 维亚济马	—	—	170	—	—	153	—	300	261	265
11. 维亚特卡	130	—	—	—	—	—	—	—	—	236
12. 格热利斯基	—	—	—	—	—	—	—	—	—	216
13. 叶拉季马	—	—	—	—	—	—	—	—	—	—
14. 叶列茨	107	110	118	138	160	170	185	199	200	265
15. 叶皮凡	—	—	—	—	—	—	—	242	240	236
16. 喀山	90	85	100	115	160	165	190	220	267	216
17. 卡卢加	—	—	—	—	—	—	—	260	—	—
18. 卡拉切夫	—	173	—	158	173	160	—	—	—	298
19. 卡西莫夫	157	140	172	198	200	180	210	242	251	228
20. 卡希拉	—	—	—	—	—	220	—	300	—	—
21. 科泽利斯克	—	200	212	228	224	220	201	202	—	—

续表

城市	1770年	1771年	1772年	1773年	1796年	1797年	1798年	1799年	1800年	1801年
1. 阿拉特里	311	—	—	255	757	705	679	564	600	620
2. 阿列克辛	—	—	—	—	890	838	804	835	—	—
3. 阿尔扎马斯	—	—	—	—	722	805	690	607	600	720
4. 巴拉赫纳	302	275	255	292	746	770	701	695	800	745
5. 别尔哥罗德	—	—	—	—	455	403	350	465	415	—
6. 别廖夫	—	—	—	—	962	708	694	770	917	960
7. 布良斯克	—	—	—	—	—	720	667	770	828	885
8. 弗拉基米尔	—	—	—	—	862	864	823	825	843	817
9. 沃罗涅日	—	—	—	—	690	471	428	536	654	628
10. 维亚济马	187	—	—	—	—	1256	—	1104	—	1360
11. 维亚特卡	—	180	240	—	765	599	499	—	590	721
12. 格热利斯基	—	—	—	—	967	627	747	750	900	950
13. 叶拉季马	—	—	—	—	730	764	720	—	760	—
14. 叶列茨	—	—	—	—	728	712	722	560	1075	820
15. 叶皮凡	—	—	—	—	760	800	800	—	—	—
16. 喀山	—	260	—	240	—	840	800	472	600	600
17. 卡卢加	—	—	—	—	968	876	802	846	868	934
18. 卡拉切夫	—	—	—	—	1050	700	727	750	850	857
19. 卡西莫夫	240	—	—	—	700	747	790	800	800	805
20. 卡希拉	—	—	—	—	920	817	806	828	888	—
21. 科泽利斯克	—	—	—	—	870	1184	693	776	858	876

续表

城市	1760 年	1761 年	1762 年	1763 年	1764 年	1765 年	1766 年	1767 年	1768 年	1769 年
22. 科济莫杰米扬斯克	—	—	—	—	—	—	—	—	—	—
23. 科洛姆纳	156	170	190	184	179	160	—	306	318	310
24. 科斯特罗马	138	—	—	152	168	167	—	313	272	278
25. 克罗梅	—	—	—	195	210	254	280	320	—	264
26. 昆古尔	—	—	—	—	—	175	200	240	235	232
27. 库尔斯克	114	117	120	123	130	140	—	192	196	200
28. 利赫文	160	173	180	183	182	200	—	277	289	275
29. 莫斯科	—	—	—	—	—	—	—	—	—	—
30. 穆罗姆	131	—	—	155	163	190	—	334	296	283
31. 姆岑斯克	128	135	140	149	173	163	—	237	245	204
32. 下诺夫哥罗德	—	—	—	—	—	—	—	—	—	—
33. 奥廖尔	—	—	—	—	—	220	—	278	248	249
34. 奔萨	85	90	—	120	125	160	—	239	301	330
35. 佩列斯拉夫尔	—	—	—	—	—	—	—	360	330	—
36. 彼得斯堡	—	—	—	—	—	—	—	—	380	410
37. 里加	306	317	325	313	313	328	334	372	381	413
38. 雷宾斯克	—	—	—	—	—	—	—	—	—	—
39. 雷利斯克	—	—	—	—	—	—	—	—	—	—
40. 梁赞	70	—	—	—	—	—	—	—	—	—
41. 萨马拉	—	—	—	—	—	165	—	—	—	—
42. 谢夫斯克	—	—	—	189	220	216	—	360	319	265

续表

城市	1770年	1771年	1772年	1773年	1796年	1797年	1798年	1799年	1800年	1801年
22. 科济莫杰米扬斯克	—	—	—	—	—	680	—	576	584	544
23. 科洛姆纳	—	—	—	—	935	—	896	—	—	—
24. 科斯特罗马	—	—	—	—	918	—	632	—	—	—
25. 克罗梅	—	—	—	—	767	693	—	—	—	—
26. 昆古尔	240	230	208	192	1112	1300	1200	720	536	—
27. 库尔斯克	—	—	—	—	799	6C0	—	720	820	—
28. 利赫文	—	—	—	—	954	825	827	857	867	1034
29. 莫斯科	—	—	315	313	945	720	—	845	—	760
30. 穆罗姆	—	—	—	—	708	772	759	730	825	834
31. 姆岑斯克	—	—	240	245	745	700	613	700	853	884
32. 下诺夫哥罗德	—	—	—	—	700	725	676	612	740	681
33. 奥廖尔	—	—	—	—	812	747	649	657	760	—
34. 奔萨	380	—	—	280	750	640	593	480	576	778
35. 佩列斯拉夫尔	—	—	—	—	870	805	841	807	838	850
36. 彼得堡	406	434	397	403	985	1040	1170	1630	1600	1700
37. 里加	—	—	—	—	1478	816	898	937	1626	1656
38. 雷宾斯克	—	—	—	—	—	864	—	720	833	1344
39. 雷利斯克	—	—	—	—	659	738	547	700	640	—
40. 梁赞	—	—	—	—	850	854	767	760	780	838
41. 萨马拉	374	—	—	240	622	700	600	495	510	612
42. 谢夫斯克	—	—	—	—	807	745	553	707	987	1007

俄国粮食价格研究（18 世纪至 20 世纪初）

续表

城市	1760 年	1761 年	1762 年	1763 年	1764 年	1765 年	1766 年	1767 年	1768 年	1769 年
43. 谢尔普霍夫	—	—	—	—	—	—	—	—	—	—
44. 辛比尔斯克	—	65	90	96	122	180	210	229	201	230
45. 苏兹达里	135	150	171	145	175	195	—	307	290	—
46. 坦波夫	110	115	120	125	130	119	118	117	202	213
47. 特维尔	—	—	—	195	220	—	—	360	319	304
48. 特鲁布切夫斯克	193	175	152	181	165	211	—	304	230	310
49. 图拉	138	130	127	180	200	190	215	260	264	233
50. 切博克萨雷	—	—	—	—	—	—	—	—	—	—
51. 沙茨克	110	135	130	133	123	138	—	248	278	259
52. 尤里耶夫	121	130	130	148	—	190	—	320	300	—
53. 亚罗斯拉夫尔	165	170	175	190	215	210	280	350	323	315

续表

城市	1770 年	1771 年	1772 年	1773 年	1796 年	1797 年	1798 年	1799 年	1800 年	1801 年
43. 谢尔普霍夫	—	—	—	—	1000	—	837	825	—	—
44. 辛比尔斯克	—	—	—	—	850	840	1040	596	550	—
45. 苏兹达里	—	—	—	—	833	882	849	862	925	852
46. 坦波夫	—	—	—	230	710	607	648	660	820	850
47. 特维尔	—	—	—	—	840	960	1000	950	929	1063
48. 特鲁布切夫斯克	—	—	—	—	845	702	659	824	898	850
49. 图拉	—	—	—	—	1200	862	750	750	804	860
50. 切博克萨雷	—	—	—	—	—	1064	656	560	528	576
51. 沙茨克	—	—	315	318	757	800	638	667	812	900
52. 尤里耶夫	—	—	—	—	867	797	769	793	914	828
53. 亚罗斯拉夫尔	335	340	303	414	903	870	837	832	848	857

表 14　1760~1801 年荞麦米零售价格

单位：票面戈比/俄担

城市	1760年	1761年	1762年	1763年	1764年	1765年	1766年	1767年	1768年	1769年	1770年	1771年	1772年	1773年	1796年	1797年	1798年	1799年	1800年	1801年
1. 阿拉特里	—	96	—	190	—	170	252	260	250	—	275	203	196	216	550	415	505	393	430	453
2. 阿列克辛	108	111	108	133	154	106	248	251	337	268	—	220	252	280	576	428	495	565	493	513
3. 阿尔扎马斯	93	100	107	126	127	240	241	261	195	—	254	194	196	220	453	580	430	433	420	500
4. 巴拉赫纳	118	113	112	166	168	176	276	286	273	340	321	210	216	260	560	590	564	630	548	560
5. 别尔哥罗德	85	103	78	107	130	148	191	144	184	194	175	167	196	193	337	444	358	460	545	—
6. 别廖夫	—	—	—	160	—	145	208	209	218	—	180	180	241	245	447	365	444	533	484	443
7. 布良斯克	92	122	80	160	144	160	211	218	213	200	180	184	248	246	470	350	356	520	573	453
8. 弗拉基米尔	159	160	159	173	172	—	302	297	284	300	277	226	284	279	574	570	595	608	506	542
9. 沃罗涅日	90	73	71	100	114	115	145	148	159	170	151	117	131	136	284	176	204	294	246	240
10. 维亚济马	157	153	128	200	152	136	—	262	243	250	226	246	230	290	582	550	520	825	840	—
11. 格热利斯卡	146	125	150	180	196	185	290	293	267	264	260	252	307	349	584	520	—	—	700	—
12. 格热利斯基	150	—	145	—	160	—	—	—	195	—	220	—	—	—	625	500	520	650	430	472
13. 叶列茨	82	71	70	130	130	110	144	172	106	173	160	114	148	156	490	464	440	458	265	310
14. 叶皮凡	83	90	95	98	92	103	177	260	—	240	146	130	152	172	258	285	350	388	443	435
15. 喀山	151	120	135	149	173	180	260	224	240	205	270	416	231	248	410	390	418	548	410	383
16. 卡卢加	99	102	107	134	140	130	210	—	213	199	135	184	257	240	569	525	540	370	548	498
17. 卡拉切夫	—	94	—	157	141	130	221	235	151	231	220	194	218	235	476	448	536	665	469	446
18. 卡西莫夫	130	134	123	180	170	190	263	244	240	—	—	170	231	262	500	350	347	586	450	446
19. 卡希拉	144	144	144	120	139	—	221	360	—	224	224	198	275	280	437	480	423	450	482	525
20. 科泽利斯克	152	124	160	157	—	160	—	240	265	230	—	214	—	—	465	420	497	635	532	523
21. 科济莫杰米扬斯克	141	127	135	158	200	153	400	313	271	224	344	—	262	275	478	423	490	620	680	840
22. 科洛姆纳	150	150	145	165	200	165	238	—	—	235	238	211	273	285	640	880	660	693	506	—
23. 科斯特罗马	—	—	—	—	166	—	304	—	—	247	287	221	—	—	550	477	475	506	605	620
24. 科斯特罗夫	—	—	—	—	163	—	—	—	—	—	—	—	—	—	572	—	546	557	—	—
25. 克罗梅	—	—	—	—	—	—	350	—	—	—	—	—	—	—	395	292	347	522	397	435

续表

城市	1760 年	1761 年	1762 年	1763 年	1764 年	1765 年	1766 年	1767 年	1768 年	1769 年	1770 年	1771 年	1772 年	1773 年	1796 年	1797 年	1798 年	1799 年	1800 年	1801 年
26. 昆古尔	—	—	—	—	—	200	272	—	231	289	320	—	—	—	—	440	341	575	—	—
27. 库尔斯克	84	84	146	145	158	130	163	160	155	156	160	136	166	206	307	477	519	720	400	596
28. 利藤文	120	135	140	160	176	168	260	245	180	168	211	240	279	280	492	—	512	650	550	—
29. 莫斯科	157	125	—	177	148	196	233	274	373	233	200	228	285	280	462	528	494	527	481	521
30. 穆罗姆	130	63	130	150	99	104	270	178	237	252	264	205	197	241	595	337	394	508	434	400
31. 姆岑斯克	100	160	100	105	135	210	190	178	176	156	145	142	197	213	339	596	530	530	550	520
32. 下诺夫哥罗德	100	70	100	115	95	210	262	314	250	—	333	173	216	195	510	305	372	518	403	368
33. 奥廖尔	69	90	120	115	150	134	163	178	227	158	—	168	193	150	333	360	320	297	334	385
34. 奔萨	88	—	150	150	227	215	153	157	200	231	270	132	135	310	365	601	620	785	684	620
35. 佩列斯拉夫尔	150	140	140	182	318	250	300	293	272	250	305	296	270	490	725	640	—	—	—	—
36. 彼得堡	—	—	110	325	—	183	280	293	317	330	363	360	421	310	900	648	900	1240	1320	1440
37. 里加	180	145	117	145	195	140	160	160	243	146	260	232	270	232	690	600	480	800	740	—
39. 雷利斯克	85	95	—	125	120	150	237	266	126	223	128	137	203	268	339	437	450	400	400	460
40. 梁赞	120	114	172	145	146	218	265	—	243	224	204	170	223	232	489	360	400	543	440	430
41. 萨马拉	—	—	—	—	132	140	198	245	231	173	143	215	233	232	460	300	294	440	402	390
42. 谢夫斯克	106	105	120	145	145	—	244	157	200	224	206	290	244	272	410	—	471	480	410	382
43. 谢尔普霍夫	101	90	330	124	157	170	152	281	300	231	270	132	135	150	473	470	410	480	327	—
44. 辛比尔斯克	140	130	121	158	152	213	272	164	204	290	273	210	270	300	740	649	583	382	646	588
45. 苏兹达里	130	120	198	125	172	120	164	164	270	173	152	140	149	163	685	290	304	710	315	340
46. 坦波夫	179	196	101	200	130	200	320	394	189	312	280	304	354	360	317	592	—	332	748	—
47. 特维尔	98	151	80	159	200	167	242	245	202	190	170	190	228	—	740	327	360	814	527	453
48. 特鲁布切夫斯克	105	69	120	137	169	113	86	187	271	175	160	148	217	240	388	354	434	536	420	422
49. 图拉	135	120	102	208	111	181	—	239	338	193	190	119	138	216	450	—	613	496	667	800
50. 切博克萨雷	96	120	160	113	127	150	191	198	300	340	386	360	402	178	—	480	511	570	423	423
51. 沙茨克	160	122	144	202	120	—	424	390	—	256	288	323	308	400	427	599	597	470	553	585
52. 尤里耶夫	176	160	160	182	220	204	324	325	—	—	—	360	—	336	667	598	597	700	665	—
53. 亚罗斯拉夫尔	—	—	—	—	204	—	—	—	300	256	288	323	308	336	677	598	780	780	665	—

表15 1772~1801年黑麦零售价格

单位：票面戈比/俄担

城市	1772年	1773年	1774年	1775年	1776年	1777年	1778年	1779年	1780年	1781年	1796年	1797年	1798年	1799年	1800年	1801年
1. 亚速⊗	200	190	180	160	195	150	140	155	160	140	400	190	200	275	300	—
2. 阿拉特里 *	100	107	262	293	120	90	87	91	103	81	478	385	310	206	197	272
3. 亚历山德罗夫	—	—	—	310	265	180	150	145	105	130	685	599	485	497	474	448
4. 阿尔汉格尔斯克 *	280	230	190	—	220	195	168	184	214	157	493	512	638	488	487	423
5. 阿斯特拉罕 *	113	145	293	267	315	352	170	201	243	—	386	319	276	267	265	318
6. 巴赫穆纳 *	130	150	185	—	—	120	105	113	115	160	464	419	386	319	301	341
7. 巴赫穆特	180	120	270	327	120	100	120	120	140	150	321	178	163	320	315	—
8. 别热茨克	216	210	—	—	231	157	180	191	220	208	500	476	497	460	470	468
9. 别雷	240	232	—	—	158	162	150	169	195	230	555	427	447	527	645	710
10. 别列佐夫	120	115	128	128	128	160	160	136	130	—	630	315	239	221	228	199
11. 大卢基	309	285	219	231	214	180	146	160	182	236	560	544	508	695	772	799
12. 韦尔霍图耶	120	110	120	176	176	200	160	130	128	135	840	630	330	277	285	300
13. 弗拉基米尔 *	180	215	—	—	—	—	—	210	215	160	512	500	392	422	393	455
14. 维堡	—	400	395	306	381	375	351	267	404	408	736	736	768	700	700	—
15. 维特格拉	310	300	—	255	—	232	225	246	221	232	577	585	540	630	560	640
16. 上沃洛乔夫斯克	240	225	—	—	240	202	187	217	232	210	580	570	540	540	547	580
17. 维亚洛马 *	188	208	188	290	206	149	120	143	176	152	449	350	340	375	507	510
18. 维亚特卡 *	125	72	—	—	134	103	94	85	90	140	254	304	294	192	168	189
19. 格列茨克 *	200	219	—	—	187	154	165	170	143	163	487	317	326	397	468	502
20. 丹尼洛夫	200	224	—	—	—	165	150	152	230	222	720	650	515	398	435	380
21. 德米特洛夫	216	200	173	226	196	183	134	183	192	144	600	560	526	550	581	605
22. 杜霍夫希纳	220	230	225	—	165	164	165	156	167	223	477	333	324	550	664	670
23. 叶拉季马 *	130	150	—	—	113	105	116	108	118	100	420	340	320	280	245	320
24. 叶卡捷琳堡	96	75	102	124	150	158	128	96	102	101	787	553	282	210	203	200

续表

城市	1772年	1773年	1774年	1775年	1776年	1777年	1778年	1779年	1780年	1781年	1796年	1797年	1798年	1799年	1800年	1801年
25. 祖布佐夫	240	230	—	—	300	225	217	247	225	202	460	440	489	536	621	629
26. 伊尔库茨克&*	96	92	—	89	64	63	116	188	168	184	—	150	180	120	373	—
27. 卡卢加*	125	140	—	—	—	202	128	220	128	120	372	303	273	342	507	455
28. 卡利亚津&#	202	205	—	—	187	400	158	550	225	187	590	615	537	506	—	490
29. 勘察加	350	375	—	—	—	—	500	254	500	—	360	255	255	255	456	—
30. 卡尔戈波尔	210	210	329	363	260	284	260	367	259	260	440	450	480	472	790	506
31. 克拉斯诺达尔	—	400	329	191	324	327	340	183	404	384	744	736	750	850	457	—
32. 卡申	235	220	229	317	252	172	158	107	206	184	545	624	556	470	188	505
33. 基辅*	195	190	235	270	75	59	61	230	—	—	173	137	111	172	—	230
34. 克林*	250	220	210	225	264	170	160	187	248	200	570	—	486	—	—	—
35. 科洛姆纳	143	176	375	—	198	165	143	100	165	121	484	—	358	—	—	—
36. 君士坦丁堡	110	100	—	—	90	90	100	—	110	110	175	140	145	—	—	—
37. 科波里耶&	258	269	281	304	281	258	242	242	—	—	630	577	619	630	610	622
38. 科斯特罗马*	180	190	235	350	250	210	200	235	280	230	517	498	437	392	385	366
39. 喀琅施塔得&	285	287	268	322	354	278	249	280	244	213	810	737	815	901	788	932
40. 昆古尔	105	66	105	137	142	135	120	130	108	132	517	495	300	200	232	280
41. 库尔梅什	139	145	300	298	195	158	160	160	159	159	380	370	370	284	254	342
42. 列别姜	72	90	—	138	95	80	66	97	—	—	290	183	167	183	249	330
43. 利佩茨克	80	100	122	160	73	63	62	61	180	61	300	175	148	142	209	296
44. 柳比姆	220	200	250	320	273	168	146	157	225	170	650	620	508	410	444	400
45. 莫洛加	208	216	209	275	280	167	157	155	185	185	519	553	505	420	410	405
46. 莫斯科*	160	160	194	246	215	146	133	142	172	142	443	421	364	428	449	468
47. 穆罗姆*	139	154	185	320	172	138	134	120	320	150	476	438	369	361	313	434
48. 纳尔瓦&	488	414	329	327	351	342	324	330	—	—	750	704	735	745	783	866
49. 纳雷姆	96	131	120	160	120	192	—	—	96	96	443	211	179	168	180	280
50. 涅任	127	197	217	203	73	44	60	79	112	93	165	180	—	240	200	150
51. 尼尔奇克	—	400	330	362	323	327	341	367	404	383	824	800	770	—	720	—
52. 涅列赫塔&#	177	480	240	290	230	200	—	—	360	—	650	620	511	495	443	375
53. 涅尔琴斯克&#	18	20	21	29	31	32	32	40	25	23	—	40	—	51	—	—
54. 诺夫哥罗德*	288	328	300	280	234	204	198	235	270	273	489	550	575	578	617	607

续表

城市	1772年	1773年	1774年	1775年	1776年	1777年	1778年	1779年	1780年	1781年	1796年	1797年	1798年	1799年	1800年	1801年
55. 奥波奇卡#	296	296	275	—	240	264	240	234	239	256	637	604	576	658	873	948
56. 奥伦堡#	17	15	—	32	28	16	19	20	22	—	747	472	328	376	326	362
57. 奥斯塔什科夫&#	—	—	—	—	240	187	187	240	230	225	595	548	640	660	669	811
58. 鄂霍茨克&#	91	133	243	276	135	92	200	175	190	105	360	255	255	255	—	288
59. 巴甫洛夫斯克*	65	70			110		95	100	95	100	400	212	170	202	265	230
60. 奔萨*	209	210	240	340	280	190	160	250	240	170	276	252	220	162	167	230
61. 佩列斯拉夫尔*	258	269	284	295	281	258	209	242	305	310	609	548	483	468	461	468
62. 彼得堡	300	307	—	255	—	—	209	242	305	234	640	592	640	713	625	736
63. 彼得罗扎沃茨克	315	—	—		275		—	297	397	240	593	615	594	582	613	603
64. 波洛茨克			200					200	180	—	—	—	—	—	—	—
65. 波列奇耶	190	200		260	155	160	170	175	180	187	558	392	370	500	668	660
66. 波洛霍夫	352	340	280	305	242	218	204	230	270	265	517	523	556	606	695	830
67. 普斯科夫*	325	320	270	317	216	208	280	197	234	232	530	505	533	652	846	880
68. 里加	440	410	230	350	270	217	213	200	217	237	822	534	705	840	1040	1070
69. 罗曼诺夫	225	235	245	260	275	180	163	223	225	180	650	582	488	418	423	586
70. 罗姆内	315	—	200		300		60	75	85	—	172	180	—	240	150	140
71. 罗斯托夫	190	210	220	305	255	200	190	250	270	180	575	600	519	520	515	510
72. 雷宾斯克*	210	195	225	320	140	165	145	215	220	172	480	439	425	366	350	414
73. 萨兰斯克	56	130				80	72	100	110	100	360	330	251	200	220	282
74. 塞尔多博尔			386		160	300	260	—	283	399	864	736	768	720	720	—
75. 斯科平	85	115	120	160	236	160	85	150	140	90	370	242	217	282	282	407
76. 斯莫棱斯克*	225	210	192	158	180	202	157	159	247	225	432	328	304	401	610	570
77. 索利卡姆斯克	150	100	95	175	110	162	145	146	157	197	520	570	435	260	251	305
78. 斯塔夫罗波尔	69	93		225	232	81	70	92	110	123	440	340	240	190	182	257
79. 斯塔里里察	225	220	220	310	265	225	217	225	180	—	514	520	550	550	550	585
80. 苏兹达里	180	178	200	160	195	172	160	203	180	150	574	550	471	452	427	465
81. 苏尔古特*	115	125	180	185	126	150	129	122	104	—	675	339	258	235	246	217
82. 塔甘罗格&	200	190	123	130	104		140	155	160	140	405	195	205	280	305	—
83. 坦波夫*	64	88				113	85	60	90	55	267	188	181	172	175	245
84. 塔拉	84	103	96			144	120	112	72	64	712	344	290	327	320	255

续表

城市	1772年	1773年	1774年	1775年	1776年	1777年	1778年	1779年	1780年	1781年	1796年	1797年	1798年	1799年	1800年	1801年
85. 特维尔*	226	220	240	—	232	187	165	172	225	187	505	491	470	488	511	547
86. 捷姆尼科夫	96	120	—	200	150	120	100	80	130	140	430	374	329	290	258	340
87. 托博尔斯克	84	84	82	100	105	145	120	120	90	110	740	390	340	342	319	260
88. 托博尔斯克县	82	80	82	106	105	130	120	110	90	110	705	360	247	240	245	230
89. 托木斯克*	130	89	94	120	—	80	90	86	90	—	412	180	128	150	187	330
90. 托尔若克	260	245	—	—	240	198	172	262	247	187	600	513	525	555	530	618
91. 托罗佩茨	320	304	—	—	216	208	192	200	248	264	705	685	606	567	643	832
92. 图拉*	110	130	149	175	108	100	87	104	115	83	360	279	242	292	305	403
93. 图林斯克	96	80	—	—	130	125	120	75	—	129	650	337	254	220	225	230
94. 乌格利奇	216	220	212	263	256	168	144	128	200	170	572	585	560	490	500	445
95. 乌斯曼	63	80	149	205	135	76	92	85	—	—	245	186	171	154	190	264
96. 弗里德里赫斯加姆	—	—	—	—	300	320	393	400	400	360	864	664	696	736	750	—
97. 霍佩尔斯克	100	120	222	260	100	114	110	113	137	109	350	241	220	215	250	300
98. 察雷沃科克谢斯克	120	110	166	163	183	138	102	112	142	162	327	382	340	202	210	202
99. 沙德林斯克	70	56	80	—	120	120	100	100	80	—	717	400	213	153	142	172
100. 施利塞尔堡&	220	220	255	245	222	212	210	231	—	—	675	577	645	—	600	660
101. 尤赫诺夫	135	160	—	—	225	145	138	155	178	160	470	312	329	438	480	493
102. 亚德林	134	135	155	155	131	146	151	148	73	164	368	360	330	222	184	288
103. 雅库茨克&	32	32	38	28	30	28	26	32	35	38	59	60	60	—	—	—
104. 扬堡&	258	269	291	303	281	258	210	242	—	—	540	610	600	652	700	774
105. 雅罗斯拉夫	192	189	234	250	310	170	165	230	287	185	523	507	469	420	406	377

注：& 为面粉数据，* 为 1796～1801 年该市各县平均价格，# 为一普特价格，1796～1801 年奥伦堡的数据为一俄担黑麦和燕麦的价格。

表16 1772~1801年燕麦零售价格

单位：票面戈比/俄担

城市	1772年	1773年	1774年	1775年	1776年	1777年	1778年	1779年	1780年	1781年	1796年	1797年	1798年	1799年	1800年	1801年
2. 阿拉特里*	69	70	192	110	64	71	80	68	72	—	190	200	140	130	180	160
3. 亚历山德罗夫	—	—	110	200	180	80	75	120	125	103	255	290	326	361	331	294
5. 阿斯特拉罕*	134	118	118	160	169	116	121	124	259	100	—	—	190	238	191	192
6. 巴拉赫纳	83	101	140	110	105	80	75	90	90	130	194	219	216	218	264	226
7. 巴赫穆特	110	80	156	155	90	80	95	110	125	125	220	154	128	175	242	—
8. 别热茨克	99	110	112	160	131	100	105	111	129	—	260	233	283	314	310	240
10. 别列佐夫	60	62	64	64	64	80	80	68	72	—	240	261	250	190	189	191
11. 大卢基	148	137	106	110	118	112	87	80	116	133	287	337	312	380	380	300
12. 韦尔霍图耶	80	75	83	80	95	90	110	75	75	85	528	422	258	290	220	182
14. 维堡	—	—	106	—	208	205	198	195	216	229	199	339	249	263	279	263
18. 维亚特卡*	72	57	—	—	84	48	—	45	54	60	170	181	157	128	110	136
20. 丹尼洛夫	128	131	—	—	—	—	80	96	130	127	320	323	315	340	375	—
21. 德米特洛夫	124	109	163	211	174	108	106	150	193	147	250	—	240	340	—	240
23. 叶尔季马*	59	64	130	140	90	80	72	94	110	92	260	220	220	—	260	—
26. 伊尔库茨克	134	140	—	120	106	116	187	160	192	256	—	208	216	176	—	—
31. 克拉斯诺达尔	—	159	220	183	180	211	187	181	203	196	400	440	486	400	400	260
32. 卡申	122	134	137	190	165	96	85	112	129	118	213	300	293	312	317	260
33. 基辅*	112	87	150	86	67	45	66	65	—	—	95	142	165	231	196	172
34. 克林	111	113	160	201	177	120	118	146	176	160	267	—	310	415	—	—
35. 科洛姆纳*	95	114	160	200	154	110	110	142	176	121	226	—	232	313	—	—
36. 君士坦丁堡	60	40	250	160	40	40	70	76	90	100	80	90	95	—	—	—
37. 科波里耶*	150	195	195	214	199	183	153	170	—	—	310	410	440	468	455	440
38. 科斯特罗马*	91	115	140	120	150	140	—	—	170	—	213	255	231	270	305	250
40. 昆古尔	61	70	73	88	67	57	76	63	48	43	230	270	167	156	162	180
41. 库尔梅什	124	91	—	200	—	92	93	94	93	92	210	225	230	240	280	230

续表

城市	1772年	1773年	1774年	1775年	1776年	1777年	1778年	1779年	1780年	1781年	1796年	1797年	1798年	1799年	1800年	1801年
42. 列别姜	55	56	74	120	90	46	51	88	—	—	150	164	135	170	230	208
44. 柳比姆	105	115	121	170	168	94	75	105	125	105	250	230	220	240	285	—
45. 莫洛加	96	106	110	152	145	112	85	84	110	128	276	280	400	300	330	—
46. 莫斯科 *	116	136	153	196	192	113	100	130	172	113	243	—	322	380	—	254
47. 穆罗姆 *	97	99	115	210	120	90	82	115	165	95	251	288	262	304	298	280
49. 纳雷姆	—	64	64	64	64	80	—	—	76	80	390	290	275	250	270	—
50. 涅任	57	75	102	114	56	37	60	79	109	67	165	150	195	150	180	188
51. 尼尔奇克	—	159	221	182	180	210	187	182	202	196	483	480	544	—	400	—
52. 涅列赫塔	95	116	180	120	150	140	—	—	170	140	250	257	340	372	435	350
54. 诺夫哥罗德 *	160	178	181	172	171	160	143	179	203	176	290	340	372	409	425	558
55. 奥廖奇卡	122	152	115	—	200	208	165	178	182	206	363	322	327	385	592	247
56. 奥伦堡 #	16	12	—	21	17	13	15	20	18	—	590	326	—	211	220	165
59. 巴甫洛夫斯克	80	77	119	74	70	50	73	98	83	70	187	184	122	130	151	270
61. 佩列斯拉夫尔 *	85	110	115	210	190	85	82	115	165	95	259	277	208	299	310	460
62. 彼得堡 *	148	180	195	274	199	185	153	172	191	198	360	400	410	360	450	580
63. 彼得罗扎沃茨克 *	154	—	—	—	—	—	38	38	26	35	435	491	463	450	441	430
66. 波洛霍夫	217	192	138	141	170	155	146	164	139	163	277	262	342	375	398	—
68. 里加	149	166	175	215	134	131	121	110	117	124	—	—	—	—	—	—
69. 罗曼诺夫	—	167	—	—	175	125	110	115	135	130	290	360	340	330	360	115
70. 罗姆内	96	—	90	—	85	40	54	70	80	—	100	90	120	90	110	—
71. 罗斯托夫	90	104	189	231	178	105	115	147	210	122	264	290	—	340	—	320
72. 雷宾斯克 *	66	112	150	165	155	120	87	115	135	90	239	290	320	340	330	160
73. 萨兰斯克	55	69	110	120	80	50	50	75	81	110	200	197	143	200	240	207
75. 斯科平	69	70	80	180	120	55	55	120	130	70	160	177	187	265	274	160
77. 索利卡姆斯克	66	66	103	159	90	79	95	75	70	70	272	247	185	210	150	160
78. 斯塔夫罗波尔	65	64	—	75	64	65	70	85	85	92	310	256	230	190	200	156

续表

城市	1772年	1773年	1774年	1775年	1776年	1777年	1778年	1779年	1780年	1781年	1796年	1797年	1798年	1799年	1800年	1801年
80. 苏兹达里*	104	105	110	190	180	80	80	110	160	95	224	291	272	270	296	211
83. 坦波拉	60	64	—	—	62	40	40	51	57	79	187	152	139	150	174	198
84. 塔拉	72	66	81	56	56	64	72	60	40	40	240	280	241	183	182	190
85. 特维尔*	123	137	108	—	—	—	78	98	122	144	202	284	286	306	319	253
86. 捷姆湖尼科夫	87	99	113	130	106	96	80	80	110	100	245	247	209	243	260	265
87. 托博尔斯克*	68	52	55	58	55	54	56	65	46	38	363	218	214	212	215	150
88. 托博尔斯克县	62	48	50	60	55	54	56	60	46	38	360	147	160	201	200	135
89. 托木斯克*	—	65	95	60	—	—	70	72	75	—	240	175	167	179	240	350
91. 托罗佩茨	122	124	—	—	120	126	120	112	144	—	360	358	343	333	360	370
93. 图林斯克	—	—	—	—	80	—	35	45	—	45	420	181	307	183	180	235
94. 乌格利奇	93	102	108	145	134	100	84	80	117	128	415	280	—	—	320	—
95. 乌斯曼	46	49	79	91	67	40	47	76	96	100	130	160	150	149	250	215
96. 弗里德里赫斯加姆	—	—	136	148	150	200	200	200	200	200	560	400	416	450	500	—
97. 霍佩尔斯克	82	70	64	85	72	56	78	101	135	109	170	123	200	140	210	210
98. 蔡霄沃科科克谢斯克	57	55	—	—	87	66	78	78	82	95	217	200	200	150	170	170
99. 沙德林斯克	48	40	40	—	60	50	90	50	40	—	420	336	184	130	132	90
100. 施利塞尔堡	150	195	195	214	199	186	158	172	—	122	440	417	450	485	500	550
102. 亚德林	88	100	—	80	80	91	95	110	68	—	265	285	234	212	190	169
105. 雅罗斯拉夫*	113	125	115	170	165	130	100	125	120	130	288	320	330	340	380	350

注：* 为1796～1801年该市各县平均价格。

表 17　1772~1801 年大麦零售价格

单位：票面戈比/俄担

城市	1772年	1773年	1774年	1775年	1776年	1777年	1778年	1779年	1780年	1781年	1796年	1797年	1798年	1799年	1800年	1801年
7. 巴赫穆特	—	—	—	—	—	40	66	84	110	130	231	116	145	150	165	—
8. 别热茨克	135	145	170	190	134	144	160	155	163	200	415	354	369	388	400	400
11. 大卢基	231	202	185	159	160	148	120	120	136	187	433	457	377	486	540	390
12. 韦尔霍图耶	120	105	100	148	175	120	130	112	105	110	720	760	360	189	220	260
14. 维堡	—	195	231	220	248	251	268	275	260	291	380	400	400	500	600	—
16. 上沃洛乔克	121	130	135	162	140	125	107	133	177	200	480	360	440	390	350	360
20. 丹尼洛夫	—	—	179	207	178	153	127	135	160	145	550	500	419	325	337	360
24. 叶卡捷琳堡	90	100	95	90	135	130	117	120	115	108	490	675	370	280	318	330
25. 祖布佐夫	140	158	160	195	170	140	135	140	161	169	350	330	320	378	414	480
31. 克拉斯诺达尔	—	—	160	220	249	251	269	273	260	—	500	400	472	—	—	—
32. 卡申	170	160	190	170	140	118	134	152	164	163	307	420	340	376	384	355
34. 克林	155	175	215	231	160	130	—	—	—	—	350	—	353	340	—	—
35. 科洛姆纳	99	132	—	—	154	105	115	154	185	154	280	—	310	400	—	—
36. 君士坦丁堡	80	75	325	200	70	75	80	77	82	75	125	150	140	160	170	120
38. 科斯特罗马*	90	100	220	150	180	200	220	—	210	—	376	380	380	380	370	400
40. 昆古尔*	96	70	91	73	128	123	135	115	120	126	444	—	—	230	250	—
45. 麦洛加*	190	180	214	190	160	137	140	165	140	160	334	380	317	400	350	340
51. 尼尔奇克	—	—	160	220	248	257	268	273	260	—	530	500	450	550	600	—
52. 涅列赫塔	120	140	160	150	180	200	268	—	220	—	338	280	323	372	438	300
54. 诺夫哥罗德*	218	246	230	206	218	180	189	196	256	263	369	440	460	515	—	542
60. 奔萨*	150	160	210	200	190	180	190	200	180	200	435	298	419	375	399	440

续表

城市	1772年	1773年	1774年	1775年	1776年	1777年	1778年	1779年	1780年	1781年	1796年	1797年	1798年	1799年	1800年	1801年
67. 普斯科夫	238	235	—	—	184	172	156	168	208	—	360	366	340	426	612	570
68. 里加	327	287	213	193	177	167	143	137	193	200	—	—	—	—	—	—
77. 索利卡姆斯克	133	95	121	163	153	156	135	135	133	167	510	680	380	240	320	400
90. 托尔若克	135	140	165	—	160	150	170	160	165	210	430	366	429	458	440	472
91. 托罗佩茨	—	—	—	—	144	160	128	126	144	—	440	420	389	395	390	456
100. 施利塞尔堡	258	269	280	304	281	258	209	242	—	—	—	650	700	475	—	—
102. 亚德林	133	126	171	—	—	116	120	—	—	—	—	—	—	—	—	—
105. 雅罗斯拉夫*	—	190	180	214	190	160	127	140	165	140	277	357	343	322	336	330

注：* 为1796～1801年该市各县市平均价格。

表 18　1772~1801 年小麦零售价格

单位：票面戈比/俄担

城市	1772年	1773年	1774年	1775年	1776年	1777年	1778年	1779年	1780年	1781年	1796年	1797年	1798年	1799年	1800年	1801年
3. 亚历山德罗夫	290	299	329	436	410	330	305	350	375	380	982	949	944	953	896	841
6. 巴拉赫纳	255	292	—	—	275	225	240	245	235	—	723	746	679	673	775	722
7. 巴赫穆特	232	258	240	350	230	150	160	250	310	420	525	382	322	417	450	—
8. 别热茨克	—	—	—	—	400	372	412	420	450	600	777	772	880	856	860	845
10. 别列佐夫	198	—	243	—	216	—	—	—	—	—	1200	924	832	674	687	660
11. 大卢基	604	584	478	495	536	479	481	463	485	455	977	948	968	1080	1165	939
12. 韦尔霍图耶	250	185	190	270	320	300	270	279	256	292	1120	1035	810	360	440	562
14. 维堡	—	—	426	—	690	640	645	635	640	688	1235	—	—	1600	1600	—
15. 维特格拉	—	—	—	—	—	—	640	—	480	470	1808	1446	1836	1745	1750	1755
16. 上沃洛乔夫克	—	—	—	—	420	367	352	375	412	700	960	960	960	1104	1200	840
20. 丹尼洛夫	—	—	—	350	337	330	370	340	420	450	867	850	815	820	800	800
24. 叶卡捷琳堡	200	207	195	216	290	315	275	270	237	265	1125	945	804	367	309	453
25. 祖布佐夫	—	—	—	—	375	480	525	412	600	700	940	832	850	840	930	967
29. 勘察加	800	700	—	—	—	700	700	700	700	—	—	—	—	—	—	—
31. 克拉斯诺达尔	—	—	520	480	540	550	560	565	576	580	1180	—	—	1920	2000	—
32. 卡申	—	—	—	—	412	375	357	372	421	480	850	1360	845	752	960	1120
33. 基辅*	359	365	380	303	171	222	186	245	310	300	334	367	390	622	633	530
34. 克林	323	355	471	492	330	377	405	430	480	450	800	—	875	900	—	—
35. 科洛姆纳	308	341	350	510	495	332	352	495	517	440	893	—	856	—	—	—
36. 君士坦丁堡	200	190	425	275	180	190	200	205	210	204	365	250	290	—	—	—
38. 科斯特罗马*	368	356	390	410	420	415	420	436	450	474	918	800	—	—	—	—
40. 昆古尔*	208	192	224	256	260	250	240	248	232	250	1128	1282	1183	710	528	—
42. 列别姜	220	230	235	241	283	250	245	237	330	335	700	567	500	567	764	810

续表

城市	1772年	1773年	1774年	1775年	1776年	1777年	1778年	1779年	1780年	1781年	1796年	1797年	1798年	1799年	1800年	1801年
43. 利佩茨克	132	156	165	252	209	170	160	190	232	250	725	530	523	475	587	700
45. 莫洛加	—	457	363	455	500	345	385	375	355	410	875	900	840	720	800	—
46. 莫斯科*	295	313	375	502	423	309	330	389	405	370	640	504	—	591	—	532
47. 穆罗姆*	296	300	385	—	420	267	270	275	330	320	672	680	689	710	800	815
50. 涅任	262	309	333	353	215	140	220	260	340	313	550	490	441	515	577	566
52. 涅列赫塔	390	410	450	390	420	415	—	—	460	480	982	800	760	768	720	778
53. 涅尔琴斯克	32	45	42	41	44	47	48	50	38	33	—	—	—	—	—	—
54. 诺夫哥罗德*	495	542	494	495	613	487	390	434	542	606	780	850	833	817	947	1013
58. 鄂霍茨克	—	—	—	—	365	—	450	450	350	—	—	—	—	—	—	—
61. 佩列斯拉夫尔*	330	320	360	400	460	320	315	350	440	400	852	790	801	800	805	840
63. 彼得罗扎沃茨克	—	—	—	—	—	—	—	540	450	630	960	768	975	927	925	930
67. 普斯科夫*	—	—	—	—	650	640	490	480	410	—	1000	918	885	950	1151	1240
68. 里加	327	287	213	378	360	338	325	322	313	344	—	—	—	—	—	—
70. 罗姆内	—	—	250	—	—	—	150	230	270	—	470	420	370	410	470	525
73. 萨兰斯克	—	290	321	—	310	200	180	300	260	250	750	750	700	620	800	819
75. 斯科平	225	230	260	450	400	250	260	450	525	425	742	613	687	660	813	950
83. 坦波夫*	—	239	262	281	283	190	170	175	290	330	557	538	625	570	653	800
84. 塔拉	140	144	150	200	160	200	208	160	112	88	1056	664	596	560	618	560
85. 特维尔*	—	—	—	—	—	375	337	330	435	450	786	925	920	820	868	1000
86. 捷姆尼科夫	—	275	305	320	310	270	230	220	340	320	730	800	673	640	727	736
90. 托尔若克	—	—	—	—	450	525	375	525	540	600	1000	875	978	1050	1000	1150
91. 托罗佩茨	—	—	—	—	496	448	400	436	410	—	900	985	999	867	984	1167
102. 亚德林	—	235	260	275	280	230	180	286	305	310	—	720	672	560	640	632
103. 雅库茨克	43	45	55	64	38	—	49	45	53	55	—	—	—	—	—	—
105. 雅罗斯拉夫	303	417	363	455	508	345	385	375	355	460	823	829	815	745	758	816

注：* 为 1796~1801 年该市各县平均价格。

表 19　1772~1801 年莱麦零售价格

单位：票面戈比/俄担

城市	1772年	1773年	1774年	1775年	1776年	1777年	1778年	1779年	1780年	1781年	1796年	1797年	1798年	1799年	1800年	1801年
1. 亚速	320	300	200	230	310	250	280	300	270	300	578	700	675	—	—	—
2. 阿拉特里*	190	213	224	310	—	195	—	—	—	—	550	452	550	428	420	494
8. 别热次克	—	—	—	—	360	320	280	320	280	300	827	703	—	910	835	—
11. 大卢基	428	406	372	376	384	320	325	—	339	540	800	825	878	1110	1035	640
14. 维堡	—	—	—	—	600	584	523	460	598	592	875	—	—	1280	1280	—
15. 维特格拉	—	—	—	—	470	480	500	520	510	480	960	—	—	750	744	—
34. 克林	—	—	372	483	433	220	233	280	308	220	755	—	635	880	—	—
35. 科洛姆纳*	253	286	—	—	226	198	275	321	325	323	530	540	551	460	487	580
41. 库尔梅什	341	327	—	—	376	323	322	—	—	—	480	—	—	505	—	—
43. 利佩茨克	133	167	194	253	215	137	120	125	153	—	365	235	258	323	255	274
46. 莫斯科*	285	280	359	443	351	181	250	389	507	444	450	—	477	485	821	836
54. 诺夫哥罗德*	445	448	415	484	510	368	324	380	395	380	760	684	722	783	631	602
61. 佩列斯拉夫尔*	256	310	360	480	400	250	275	350	480	510	692	574	601	719	—	—
62. 彼得堡	421	490	—	400	—	—	285	540	450	540	850	640	880	1200	1220	1400
63. 彼得罗扎沃茨克*	—	—	—	—	—	—	—	—	—	—	1600	—	—	1600	950	859
67. 普斯科夫	150	180	—	—	400	392	330	289	400	476	575	613	470	770	400	424
73. 萨兰斯克	216	240	200	230	270	168	180	190	220	200	500	450	420	400	613	566
80. 苏兹达里	320	300	380	480	360	230	240	260	375	310	673	648	583	554	—	—
82. 塔甘罗格	149	163	200	230	310	250	280	300	270	300	580	710	680	—	—	—
83. 坦波夫*	—	—	—	—	240	160	170	180	215	185	307	265	294	306	287	320
85. 特维尔*	—	—	—	—	394	326	264	280	244	380	720	605	—	792	727	640
102. 亚德林	—	319	—	—	271	316	300	—	311	310	567	540	508	435	533	—

注：* 为 1796~1801 年该市各县平均价格。

表 20　1782~1790 年黑麦零售价格

单位：票面戈比/俄担

城市	1782年	1783年	1784年	1785年	1786年	1787年	1788年	1789年	1790年
1. 阿尔汉格尔斯克	240	276	—	—	365	352	320	275	372
2. 巴拉赫纳	160	155	180	275	290	400	450	295	305
3. 别热茨克	180	177	239	263	379	615	502	408	514
4. 别雷	—	—	239	336	410	450	506	370	407
5. 比留奇	110	115	120	130	110	460	260	240	220
6. 瓦卢伊基	100	105	110	135	120	470	230	180	170
7. 大卢基	—	—	—	—	459	460	480	400	459
8. 维尔霍图里耶	142	148	267	432	400	442	495	360	200
9. 弗拉基米尔	220	210	250	—	450	—	—	430	460
10. 上沃洛乔克	220	224	283	325	332	562	690	475	510
11. 维亚济马	206	185	213	229	400	480	474	308	339
12. 维亚特卡	170	—	—	188	211	267	355	—	339
13. 哈佳奇	65	50	125	150	110	290	350	250	230
14. 格扎茨克	165	150	214	240	430	600	468	328	361
15. 丹尼诺夫	192	190	240	350	450	578	435	462	486
16. 杜霍夫希纳	233	—	203	310	400	500	542	365	400
17. 叶卡捷琳娜堡	121	127	206	420	200	225	412	262	143
18. 卡卢加	120	110	160	190	350	520	400	300	280
19. 卡尔戈波雷	280	—	—	—	380	400	360	310	530
20. 卡申	182	180	230	292	425	607	633	432	476
21. 君士坦丁城	85	90	95	120	150	675	525	300	290
22. 克拉斯诺乌菲姆斯克	140	145	230	328	325	295	325	207	200
23. 昆古尔	135	155	221	238	273	248	340	280	190
24. 柳比姆	172	170	220	265	350	450	500	395	416
25. 莫洛加	182	245	240	325	427	549	530	421	443
26. 涅列赫塔	187	170	250	295	380	420	350	400	400
27. 巴甫洛夫斯克	110	115	120	130	110	360	260	240	230

城市	1782年	1783年	1784年	1785年	1786年	1787年	1788年	1789年	1790年
28. 奔萨	87	106	156	167	185	285	335	222	225
29. 彼尔姆	130	152	208	293	320	304	264	240	202
30. 彼得堡	246	—	—	363	500	760	—	—	—
31. 彼得罗扎沃茨克	315	—	—	455	580	620	—	—	—
32. 波罗茨克	250	240	270	300	380	550	700	700	700
33. 普斯科夫	—	—	—	—	712	710	700	600	552
34. 列巴尔	267	273	280	400	473	475	453	600	333
35. 里加	307	283	323	357	417	433	493	480	467
36. 摩尔曼斯克	191	178	227	300	427	549	520	510	536
37. 罗姆内	65	50	125	150	110	390	490	290	220
38. 罗斯托夫	160	216	215	360	340	440	600	500	526
39. 雷宾斯克	163	152	200	287	389	500	438	419	441
40. 斯摩棱斯克	214	195	225	219	433	490	442	397	440
41. 首府	216	160	225	419	384	440	516	397	490
42. 坦波夫	79	91	117	136	134	310	364	242	245
43. 特维尔	192	175	243	271	375	500	505	443	507
44. 捷姆尼科夫	135	158	230	267	236	363	—	300	290
45. 图拉	120	153	165	230	245	320	400	230	210
46. 乌格利奇	160	167	211	279	401	520	510	428	450
47. 乌斯曼	65	70	96	111	124	285	—.	170	180
48. 沙德林斯克	90	162	272	288	168	220	280	200	224
49. 尤赫诺夫	170	180	230	260	370	610	495	540	590
50. 雅罗斯拉夫	186	190	240	270	380	493	450	400	426

表 21　1782~1790 年燕麦零售价格

单位：票面戈比/俄担

城市	1782年	1783年	1784年	1785年	1786年	1787年	1788年	1789年	1790年
1. 阿尔汉格尔斯克	—	—	—	—	190	180	175	165	190
2. 巴拉赫纳	83	80	104	106	140	170	180	200	190
3. 别热茨克	102	100	135	145	160	240	208	210	239
5. 比留奇	60	75	80	70	60	220	200	110	150
7. 大卢基	—	—	—	—	181	172		178	204
8. 维尔霍图里耶	95	115	197	—	255	295	332	270	175
10. 上沃洛乔克	105	107	126	157	175	260	236	235	260
13. 哈佳奇	42	37	70	85	41	130	180	110	160
15. 丹尼诺夫	112	119	140	160	220	330	210	237	248
20. 卡申	113	116	132	170	195	258	205	177	244
21. 君士坦丁城	40	45	50	60	65	225	190	150	145
22. 克拉斯诺乌菲姆斯克	60	120	190	248	240	176	168	160	150
23. 昆古尔	56	105	129	160	151	153	195	190	145
24. 柳比姆	96	100	106	150	160	240	205	190	199
25. 莫洛加	101	137	140	167	209	320	227	225	236
26. 涅列赫塔		—	160	—	—	230	164	190	180
27. 巴甫洛夫斯克	60	75	80	70	60	200	180	110	105
29. 彼尔姆	60	90	120	149	200	110	150	140	130
30. 彼得堡	147	—	—	230	265	414	—	—	—
32. 波罗茨克	200	160	130	150	170	250	300	325	300
33. 普斯科夫	141	145	128	152	200	—			
34. 列巴尔	105	101	126	181	204	310	190	210	220
37. 罗姆内	42	37	70	85	41	130	180	110	160
38. 罗斯托夫	109	100	125	184	168	250	210	221	232
39. 雷宾斯克	97	90	107	146	173	260	187	217	228
41. 首府	109	100	—	—	—	225	—	242	290
42. 坦波夫	56	65	94	109	58	123	—	157	165
43. 特维尔	106	98	116	148	169	190	180	229	262
44. 捷姆尼科夫	—	—	—	183	98	146	—	175	—
46. 乌格利奇	—	—	116	165	170	260	194	213	224
47. 乌斯曼	—	—	—	100	58	110	—	150	155
48. 沙德林斯克	65	110	—	208	176	118	232	—	104
50. 雅罗斯拉夫	102	109	130	156	178	228	215	244	230

表 22　1782～1790 年大麦零售价格

单位：票面戈比/俄担

城市	1782年	1783年	1784年	1785年	1786年	1787年	1788年	1789年	1790年
3. 别热茨克	160	154	175	213	269	336	329	300	356
5. 比留奇	120	100	95	80	85	230	175	110	145
7. 大卢基	—	—	—	—	224	—	—	262	280
10. 上沃洛乔克	—	146	—	224	245	410	400	405	433
13. 哈佳奇	50	40	75	95	70	220	250	245	230
15. 丹尼诺夫	170	145	250	210	235	230	320	330	345
17. 叶卡捷琳娜堡	134	230	310	380	258	290	380	510	215
20. 卡申	180	173	174	244	320	395	355	229	327
21. 君士坦丁城	65	70	75	80	85	250	175	200	180
22. 克拉斯诺乌菲姆斯克	—	—	—	600	700	680	685	680	810
23. 昆古尔	135	155	220	261	284	264	—	—	—
25. 莫洛加	165	140	240	215	240	335	330	340	345
26. 涅列赫塔	—	—	270	240	—	350	250	380	275
29. 彼尔姆	—	—	—	—	495	560	630	610	720
32. 波罗茨克	250	220	180	230	260	300	400	450	500
35. 里加	230	173	240	173	373	—	—	—	—
48. 沙德林斯克	—	180	400	280	250	236	280	400	224
50. 雅罗斯拉夫	165	140	240	215	240	335	330	335	340

表 23 1782~1790 年小麦零售价格

单位：票面戈比/俄担

城市	1782年	1783年	1784年	1785年	1786年	1787年	1788年	1789年	1790年
2. 巴拉赫纳	300	310	360	380	400	440	600	590	580
3. 别热茨克	480	473	453	482	578	637	644	647	640
5. 比留奇	260	250	230	210	250	625	400	365	400
7. 大卢基	—	—	—	—	574	—	—	820	800
10. 上沃洛乔克	480	473	453	482	578	637	644	647	640
13. 哈佳奇	140	170	190	220	190	425	660	440	350
15. 丹尼诺夫	463	457	436	501	498	673	649	667	654
17. 叶卡捷琳娜堡	265	350	470	493	395	515	390	653	478
20. 卡申	522	550	546	577	669	706	690	649	699
21. 君士坦丁城	180	175	185	200	220	700	575	400	390
25. 莫洛加	375	380	415	505	500	688	650	700	660
26. 涅列赫塔	456	464	466	480	485	560	520	700	620
32. 波罗茨克	450	400	380	350	450	590	750	825	800
35. 里加	350	328	384	413	625	—	—	—	—
50. 雅罗斯拉夫	375	380	415	505	500	688	654	700	660

表 24　18 世纪至 20 世纪初欧俄各地区大麻籽价格*

地区	1708~1710年	1711~1720年	1721~1730年	1731~1740年	1741~1750年	1751~1760年	1761~1770年	1771~1780年	1781~1790年	1796~1801年	1881~1890年	1891~1900年	1901~1910年	1909~1913年
北部地区	107	130	135	—	194	197	—	206	274	364	93	99	114	113
伏尔加河地区	46	61	69	98	119	87	121	161	202	282	59	65	72	80
中央黑土区	43	59	67	94	119	84	127	162	190	264	54	67	73	80
中央非黑土区	99	117	118	135	170	144	173	206	292	308	70	80	105	101
乌克兰地区	45	59	67	94	126	84	131	162	178	253	61	67	76	85
平均值	55	74	85	108	139	106	143	178	226	279	66	73	84	92

注：＊1708~1801 年单位为 1/10 金币/俄担，1881~1913 年单位为 1/10 金币/普特。

表 25　18 世纪至 20 纪初欧各俄地区豌豆价格*

地区	1708~1710 年	1711~1720 年	1721~1730 年	1731~1740 年	1741~1750 年	1751~1760 年	1761~1770 年	1771~1780 年	1781~1790 年	1796~1801 年	1881~1890 年	1891~1900 年	1901~1910 年	1909~1913 年
北部地区	149	194	221	230	251	267	273	381	477	683	64	75	95	99
伏尔加河地区	54	72	81	100	125	92	163	176	206	317	44	37	63	61
中央黑土区	54	73	83	103	124	94	160	182	231	331	44	43	65	68
中央非黑土区	99	124	156	192	210	177	171	325	385	550	61	62	84	90
乌克兰地区	—	—	—	—	125	88	60	178	231	316	33	36	49	54
平均值	82	109	124	148	167	141	179	236	293	420	49	50	70	76

注：*1708~1801 年单位为 1/10 金币/俄担，1881~1913 年单位为 1/10 金币/普特。

表 26 18世纪至20世纪初欧俄各地区荞麦或燕麦米价格*

地区	1708~ 1710年	1711~ 1720年	1721~ 1730年	1731~ 1740年	1741~ 1750年	1751~ 1760年	1761~ 1770年	1771~ 1780年	1781~ 1790年	1796~ 1801年	1881~ 1890年	1891~ 1900年	1901~ 1910年	1909~ 1913年
北部地区	171	204	228	262	311	284	319	380	564	840	82	78	—	—
东部地区	57	84	128	138	129	153	168	218	499	507	51	53	—	—
伏尔加河地区	54	78	133	123	141	124	179	186	271	343	50	56	—	—
中央黑土区	55	82	129	128	144	123	166	201	276	327	52	60	—	—
中央非黑土区	85	124	186	194	205	198	232	312	412	521	61	73	—	—
乌克兰地区	53	84	125	124	148	114	153	192	271	304	52	56	—	—
草原地区	57	—	—	—	189	164	195	258	258	405	71	72	—	—
平均值	78	109	158	165	182	167	206	258	369	464	62	68	—	—

注: * 1708~1801年单位为1/10金币/俄担，1881~1913年单位为1/10金币/普特。

表 27　18 世纪至 20 世纪初欧俄各地区牛肉价格*

地区	1708~1710 年	1711~1720 年	1721~1730 年	1731~1740 年	1741~1750 年	1751~1760 年	1761~1770 年	1771~1780 年	1781~1790 年	1796~1801 年	1881~1890 年	1891~1900 年	1901~1910 年	1909~1913 年
北部地区	18	27	32	39	58	68	75	82	102	141	202	159	235	276
东部地区	14	20	26	37	44	41	50	59	58	108	140	128	194	245
东南部地区	14	20	26	37	44	41	56	80	93	102	163	159	223	275
伏尔加河地区	14	20	26	37	44	41	56	58	85	118	158	149	211	257
中央黑土区	14	20	26	37	44	41	59	60	86	103	173	165	232	281
中央非黑土区	18	27	32	39	58	63	75	71	99	131	181	189	255	313
乌克兰地区	14	20	26	37	44	41	63	59	87	89	163	169	220	294
平均值	16	23	29	38	49	46	65	66	90	113	179	173	242	308

注：* 1708~1801 年单位为 1/10 金币/俄担，1881~1913 年单位为 1/10 金币/普特。

表 28　18 世纪至 20 世纪初欧俄各地区牛油价格

地区	1708～1710 年	1711～1720 年	1721～1730 年	1731～1740 年	1741～1750 年	1751～1760 年	1761～1770 年	1771～1780 年	1781～1790 年	1796～1801 年	1881～1890 年	1891～1900 年	1901～1910 年	1909～1913 年
北部地区	88	116	151	140	172	185	225	261	312	471	565	670	839	983
东部地区	78	112	116	122	145	153	188	193	223	373	492	584	807	934
东南部地区	78	107	116	122	145	153	191	191	190	335	613	694	911	1025
伏尔加河地区	78	107	116	122	145	153	191	216	273	510	613	964	854	1011
中央黑土区	78	107	116	122	145	153	191	216	265	457	569	676	870	983
中央非黑土区	88	116	151	140	172	178	206	244	300	449	599	717	922	1051
乌克兰地区	78	107	116	122	145	153	191	216	252	352	551	602	718	828
平均值	82	111	121	129	156	162	198	228	276	447	571	659	857	947

注：* 1708～1801 年单位为 1/10 金币/俄担，1881～1913 年单位为 1/10 金币/普特。

表 29　18 世纪至 20 世纪初欧俄各地区蜂蜜价格*

地区	1708~1710年	1711~1720年	1721~1730年	1731~1740年	1741~1750年	1751~1760年	1761~1770年	1771~1780年	1781~1790年	1796~1801年	1881~1890年	1891~1900年	1901~1910年	1909~1913年
北部地区	108	140	155	—	—	—	409	337	441	563	—	—	—	—
东部地区	130	166	182	—	—	—	312	341	473	647	—	—	—	—
东南部地区	89	113	124	—	—	—	243	229	294	396	—	—	—	—
伏尔加河地区	93	120	132	—	135	—	233	234	291	507	—	—	—	—
中央黑土区	90	115	127	—	—	—	218	223	281	441	—	—	—	—
中央非黑土区	104	135	150	—	148	—	256	316	403	539	—	—	—	—
乌克兰地区	80	107	117	—	—	—	205	205	276	372	—	—	—	—
草原地区	—	—	—	—	—	—	243	229	294	396	—	—	—	—
平均值	92	123	139	—	—	—	256	270	348	495	—	—	—	—

注：* 1708~1801 年单位为 1/10 金币/俄担，1881~1913 年单位为 1/10 金币/普特。

表 30　18 世纪至 20 世纪初欧俄各地区啤酒花价格*

地区	1708~1710年	1711~1720年	1721~1730年	1731~1740年	1741~1750年	1751~1760年	1761~1770年	1771~1780年	1781~1790年	1796~1801年	1881~1890年	1891~1900年	1901~1910年	1909~1913年
北部地区	78	—	124	160	—	—	199	282	—	488	—	—	—	—
东部地区	24	—	—	—	—	—	143	192	—	428	—	—	—	—
伏尔加河地区	22	34	45	65	—	81	96	202	—	320	—	—	—	—
中央黑土区	25	37	49	72	—	91	109	209	239	364	—	—	—	—
中央非黑土区	46	65	78	141	—	—	162	291	369	456	—	—	—	—
平均值	55	61	74	113	—	—	144	254	—	422	—	—	—	—

注：＊1708~1801 年单位为 1/10 金币/俄担，1881~1913 年单位为 1/10 金币/普特。

表 31　1802～1859 年诸省黑麦零售价格

单位：1/10 金币/普特

地区	1802年	1803年	1804年	1805年	1806年	1807年	1809年	1810年	1811年	1812年	1813年	1814年	1815年	1816年	1817年	1818年
I. 北部地区	57	68	60	60	63	58	68	48	39	42	45	50	53	57	66	67
1. 彼得格勒	64	70	67	66	63	71	86	56	40	41	50	52	51	93	70	67
2. 阿尔汉格尔斯克	54	68	63	56	60	51	46	38	46	58	44	46	54	56	65	58
3. 诺夫哥罗德	—	—	—	—	70	52	68	48	34	35	43	51	48	55	69	75
4. 彼得罗扎沃茨克	54	65	61	57	58	51	74	55	45	42	48	48	54	53	53	65
5. 普斯科夫	—	—	48	—	—	61	67	42	28	33	42	51	57	70	71	68
II. 东部地区	24	34	26	25	24	23	20	18	19	19	21	19	24	31	28	28
6. 维亚特卡	24	29	28	—	27	26	22	20	23	22	21	19	22	29	32	33
7. 彼尔姆	24	38	30	—	28	23	22	20	20	20	17	18	25	30	29	27
8. 萨马拉	—	—	20	—	19	—	—	—	—	—	—	—	—	—	—	—
9. 乌法	—	—	26	—	22	20	15	14	13	15	24	21	25	34	24	23
III. 东南部地区	30	40	22	24	26	20	22	19	21	15	22	25	37	26	22	23
10. 阿斯特拉罕	30	40	22	24	24	20	27	23	25	15	25	29	40	37	29	26
11. 诺沃奇尔克斯科	—	—	—	—	—	—	—	—	—	—	—	—	—	—	—	—
12. 斯塔夫罗波尔	—	—	22	20	27	20	17	14	16	15	18	21	34	15	15	20
IV. 伏尔加河地区	—	—	20	—	19	23	19	17	15	15	19	15	23	27	19	19
13. 喀山	—	—	22	21	22	27	23	21	17	16	23	24	25	31	26	23
14. 奔萨	—	29	17	—	17	19	17	16	14	18	16	17	20	22	15	20
15. 萨拉托夫	27	30	17	21	20	22	17	16	14	15	16	20	22	25	16	14
16. 辛比尔斯克	26	20	22	—	18	23	19	16	16	15	22	23	26	31	17	17
V. 中部黑土区	19	32	18	20	27	25	27	28	29	26	19	17	16	16	19	30
17. 沃罗涅日	29	—	15	—	17	15	16	12	12	15	23	12	13	13	26	25
18. 库尔斯克	—	31	16	—	27	26	24	19	17	24	15	17	17	17	18	31
19. 奥廖尔	—	—	19	—	34	30	25	18	17	25	18	17	15	16	21	36
20. 梁赞	26	—	23	20	27	32	24	22	23	32	21	22	17	17	21	33
21. 坦波夫	28	31	19	—	19	22	16	13	17	24	14	11	11	16	13	21
22. 图拉	—	38	18	—	34	29	25	21	21	31	21	19	14	14	16	40
23. 哈尔科夫	—	—	18	—	25	24	30	23	23	31	24	24	24	20	15	23

续表

	1819年	1820年	1821年	1822年	1823年	1824年	1825年	1826年	1827年	1828年	1829年	1830年	1831年	1832年	1833年	1834年	1835年	1836年	1837年	1838年	1839年
I	61	50	49	64	53	44	44	43	41	30	28	33	39	43	54	68	65	56	42	46	54
1	59	49	50	64	62	49	45	46	44	37	35	38	45	52	57	66	67	66	52	53	65
2	58	49	41	35	36	38	40	34	36	29	26	34	37	38	46	64	60	38	39	41	43
3	65	55	53	73	58	44	43	39	36	25	27	28	34	38	51	73	52	47	37	44	52
4	64	50	50	72	57	47	48	51	55	31	25	33	37	48	59	71	74	62	39	47	49
5	58	45	51	76	54	43	43	44	35	27	26	33	41	41	55	65	72	65	42	—	60
II	25	24	28	32	22	21	17	17	16	15	14	18	24	29	37	49	29	23	22	24	35
6	27	22	19	23	19	21	20	19	21	16	13	15	23	28	36	48	37	27	—	29	35
7	28	29	32	40	28	24	15	17	17	17	17	22	26	31	40	45	30	27	25	22	33
9	19	22	34	34	18	17	15	15	9	11	12	17	22	27	34	40	20	16	18	22	38
III	23	35	43	38	17	16	13	13	13	14	13	19	22	24	71	81	34	19	18	18	26
10	24	27	27	32	21	14	13	15	15	14	15	16	20	25	53	56	28	19	17	18	33
11	—	—	—	—	18	14	12	11	11	10	11	24	27	32	75	92	37	22	21	21	25
12	22	38	54	40	14	22	14	12	13	17	14	17	18	16	85	94	37	17	17	16	19
IV	17	18	24	23	17	17	17	18	17	14	11	14	20	26	40	51	25	16	15	21	31
13	23	22	27	28	23	21	23	21	25	18	14	18	24	31	37	44	30	23	23	35	36
14	17	18	23	22	24	24	24	24	18	15	12	13	22	30	46	54	21	13	10	12	29
15	14	15	21	20	9	9	8	10	9	9	8	9	14	17	34	33	16	8	12	11	21
16	15	17	26	23	16	15	14	15	15	14	11	17	20	27	44	73	33	19	15	26	36
V	27	27	40	28	14	13	15	16	15	12	12	21	24	24	36	56	30	17	17	18	34
17	24	25	35	24	10	11	12	15	15	10	9	14	19	27	42	54	24	13	26	17	28
18	30	33	46	32	12	9	13	14	12	12	11	24	26	19	38	45	28	12	13	16	31
19	30	29	50	32	15	13	19	18	14	13	11	22	18	17	25	53	38	23	—	16	30
20	27	27	39	29	19	19	21	21	20	10	15	23	31	32	37	52	33	19	17	21	42
21	26	21	29	22	10	9	13	13	13	13	10	14	19	27	30	64	21	11	12	16	32
22	26	27	43	30	18	16	20	20	17	11	14	25	24	20	33	57	—	22	21	23	41
23	27	30	38	34	15	12	11	11	12	11	13	27	32	26	44	68	35	20	15	19	31

续表

	1840年	1841年	1842年	1843年	1844年	1845年	1846年	1847年	1848年	1849年	1850年	1851年	1852年	1853年	1854年	1855年	1856年	1857年	1858年	1859年
I	74	75	68	52	47	59	60	62	60	54	47	52	55	58	53	48	63	68	64	63
1	87	—	—	—	52	69	63	65	56	50	40	58	63	62	62	45	75	85	83	82
2	61	61	58	56	43	43	43	65	66	63	53	49	49	53	44	44	62	70	62	54
3	73	82	61	53	44	51	56	55	50	48	41	40	43	—	44	44	56	59	53	60
4	74	72	69	48	49	48	51	56	59	51	41	42	46	—	48	44	53	64	64	59
5	75	85	82	—	—	85	86	67	68	59	60	70	72	—	66	64	67	63	59	59
II	47	41	34	23	21	21	24	27	27	27	23	25	27	23	20	21	26	31	35	38
6	42	46	38	27	21	26	33	36	35	29	25	23	25	23	20	19	29	40	42	49
7	54	—	35	19	21	20	22	26	28	27	22	24	28	26	21	19	25	25	34	39
8	—	—	—	—	—	—	—	—	—	—	—	—	—	—	—	26	31	31	30	33
9	46	35	30	23	21	18	18	19	18	26	23	29	29	20	19	18	18	28	34	31
III	41	44	44	31	20	18	27	20	38	45	47	37	32	30	26	33	36	40	42	44
10	59	55	54	40	22	18	31	29	40	46	69	47	39	30	26	31	36	40	42	44
11	—	—	—	—	—	—	—	—	—	—	—	—	—	—	—	—	—	—	—	—
12	23	33	33	22	17	18	22	23	36	44	25	26	25	—	21	35	35	32	36	36
IV	49	46	33	23	16	15	18	23	33	35	26	22	22	19	24	25	29	34	39	43
13	51	48	36	26	22	19	21	32	33	41	29	26	25	24	24	25	29	34	37	32
14	57	46	34	17	14	12	18	24	38	32	22	20	16	20	19	32	34	30	35	34
15	42	49	32	21	13	14	16	17	28	35	27	23	25	14	16	23	29	30	33	36
16	47	40	30	21	15	15	17	19	31	33	24	20	20	18	27	19	24	36	36	35
V	74	54	32	18	13	16	22	24	33	29	23	21	23	22	17	31	40	33	29	31
17	61	65	35	11	12	14	19	28	35	31	19	16	16	16	32	22	27	46	43	25
18	61	43	24	14	10	16	19	24	28	26	21	17	24	19	31	41	45	38	37	32
19	70	52	28	18	15	19	23	30	32	28	22	23	26	28	27	40	51	31	40	45
20	78	57	41	24	15	16	25	34	37	35	26	27	27	27	19	30	40	25	27	30
21	71	51	32	17	11	11	16	24	29	26	19	17	15	14	33	20	24	34	38	46
22	117	59	36	24	17	21	25	29	39	33	26	28	28	30	—	35	44	44	40	36
23	59	49	28	16	11	17	21	23	34	27	29	—	—	—	—	—	50	—	—	—

续表

	1802年	1803年	1804年	1805年	1806年	1807年	1800年	1810年	1811年	1812年	1813年	1811年	1815年	1816年	1817年	1818年
VI 中央非黑土区	41	45	36	36	41	39	38	30	27	31	31	33	29	30	36	43
24. 弗拉基米尔	—	—	36	—	36	32	36	31	28	33	31	33	26	28	33	39
25. 沃洛格达	41	54	48	—	46	44	42	36	33	37	35	35	39	38	41	46
26. 卡卢加	44	31	25	—	40	40	31	23	21	32	26	24	18	20	26	42
27. 科斯特罗马	36	44	37	42	36	37	34	28	24	25	29	33	32	35	38	43
28. 莫斯科	45	50	30	33	37	38	37	29	28	37	27	31	23	23	34	45
29. 下诺夫哥罗德	34	36	27	28	25	30	32	29	27	27	27	31	29	30	32	34
30. 斯摩棱斯克	48	53	34	—	56	46	44	31	22	30	26	33	29	28	39	48
31. 特维尔	—	—	45	—	55	44	48	38	30	29	40	41	37	35	11	48
32. 雅罗斯拉夫	41	45	38	41	40	35	36	29	24	27	32	35	30	37	39	40
VII 伏尔加河地区	—	—	68	—	79	82	61	39	28	39	48	56	59	63	78	72
33. 米塔瓦	—	—	63	—	87	97	56	33	26	40	42	52	54	62	74	71
34. 列巴尔	—	—	85	—	81	78	63	48	32	39	57	61	61	63	74	68
35. 里加	—	—	57	—	68	72	65	37	27	38	45	55	62	63	85	76
VIII 西部地区	—	—	40	—	73	61	52	37	28	36	30	39	55	45	56	55
36. 维尔纳	—	—	44	—	81	79	58	44	37	51	39	45	68	61	78	70
37. 维捷布斯克	—	—	—	—	—	71	54	39	26	33	37	44	41	44	56	64
38. 格罗德诺	—	—	43	—	56	43	41	30	30	41	24	39	61	39	56	50
39. 柯夫诺	—	—	—	—	—	—	44	30	23	28	33	58	76	44	59	55
40. 明斯克	—	—	38	51	82	59	69	44	22	34	26	26	52	50	48	46
41. 莫吉利夫	—	—	36	—	—	51	46	36	27	31	22	23	30	31	40	47
IX 乌克兰地区	21	27	17	21	51	23	37	29	22	25	15	18	28	29	29	36
42. 基辅	24	28	19	22	65	23	33	31	22	20	14	19	31	36	35	36
43. 波尔塔瓦	—	—	15	—	38	20	40	29	29	33	21	19	27	21	20	29
44. 切尔尼希夫	23	26	18	20	50	27	39	26	16	22	11	15	25	31	31	43

续表

	1819年	1820年	1821年	1822年	1823年	1824年	1825年	1826年	1827年	1828年	1829年	1830年	1831年	1832年	1833年	1834年	1835年	1836年	1837年	1838年	1839年
VI	36	33	45	46	32	30	31	29	26	21	21	28	31	33	46	66	55	30	25	30	44
24	33	35	42	42	32	29	28	31	30	23	28	41	34	39	56	67	46	34	29	31	53
25	44	34	33	38	38	36	38	34	25	23	20	26	30	33	47	61	54	42	33	35	40
26	31	31	52	39	21	20	22	22	17	16	17	27	28	24	39	60	38	21	19	29	42
27	43	34	38	45	39	37	33	30	28	22	22	25	30	35	48	64	49	35	27	32	45
28	24	36	48	40	30	23	27	27	22	18	20	27	27	29	42	66	47	25	23	27	52
29	30	26	36	46	31	27	27	26	27	20	16	22	29	33	37	86	96	24	23	22	43
30	43	40	69	62	34	27	28	27	27	24	24	24	29	27	42	63	53	26	20	26	35
31	37	33	48	57	41	37	39	33	31	25	24	29	37	39	50	61	57	36	—	35	46
32	43	30	39	45	24	36	33	32	26	22	21	27	32	38	50	69	52	26	26	30	41
VII	57	44	44	46	46	42	33	37	40	39	37	43	46	45	51	49	58	53	43	48	51
33	55	44	42	41	46	44	33	36	38	36	36	46	47	39	47	38	58	47	39	42	56
34	57	40	43	47	48	41	34	39	41	40	39	38	42	49	53	58	65	54	46	52	45
35	59	49	46	49	50	40	32	37	42	40	35	44	48	48	53	50	52	58	44	50	52
VIII	46	38	52	66	46	26	24	26	25	25	27	34	37	33	35	53	52	30	27	34	36
36	56	49	54	73	58	38	29	39	33	30	38	44	43	40	38	47	55	37	29	33	34
37	55	44	64	76	41	36	34	33	33	29	29	34	38	33	—	77	83	33	33	38	41
38	40	31	36	52	40	18	20	22	23	24	21	29	34	29	31	37	34	25	27	30	28
39	40	31	38	54	41	16	17	21	25	26	24	36	40	31	35	38	41	25	30	44	35
40	36	34	58	80	63	23	24	22	17	18	25	33	37	35	31	47	42	26	16	21	31
41	46	39	62	59	30	23	22	21	21	23	15	28	32	30	38	69	57	31	25	35	48
IX	33	34	45	36	17	12	11	11	11	15	19	31	34	32	52	70	45	20	19	22	38
42	29	35	41	35	18	12	9	13	13	14	13	37	44	36	70	86	54	31	29	26	39
43	29	32	44	39	18	16	15	8	10	13	13	34	35	34	52	74	47	18	16	21	39
44	41	35	51	35	14	9	9	11	11	17	14	22	24	25	35	49	35	12	12	20	35

续表

	1840年	1841年	1842年	1843年	1844年	1845年	1846年	1847年	1848年	1849年	1850年	1851年	1852年	1853年	1854年	1855年	1856年	1857年	1858年	1859年
VI	71	64	50	34	29	32	37	40	42	39	32	33	35	37	38	41	50	47	47	50
24	86	70	51	35	26	28	35	39	45	46	41	37	31	35	39	39	47	51	51	56
25	60	63	56	44	37	38	47	44	42	37	31	32	34	37	41	32	41	45	48	47
26	78	59	39	23	19	25	30	31	38	36	28	31	32	35	38	46	53	43	40	44
27	65	60	60	35	28	24	28	33	32	38	30	33	35	37	39	40	44	45	47	48
28	84	70	50	35	31	28	33	38	41	40	28	33	39	37	35	43	54	49	48	54
29	60	65	50	30	23	23	30	38	48	40	34	29	29	29	29	32	40	41	44	38
30	61	51	36	29	30	46	49	46	36	32	30	37	44	48	52	60	74	55	49	59
31	79	70	51	37	33	38	47	50	52	45	35	37	42	40	37	42	49	51	51	46
32	62	69	57	39	30	34	38	42	42	39	31	30	31	31	32	36	44	46	45	57
VII	58	62	55	50	53	67	70	81	51	44	44	46	50	58	66	78	84	73	64	62
33	56	63	53	46	47	66	75	84	51	39	40	48	55	—	74	96	87	72	59	56
34	56	64	59	54	63	68	64	78	51	49	46	42	43	—	60	65	79	72	65	66
35	61	60	54	51	48	—	—	—	51	49	47	47	52	71	64	74	86	74	67	63
VIII	49	56	47	31	36	53	63	61	40	43	40	53	60	73	85	108	104	66	51	52
36	51	67	43	30	29	57	62	60	37	36	43	60	65	—	102	138	134	63	46	63
37	59	60	59	40	41	50	63	59	53	46	36	47	62	—	67	73	82	73	56	55
38	36	50	55	28	—	38	52	73	25	29	—	56	56	—	—	—	—	—	49	48
39	31	49	40	18	45	76	86	81	48	38	41	67	73	—	111	152	128	78	63	58
40	46	56	42	28	32	55	61	51	36	29	40	49	57	—	59	70	—	52	42	43
41	70	52	45	39	34	44	56	43	42	42	41	41	46	28	35	50	65	63	47	47
IX	52	48	33	15	16	27	28	26	36	41	35	28	23	28	35	50	65	44	39	29
42	—	—	—	—	—	—	—	—	—	—	—	—	—	—	—	—	—	—	—	—
43	47	—	28	16	15	25	22	25	39	44	39	31	20	28	27	49	69	53	41	29
44	52	48	38	14	16	28	34	26	33	37	30	24	26	—	43	51	60	34	36	28

续表

	1802年	1803年	1804年	1805年	1806年	1807年	1809年	1810年	1811年	1812年	1813年	1814年	1815年	1816年	1817年	1818年
X. 西南部地区	—	—	22	—	75	26	40	34	22	20	15	16	33	42	51	31
45. 日托米尔	—	—	—	—	76	29	41	32	18	17	12	14	26	34	45	33
46. 卡镨涅茨－波多利斯基	—	—	22	—	74	23	38	36	27	23	18	18	40	50	56	28
XI. 草原地区	—	—	21	—	35	23	24	23	27	31	28	33	33	30	29	25
47. 叶卡捷琳诺斯拉夫	—	—	17	—	23	14	29	22	21	25	24	33	32	25	19	19
48. 基什涅夫	—	—	—	—	—	—	—	—	—	—	—	—	—	—	—	—
49. 辛菲罗波尔	—	—	24	—	40	35	24	27	34	37	34	37	38	37	35	31
50. 赫尔松	—	—	23	—	43	19	18	21	26	30	26	30	30	28	32	25
51. 刻赤	—	—	—	—	—	—	—	—	—	—	—	—	—	—	—	—
52. 塔甘罗格	—	—	—	—	—	—	—	—	—	—	—	—	—	—	—	—
53. 费奥多西亚	—	—	—	—	—	—	—	—	—	—	—	—	—	—	—	—
XII. 西西伯利亚地区	—	—	30	—	27	20	17	11	12	16	26	27	22	21	16	17
54. 鄂木斯克	—	—	30	—	—	—	—	—	—	—	—	—	—	—	—	—
55. 托博尔斯克	—	—	30	—	27	17	17	13	13	13	13	18	22	25	20	22
56. 托木斯克	—	—	—	—	27	23	16	9	10	18	38	35	22	17	11	11
57. 克拉斯诺亚尔斯克	—	—	—	—	—	—	—	—	—	—	—	—	—	—	—	—
XIII. 东西伯利亚地区	—	—	—	—	47	32	14	14	22	41	46	45	23	45	52	24
58. 伊尔库茨克	—	—	—	—	47	32	14	14	22	41	46	45	23	45	52	24
59. 雅库茨克	—	—	—	—	—	—	—	—	—	—	—	—	—	—	—	—

续表

	1819年	1820年	1821年	1822年	1823年	1824年	1825年	1826年	1827年	1828年	1829年	1830年	1831年	1832年	1833年	1834年	1835年	1836年	1837年	1838年	1839年
X	21	26	31	26	21	21	15	16	17	17	17	35	45	27	34	43	35	16	16	21	36
45	23	27	34	27	21	22	17	17	17	16	17	41	50	29	41	45	34	17	18	24	40
46	19	25	27	25	20	19	13	14	17	17	16	28	40	24	26	42	36	14	14	18	32
XI	22	23	39	43	25	26	21	12	12	15	17	35	41	33	54	71	47	25	24	28	44
47	20	23	33	35	16	16	12	7	8	13	12	29	38	33	52	63	39	13	19	21	30
48	—	15	30	44	32	25	14	14	15	22	24	39	41	37	43	61	44	20	20	24	40
49	27	30	51	49	32	37	39	15	10	11	15	37	48	36	64	84	61	34	27	27	48
50	20	25	43	44	21	25	17	11	13	14	18	33	38	29	59	59	39	17	20	20	54
51	—	—	—	—	—	—	—	—	—	14	18	37	44	35	70	86	54	31	29	26	38
52	—	43	47	41	10	18	15	12	13	14	18	—	—	—	—	—	—	—	—	—	56
53	—	—	—	—	—	27	24	17	12	12	15	34	39	29	36	—	42	32	29	51	37
XII	17	23	30	29	25	18	15	11	8	10	9	18	19	20	20	21	15	11	15	23	37
54	—	—	—	—	—	16	11	8	8	7	8	17	21	20	25	21	16	9	12	13	—
55	23	30	40	39	32	22	15	14	11	13	9	18	23	31	31	40	27	17	16	16	16
56	10	15	20	19	18	16	18	10	8	9	9	18	19	15	15	13	8	8	10	19	39
57	—	—	—	—	—	—	—	—	—	—	—	—	12	12	9	11	10	9	21	44	81
XIII	22	32	67	41	14	12	11	14	9	12	14	47	47	44	45	67	40	29	40	32	46
58	22	32	67	41	14	12	11	14	9	12	14	47	44	37	42	59	26	17	17	32	45
59	—	—	—	—	—	—	—	—	—	—	—	—	50	51	47	74	53	41	62	31	46

续表

	1840年	1841年	1842年	1843年	1844年	1845年	1846年	1847年	1848年	1849年	1850年	1851年	1852年	1853年	1854年	1855年	1856年	1857年	1858年	1859年
X	41	34	27	15	17	26	27	32	35	35	35	35	27	36	45	50	62	53	34	31
45	46	37	30	14	14	26	25	30	31	32	32	31	26	—	47	54	63	55	28	23
46	36	30	23	15	19	26	29	33	38	37	37	38	27	—	42	46	60	51	40	39
XI	49	48	43	30	21	28	34	39	42	36	35	31	28	42	56	84	90	63	46	41
47	38	41	41	23	15	20	22	26	42	44	40	29	22	—	54	62	90	55	45	30
48	34	39	36	20	16	19	28	46	44	27	24	23	26	—	—	—	—	50	33	31
49	67	63	46	38	25	37	40	36	44	42	37	37	35	—	—	132	132	69	54	56
50	51	49	49	37	29	37	46	46	36	32	38	34	34	25	57	57	72	63	39	30
51	—	—	—	—	—	—	—	—	—	—	—	—	—	—	21	—	65	68	51	51
53	—	—	—	—	—	—	—	—	—	—	—	—	25	—	23	—	—	—	—	—
XII	43	56	35	25	30	30	42	35	36	35	21	19	18	20	23	20	17	20	36	31
54	—	—	—	—	—	—	—	—	—	—	—	—	—	—	—	—	—	—	—	—
55	19	—	27	24	31	—	16	18	23	—	20	16	16	19	—	20	—	17	19	25
50	36	56	50	25	29	30	40	52	47	39	23	17	16	—	23	20	17	25	54	44
57	73	—	27	—	—	—	71	—	39	30	21	23	53	—	—	—	—	—	61	—
XIII	51	44	38	32	28	39	46	61	79	62	52	56	—	—	—	—	—	36	49	43
58	41	34	28	20	15	30	47	56	52	35	36	—	—	—	—	—	—	28	44	37
59	61	54	47	44	41	49	45	66	105	88	67	56	53	—	—	—	—	44	54	49

表 32　1833~1859 年省会城市黑麦零售价格

单位：1/10金币/普特

	1833 年	1834 年	1835 年	1836 年	1837 年	1840 年	1841 年	1842 年	1843 年	1844 年	1845	1846 年	1847 年
北部地区	60	72	75	67	51	74	73	68	64	59	62	60	62
彼得堡	60	73	78	66	48	95	85	85	73	75	75	72	74
阿尔汉格尔斯克	51	62	64	69	67	55	54	56	60	45	48	48	54
诺夫哥罗茨克	61	79	—	57	43	85	83	71	55	49	53	54	59
奥洛涅茨克	46	65	71	71	49	72	69	69	64	61	52	55	55
普斯科夫	70	82	86	72	50	65	75	60	67	66	81	71	68
东部地区	42	49	33	24	21	43	36	37	30	22	20	23	26
维亚特卡	27	58	42	31	26	48	44	39	30	21	21	31	37
彼尔姆	38	42	30	21	19	39	33	34	33	24	23	23	25
萨马拉	—	—	—	—	—	—	—	—	—	—	—	—	—
乌法	42	48	28	21	19	42	32	37	28	22	27	25	25
东南部地区	71	80	40	32	25	40	40	42	31	21	22	23	24
阿斯特拉罕	51	63	37	30	26	47	46	45	34	21	21	21	24
顿斯科伊	—	—	45	37	25	—	—	—	31	—	—	—	—
斯塔夫罗波尔	90	96	37	28	23	32	33	39	28	21	22	24	—
伏尔加河地区	47	60	31	21	16	63	52	41	23	17	17	21	26
喀山	50	64	37	30	23	62	49	46	29	21	20	25	30
下诺夫哥罗德	51	68	37	24	18	66	55	51	28	23	21	27	34
奔萨	51	57	28	17	13	61	53	41	20	12	13	18	24
萨拉托夫	26	48	21	15	10	—	—	30	16	13	—	14	16
辛比尔斯卡亚	39	63	—	19	17	61	49	39	24	16	12	22	25
中央黑土区	53	64	39	18	15	83	51	36	20	14	17	21	26
沃罗涅日	61	76	46	18	—	69	44	32	17	12	14	17	21

续表

	1848年	1849年	1850年	1851年	1852年	1853年	1854年	1855年	1856年	1857年	1858年	1859年
北部地区	60	57	49	50	56	58	59	56	57	66	72	68
彼得堡	72	74	67	62	72	73	71	62	56	72	73	70
阿尔汉格尔斯克	54	47	44	44	49	53	53	60	68	72	83	72
诺夫哥罗德	59	59	46	46	50	52	54	50	46	64	66	65
奥洛涅茨克	56	56	44	46	46	56	52	47	49	62	72	68
普斯科夫	57	49	46	53	61	56	63	59	64	61	65	63
东部地区	27	27	25	25	26	23	23	20	20	23	29	37
维亚特卡	35	30	27	24	27	27	23	18	23	28	34	42
彼尔姆	27	27	25	24	25	24	23	22	20	21	29	42
萨马拉	—	—	—	29	26	19	21	21	23	25	29	35
乌法	18	25	24	24	24	20	25	19	15	19	23	29
东南部地区	33	38	33	35	30	18	25	26	40	46	43	46
阿斯特拉罕	33	38	33	35	30	18	25	26	40	46	43	46
顿斯科伊	—	—	—	—	—	—	—	—	—	—	—	—
斯塔夫罗波尔	—	—	—	—	—	—	—	—	—	—	—	—
伏尔加河地区	36	37	27	25	21	20	21	22	26	31	34	42
喀山	39	41	30	27	24	22	20	21	28	31	35	41
下诺夫哥罗德	45	42	31	29	26	25	24	25	32	34	37	49
奔萨	35	32	22	19	14	16	20	22	24	28	30	41
萨拉托夫	26	33	24	26	19	17	20	20	23	30	34	37
辛比尔斯克亚	37	39	27	25	23	19	22	22	24	31	33	44
中央黑土区	33	36	24	23	20	25	24	31	39	39	39	44
沃罗涅日	32	39	21	19	15	18	17	23	29	38	33	39

续表

	1833年	1834年	1835年	1836年	1837年	1840年	1841年	1842年	1843年	1844年	1845年	1846年	1847年
库尔斯克	53	59	37	14	11	81	55	28	16	12	16	18	30
奥尔洛夫	47	58	44	—	—	97	41	32	19	15	20	26	27
梁赞	47	59	39	22	18	97	57	49	27	17	18	—	29
坦波夫	48	52	31	17	13	75	50	40	20	14	12	21	25
图拉	—	—	—	—	18	99	62	38	22	15	20	23	28
哈尔科夫	63	82	39	20	16	61	50	36	17	12	18	22	24
中央非黑土区	54	70	58	41	31	79	70	54	40	32	32	40	43
弗拉基米尔	60	76	48	34	27	96	79	65	38	29	28	38	42
沃洛格达	52	60	61	54	44	53	59	51	46	39	38	43	51
卡卢加	47	70	53	34	26	—	—	43	30	24	29	35	37
科斯特罗马	50	70	61	48	35	77	72	57	46	31	34		42
莫斯科	52	74	60	36	29	93	86	59	40	31	32	39	42
斯摩棱斯克	50	71	57	33	25	82	60	43	34	35	47	48	47
特维尔	50	66	64	—	—	81	68	57	42	34	32	39	44
雅罗斯拉夫	70	72	59	45	33	72	68	54	41	31	31	38	42
波罗的海地区	56	60	68	63	52	63	61	62	57	60	75	75	81
库尔良茨基	61	61	66	58	49	63	61	57	51	53	82	79	96
利夫利亚普德	57	62	70	67	54	65	74	66	62	63	80	78	77
埃斯特兰	51	58	69	64	53	60	49	64	58	64	62	67	69
西部地区	43	61	56	39	30	50	57	57	34	36	65	62	67
维伦斯克	51	60	65	50	39	50	64	45	36	43	81	72	83
维捷布斯克		88	82	62	40	61	59	57	53	42	72		66
格罗德诺	30	41	39	28	23	37	39	39	23	27	60	58	59
科文斯卡亚	35	42	37	25	25	37	47	38	34	49	74	65	76

续表

	1848 年	1849 年	1850 年	1851 年	1852 年	1853 年	1854 年	1855 年	1856 年	1857 年	1858 年	1859 年
库尔斯克	34	30	19	18	17	23	21	34	42	43	39	38
奥尔洛夫	30	32	24	23	23	29	28	37	40	39	38	42
梁赞	35	38	25	26	24	27	30	31	38	34	38	48
坦波夫	31	34	25	20	18	20	21	24	26	26	31	42
图拉	32	33	24	25	26	31	30	34	43	34	37	49
哈尔科夫	36	47	28	27	20	24	24	37	57	59	54	47
中央非黑土区	45	44	36	37	39	35	42	42	48	48	49	53
弗拉基米尔	46	49	38	35	34	34	34	37	45	45	48	59
沃洛格达	48	44	39	40	39	39	41	34	37	47	53	51
卡卢加	40	41	32	37	39	43	44	47	57	44	46	55
科斯特罗马	43	40	34	33	34	38	40	35	35	42	45	48
莫斯科	45	52	37	42	43	41	42	46	54	52	47	58
斯摩棱斯克	47	43	37	38	49	49	54	57	71	57	53	54
特维尔	45	46	34	36	37	39	44	41	45	49	51	52
雅罗斯拉夫	42	38	33	32	35	38	39	38	40	45	47	50
波罗的海地区	60	49	47	48	60	65	78	83	87	79	69	68
库尔良茨基	62	47	44	46	58	66	83	101	103	83	70	67
利夫利亚普德	64	51	47	50	63	64	77	82	86	83	70	71
埃斯特兰	53	50	49	47	58	64	73	67	71	71	68	66
西部地区	46	37	39	48	61	66	80	94	97	67	54	52
维伦斯克	41	29	40	59	71	68	86	106	103	66	55	51
维捷布斯克	50	45	40	44	62	63	80	90	98	81	75	63
格罗德诺	41	28	31	40	58	69	101	107	95	51	45	46
科文斯卡亚	57	43	44	47	73	92	94	113	116	75	56	54

续表

	1833 年	1834 年	1835 年	1836 年	1837 年	1840 年	1841 年	1842 年	1843 年	1844 年	1845 年	1846 年	1847 年
明斯克	41	52	47	34	23	51	53	52	26	27	53	—	65
莫吉廖夫	56	82	63	36	27	62	60	49	34	29	51	52	52
乌克兰地区	48	70	39	15	12	55	45	41	16	15	23	21	25
基辅	58	77	39	13	12	49	40	34	16	13	23	21	25
波尔塔瓦	38	72	40	15	10	49	50	52	15	15	20	20	21
切尔尼戈夫斯卡亚	47	60	37	16	14	67	46	36	17	18	27	—	28
西南部地区	39	47	32	13	13	36	38	36	18	19	28	29	31
沃伦	35	43	28	13	12	35	43	32	15	16	30	29	28
波多利斯克	43	50	35	12	13	36	33	39	21	22	26	28	33
草原地区	62	79	46	25	20	47	44	44	29	19	26	27	35
比萨拉比亚	49	62	42	19	16	39	35	44	34	25	27	35	45
叶卡捷琳诺斯拉夫	71	92	41	18	16	42	42	35	24	16	21	18	22
塔夫里亚	68	82	54	30	28	55	52	49	29	15	29	29	35
赫尔松	60	81	46	32	18	50	48	47	29	20	—	—	36
西西伯利亚地区	26	24	22	16	14	30	32	31	28	26	26	24	27
托博尔斯克	30	32	29	20	16	18	20	23	30	27	24	17	16
托木斯克	22	16	14	12	11	42	23	39	26	24	27	31	37
东西伯利亚地区	33	45	28	23	18	51	43	35	32	35	62	80	84
叶尼塞	14	16	15	13	14	56	39	29	30	40	75	98	104
伊尔库茨克	53	74	40	33	21	45	47	41	33	30	49	61	64

续表

	1848 年	1849 年	1850 年	1851 年	1852 年	1853 年	1854 年	1855 年	1856 年	1857 年	1858 年	1859 年
明斯克	40	33	40	51	52	54	65	79	82	54	39	44
莫吉廖夫	47	46	40	44	50	51	55	71	88	76	51	56
乌克兰地区	30	33	26	25	18	23	31	50	65	51	33	37
基辅	28	28	23	30	17	23	32	54	68	56	32	38
波尔塔瓦	29	35	26	24	16	18	25	46	65	51	36	38
切尔尼戈夫斯卡亚	32	35	28	21	20	19	37	50	62	47	32	35
西南部地区	34	37	30	37	32	41	51	61	64	52	35	34
沃伦	31	32	25	31	27	46	59	74	64	43	32	30
波多利斯克	37	41	34	42	36	36	43	48	64	60	38	38
草原地区	41	46	37	37	32	32	38	47	69	70	47	44
比萨拉比亚	49	42	38	34	30	30	43	42	59	65	48	41
叶卡捷琳诺斯拉夫	37	49	43	45	23	23	23	43	65	88	41	42
塔夫里亚	38	51	36	37	48	48	53	56	69	56	52	53
赫尔松	39	40	30	33	28	27	33	45	81	69	46	41
西西伯利亚地区	26	23	19	15	15	39	62	29	34	—	—	—
托博尔斯克	13	13	16	14	16	39	62	26	30	—	—	—
托木斯克	38	33	22	15	13	—	—	31	38	—	—	—
东西伯利亚地区	76	47	31	26	28	36	34	23	26	—	—	—
叶尼塞	84	48	28	25	27	27	28	24	28	—	—	—
伊尔库茨克	68	46	33	27	28	45	39	21	24	—	—	—

表 33　1860~1915 年诸省黑麦价格

单位：票面卢布/普特

	1860 年	1861 年	1862 年	1863 年	1864 年	1865 年	1866 年	1867 年	1868 年	1869 年	1870 年	1871 年	1872 年	1873 年	1874 年	1875 年
I. 北部地区	67	68	70	73	65	56	69	67	67	74	78	70	78	72	78	77
1. 阿尔汉格尔斯克	73	72	82	88	87	66	84	79	82	92	95	81	89	—	—	100
2. 奥洛涅茨克	—	—	66	58	49	48	58	53	56	69	70	53	68	67	76	69
3. 沃洛格达	—	—	73	80	63	61	75	67	68	67	67	68	78	—	88	71
4. 彼得堡	75	77	66	66	64	51	61	70	62	69	80	75	78	—	—	83
5. 诺夫哥罗德	—	—	70	64	63	49	61	57	63	63	73	56	71	—	—	71
6. 普斯科夫	—	—	62	81	66	59	72	77	71	80	82	84	82	77	69	66
II. 东部地区	48	55	56	53	43	55	60	39	51	49	55	53	55	75	55	44
7. 维亚特卡	39	51	59	53	44	38	51	43	63	50	59	44	53	62	61	55
8. 彼尔姆	65	75	71	72	49	56	67	48	57	58	58	58	58	67	65	49
9. 乌法	46	42	42	—	45	69	64	31	32	43	50	40	51	70	—	38
10. 奥伦堡	50	65	57	50	41	64	64	32	49	48	52	72	56	—	66	51
11. 萨马拉	39	40	50	43	34	46	52	42	55	43	54	50	57	94	34	29
III. 东南部地区	45	49	52	53	56	54	47	45	70	60	69	60	66	70	72	56
12. 阿斯特拉罕	45	49	48	52	43	43	46	44	62	57	61	50	54	56	50	56
13. 顿河	—	—	56	53	68	64	47	45	78	63	77	70	78	84	94	56
IV. 伏尔加河地区	44	45	57	49	46	40	46	46	62	50	62	48	55	60	56	46
14. 下诺夫哥罗德	48	50	63	54	49	43	49	54	65	50	63	52	60	59	63	51
15. 喀山	—	—	54	45	41	36	46	41	62	50	62	47	54	—	—	47
16. 辛比尔斯克	39	40	53	47	47	40	44	42	59	49	60	47	52	50	49	39

续表

	1876年	1877年	1878年	1879年	1880年	1881年	1882年	1883年	1884年	1885年	1886年	1887年	1888年	1889年	1890年	1891年	1892年	1893年	1894年	1895年
I	77	79	88	87	119	141	120	109	111	101	88	71	73	78	78	94	122	104	76	66
1	98	100	107	105	127	155	130	127	134	117	104	83	72	90	92	111	147	129	89	78
2	70	73	84	82	114	153	146	129	121	108	96	73	83	87	84	105	144	118	80	66
3	74	72	80	81	94	120	118	105	102	95	80	64	67	75	78	87	107	93	73	60
4	79	82	91	85	138	136	111	112	113	100	86	77	80	78	82	94	128	99	73	67
5	71	73	86	83	115	139	114	101	112	97	72	57	79	77	75	90	114	91	67	58
6	68	72	78	86	128	143	100	79	82	91	87	75	55	62	58	79	95	94	75	68
II	43	50	60	62	84	75	61	68	67	50	43	45	51	56	55	94	111	54	34	27
7	53	60	73	63	74	95	74	75	77	60	55	44	41	52	66	91	103	56	36	31
8	49	55	69	59	73	75	64	71	62	61	46	50	61	65	65	94	116	60	37	32
9	33	41	52	53	77	69	57	72	44	40	28	39	46	49	48	90	103	47	28	23
10	45	44	56	80	92	62	43	57	63	44	45	49	65	63	44	104	133	54	34	21
11	36	47	51	57	103	77	68	64	58	44	42	40	48	50	52	92	101	55	33	28
III	57	62	65	72	124	118	66	67	62	74	67	62	50	58	60	89	104	70	44	41
12	57	62	65	72	124	134	63	64	54	88	71	72	57	65	67	87	116	81	52	45
13	57	62	65	72	124	101	68	69	69	60	63	52	42	50	53	82	91	59	36	37
IV	46	57	71	54	88	101	101	82	66	52	46	43	49	57	62	101	111	60	38	35
14	52	61	65	57	91	108	89	93	69	58	49	49	55	63	68	105	116	67	48	42
15	47	57	65	54	84	95	76	71	62	50	45	40	43	54	61	98	107	56	33	30
16	40	53	58	52	88	100	82	83	67	48	45	41	48	55	58	100	111	57	34	32

续表

	1896年	1897年	1898年	1899年	1900年	1901年	1902年	1903年	1904年	1905年	1906年	1907年	1908年	1909年	1910年	1911年	1912年	1913年	1914年	1915年
1	63	66	80	98	93	89	96	98	97	105	108	134	131	120	114	116	123	115	116	187
1	72	72	87	110	109	103	107	119	114	110	117	137	143	136	133	131	141	132	136	196
2	65	68	85	112	109	93	96	108	109	106	112	136	143	125	123	123	130	131	110	205
3	58	62	71	84	79	83	89	90	88	97	92	118	119	110	107	106	108	96	100	166
4	65	71	92	97	91	88	98	94	91	110	113	141	131	118	123	116	124	119	124	196
5	53	59	75	95	88	85	93	93	93	103	108	140	131	123	107	116	123	113	118	192
6	63	65	72	87	84	80	90	86	85	101	106	132	118	110	93	106	112	101	108	167
II	26	36	54	56	43	51	62	54	49	50	64	87	78	70	65	83	92	63	66	91
7	29	39	56	55	46	57	69	61	57	61	65	95	82	72	72	82	85	64	70	96
8	32	42	53	63	52	66	70	63	50	49	60	86	85	78	77	85	94	72	75	101
9	22	31	56	57	36	45	57	47	40	43	62	86	66	61	56	75	93	54	61	91
10	19	29	45	47	41	56	59	53	48	42	56	74	74	64	63	91	96	62	57	80
11	24	37	57	58	41	52	55	48	46	55	75	91	83	73	98	79	89	63	66	98
III	41	50	64	61	56	57	60	57	56	65	76	94	94	85	73	77	93	73	69	100
12	43	54	70	62	56	58	61	59	56	66	78	97	93	87	78	89	99	75	69	105
13	39	45	57	60	55	55	58	54	55	63	73	91	94	82	68	75	87	71	69	94
IV	31	41	62	65	46	54	65	59	55	65	83	101	84	79	74	90	99	70	76	120
14	36	48	67	75	47	58	71	66	62	70	87	110	88	89	85	100	103	76	83	145
15	28	37	59	59	44	52	62	56	53	62	77	94	79	73	69	86	94	66	71	106
16	28	39	61	62	46	53	62	55	51	63	85	99	85	76	67	85	101	69	75	108

俄国粮食价格研究（18世纪至20世纪初）

续表

	1860年	1861年	1862年	1863年	1864年	1865年	1866年	1867年	1868年	1869年	1870年	1871年	1872年	1873年	1874年	1875年
V. 中央黑土区	46	41	42	41	38	30	40	40	59	54	65	55	59	51	46	43
17. 奔萨	45	45	47	42	38	27	31	32	48	46	62	41	45	45	41	35
18. 萨拉托夫	44	37	41	39	41	38	41	39	56	45	64	59	52	56	32	34
19. 坦波夫	47	41	38	35	32	26	37	33	58	48	60	61	59	—	—	42
20. 沃罗涅日	46	40	39	36	36	28	34	36	44	47	59	54	48	55	56	40
21. 哈尔科夫	48	46	35	46	42	26	41	44	58	57	69	60	55	55	58	42
22. 库尔斯克	30	22	36	35	29	28	31	40	56	57	60	48	50	52	44	42
23. 奥尔洛夫	47	37	40	36	33	28	37	51	65	63	68	52	61	—	—	48
24. 图拉	49	48	47	45	51	33	50	41	66	63	70	57	58	58	56	49
25. 梁赞	50	49	52	55	41	35	52	44	75	60	71	62	41	38	36	47
VI. 中央非黑土区	57	59	63	58	48	46	57	56	76	68	72	62	70	71	68	61
26. 弗拉基米尔	—	—	69	63	46	51	55	54	74	69	74	59	73	78	73	60
27. 卡斯特罗马	—	—	63	61	46	44	49	52	63	54	62	62	64	63	61	61
28. 雅罗斯拉夫	56	57	64	54	49	42	53	52	67	55	63	52	64	—	—	57
29. 特维尔	56	57	69	56	47	48	61	54	74	65	70	60	72	—	—	61
30. 莫斯科	56	58	60	54	49	45	59	60	79	69	73	64	72	74	70	64
31. 卡卢加	56	56	54	54	48	43	59	57	80	78	78	64	71	70	68	61
32. 斯摩棱斯克	60	64	64	63	51	50	62	62	96	86	81	74	73	—	—	65
VII. 波罗的海地区	69	78	63	76	69	59	73	91	94	78	78	82	82	106	93	85
33. 库尔良茨基	—	—	64	72	65	59	81	109	113	86	81	85	85	—	—	85
34. 利夫利亚普德	69	78	69	81	80	61	75	89	89	76	76	85	81	106	94	94
35. 埃斯特兰	69	77	56	69	61	58	64	74	79	72	76	77	79	—	93	75

续表

	1876年	1877年	1878年	1879年	1880年	1881年	1882年	1883年	1884年	1885年	1886年	1887年	1888年	1889年	1890年	1891年	1892年	1893年	1894年	1895年
V	46	51	51	52	91	96	77	69	64	52	46	40	40	47	50	89	102	64	38	34
17	35	44	47	43	78	87	73	82	57	35	35	35	36	48	56	98	105	57	34	31
18	38	46	50	56	102	105	63	82	56	53	51	39	46	50	51	87	97	58	38	32
19	43	48	52	49	87	102	71	63	65	58	43	37	41	50	53	98	105	60	37	34
20	44	47	43	49	83	100	73	63	57	51	47	33	33	39	41	80	103	62	33	29
21	49	49	43	53	98	89	91	76	58	53	54	38	35	40	47	78	88	58	30	29
22	42	48	48	48	93	90	83	69	56	46	48	36	37	47	47	79	97	63	36	31
23	50	56	57	57	96	100	84	72	65	57	53	43	43	53	54	88	100	68	43	40
24	53	58	58	56	98	95	76	67	77	58	43	57	44	47	50	93	108	74	43	37
25	49	55	57	54	92	94	78	66	73	57	42	41	42	49	52	98	109	66	42	37
VI	62	69	77	74	107	127	97	89	89	80	62	53	59	65	68	92	105	79	58	54
26	61	68	78	71	109	119	97	88	86	79	60	53	61	67	75	99	113	80	60	54
27	59	64	82	82	96	129	103	98	84	78	59	48	47	74	85	99	102	74	55	54
28	56	63	74	72	106	129	82	80	83	70	51	41	57	65	66	86	98	74	53	47
29	61	70	78	74	110	118	95	88	94	84	63	50	71	68	68	85	101	80	60	54
30	67	73	76	72	110	125	97	92	99	89	70	58	68	62	70	97	117	87	62	57
31	66	71	73	69	104	132	102	88	93	75	60	53	55	59	60	94	110	83	57	51
32	64	75	77	75	111	138	101	86	84	85	74	67	53	58	55	85	97	77	59	58
VII	94	99	105	102	123	133	96	97	89	78	71	57	69	69	70	97	112	89	67	61
33	94	101	104	100	124	135	92	95	90	74	77	60	63	70	68	91	104	81	62	57
34	100	106	110	108	124	130	96	93	95	89	84	71	69	68	67	97	111	93	68	63
35	88	89	102	97	122	128	99	102	83	70	51	41	74	68	74	102	120	92	70	62

续表

	1896年	1897年	1898年	1899年	1900年	1901年	1902年	1903年	1904年	1905年	1906年	1907年	1908年	1909年	1910年	1911年	1912年	1913年	1914年	1915年
V	33	50	61	56	47	53	58	53	57	71	75	102	96	87	64	74	86	76	84	120
17	26	39	55	55	44	49	58	54	52	64	82	103	85	79	64	80	89	71	83	120
18	29	40	60	56	46	51	59	53	50	63	73	95	91	83	64	79	89	68	77	103
19	33	46	60	56	46	52	58	54	58	76	77	104	92	85	66	79	82	74	83	118
20	30	40	52	52	47	51	54	47	51	67	70	96	93	80	61	71	79	67	74	107
21	33	42	57	56	53	55	54	50	54	63	67	98	102	87	53	73	84	74	77	110
22	33	46	58	53	48	52	55	52	56	67	67	100	103	90	63	56	85	73	84	116
23	41	49	63	57	49	57	62	58	62	76	78	110	107	93	65	77	90	85	92	133
24	36	54	71	57	45	54	59	54	62	78	81	103	95	95	69	76	87	86	89	128
25	33	55	69	61	48	55	63	58	64	80	80	107	95	86	72	80	86	80	89	131
VI	51	58	73	73	65	71	76	76	70	83	92	120	111	102	90	95	104	94	101	157
26	50	58	73	78	65	70	82	76	69	83	96	124	114	103	93	97	106	94	102	161
27	50	53	69	76	72	72	83	80	69	83	97	122	105	94	94	100	105	88	101	158
28	46	48	63	68	61	68	76	72	62	71	85	113	106	94	88	96	102	90	100	157
29	50	56	69	73	70	72	77	81	76	90	92	115	116	108	95	96	108	95	98	159
30	54	63	79	76	62	71	63	74	74	84	96	123	106	106	89	93	106	99	105	162
31	51	65	84	70	58	71	74	72	69	81	90	116	114	103	85	88	100	94	103	157
32	54	62	73	72	67	72	75	76	74	87	89	126	118	108	88	93	102	95	100	150
VII	59	63	79	87	83	79	86	86	86	95	98	122	115	98	87	93	105	99	109	174
33	57	62	79	80	74	71	77	74	76	87	89	114	106	93	77	86	100	88	100	187
34	59	62	76	88	84	81	89	93	89	99	105	127	119	98	89	95	106	102	111	170
35	61	66	82	92	90	85	91	90	93	99	100	125	121	104	95	98	111	106	116	165

续表

	1860年	1861年	1862年	1863年	1864年	1865年	1866年	1867年	1868年	1869年	1870年	1871年	1872年	1873年	1874年	1875年
VIII 西部地区	51	58	71	60	51	49	75	81	106	100	81	74	84	94	75	72
36. 维捷布斯克	—	—	82	70	60	65	77	96	104	109	82	73	81	90	81	78
37. 莫吉廖夫	—	—	66	58	49	41	58	66	86	92	69	65	73	—	61	66
38. 明斯克	—	—	61	51	42	43	67	63	87	98	80	62	77	—	—	63
39. 维伦斯克	—	—	77	61	55	49	84	75	116	95	81	82	92	97	80	76
40. 科文斯卡亚	—	—	81	68	55	54	84	106	138	107	103	93	100	100	—	86
41. 格林德诺	—	—	60	51	42	43	79	80	100	101	70	67	79	88	76	65
IX. 乌克兰地区	40	37	37	44	36	26	38	48	74	86	57	50	57	61	49	52
42. 波尔塔瓦	—	—	37	49	38	25	39	41	66	85	53	46	48	51	42	44
43. 切尔尼戈夫斯卡亚	40	37	36	38	33	26	37	55	82	87	60	53	66	70	56	59
X. 西南部地区	40	37	47	44	38	30	55	55	72	70	51	46	69	75	69	65
44. 沃伦	—	—	54	44	33	29	53	53	68	65	45	42	60	—	—	64
45. 基辅	—	—	41	45	40	28	55	51	67	78	58	47	68	—	—	60
46. 波多尔斯克	—	—	46	43	40	33	56	61	80	67	50	48	78	93	—	70
XI. 草原地区	53	53	53	58	50	46	55	72	91	89	80	69	75	93	63	62
47. 叶卡捷琳诺斯拉夫	52	55	50	55	46	41	52	55	70	87	65	57	73	85	65	49
48. 塔夫里契斯基	54	46	56	63	51	57	59	87	98	83	92	88	94	—	63	63
49. 赫尔松	58	50	49	58	49	47	53	73	97	97	99	80	76	82	—	61
50. 比萨拉比亚	46	59	55	57	55	38	55	73	99	90	64	50	57	111	59	75
XII. 西西伯利亚地区	—	—	—	—	33	45	41	60	91	45	—	—	—	—	—	—
51. 托博尔斯克	—	—	—	—	33	48	48	59	84	42	—	—	—	—	—	—
52. 托木斯克	—	—	—	—	32	41	34	61	98	48	—	—	—	—	—	—
XIII. 东西伯利亚地区	—	—	—	—	39	36	67	87	105	58	—	—	—	—	—	—
53. 叶尼塞	—	—	—	—	28	21	37	55	94	40	—	—	—	—	—	—
54. 伊尔库茨克	—	—	—	—	33	42	73	89	115	58	—	—	—	—	—	—
55. 雅库特	—	—	—	—	55	44	92	116	105	76	—	—	—	—	—	—

俄国粮食价格研究（18世纪至20世纪初）

续表

	1876年	1877年	1878年	1879年	1880年	1881年	1882年	1883年	1884年	1885年	1886年	1887年	1888年	1889年	1890年	1891年	1892年	1893年	1894年	1895年
VIII	73	79	80	79	108	117	86	83	84	77	72	63	54	60	62	89	93	73	52	54
36	77	88	88	81	116	114	82	80	78	75	67	57	54	60	59	87	94	83	62	59
37	63	67	72	74	109	105	71	76	72	65	76	51	42	50	52	83	89	62	47	49
38	65	72	72	72	99	103	85	81	74	74	67	68	54	57	61	87	90	68	48	51
39	74	78	78	78	106	122	87	88	92	81	72	55	55	63	64	88	92	74	52	54
40	88	94	94	94	116	134	101	95	96	87	79	73	56	82	65	89	98	81	54	56
41	69	75	73	72	104	124	89	77	94	79	70	76	58	66	70	97	97	69	48	55
IX	54	52	50	60	102	85	70	73	67	54	58	48	39	46	50	78	84	58	35	35
42	48	47	42	52	93	74	74	75	66	52	54	50	33	39	45	76	82	55	27	28
43	60	57	58	67	110	95	66	70	68	56	61	46	44	52	54	79	85	60	42	41
X	65	66	64	74	100	93	78	74	71	54	63	55	40	48	56	80	85	63	39	41
44	64	71	68	79	103	88	78	80	79	57	61	59	43	53	61	83	83	61	44	49
45	59	61	56	66	100	87	63	70	56	47	70	39	38	46	52	81	84	64	37	36
46	71	67	68	76	98	103	92	71	78	57	58	67	40	46	55	76	88	64	35	37
XI	65	60	56	82	97	89	83	79	68	62	60	57	41	48	55	80	84	58	34	40
47	54	50	44	59	86	88	79	76	64	63	57	48	37	46	54	79	80	52	30	35
48	68	63	62	79	110	92	83	81	75	69	64	67	46	53	61	83	88	58	38	45
49	52	57	53	65	96	97	80	78	66	58	61	50	40	48	51	85	84	62	35	39
50	74	68	65	123	97	79	92	82	65	58	58	62	40	46	52	75	82	59	34	39
XII	—	—	—	—	—	—	39	50	75	46	26	—	54	28	49	—	—	—	35	30
51	—	—	—	—	—	—	43	50	80	43	22	—	70	30	63	—	—	—	35	27
52	—	—	—	—	—	—	35	50	70	48	30	—	37	25	35	—	—	—	34	32
XIII	—	—	—	—	—	—	59	63	72	73	90	—	88	85	58	—	—	—	33	45
53	—	—	—	—	—	—	48	60	45	40	55	—	45	50	30	—	—	—	26	46
54	—	—	—	—	—	—	70	65	98	105	125	—	130	120	85	—	—	—	40	43
55	—	—	—	—	—	—	—	—	—	—	—	—	—	—	—	—	—	—	—	—

续表

	1896年	1897年	1898年	1899年	1900年	1901年	1902年	1903年	1904年	1905年	1906年	1907年	1908年	1909年	1910年	1911年	1912年	1913年	1914年	1915年
Ⅷ	55	60	72	67	65	64	71	69	73	78	79	116	111	92	71	83	92	83	96	155
36	59	60	68	71	69	68	77	78	76	87	91	125	114	98	81	90	100	87	102	165
37	50	57	64	59	56	59	64	63	68	73	76	118	116	97	75	83	88	76	90	125
38	53	59	74	61	60	59	64	61	67	71	75	120	113	88	66	75	89	82	95	141
39	53	58	72	68	69	66	72	73	79	82	80	115	109	89	67	78	91	83	100	160
40	57	63	76	75	70	63	70	70	75	80	78	106	102	89	68	90	91	78	90	170
41	55	63	79	67	67	67	73	67	75	75	72	112	110	89	68	81	91	89	100	160
Ⅸ	37	47	52	51	52	54	57	52	57	65	66	104	113	93	66	72	83	75	81	114
42	32	41	57	46	49	51	53	48	53	61	61	95	105	88	62	68	81	66	74	104
43	42	52	66	56	54	57	60	55	60	68	71	113	120	97	69	76	84	83	88	124
Ⅹ	43	49	66	58	56	56	56	53	61	63	63	105	107	89	62	71	87	74	85	114
44	50	51	69	59	54	56	58	54	66	62	66	113	108	89	63	73	90	84	90	120
45	38	46	65	57	57	56	56	51	61	64	63	100	109	91	61	71	83	74	85	113
46	41	49	63	58	58	57	55	53	61	64	60	101	104	88	62	70	87	80	81	108
Ⅺ	44	50	63	65	64	60	60	54	62	67	65	92	99	90	69	74	87	76	77	95
47	38	45	57	61	56	59	59	51	57	61	65	93	99	89	69	73	84	73	73	98
48	50	54	70	71	69	63	63	51	62	68	68	94	102	96	71	78	93	81	75	92
49	41	51	62	66	66	60	61	56	61	68	64	94	103	85	70	74	84	71	76	91
50	45	50	62	63	63	57	56	57	66	71	61	88	90	91	67	70	88	77	73	97
Ⅻ	25	30	36	35	51	79	94	62	35	38	43	60	58	62	76	83	91	55	53	74
51	19	32	43	38	45	71	86	64	39	35	45	67	63	64	75	97	105	58	57	73
52	30	27	29	32	57	86	102	60	30	40	41	53	53	60	77	69	76	52	49	75
ⅩⅢ	55	74	61	33	46	69	75	86	51	75	106	52	52	69	88	82	83	59	59	77
53	65	47	58	33	40	60	87	72	37	50	62	52	45	63	92	78	68	47	52	68
54	45	100	63	33	51	77	63	100	65	100	105	52	58	75	83	86	97	71	65	86
55	—	—	—	—	—	—	—	—	—	—	—	—	—	—	—	—	—	—	—	—

表34　1800～1859年省会城市燕麦零售价格

单位：1/10金币/普特

	1800年	1801年	1802年	1803年	1804年	1805年	1806年	1807年	1809年	1810年	1811年	1812年	1813年	1814年	1815年	1816年	1817年
I.北部地区	49	49	48	55	48	—	57	47	69	53	41	44	38	45	52	46	49
1.彼得堡	54	55	59	64	62	—	66	57	80	67	46	46	45	44	55	45	57
2.阿尔汉格尔斯克	34	32	42	58	39	—	46	42	67	50	41	49	40	47	45	40	47
3.诺夫哥罗德	46	48	—	—	36	—	42	37	67	53	38	39	40	47	57	47	49
4.彼得罗扎沃茨克	57	58	62	63	60	53	76	46	72	53	48	44	43	47	50	52	49
5.普斯科夫	50	50	—	—	42	—	55	53	58	43	30	41	23	42	55	45	44
II.东部地区	16	19	23	30	24	—	20	16	18	16	13	16	14	13	14	17	14
6.维亚特卡	14	17	22	28	23	—	18	16	22	20	15	18	15	18	14	15	16
7.彼尔姆	11	13	23	37	28	—	23	18	19	16	13	17	13	9	14	17	12
8.萨玛拉	24	26	23	25	23	—	22	15	—	—	—	—	—	—	—	—	—
9.乌法	15	18	—	—	20	—	17	13	12	11	11	14	15	11	13	—	14
III.东南部地区	24	29	29	38	25	—	25	18	20	18	15	15	20	25	24	20	13
10.阿斯特拉罕	21	29	29	38	30	—	31	20	27	23	20	23	25	34	31	27	18
11.新切尔卡斯克	26	28	—	—	—	—	—	—	—	—	—	—	—	—	—	—	—
12.斯塔夫罗波尔	—	—	—	—	20	—	19	16	13	13	10	8	15	16	17	12	8
IV.伏尔加河地区	21	22	23	25	23	—	22	16	16	16	16	16	20	22	26	22	13
13.喀山	19	20	—	—	24	—	23	19	18	17	18	18	25	23	26	25	18
14.奔萨	22	23	—	—	22	—	21	16	11	14	14	13	18	24	23	17	10
15.萨拉托夫	23	27	—	—	23	—	24	15	20	18	20	16	15	23	31	24	11
16.辛比尔斯克	19	18	23	25	23	—	20	15	13	14	13	18	20	19	25	22	12

续表

	1818年	1819年	1820年	1821年	1822年	1823年	1824年	1825年	1826年	1827年	1828年	1829年	1830年	1831年	1832年	1833年	1834年	1835年	1836年	1837年	1838年
I	53	51	46	45	50	46	41	38	41	45	35	36	38	42	43	41	51	57	49	35	40
1	60	54	48	54	67	59	51	46	51	56	44	49	42	45	46	44	56	66	52	32	39
2	53	43	43	37	27	35	32	30	30	40	23	26	32	39	27	31	33	33	40	37	33
3	53	51	48	42	53	40	40	35	41	43	33	39	41	42	45	40	61	63	47	32	42
4	55	65	54	50	59	59	51	48	51	54	43	35	43	43	49	53	60	62	56	36	48
5	45	40	35	40	45	38	29	30	30	30	30	33	33	40	47	35	47	60	51	37	40
II	15	15	17	22	23	16	16	12	12	13	12	13	16	17	17	24	36	22	20	20	20
6	18	16	19	19	19	16	17	13	14	19	15	15	17	22	17	23	34	38	32	—	25
7	12	14	13	20	23	16	15	11	11	10	11	12	16	16	14	26	24	14	16	27	16
8	—	—	—	—	—	—	—	—	—	—	—	—	—	—	—	—	53	—	—	13	—
9	15	14	20	28	27	16	17	13	12	10	9	11	14	18	19	23	31	13	13	29	18
III	20	23	41	50	36	24	21	20	18	23	20	15	16	18	21	50	54	32	25	35	19
10	26	24	29	29	—	21	19	13	19	24	19	17	18	22	23	37	35	23	21	29	19
11	—	—	48	55	39	26	27	19	16	18	19	16	15	19	18	52	63	42	35	23	22
12	13	22	46	64	32	24	16	27	19	27	21	13	14	14	11	61	63	32	18	17	17
IV	14	16	20	25	24	14	17	14	14	17	17	13	18	20	21	31	35	19	15	22	17
13	18	22	23	25	26	20	22	16	17	18	20	17	20	22	25	32	33	22	21	14	25
14	12	15	17	24	21	14	17	17	17	18	17	12	17	19	16	30	27	15	10	13	12
15	12	13	20	30	22	13	12	11	13	15	13	9	16	17	18	30	34	16	12	18	13
16	12	15	18	22	24	18	15	11	17	17	16	15	20	22	23	31	45	22	18	18	18

续表

	1839年	1840年	1841年	1842年	1843年	1844年	1845年	1846年	1847年	1848年	1849年	1850年	1851年	1852年	1853年	1854年	1855年	1856年	1857年	1858年	1859年
I	47	55	52	50	44	47	55	65	63	55	47	43	50	57	54	51	54	63	71	67	69
1	51	65	—	—	—	57	59	80	68	51	46	49	55	57	54	56	—	65	82	76	79
2	43	51	46	39	36	37	37	38	58	51	44	37	39	50	39	35	35	51	61	64	61
3	47	49	49	47	44	42	51	61	56	50	40	37	46	55	—	46	52	65	68	64	63
4	51	59	53	54	53	53	54	66	69	68	56	48	55	65	—	59	60	62	84	75	78
5	44	52	58	59	—	—	73	82	64	57	50	46	57	56	21	57	67	70	60	58	65
II	21	24	23	21	17	15	17	21	32	30	32	23	22	16	21	25	38	45	41	45	27
6	27	30	32	23	17	15	22	30	55	34	25	26	19	17	—	30	40	53	54	54	29
7	13	20	16	20	16	15	13	17	23	26	25	21	20	17	17	23	29	40	25	46	28
8	—	—	—	—	—	—	—	—	—	—	—	—	—	—	—	—	50	54	53	—	—
9	23	21	22	20	17	15	15	16	18	—	47	23	26	14	—	21	31	33	33	36	23
III	28	42	39	39	26	21	26	23	23	42	58	39	32	32	32	32	54	56	66	45	47
10	32	41	40	42	27	25	26	25	30	44	51	42	40	39	32	38	54	59	66	45	47
11	30	—	—	—	—	—	—	—	—	—	—	—	—	—	—	—	—	—	—	—	—
12	22	43	37	36	24	16	25	21	15	40	64	36	23	25	—	25	53	53	—	—	—
IV	24	32	30	30	20	17	18	20	22	29	31	29	30	20	25	30	44	49	45	35	35
13	25	29	33	31	21	22	25	25	26	28	31	24	24	24	—	25	31	37	40	28	39
14	20	36	25	32	21	16	16	18	20	31	28	28	34	21	—	43	62	56	51	30	36
15	23	32	34	28	19	14	20	20	19	31	35	40	40	20	—	30	43	43	48	35	35
16	27	32	26	27	19	15	18	17	22	26	28	22	21	15	—	21	41	59	42	47	30

续表

	1800年	1801年	1802年	1803年	1804年	1805年	1806年	1807年	1809年	1810年	1811年	1812年	1813年	1814年	1815年	1816年	1817年
V. 中央黑土区	27	22	23	28	21	—	22	17	22	19	21	24	17	23	22	17	18
17. 沃罗涅日	20	15	16	22	18	—	18	16	12	13	29	20	11	14	18	14	12
18. 库尔斯克	33	25	26	30	20	—	23	18	16	17	20	30	12	15	15	13	15
19. 奥廖尔	31	23	—	—	22	—	23	19	25	21	20	29	21	23	22	19	21
20. 梁赞	32	30	—	—	27	19	25	22	28	25	22	26	26	31	30	20	26
21. 坦波夫	20	23	24	28	24	—	18	14	16	17	20	16	17	18	20	17	13
22. 图拉	30	21	24	33	16	—	25	19	26	26	21	27	21	23	25	18	24
23. 哈尔科夫	21	17	—	—	—	—	19	14	16	15	16	21	14	39	24	17	14
VI. 中央非黑土区	37	34	36	41	37	—	41	29	39	33	28	31	35	36	34	30	32
24. 弗拉基米尔	34	32	—	—	39	—	36	29	30	28	28	29	41	41	37	33	36
25. 沃洛格达	29	29	31	43	41	—	29	25	34	32	33	31	32	27	25	22	29
26. 卡卢加	38	34	—	—	35	—	31	27	33	34	29	38	31	30	33	27	28
27. 科斯特罗马	39	33	34	38	36	40	34	27	55	44	32	25	31	33	31	28	28
28. 莫斯科	38	36	—	—	39	—	39	30	42	32	29	38	39	42	38	29	36
29. 下诺夫哥罗德	33	29	30	33	27	37	38	23	28	24	21	22	31	31	29	28	29
30. 斯摩棱斯克	41	35	36	38	35	—	49	39	49	39	28	39	43	47	42	32	34
31. 特维尔	39	35	—	—	41	—	43	33	49	41	31	29	34	37	36	31	34
32. 雅罗斯拉夫	43	40	40	42	37	—	35	26	35	28	24	24	37	35	36	36	33
VII. 波罗的海地区	66	64	—	—	60	—	74	76	55	41	34	42	40	47	58	51	60
33. 米塔瓦	—	—	—	—	62	—	86	86	51	28	34	48	36	46	45	50	57
34. 瑞维尔（今爱沙尼亚首都塔林市）	70	67	—	—	69	—	63	67	52	49	33	25	39	44	75	50	50
35. 里加	61	61	—	—	50	—	74	74	61	46	34	54	45	50	54	54	72

续表

	1818年	1819年	1820年	1821年	1822年	1823年	1824年	1825年	1826年	1827年	1828年	1829年	1830年	1831年	1832年	1833年	1834年	1835年	1836年	1837年	1838年
V	23	16	19	31	24	16	17	19	20	19	17	15	18	20	15	22	38	26	18	19	13
17	18	12	16	36	22	13	10	8	11	15	14	8	13	13	13	26	38	24	19	30	—
18	17	12	18	27	22	13	13	13	17	18	17	11	15	28	11	21	43	30	15	9	9
19	24	16	18	28	22	15	21	31	33	23	18	12	14	18	15	15	35	31	27	—	—
20	29	20	24	31	24	21	27	22	24	24	21	25	25	24	19	21	35	26	16	26	17
21	17	17	13	37	29	13	13	11	14	17	14	11	15	16	16	23	34	20	11	11	11
22	33	17	19	25	21	18	20	21	22	21	19	21	24	19	15	21	35	—	18	18	16
23	20	19	26	36	28	19	16	12	15	15	15	15	19	19	18	28	46	26	21	17	11
VI	37	32	30	34	35	29	29	27	27	28	26	26	27	27	26	30	47	39	28	24	24
24	36	31	34	39	37	29	33	28	32	35	35	35	36	33	24	35	54	36	24	24	24
25	37	38	30	25	25	24	25	26	21	25	18	19	24	27	29	29	33	32	32	28	24
26	36	24	24	32	31	23	26	26	28	27	24	22	25	20	17	22	40	31	22	17	18
27	38	37	34	30	30	29	31	28	24	23	23	22	27	28	27	27	43	36	29	20	25
28	42	27	31	37	36	32	28	29	33	32	30	31	34	23	26	30	47	40	26	23	26
29	28	27	28	34	33	27	28	21	23	22	22	31	24	25	25	26	52	27	20	27	25
30	39	35	28	40	48	29	24	25	27	34	31	31	31	30	27	31	57	56	38	26	24
31	40	30	29	35	38	32	32	31	30	31	28	29	29	25	31	25	50	50	32	—	26
32	40	38	34	36	34	32	33	27	25	25	26	27	31	33	29	32	45	39	29	26	27
VII	58	44	40	38	40	46	39	32	42	44	39	43	36	42	42	37	43	36	44	33	39
33	57	45	40	37	36	46	37	30	40	39	36	41	37	48	46	34	43	55	45	34	41
34	51	44	35	35	40	41	37	30	43	49	40	46	32	33	37	37	44	52	44	33	39
35	67	43	44	43	45	50	44	36	42	44	41	43	40	44	44	41	43	47	44	31	36

续表

	1839年	1840年	1841年	1842年	1843年	1844年	1845年	1846年	1847年	1848年	1849年	1850年	1851年	1852年	1853年	1854年	1855年	1856年	1857年	1858年	1859年
V	24	38	28	23	16	15	19	23	21	25	30	25	31	25	28	30	41	52	43	30	30
17	16	39	25	22	15	14	12	15	18	27	29	29	29	18	—	24	33	37	36	21	23
18	16	31	25	17	12	13	14	17	16	18	24	26	24	21	—	29	41	53	48	29	21
19	25	36	29	22	15	18	24	29	24	24	28	33	26	30	—	33	44	63	49	29	29
20	29	41	30	28	18	16	22	32	29	32	29	30	33	30	—	35	44	58	45	26	38
21	24	36	24	23	13	14	15	16	18	26	24	25	26	19	—	30	49	55	34	54	37
22	32	55	31	25	21	17	25	31	27	26	29	31	37	31	—	30	34	53	45	29	31
23	24	31	29	26	19	15	19	20	18	24	47	47	—	—	35	—	—	44	41	24	29
VI	34	47	42	38	26	25	33	39	35	33	31	32	37	34	—	36	45	54	54	44	49
24	38	57	41	47	24	24	28	41	42	38	38	44	49	27	—	44	49	63	67	44	61
25	29	36	33	31	24	22	32	40	36	28	25	26	29	31	—	32	45	37	42	46	57
26	34	56	49	34	26	25	35	37	29	32	32	33	42	38	—	38	41	65	60	36	45
27	31	42	36	43	17	18	20	24	25	26	23	24	26	18	—	—	—	—	47	41	40
28	49	58	51	46	33	38	40	43	37	39	37	43	50	43	—	54	57	70	65	54	55
29	30	45	49	44	24	23	30	36	34	40	35	31	31	27	—	38	38	48	46	41	42
30	29	39	36	27	22	21	38	49	37	30	28	26	33	45	—	49	54	54	58	43	59
31	31	41	42	36	30	31	39	48	41	32	31	31	40	44	—	40	41	56	52	45	33
32	33	48	38	37	31	24	31	35	35	32	28	31	36	33	—	31	33	42	49	46	50
VII	46	48	49	44	39	43	55	63	59	41	36	35	46	51	—	65	75	66	60	63	67
33	56	52	46	40	36	36	51	68	60	40	32	34	49	54	—	69	83	69	56	59	64
34	41	44	48	44	39	49	58	57	58	37	33	34	37	39	—	64	78	69	55	57	67
35	41	49	54	49	43	45	—	—	—	45	43	38	52	61	53	63	63	60	70	73	70

续表

地区 / 城市	1800年	1801年	1802年	1803年	1804年	1805年	1806年	1807年	1809年	1810年	1811年	1812年	1813年	1814年	1815年	1816年	1817年
VIII. 西部地区	—	—	—	—	—	—	—	—	—	—	—	—	—	—	—	—	—
36. 维尔纳	55	52	—	—	43	—	70	56	45	38	31	49	36	40	50	39	37
37. 维捷布斯克	—	—	—	—	47	—	72	60	47	44	44	70	45	47	67	54	52
38. 格罗德诺	—	—	—	—	50	—	81	64	51	40	24	37	43	48	40	40	36
39. 科甫斯克	—	—	—	—	34	—	52	38	32	30	30	57	27	39	47	33	36
40. 明斯克	—	—	—	—	51	48	83	65	56	28	21	33	30	38	51	33	39
41. 莫吉廖夫	20	21	21	24	35	—	64	51	52	46	33	47	31	28	49	34	27
IV. 乌克兰地区	—	—	—	—	—	—	—	—	—	—	—	—	—	—	—	—	—
42. 基辅	20	21	20	23	21	19	39	19	28	27	21	28	17	24	27	25	25
43. 波尔塔瓦	22	—	22	25	20	20	42	17	30	25	22	29	17	34	29	31	32
44. 切尔尼希夫	22	23	—	—	23	—	36	17	17	28	19	22	19	18	23	16	14
X. 西南部地区	—	—	—	—	—	—	—	—	—	—	—	—	—	—	—	—	—
45. 日托米尔	30	23	—	—	34	—	38	22	37	28	23	34	16	19	28	28	28
46. 卡梅涅茨至波多利斯克航线	26	20	—	—	38	—	49	23	38	41	24	18	14	18	27	26	31
XI. 草原地区	—	—	—	—	—	—	—	—	—	—	—	—	—	—	—	—	—
47. 叶卡捷琳娜斯拉夫尔	33	25	—	—	30	—	53	25	35	40	21	17	10	16	24	23	26
48. 基什尼奥夫	—	—	—	—	—	—	44	20	40	41	26	18	17	19	29	29	35
49. 辛菲罗波尔	—	—	—	—	25	—	35	18	29	30	23	18	27	27	34	35	26
50. 赫尔松	—	—	—	—	17	—	22	11	12	17	20	21	15	18	21	18	10
51. 刻赤	—	—	—	—	—	—	—	—	—	—	—	—	—	—	—	—	—
52. 塔甘罗格	22	—	—	—	28	—	35	26	40	37	30	23	39	38	47	50	34
53. 费奥多西	—	—	—	—	29	—	48	18	35	37	19	26	26	24	33	37	33
XII. 西西伯利亚地区	—	—	—	—	—	—	—	—	—	—	—	—	—	—	—	—	—
54. 鄂木斯克	21	22	—	—	21	—	27	21	18	15	13	28	31	33	21	28	27
55. 托博尔斯克	23	15	15	—	21	—	28	20	17	14	12	12	10	12	12	13	13
56. 托木斯克	29	17	17	—	20	—	25	21	16	15	12	21	57	62	23	19	12
57. 克拉斯诺亚尔斯克	15	39	—	—	—	—	—	—	—	—	—	—	—	—	—	—	—
XIII. 东西伯利亚地区	—	—	—	—	—	—	—	—	—	—	—	—	—	—	—	—	—
58. 伊尔库次克	—	16	—	—	35	—	45	34	20	17	16	51	26	26	29	53	55
59. 雅库次克	—	—	—	—	35	—	45	34	20	17	16	51	26	26	29	53	55

续表

	1818年	1819年	1820年	1821年	1822年	1823年	1824年	1825年	1826年	1827年	1828年	1829年	1830年	1831年	1832年	1833年	1834年	1835年	1836年	1837年	1838年
VIII	42	36	31	35	44	40	26	22	25	29	28	26	29	34	30	29	44	45	30	25	26
36	56	47	39	42	44	49	35	31	34	33	29	35	33	32	31	24	44	51	35	22	19
37	46	37	30	41	50	36	28	25	27	30	26	30	29	33	31	44	64	55	37	30	28
38	37	33	26	20	25	30	22	19	20	25	28	19	29	40	30	23	30	36	24	23	30
39	42	30	29	31	27	32	17	16	21	32	29	22	32	48	38	34	32	40	26	28	34
40	33	30	25	33	62	55	26	21	16	18	20	22	21	23	22	20	34	35	23	19	17
41	38	38	36	45	57	39	29	18	29	33	33	30	30	30	25	29	57	53	37	27	26
IV	28	21	29	32	35	27	29	13	15	21	25	23	22	27	24	34	54	34	16	18	12
42	31	22	33	44	45	30	25	20	29	17	30	33	32	34	26	40	59	30	15	18	13
43	20	18	25	27	29	23	20	13	15	22	22	18	15	18	22	30	48	33	16	18	12
44	32	24	28	25	32	24	15	10	11	18	20	19	20	25	23	32	55	39	18	17	12
45	20	15	19	20	22	20	19	11	14	17	20	19	24	26	17	23	46	37	14	13	14
46	16	12	15	21	23	21	18	15	13	17	20	20	23	23	17	24	44	34	14	14	14
47	23	17	23	19	21	19	19	14	16	18	20	18	24	28	17	22	48	40	13	12	14
XI	30	25	36	43	39	35	37	28	24	22	25	26	27	29	26	51	72	59	38	28	24
47	19	20	31	35	29	26	28	15	13	23	21	19	19	21	17	36	51	39	19	17	17
48	—	—	20	30	50	44	36	16	29	22	41	37	30	29	25	40	67	59	33	25	16
49	36	30	36	49	34	37	47	43	26	19	20	24	28	31	25	61	87	63	40	28	19
50	36	26	41	46	45	39	41	24	28	31	36	38	37	35	27	58	84	68	38	23	30
51	—	—	53	—	35	28	38	35	31	20	18	20	29	33	32	45	81	64	49	33	29
52	—	21	49	50	—	—	27	24	30	21	23	23	21	24	20	50	57	51	39	27	30
53	19	—	—	49	34	26	45	42	11	—	19	—	27	28	35	68	76	67	51	45	24
XII	—	—	27	37	—	—	17	16	10	8	9	8	19	26	25	25	22	15	12	14	27
54	15	18	—	—	32	26	15	13	12	6	8	7	14	20	28	30	31	20	12	14	24
55	13	12	27	35	21	24	17	14	10	12	10	8	15	20	17	21	24	18	16	13	21
56	—	—	16	23	—	—	14	18	—	7	8	8	20	24	18	18	18	11	11	12	27
57	—	—	20	—	—	—	—	—	—	—	—	—	—	10	11	9	15	9	9	17	36
XIII	28	32	39	54	48	27	21	20	31	12	15	18	27	41	38	35	44	30	26	32	38
58	28	32	39	54	48	27	21	20	31	12	15	18	27	45	41	37	44	30	20	28	39
59	—	—	—	—	—	—	—	—	—	—	—	—	—	36	34	32	—	—	31	35	36

续表

	1859年	1858年	1857年	1856年	1855年	1854年	1853年	1852年	1851年	1850年	1849年	1848年	1847年	1846年	1845年	1844年	1843年	1842年	1841年	1840年	1839年
VIII	59	51	54	83	88	73	—	52	50	36	33	32	48	54	44	31	24	30	33	35	26
36	71	54	60	97	96	77	—	45	56	44	32	32	45	61	42	26	30	31	40	39	22
37	54	51	56	61	66	57	—	51	38	25	27	35	48	53	35	28	23	32	36	37	30
38	52	63	—	102	135	105	—	42	42	—	33	20	50	33	30	—	18	23	29	35	24
39	81	59	54	—	—	—	—	71	76	40	38	38	57	68	75	42	22	33	33	36	31
40	48	34	42	70	56	54	—	51	45	31	24	25	38	46	37	22	20	28	28	26	20
41	50	45	58	58	56	41	—	54	43	38	41	41	48	61	45	38	30	30	34	38	29
IX	24	26	35	61	67	42	—	32	39	36	38	34	22	29	27	20	17	30	28	26	19
42	27	22	31	—	—	41	—	51	51	36	44	31	20	26	24	17	18	30	26	22	18
43	24	26	38	61	45	39	—	24	34	38	45	41	21	27	30	24	18	32	26	28	22
44	20	29	36	55	45	39	—	22	32	38	26	29	26	35	28	19	16	29	31	27	18
X	28	45	39	57	54	54	—	33	34	36	42	32	28	34	30	22	18	26	25	21	19
45	26	24	41	56	55	50	—	32	33	34	39	30	24	35	28	15	13	28	27	23	19
46	30	65	37	58	53	58	—	33	34	38	44	34	31	33	32	28	22	24	22	19	19
XI	45	37	52	95	95	46	—	42	48	50	58	50	38	39	39	33	37	51	42	51	38
47	31	34	48	84	75	57	—	27	40	43	56	43	20	26	30	22	27	43	39	36	31
48	44	26	41	—	—	—	—	53	48	48	68	56	42	40	39	35	33	44	36	34	31
49	48	40	51	156	156	—	—	39	43	49	48	49	35	37	43	38	38	43	45	63	45
50	48	41	54	75	53	53	—	61	61	61	59	52	53	53	44	35	48	75	47	57	42
51	—	—	—	—	—	—	—	—	—	—	—	—	—	—	—	—	—	—	—	61	40
52	52	30	52	66	—	28	32	32	—	—	—	—	58	45	48	—	22	28	41	—	—
53	46	48	67	—	—	—	27	20	19	24	32	75	—	—	—	—	15	20	18	56	39
XII	26	26	28	43	—	40	—	20	19	24	32	—	—	45	48	40	22	28	41	45	39
54	—	18	16	—	—	—	—	12	12	—	—	—	14	12	—	40	15	20	18	17	15
55	23	22	18	17	23	23	25	17	14	23	22	20	65	58	46	40	22	30	60	60	47
56	30	37	50	—	—	—	—	32	32	21	37	40	95	65	58	35	30	33	45	58	56
57	25	—	—	17	—	—	—	47	47	28	37	166	55	43	31	45	29	40	—	39	45
XIII	50	30	39	—	—	—	—	47	47	43	46	69	59	53	33	25	22	—	—	44	48
58	47	47	35	—	—	—	—	—	—	37	40	60	59	53	33	17	22	—	—	44	48
59	53	42	42	—	—	—	—	47	47	48	52	78	51	33	30	32	35	40	—	34	41

表35　1833～1859年诸省燕麦价格

单位：1/10金币/普特

	1833年	1834年	1835年	1836年	1837年	1838年	1839年	1840年	1841年	1842年	1843年	1844年	1845年	1846年	1847年	1848年	1849年	1850年	1851年	1852年	1853年	1854年	1855年	1856年	1857年	1858年	1859年
北部地区	43	51	57	51	41	—	—	54	50	50	47	47	56	62	65	52	47	42	48	55	52	55	58	61	63	63	64
彼得堡	47	63	70	60	47	45	47	63	60	63	58	60	64	71	79	61	61	55	61	69	69	73	78	73	76	74	76
阿尔汉格罗斯克	35	41	41	41	39	—	—	48	45	43	45	34	37	55	61	47	43	37	42	49	45	50	51	49	59	55	61
诺夫哥罗德	38	48	55	44	36	—	—	52	44	44	43	42	50	55	58	45	39	36	47	48	44	44	45	55	59	56	58
奥洛涅茨克	53	53	57	58	47	—	—	53	53	61	49	47	53	60	66	60	54	44	46	52	57	57	52	57	67	74	70
普斯科夫	43	51	64	54	38	—	—	52	50	39	42	51	74	69	59	45	40	37	44	55	47	52	63	69	56	56	55
东部地区	26	27	19	17	16	—	—	26	24	26	21	20	17	21	23	24	25	29	26	20	19	22	25	25	25	24	29
维亚特卡	24	30	23	20	16	—	—	27	26	26	22	16	21	27	30	28	29	34	24	24	25	22	29	27	29	27	30
彼尔姆	23	24	18	16	18	—	—	27	26	25	21	26	18	23	25	25	22	28	28	20	18	19	18	18	18	23	30
萨马拉	—	—	—	—	—	—	—	—	—	—	—	—	—	—	—	—	—	—	29	20	18	27	32	34	34	26	33
乌法	32	27	15	14	15	—	—	24	19	27	20	17	13	13	15	18	24	24	24	17	14	19	19	20	19	20	23
东南部地区	53	61	34	28	24	—	—	37	42	53	32	29	35	30	33	39	46	39	42	36	25	29	41	58	64	44	57
阿斯特拉罕	36	44	26	23	22	—	—	35	41	48	30	23	28	30	33	39	46	39	42	36	25	29	41	58	64	44	57
顿斯科伊	52	71	46	40	30	—	—	—	—	33	—	44	—	—	—	—	—	—	—	—	—	—	—	—	—	—	—
斯塔夫罗波尔	71	68	31	21	20	—	—	38	42	57	34	34	36	29	—	—	—	—	—	—	—	—	—	—	—	—	—
伏尔加河地区	32	40	23	17	16	—	—	32	37	39	21	19	21	25	26	31	34	27	29	20	19	25	36	46	44	33	40
喀山	28	33	24	18	16	—	—	25	24	31	19	18	20	25	27	30	29	24	25	22	20	22	29	30	33	34	39

续表

	1833年	1834年	1835年	1836年	1837年	1838年	1839年	1840年	1841年	1842年	1843年	1844年	1845年	1846年	1847年	1848年	1849年	1850年	1851年	1852年	1853年	1854年	1855年	1856年	1857年	1858年	1859年
下诺夫哥罗德	37	44	26	19	19	—	—	32	37	49	23	25	27	36	36	38	42	30	34	27	27	30	35	48	52	34	41
奔萨州	32	40	17	13	12	—	—	35	54	36	21	16	18	19	22	28	28	24	26	14	17	25	45	55	44	31	39
萨拉托夫州	35	37	23	15	14	—	—	29	37	41	22	16	16	21	22	29	42	35	36	19	17	22	31	50	50	35	39
辛比尔斯克	30	45	—	20	17	—	—	37	34	37	22	18	24	23	23	30	30	24	24	18	15	25	38	47	41	31	42
中央黑土区	30	40	30	18	15	—	—	34	29	32	19	18	21	23	23	27	35	30	35	26	28	31	37	55	52	31	49
沃罗涅日	37	44	30	22	—	—	—	32	25	26	16	15	17	21	19	29	36	26	32	23	27	33	31	49	43	27	35
库尔斯克	34	46	35	18	12	—	—	30	29	31	18	18	20	19	20	22	24	26	32	20	26	28	39	59	52	34	30
奥尔洛夫州	24	37	34	16	—	—	—	41	22	28	19	16	22	24	24	26	33	30	32	28	32	33	36	56	64	28	33
梁赞州	29	37	26	17	17	—	—	35	33	42	21	23	23	—	28	30	35	30	39	31	31	32	36	54	51	32	40
坦波夫州	28	35	22	15	13	15	28	29	34	36	19	17	17	22	22	26	33	28	32	23	23	28	36	51	43	32	37
图拉	23	36	—	—	18	—	—	—	29	29	18	17	21	26	27	23	26	30	37	30	30	32	36	50	55	29	35
哈尔科夫	36	47	31	19	13	—	—	41	29	34	24	19	24	23	23	34	55	41	37	28	26	28	47	67	55	34	36
中央非黑土区	35	48	44	32	29	—	—	48	42	41	30	28	35	44	42	36	35	35	42	43	39	39	43	56	57	46	51
弗拉基米尔	36	49	37	25	25	—	—	55	56	52	28	27	34	45	45	39	42	39	50	40	39	37	53	57	58	46	59
沃洛格达州	40	39	39	38	36	—	—	42	42	37	32	28	32	41	49	42	37	33	34	35	34	32	30	35	39	46	45
卡卢加州	32	52	46	31	26	—	—	63	34	37	27	28	33	40	36	33	34	34	49	49	46	40	39	69	68	44	45
科斯特罗马州	36	51	47	30	29	29	59	56	37	36	29	23	31	—	35	27	29	29	29	29	31	35	35	40	49	46	50

续表

	1833年	1834年	1835年	1836年	1837年	1838年	1839年	1840年	1841年	1842年	1843年	1844年	1845年	1846年	1847年	1848年	1849年	1850年	1851年	1852年	1853年	1854年	1855年	1856年	1857年	1858年	1859年
莫斯科	36	51	47	30	29	29	25	56	50	51	36	34	38	46	44	41	43	43	54	53	46	51	52	66	79	50	57
斯摩棱斯克	36	54	50	34	27	—	—	42	36	32	27	28	42	47	44	34	32	31	38	54	42	46	47	61	65	47	52
特维尔	32	45	47	—	—	—	—	41	41	39	33	29	40	50	45	35	32	32	42	45	38	41	39	47	54	47	51
雅罗斯拉夫	32	44	39	33	30	24	40	41	40	42	29	27	32	42	38	34	33	37	41	37	37	26	47	72	41	44	46
波罗的海	44	46	61	53	44	—	—	50	50	50	49	48	64	64	72	52	44	40	45	52	57	75	92	83	71	71	74
库尔良茨基	44	44	60	48	42	—	—	45	46	44	46	44	62	69	86	55	43	44	48	57	55	77	100	89	69	68	74
利沃尼亚	50	50	65	59	47	51	49	54	56	58	54	52	75	77	75	61	51	43	50	58	61	73	96	91	76	74	76
埃斯特兰	39	45	57	53	43	—	—	50	49	49	48	48	54	46	55	40	37	34	38	40	55	74	81	69	68	72	72
西部地区	33	46	49	36	29	—	—	38	33	35	33	33	54	54	52	39	37	38	46	57	57	72	92	85	63	60	60
维伦斯克	43	46	53	43	31	—	—	46	35	35	36	37	55	56	55	34	31	35	54	60	53	70	96	94	57	65	63
维捷布斯克	—	65	66	52	36	—	—	40	34	35	35	32	66	—	52	37	33	31	33	57	53	66	83	73	74	70	73
格罗德诺	26	34	38	28	24	—	—	37	30	36	31	25	52	48	48	36	37	40	53	53	63	93	115	95	60	58	57
科文斯卡亚	38	41	39	27	29	—	—	33	35	33	41	51	61	58	64	52	44	47	52	68	67	77	119	99	65	76	73
明斯克	23	33	37	29	21	—	—	33	32	36	26	27	43	—	44	33	33	34	42	51	50	65	76	74	56	42	43
莫吉廖夫	34	57	59	37	30	—	—	38	35	33	29	26	45	54	49	44	44	39	44	51	58	59	75	75	64	46	53
乌克兰地区	31	46	36	16	13	—	—	22	27	31	20	20	23	23	25	31	38	32	38	23	29	36	50	62	43	30	29
基辅	31	48	37	16	13	—	—	19	21	27	18	18	16	16	25	29	37	33	44	21	29	34	57	59	36	25	27

	1833年	1834年	1835年	1836年	1837年	1838年	1839年	1840年	1841年	1842年	1843年	1844年	1845年	1846年	1847年	1848年	1849年	1850年	1851年	1852年	1853年	1854年	1855年	1856年	1857年	1858年	1859年
波尔塔瓦	33	48	35	14	12	—	—	17	28	34	20	22	25	26	23	32	41	30	34	21	27	34	48	59	44	25	39
切尔尼戈夫	30	43	35	18	13	—	—	31	32	33	22	21	29	28	27	31	36	34	36	27	32	39	45	67	50	39	32
西南部地区	21	39	35	16	15	—	—	26	30	36	22	29	31	39	37	33	47	41	43	35	46	60	67	63	41	26	32
沃伦	17	35	29	14	14	—	—	25	33	37	18	18	32	33	33	29	39	36	41	31	43	63	74	66	37	26	31
波多利斯克	25	44	40	17	15	—	—	26	27	34	25	40	30	45	41	37	54	45	45	38	49	56	60	60	45	26	33
草原地区	52	70	53	32	25	—	—	48	46	49	36	30	39	33	39	49	62	53	56	41	40	51	81	95	64	40	44
比萨拉比亚	43	60	53	28	24	—	—	46	45	44	39	32	37	41	46	52	56	50	50	43	50	61	63	69	46	34	42
叶卡捷琳诺斯拉夫	50	63	42	26	20	—	—	43	40	43	25	26	32	26	28	45	69	57	61	31	31	36	64	84	62	35	39
塔夫里亚	63	82	56	39	30	—	—	61	52	52	38	20	37	25	36	47	64	57	60	48	40	49	116	132	92	51	48
赫尔松	52	76	60	35	27	31	39	42	46	55	42	43	48	41	44	51	60	46	54	41	39	57	79	96	55	41	45
西西伯利亚地区	25	23	18	14	14	—	—	34	32	28	23	22	25	28	27	25	24	22	17	13	27	40	—	43	—	—	—
托博尔斯克	25	25	21	15	15	—	—	23	23	24	25	23	21	21	18	15	15	22	18	14	27	40	—	25	—	—	—
托木斯克	24	21	15	13	12	—	—	44	41	31	20	21	29	35	36	35	32	22	15	12	—	—	61	—	—	—	—
东西伯利亚地区	27	25	24	19	19	—	—	53	37	35	33	46	53	77	78	51	51	36	33	34	40	29	—	30	—	—	—
叶尼塞	14	16	15	14	17	—	—	57	41	36	30	32	37	41	44	55	55	32	31	39	39	20	—	34	—	—	—
伊尔库茨克	39	33	32	25	21	—	—	63	33	33	34	32	43	50	54	60	46	39	35	28	40	37	—	25	—	—	—
雅库茨克	—	—	—	—	—	—	—	38	—	37	34	—	41	—	—	—	—	—	—	—	—	—	—	—	—	—	—

表 36　1862～1915 年省内城市燕麦价格

单位：票面戈比/普特

地区	1862年	1863年	1864年	1865年	1866年	1867年	1868年	1869年	1870年	1871年	1872年	1875年	1876年	1877年	1878年	1879年
I. 北部地区	65	62	53	62	70	66	64	84	74	73	77	78	78	79	79	81
1. 阿尔汉格尔斯克	63	69	63	74	83	77	73	89	67	78	80	95	94	97	98	101
2. 奥洛涅茨	65	62	50	62	68	66	61	87	79	75	80	86	86	90	87	86
3. 沃洛格达	55	47	47	54	57	53	60	66	60	58	53	82	61	63	64	64
4. 彼得堡	69	67	55	62	68	69	65	91	83	80	91	89	92	89	89	90
5. 诺夫哥罗德	68	62	49	62	69	67	64	92	79	77	84	68	68	71	64	70
II. 普斯科夫	69	63	55	57	72	66	61	78	74	72	76	66	66	65	71	75
6. 东部地区	40	45	36	52	48	39	39	48	55	36	45	41	38	41	46	48
7. 维亚特卡	45	45	40	45	40	34	35	45	45	38	44	44	39	44	52	45
8. 彼尔姆	43	58	36	65	70	64	57	65	54	33	31	46	41	44	49	44
9. 乌费姆斯基	38	45	37	55	—	28	28	41	46	29	41	38	34	35	40	41
10. 奥伦堡	37	35	31	44	55	34	32	44	74	39	61	39	31	34	41	58
11. 萨马拉	46	55	48	47	30	36	46	45	55	39	45	37	42	48	46	51
III. 东南部地区	46	55	48	47	47	48	57	67	70	64	67	69	74	68	72	75
12 阿斯特拉罕	46	55	48	47	47	48	57	67	70	64	67	69	74	68	72	75
13. 顿斯科伊	—	—	—	—	—	—	—	—	—	—	—	69	74	68	72	75
IV. 伏尔加河河地区	46	37	42	54	50	44	50	46	53	46	63	51	49	57	60	55
14. 下诺夫哥罗德	59	47	47	56	54	54	63	43	57	58	69	59	55	59	71	60
15. 喀山	39	32	39	44	65	41	42	48	51	45	63	49	47	57	60	52
16. 辛比尔斯克	40	33	40	63	32	36	45	46	51	36	56	45	46	54	56	52
V. 中央黑土区	50	45	36	36	38	40	48	53	47	44	56	56	55	49	50	55
17. 奔萨	32	46	35	36	38	31	32	40	46	39	44	41	42	43	49	45
18. 萨拉托夫	46	42	48	48	50	46	43	54	51	44	51	45	50	52	51	58
19. 坦波夫	40	46	21	30	28	32	39	49	44	50	55	54	49	47	50	50
20. 沃罗涅日	36	39	29	29	36	47	49	52	50	46	52	56	60	54	52	63
21. 哈尔科夫	55	45	42	31	41	47	53	57	43	43	58	59	50	50	44	59
22. 库尔斯克	59	45	41	26	31	31	48	58	44	37	53	62	61	46	48	59
23. 奥廖尔	52	41	38	26	31	33	45	50	49	43	51	67	61	48	52	54
24. 图拉	66	63	32	33	43	40	55	53	44	45	54	59	53	48	52	53
25. 梁赞	59	40	34	61	50	51	63	64	52	50	64	59	54	50	56	54

续表

	1880年	1881年	1882年	1883年	1884年	1885年	1886年	1887年	1888年	1889年	1890年	1891年	1892年	1893年	1894年	1895年	1896年	1897年
I	89	96	88	86	87	89	84	70	51	60	63	68	76	78	63	55	56	62
1	106	101	99	107	106	104	107	113	51	59	59	67	62	82	69	57	56	62
2	103	141	105	107	98	96	95	84	57	79	80	84	106	102	80	69	66	74
3	64	74	84	78	67	79	89	62	46	48	51	53	56	60	50	38	43	52
4	98	87	88	84	90	89	64	54	58	69	79	82	91	87	71	64	66	77
5	80	73	69	63	73	72	57	41	53	52	59	63	71	66	51	46	49	56
6	82	98	82	78	86	96	91	67	41	50	50	57	69	68	55	56	54	51
II	54	53	45	48	56	45	41	35	51	51	49	71	83	47	31	26	29	40
7	48	57	50	50	54	55	49	36	35	39	43	56	72	44	29	26	30	38
8	43	50	46	48	66	45	39	34	56	58	53	73	82	44	31	29	34	43
9	48	41	36	38	34	37	32	31	52	52	48	71	77	41	27	23	26	39
10	69	53	44	52	52	36	31	31	58	57	49	91	116	56	38	22	26	38
11	66	65	48	50	42	47	56	44	48	46	51	69	74	52	32	28	29	39
III	91	98	68	79	83	85	88	73	41	56	58	69	75	72	53	47	53	58
12	91	104	86	86	84	81	85	74	41	59	59	67	66	82	69	57	56	62
13	91	91	51	72	81	88	91	72	37	53	57	71	83	61	37	37	50	54
IV	61	61	52	53	49	50	58	37	35	44	52	70	73	53	36	35	33	42
14	67	67	56	57	55	51	51	41	36	46	57	76	75	58	44	44	39	47
15	57	55	50	50	47	48	44	34	38	43	48	66	73	50	31	28	29	39
16	60	61	51	53	47	51	48	37	33	43	52	69	72	50	34	32	31	40
V	64	58	48	47	54	61	48	38	33	41	49	61	68	53	35	33	37	50
17	52	51	46	43	43	44	39	25	27	33	46	66	65	54	33	34	30	41
18	67	59	55	50	48	61	51	35	35	44	54	70	73	56	41	34	36	44
19	58	64	50	45	55	59	50	33	32	40	48	64	69	57	34	31	36	50
20	70	66	41	40	54	63	60	30	30	42	44	57	75	55	32	33	34	46
21	69	55	49	49	46	67	53	36	36	42	51	57	58	48	31	31	38	47
22	68	56	47	49	72	65	43	31	33	40	44	54	59	52	32	35	37	50
23	67	57	50	55	53	63	44	49	37	45	48	56	67	60	38	33	42	56
24	60	57	44	50	54	66	40	66	36	41	48	59	72	63	38	35	40	57
25	64	57	48	47	56	59	48	34	34	44	51	63	69	61	38	36	39	55

续表

	1898年	1899年	1990年	1901年	1902年	1903年	1904年	1905年	1906年	1907年	1908年	1909年	1910年	1911年	1912年	1913年	1914年	1915年
I	71	73	67	70	76	71	71	75	78	96	93	81	78	81	97	93	104	179
1	69	74	79	75	83	71	78	77	75	96	97	83	84	84	107	103	111	182
2	83	87	79	79	79	81	89	86	89	111	111	97	89	92	100	104	111	192
3	55	60	50	60	64	62	61	58	62	82	82	71	69	71	78	75	92	145
4	90	81	69	76	83	76	75	82	86	100	98	86	85	87	107	103	111	213
5	66	67	60	65	71	69	62	68	76	91	84	79	71	76	93	88	100	179
6	62	70	62	63	73	66	62	77	81	98	84	72	70	78	94	86	99	166
II	55	52	35	48	57	54	47	37	52	76	65	55	51	68	90	60	61	95
7	51	52	38	48	52	51	47	39	49	74	60	52	45	58	74	52	59	92
8	54	53	34	50	57	52	49	33	48	73	66	58	56	64	87	59	59	92
9	55	49	29	45	57	51	39	31	51	73	58	47	43	64	91	55	53	91
10	54	46	34	41	58	62	49	35	43	72	61	53	57	87	113	67	60	89
11	63	59	39	55	63	55	51	49	71	87	81	66	54	75	93	70	72	110
III	71	60	56	68	72	61	60	69	78	98	93	78	76	83	94	80	82	128
12	69	65	60	74	76	69	67	76	82	109	102	85	80	89	99	85	89	144
13	72	55	51	61	67	53	53	62	73	87	84	71	61	76	88	75	77	112
IV	64	51	39	55	59	57	50	45	62	89	69	59	48	65	82	63	74	122
14	66	64	39	55	61	61	53	44	76	93	74	64	50	72	87	68	86	139
15	63	56	37	52	56	54	45	41	65	81	62	54	45	58	74	57	66	112
16	64	59	41	57	59	55	51	49	74	92	72	59	49	66	85	64	70	115
V	57	54	43	51	60	48	52	55	60	88	66	61	49	64	82	66	75	121
17	63	54	39	58	58	48	49	44	70	85	60	55	44	62	82	63	73	115
18	67	54	42	58	63	50	51	56	68	91	73	60	50	70	86	67	72	122
19	66	54	42	58	62	48	51	51	68	88	64	61	50	64	82	63	76	121
20	59	49	43	55	56	43	47	57	66	88	69	59	48	65	82	61	74	115
21	62	55	49	58	58	48	51	56	64	89	76	67	58	66	83	69	75	127
22	64	52	45	58	58	44	50	56	60	87	60	63	49	58	79	62	72	117
23	68	53	45	60	62	47	53	58	64	86	65	63	46	62	79	64	78	124
24	72	54	39	61	63	50	55	58	65	87	59	64	47	62	81	64	80	118
25	72	57	44	61	67	55	58	57	68	90	70	64	48	66	86	73	77	134

俄国粮食价格研究（18世纪至20世纪初）

续表

	1862年	1863年	1864年	1865年	1866年	1867年	1868年	1869年	1870年	1871年	1872年	1873年	1876年	1877年	1878年	1879年
VI. 中央非黑土区	67	56	50	52	56	68	68	73	65	59	77	71	66	62	68	65
26. 弗拉基米尔	78	74	71	59	54	60	76	77	78	64	85	74	66	63	76	73
27. 科斯特罗马	56	45	42	49	55	54	56	55	55	54	76	61	57	56	66	60
28. 雅罗斯拉夫	65	46	36	54	51	56	61	67	59	58	76	62	58	59	64	64
29. 特维尔	78	58	62	56	64	64	75	77	72	62	72	67	63	63	66	65
30. 莫斯科	59	52	49	54	55	61	73	77	64	64	83	82	76	69	76	72
31. 卡卢加	72	54	39	48	55	54	70	77	67	58	76	82	74	59	65	62
32. 斯摩棱斯克	59	64	51	46	60	56	74	81	61	51	72	71	65	63	62	60
VII. 波罗的海地区	77	73	73	80	82	77	94	81	66	104	129	99	99	98	102	99
33. 库尔兰	78	75	80	85	90	79	93	80	66	81	96	99	99	97	103	94
34. 利沃尼亚	86	71	74	78	78	79	98	84	68	78	101	101	104	105	109	108
35. 埃斯特兰	67	—	66	76	79	74	90	78	65	152	189	96	93	92	94	94
VIII. 西部地区	66	63	52	62	62	73	89	98	74	82	92	85	82	76	73	70
36. 维捷布斯克	74	65	59	72	65	77	93	100	80	84	92	80	79	79	79	68
37. 莫吉廖夫	58	65	48	56	51	57	79	89	59	67	75	80	72	61	61	60
38. 明斯克	50	51	44	54	55	67	82	94	67	73	90	79	83	65	61	64
39. 维尔纽斯	74	60	50	60	69	74	86	104	77	88	98	94	98	82	72	68
40. 科文斯卡亚	78	70	60	73	80	86	107	100	93	98	103	95	89	93	93	88
41. 格罗德诺	64	65	50	59	64	78	84	91	69	79	92	82	81	74	72	71

续表

	1862年	1863年	1864年	1865年	1866年	1867年	1868年	1869年	1870年	1871年	1872年	1873年	1876年	1877年	1878年	1879年
IX. 乌克兰地区	42	43	34	28	42	49	51	49	36	38	49	65	64	47	46	57
42. 波尔塔瓦	51	45	38	31	48	54	50	53	42	39	48	60	62	44	40	53
43. 切尔尼戈夫	32	40	30	24	36	43	52	45	29	37	49	69	66	50	51	60
X. 西南部地区	52	57	39	34	45	58	61	67	47	53	60	72	65	55	55	62
44. 沃利尼亚	56	59	42	34	40	49	55	65	40	48	60	68	65	59	54	62
45. 基辅	47	56	36	33	44	59	60	62	47	51	59	68	60	51	52	58
46. 波多利斯克	54	55	39	35	51	65	67	75	55	60	61	81	71	55	58	66
XI. 草原地区	55	69	51	49	65	82	77	77	69	66	73	75	79	65	60	75
47. 叶卡捷琳诺斯拉夫	54	74	47	49	67	78	72	71	60	57	70	67	77	62	53	73
48. 塔夫利	64	78	56	60	64	87	77	85	83	81	79	77	87	77	70	85
49. 赫尔松	42	61	43	44	61	73	68	77	66	63	66	80	74	56	56	74
50. 比萨拉比亚	59	62	59	44	69	91	90	75	65	64	75	76	76	67	63	69
XII. 西西伯利亚地区	—	—	—	—	—	—	—	—	—	—	—	—	—	—	—	—
51. 托博尔斯克	—	—	—	—	—	—	—	—	—	—	—	—	—	—	—	—
52. 托木斯克	—	—	—	—	—	—	—	—	—	—	—	—	—	—	—	—
XIII. 东西伯利亚地区	—	—	—	—	—	—	—	—	—	—	—	—	—	—	—	—
53. 叶尼塞斯克	—	—	—	—	—	—	—	—	—	—	—	—	—	—	—	—
54. 伊尔库茨克	—	—	—	—	—	—	—	—	—	—	—	—	—	—	—	—

续表

	1880年	1881年	1882年	1883年	1884年	1885年	1886年	1887年	1888年	1889年	1890年	1891年	1892年	1893年	1894年	1895年	1896年	1897年
VI	71	74	60	58	67	73	55	39	42	50	55	62	70	67	49	42	48	50
26	73	64	60	57	71	62	45	33	46	57	63	76	82	74	58	47	52	58
27	63	64	62	57	66	60	56	36	38	49	52	59	65	62	49	45	53	54
28	67	69	60	54	60	62	51	33	45	51	55	59	68	63	48	39	44	49
29	71	76	56	62	66	75	49	36	45	48	53	59	65	68	48	39	42	52
30	79	74	64	60	74	93	61	41	47	54	64	67	80	78	52	45	51	67
31	74	84	47	51	63	75	47	36	34	46	52	59	72	69	44	38	49	71
32	71	84	72	66	72	86	76	56	39	44	47	52	60	60	43	38	43	54
VII	110	97	89	81	83	89	87	76	61	64	65	73	86	80	68	58	58	66
33	107	91	79	78	78	80	79	73	60	63	66	69	76	75	63	54	58	66
34	119	97	88	72	77	86	81	64	61	63	64	71	83	81	72	61	57	64
35	103	111	99	93	93	101	100	91	61	64	72	78	89	84	70	59	60	68
VIII	88	88	75	76	78	80	78	55	45	56	61	64	67	66	52	47	52	62
36	83	78	64	66	75	75	56	43	44	54	57	60	64	66	53	47	50	57
37	75	60	54	58	56	74	88	38	35	44	47	51	55	55	40	37	38	50
38	78	85	78	73	86	89	85	75	44	54	59	63	65	63	49	46	51	63
39	96	105	77	86	88	82	82	45	45	58	62	64	68	69	53	44	50	62
40	104	99	94	96	88	83	78	69	53	60	68	70	73	72	57	50	59	70
41	93	99	84	76	77	79	78	62	50	67	73	76	74	72	58	55	61	92

续表

	1880年	1881年	1882年	1883年	1884年	1885年	1886年	1887年	1888年	1889年	1890年	1891年	1892年	1893年	1894年	1895年	1896年	1897年
IX	70	61	48	56	62	65	64	43	31	51	47	51	56	54	34	33	39	46
42	67	59	47	59	55	64	63	45	29	40	49	52	54	52	30	32	38	43
43	72	63	48	53	68	66	64	41	32	42	45	50	57	55	38	33	39	49
X	77	70	61	61	74	55	63	49	39	55	60	59	63	62	39	44	47	53
44	81	83	65	65	92	57	78	58	46	61	66	61	63	61	46	50	52	58
45	73	58	51	58	50	52	48	36	34	49	55	58	62	61	35	39	44	50
46	76	70	66	61	80	56	63	53	38	54	60	59	65	63	36	42	45	52
XI	86	69	68	45	58	67	56	50	42	51	61	65	67	58	40	44	48	51
47	81	68	58	62	53	69	55	43	38	43	60	69	65	54	38	40	44	47
48	99	70	82	79	64	80	59	59	47	58	66	73	74	63	48	49	50	52
49	85	63	63	64	61	68	59	49	40	56	61	63	64	60	36	42	49	52
50	80	75	67	56	54	50	50	48	42	48	55	57	61	57	37	42	49	52
XII	—	—	23	35	39	27	15	28	41	21	46	—	—	—	30	26	21	30
51	—	—	27	35	25	24	14	24	35	20	58	—	—	—	23	20	17	28
52	—	—	20	35	32	30	16	31	47	20	23	—	—	—	37	31	24	31
XIII	—	—	59	70	88	58	90	85	80	63	48	—	—	—	52	54	58	58
53	—	—	32	60	65	40	50	55	60	25	20	—	—	—	34	43	52	40
54	—	—	85	80	110	75	130	115	100	100	75	—	—	—	69	65	63	75

续表

	1898年	1899年	1900年	1901年	1902年	1903年	1904年	1905年	1906年	1907年	1908年	1909年	1910年	1911年	1912年	1913年	1914年	1915年
VI	69	63	52	62	69	63	62	61	73	90	84	73	65	76	91	85	101	171
26	75	77	53	62	71	66	64	56	76	107	85	77	67	80	99	88	102	190
27	58	66	56	60	66	70	64	54	72	100	88	64	58	83	93	86	102	156
28	60	58	50	62	68	63	59	57	71	95	85	75	72	76	90	89	107	172
29	61	56	48	62	66	64	60	67	71	88	83	76	65	74	88	85	101	173
30	80	70	53	66	73	64	65	67	76	103	87	77	67	76	97	88	104	181
31	82	61	51	62	69	58	59	57	71	90	76	72	62	69	79	77	98	172
32	64	57	50	60	64	58	60	76	72	92	81	72	67	77	91	85	96	158
VII	76	77	73	76	83	74	76	83	90	101	91	84	73	85	101	91	102	189
33	79	69	67	73	79	66	70	79	85	96	82	80	61	81	95	79	91	201
34	76	76	73	75	82	77	78	85	91	105	92	81	75	86	102	94	103	177
35	82	86	78	81	89	80	81	86	93	107	100	90	82	87	107	100	111	189
VIII	72	59	58	68	77	62	65	68	74	95	81	78	64	80	92	82	94	170
36	65	52	59	68	78	64	63	72	79	97	78	75	67	80	93	84	98	172
37	61	49	49	58	65	54	52	55	62	85	69	65	59	74	80	69	79	141
38	72	59	57	69	76	60	65	65	71	98	82	78	68	80	93	87	96	179
39	71	62	56	68	81	64	65	67	76	93	86	80	63	80	92	81	97	187
40	81	66	62	69	76	61	67	74	78	92	79	79	61	76	92	78	86	126

续表

	1898年	1899年	1900年	1901年	1902年	1903年	1904年	1905年	1906年	1907年	1908年	1909年	1910年	1911年	1912年	1913年	1914年	1915年
41	84	70	67	77	87	68	78	75	76	103	91	89	67	92	103	94	110	216
IX	59	48	46	57	56	46	49	53	55	82	68	64	56	64	75	64	73	111
42	57	46	46	55	53	45	49	53	49	83	69	63	54	61	77	62	70	107
43	60	50	45	59	59	46	49	53	60	80	66	65	57	66	73	67	75	114
X	66	57	57	63	64	51	59	62	64	87	69	76	65	70	89	80	99	124
44	75	59	59	62	67	52	64	67	67	91	70	81	70	78	89	82	89	127
45	63	54	54	63	66	50	57	57	63	87	70	71	62	64	85	78	98	129
46	61	57	59	64	60	51	57	60	63	82	67	75	64	68	92	81	80	117
XI	65	61	60	62	65	58	57	65	65	85	80	75	68	70	86	77	73	99
47	63	59	56	61	64	53	54	61	64	83	83	73	65	70	86	76	74	104
48	67	64	63	66	68	60	57	65	70	92	83	77	72	74	88	77	71	97
49	73	62	63	64	68	63	61	67	68	89	80	75	66	70	83	76	73	98
50	59	58	60	58	60	51	56	66	59	75	74	73	67	66	85	77	72	96
XII	34	31	32	65	57	29	32	26	33	50	50	46	87	73	79	44	44	68
51	40	24	31	61	58	35	31	25	34	61	54	44	62	86	98	52	51	68
52	28	27	34	69	56	22	32	27	32	39	40	48	72	59	60	36	37	68
XIII	56	34	46	63	63	43	69	75	54	38	43	63	83	77	70	51	51	95
53	47	22	30	60	62	31	37	49	48	34	32	57	78	68	59	38	41	78
54	65	45	62	65	65	55	100	100	60	42	53	72	88	85	81	63	60	111

表 37　1881~1915 年诸省大麦采购价格

单位：信贷戈比/普特

地区	1881年	1882年	1883年	1884年	1885年	1886年	1887年	1888年	1889年	1890年	1891年	1892年	1893年	1894年	1895年	1896年
I. 北部地区	122	108	107	100	105	86	77	69	77	70	100	97	89	68	63	64
1. 阿尔汉格尔斯克	146	150	119	117	118	114	112	80	86	90	293	107	105	93	80	76
2. 奥罗涅茨克	171	125	158	110	124	102	94	75	100	93	103	125	95	100	79	67
3. 沃洛格达	118	115	106	93	100	89	74	61	74	75	79	81	90	76	63	65
4. 彼得堡	103	95	97	105	101	73	68	72	80	70	90	95	81	71	69	69
5. 诺夫哥罗德	106	93	89	93	90	74	59	63	78	73	85	87	75	68	60	53
6. 普斯科夫	90	71	71	84	98	63	53	53	63	55	72	85	85	71	66	65
II. 东部地区	64	56	61	62	57	51	48	55	52	57	103	88	56	40	34	40
7. 维亚特卡	84	76	76	81	80	72	58	43	49	57	84	71	45	40	35	42
8. 彼尔姆	60	51	55	71	59	41	42	60	66	66	95	72	43	41	33	41
9. 乌法	51	45	68	61	46	63	66	56	64	52	60	68	40	34	25	31
10. 奥伦堡	58	49	51	45	39	31	35	55	49	46	68	74	45	39	22	26
萨马拉	58	50	48	39	48	38	35	48	57	56	81	66	50	35	28	25
III. 东南部地区	76	50	64	66	70	74	75	46	45	43	78	58	43	29	34	35
11. 阿斯特拉罕	71	49	60	63	72	76	87	61	58	58	74	65	55	46	37	39
12. 顿斯科伊	80	51	68	68	67	72	62	43	42	45	69	50	30	26	32	35
IV. 伏尔加河地区	68	63	60	54	50	48	43	44	49	57	109	75	43	38	34	35
13. 下诺夫哥罗德	67	56	57	55	51	51	41	43	53	53	95	80	46	42	45	43
14. 喀山	70	70	71	63	59	50	52	43	48	56	95	75	42	40	34	38
15. 辛比尔斯克	68	62	52	44	49	44	38	42	53	61	96	70	41	38	34	35
V. 中央黑土区	75	63	62	58	63	54	49	47	50	49	88	62	43	26	33	37
16. 奔萨	76	62	53	50	61	48	43	30	50	62	185	67	44	45	47	48
17. 萨拉托夫	87	71	67	59	69	67	52	50	56	62	84	67	50	35	36	31
18. 坦波夫	78	58	54	50	59	49	31	44	50	55	75	65	40	35	34	40
19. 沃罗涅日	78	65	61	53	60	58	36	36	38	40	66	63	35	28	26	31
20. 哈尔科夫	80	64	59	53	62	56	41	34	39	46	64	48	30	20	28	33
21. 库尔斯克	72	63	63	58	66	51	47	42	44	46	73	57	40	28	30	33
22. 奥尔洛夫	65	61	69	63	62	55	52	55	53	50	75	70	61	40	43	50
23. 图拉	69	60	64	62	63	43	65	45	60	60	75	69	47	37	43	41
24. 梁赞	68	62	64	67	64	54	58	45	43		57	50	32	42	43	45

续表

	1897年	1898年	1899年	1900年	1901年	1902年	1903年	1904年	1905年	1906年	1907年	1908年	1909年	1910年	1911年	1912年	1913年	1914年	1915年
I	71	82	88	86	85	91	77	91	95	99	78	119	108	99	105	94	109	115	182
1	79	80	93	97	91	96	94	109	105	107	125	133	121	115	117	125	121	129	181
2	82	92	105	104	89	97	110	104	102	111	129	132	116	112	114	118	114	121	205
3	72	78	80	76	84	89	88	85	86	92	113	115	105	100	105	104	104	107	167
4	72	88	90	85	86	95	88	89	97	98	117	128	103	100	106	114	113	117	194
5	68	80	81	79	82	86	82	83	90	96	107	109	106	86	96	108	104	111	180
II	62	71	77	78	77	85	82	76	90	92	109	96	94	81	89	100	96	105	162
6	49	60	57	45	57	68	62	52	48	62	87	80	69	73	81	99	71	70	101
7	48	65	63	50	62	71	70	54	57	65	98	84	67	67	81	91	74	76	110
8	51	62	61	48	67	75	63	54	47	65	87	86	80	75	81	100	80	79	106
9	40	60	57	39	50	63	58	47	40	58	81	68	64	57	74	109	65	63	97
10	38	52	42	37	44	59	59	48	37	43	72	67	59	60	91	106	67	60	85
11	37	60	57	44	53	66	53	51	56	72	89	88	69	57	76	90	64	62	93
III	51	58	54	52	55	58	52	55	60	72	89	82	70	62	76	86	72	68	94
12	47	62	58	53	59	62	57	63	63	77	98	86	75	69	82	87	75	73	106
13	41	54	50	51	51	54	48	47	56	66	80	77	66	54	69	84	68	62	82
IV	54	70	67	48	63	68	66	60	55	81	99	84	74	69	83	95	78	81	120
14	50	71	68	49	63	69	66	60	55	82	100	86	78	71	87	100	79	92	137
15	49	68	68	51	64	72	70	62	53	81	102	87	73	69	83	94	76	76	113
16	44	70	66	44	61	62	61	58	59	80	95	80	70	67	79	90	79	76	111
V	57	64	58	53	63	59	55	56	61	71	93	87	75	61	73	88	72	81	121
17	43	55	60	50	81	53	57	61	63	79	—	85	68	54	86	109	66	87	116
18	42	63	63	50	59	65	56	55	58	76	96	85	78	57	73	88	69	69	101
19	48	63	52	49	62	65	55	60	58	79	—	95	65	54	73	76	62	71	111
20	38	53	46	47	51	47	42	43	58	68	86	78	61	50	65	81	64	71	101
21	40	52	50	52	56	52	44	47	54	62	88	80	67	54	67	84	69	72	106
22	48	61	52	56	56	53	45	53	57	64	91	77	73	54	66	82	71	75	108
23	61	68	60	60	63	66	59	63	66	71	93	94	85	76	75	88	82	92	131
24	62	75	57	56	66	66	58	67	65	76	90	86	83	70	75	92	79	94	134
25	45	74	74	49	65	60	70	47	61	68	109	89	81	67	72	88	78	88	161

续表

	1881年	1882年	1883年	1884年	1885年	1886年	1887年	1888年	1889年	1890年	1891年	1892年	1893年	1894年	1895年	1896年
VI. 中央非黑土区	95	73	67	73	85	70	53	56	59	53	86	74	62	44	45	48
25. 弗拉基米尔	75	64	56	80	69	67	51	45	65	66	81	74	70	54	50	54
26. 科斯特罗马	97	81	76	71	77	70	48	55	66	71	81	71	61	58	51	51
27. 雅罗斯拉夫	101	78	66	64	76	57	40	50	63	61	74	70	60	51	46	48
28. 特维尔	102	80	69	74	87	62	46	56	62	63	80	79	65	59	50	51
29. 莫斯科	86	64	67	75	92	74	61	66	72	71	83	77	75	52	46	50
30. 卡卢加	99	55	58	62	85	59	42	44	50	48	71	75	51	45	43	49
31. 斯摩棱斯克	101	85	74	77	104	93	79	49	53	50	72	70	56	52	49	52
VII. 波罗的海地区	105	98	93	92	94	79	71	73	69	70	96	82	73	57	55	63
32. 库尔兰	101	91	90	87	82	73	65	69	69	68	88	79	67	63	56	62
33. 利夫兰	106	97	90	91	93	80	71	70	70	71	88	81	80	60	58	60
34. 埃斯特兰	109	105	99	97	107	83	76	77	70	73	90	85	70	60	57	60
VIII. 西部地区	100	79	78	83	82	78	55	56	62	57	83	71	60	44	49	59
35. 维捷布斯克	95	72	71	76	78	67	57	54	55	50	67	69	60	49	49	54
36. 莫吉廖夫	80	62	70	66	78	85	46	49	48	50	73	62	50	40	41	47
37. 明斯克	101	86	84	105	94	96	62	51	57	60	77	69	60	46	49	54
38. 维尔纽斯	112	76	81	88	82	82	61	58	57	56	76	70	60	49	49	58
39. 科文斯卡亚	100	88	87	84	79	72	65	60	61	60	77	78	60	46	45	56
40. 格罗德诺	105	84	74	74	75	62	38	58	68	72	88	77	65	52	60	64
IX. 乌克兰地区	67	55	72	61	60	56	44	38	42	39	67	56	38	26	30	39
41. 波尔塔瓦	62	57	86	59	57	54	45	38	41	42	62	48	45	27	28	37
42. 切尔尼戈夫	72	53	57	62	63	57	42	38	41	45	60	51	30	29	32	38
X. 西南地区	85	66	67	76	56	61	55	47	60	50	71	64	44	29	39	48
43. 沃伦	96	67	72	89	58	60	61	47	60	60	72	64	50	42	46	48
44. 基辅	75	54	63	53	49	53	41	41	45	54	67	63	42	27	37	45
45. 波多尔斯克	83	77	66	85	61	70	63	44	52	53	65	65	40	25	40	43
XI. 草原地区	69	65	65	58	56	49	50	40	46	46	64	47	31	26	44	44
46. 叶卡捷琳诺斯卡	76	62	68	56	59	49	43	40	37	46	63	40	30	22	31	38
47. 塔夫里契斯基	66	65	70	67	68	52	60	53	44	53	69	48	35	30	39	46
48. 赫尔松	65	63	69	57	50	45	44	42	41	48	63	50	30	26	36	42
49. 比萨拉比亚	68	67	53	51	46	48	51	43	43	51	57	50	28	25	37	44

续表

	1915年	1914年	1913年	1912年	1911年	1910年	1909年	1908年	1907年	1906年	1905年	1904年	1903年	1902年	1901年	1900年	1899年	1898年	1897年
VI	175	106	92	99	89	84	91	97	105	81	73	70	74	77	72	64	69	74	62
26	185	106	98	105	95	82	94	101	115	82	68	69	73	84	69	64	76	73	53
27	171	111	94	100	97	87	89	101	113	87	76	73	81	82	76	68	74	69	60
28	172	115	90	105	91	91	88	98	104	84	68	70	77	80	77	63	68	69	54
29	167	100	91	98	91	88	97	102	101	85	82	77	82	76	76	67	69	73	58
30	168	106	97	103	84	84	89	95	103	78	73	72	73	75	69	59	72	79	65
31	164	102	82	87	77	74	87	87	96	75	62	63	62	68	64	62	60	77	67
32	155	101	93	97	90	83	90	98	104	79	81	69	71	74	71	66	67	76	61
VII	172	106	96	106	88	79	88	99	103	92	87	78	79	82	81	80	81	78	71
33	182	95	92	106	85	72	85	94	99	88	84	74	73	78	78	76	78	78	67
34	164	106	96	105	87	80	85	97	104	93	87	78	82	81	79	78	82	76	67
35	170	116	101	107	91	85	94	106	106	94	90	82	83	88	85	87	84	79	68
VIII	170	105	89	98	84	74	86	94	99	78	75	72	70	77	72	69	68	74	66
36	163	99	88	95	83	86	93	103	85	85	80	72	76	85	76	73	68	68	58
37	139	84	78	87	82	70	79	92	97	69	65	72	63	70	66	60	58	69	58
38	156	94	90	107	82	73	84	93	109	75	72	67	66	73	68	66	65	75	66
39	193	102	91	97	82	70	83	92	102	80	76	74	75	84	75	72	72	80	65
40	179	89	83	101	83	67	86	90	96	80	78	69	70	71	69	71	71	74	64
41	192	102	105	100	90	78	89	96	105	76	78	76	72	80	76	73	72	80	73
IX	107	76	70	80	68	59	73	86	86	58	56	51	47	54	55	49	47	58	51
42	97	69	64	79	61	53	66	75	80	52	52	46	43	48	52	49	43	53	41
43	116	83	75	81	75	65	80	96	92	63	59	55	50	59	58	49	51	62	51
X	106	81	82	90	74	65	77	83	92	64	64	60	54	61	62	59	59	65	54
44	114	89	83	92	79	71	81	87	102	67	68	65	55	63	62	60	59	71	54
45	106	80	81	86	71	61	74	86	88	62	61	59	52	61	62	55	62	62	46
46	99	74	82	92	71	64	75	85	85	62	63	57	54	58	63	55	55	62	46
XI	76	69	76	92	74	62	75	83	83	63	53	58	55	60	63	55	56	53	40
47	80	64	78	85	68	55	66	78	78	56	52	48	48	53	55	48	53	48	37
48	75	64	76	93	74	62	74	81	83	62	60	52	53	59	61	60	60	57	43
49	73	59	72	86	70	58	69	77	80	58	59	52	51	56	58	54	54	54	41
50	74	58	74	87	67	57	72	73	74	55	63	55	49	55	63	58	55	53	41

表 38　1881～1915 年诸省小麦采购价格

单位：信贷戈比/普特

	1881年	1882年	1883年	1884年	1885年	1886年	1887年	1888年	1889年	1890年	1891年	1892年	1893年	1894年	1895年	1896年
I . 北部地区	122	132	132	115	112	94	86	85	113	120	112	117	105	91	87	106
阿尔汉格尔斯克	107	133	132	109	116	99	101	110	138	150	160	—	—	149	118	113
2. 奥洛涅茨克	105	140	134	121	114	96	81	77	128	120	80	112	—	110	101	89
3. 沃洛格达	128	128	123	118	109	83	84	88	105	120	109	111	110	101	86	90
4. 彼得堡	128	108	159	118	120	98	89	—	—	120	118	—	83	—	—	95
5. 诺夫哥罗德	133	167	140	124	115	105	85	107	118	118	95	135	110	108	85	75
6. 普斯科夫	130	113	101	98	97	84	77	76	85	83	98	108	115	100	89	86
II . 东部地区	99	89	77	88	77	67	81	83	76	77	150	98	69	50	43	46
7. 维亚特卡	116	114	107	97	94	95	76	70	77	84	115	100	80	67	54	57
8. 彼尔姆	90	92	82	103	90	71	84	89	88	90	125	105	67	62	53	48
9. 乌法	81	78	70	66	59	49	77	83	95	76	119	92	60	53	39	44
10. 奥伦堡	83	75	70	78	62	51	85	97	80	48	120	91	65	58	38	38
11. 萨马拉	118	74	66	59	69	69	85	94	91	76	120	95	70	57	47	48
III . 东南部地区	127	91	93	88	93	94	107	82	79	70	130	101	70	49	49	57
12. 阿斯特拉罕	125	92	88	80	101	90	123	102	90	83	118	112	80	71	57	54
13. 顿斯科伊	128	89	98	96	84	98	91	91	79	72	101	90	60	46	46	59
IV . 伏尔加河地区	132	103	98	81	76	70	78	73	78	75	147	99	62	53	47	49
14. 下诺夫哥罗德	129	107	102	83	79	73	83	83	94	77	127	99	65	67	56	56
15. 喀山	119	92	93	79	72	66	76	73	76	73	118	104	62	57	47	49
16. 辛比尔斯克	148	111	101	83	78	70	76	81	78	74	117	94	61	54	49	48

续表

	1897年	1898年	1899年	1900年	1901年	1902年	1903年	1904年	1905年	1906年	1907年	1908年	1909年	1910年	1911年	1912年	1913年	1914年	1915年
I	96	106	107	111	110	105	110	103	117	118	152	162	144	149	142	149	140	137	223
1	100	98	118	120	111	99	87	89	92	90	152	170	173	150	167	170	151	161	198
2	95	110	114	100	108	100	110	109	120	130	158	169	151	159	155	163	131	110	225
3	95	103	106	102	109	115	110	112	109	117	144	156	137	145	135	135	128	130	211
4	130	115	110	138	124	105	145	98	135	116	162	178	133	189	134	155	151	150	239
5	90	111	106	112	110	101	111	99	119	129	160	170	150	145	144	152	154	153	245
6	81	101	89	93	104	111	103	108	124	127	140	139	126	116	117	135	125	120	218
II	72	83	79	63	79	90	74	71	69	97	106	111	101	92	109	123	91	92	124
7	63	84	81	71	82	96	70	82	83	95	126	109	102	99	110	119	100	102	139
8	66	77	85	67	88	100	84	72	67	87	112	111	112	103	110	126	103	102	130
9	59	83	79	55	72	87	73	63	60	80	112	109	98	84	103	122	73	83	117
10	58	75	62	51	71	81	68	60	51	68	106	97	88	78	114	126	75	73	98
11	67	97	83	68	79	82	73	72	79	97	122	126	101	85	108	121	91	87	127
III	90	103	90	86	86	85	80	80	89	106	130	129	107	98	110	126	101	92	122
12	71	99	95	89	91	89	87	82	89	111	139	135	106	102	115	136	105	93	125
13	78	106	85	83	80	80	73	78	89	100	121	122	107	93	104	115	98	91	119
IV	72	94	88	69	80	90	79	77	80	107	131	120	111	98	117	123	97	102	146
14	75	99	93	71	83	96	81	80	81	113	145	127	114	111	128	131	102	114	163
15	59	84	84	67	78	86	81	78	78	101	122	110	97	93	110	115	93	97	132
16	58	97	87	68	79	87	75	73	81	106	126	123	122	91	113	123	97	95	143

续表

	1881 年	1882 年	1883 年	1884 年	1885 年	1886 年	1887 年	1888 年	1889 年	1890 年	1891 年	1892 年	1893 年	1894 年	1895 年	1896 年
V. 中央非黑土区	129	113	97	80	80	92	85	74	79	66	128	88	65	45	49	57
17. 莽萨地区	128	100	95	74	76	70	83	85	86	76	120	87	50	56	45	43
18. 萨拉托夫	141	125	90	75	71	82	98	89	84	78	111	89	70	58	47	52
19. 坦波夫	124	106	97	81	82	91	83	81	77	72	110	87	65	49	51	54
20. 沃罗涅日	136	118	94	82	81	100	82	77	66	62	98	93	65	46	45	53
21. 哈尔科夫	122	115	107	73	81	106	80	80	74	70	96	77	55	40	44	57
22. 库尔斯克	130	118	107	78	81	106	85	78	75	61	106	87	70	52	49	57
23. 奥尔洛夫	135	116	102	82	88	97	81	103	92	63	105	90	70	57	54	60
24. 图拉	127	110	98	86	87	101	86	92	93	83	102	92	68	56	51	55
25. 梁赞	117	103	86	90	70	76	87	82	79	72	111	91	65	48	48	52
VI 中央非黑土区	146	122	110	101	99	91	83	93	95	95	128	101	62	66	68	66
26. 弗拉基米尔	138	129	128	126	109	81	83	105	105	100	125	113	45	84	71	67
27. 科斯特罗马	152	131	112	107	112	124	80	94	95	107	118	100	45	81	68	72
28. 雅罗斯拉夫	158	121	106	84	84	69	48	79	101	130	111	110	50	78	74	73
29. 特维尔	140	107	94	84	93	68	63	75	75	—	110	110	—	94	83	76
30. 莫斯科	139	125	116	101	102	98	101	105	140	155	—	—	—	120	65	80
31. 卡卢加地区	151	110	103	96	94	94	99	80	100	73	109	99	85	68	69	68
32. 摩尔棱斯克	147	110	110	107	99	101	108	82	83	83	109	81	80	69	73	67
VII. 波罗的海区地区	143	121	125	107	101	101	97	96	86	86	117	106	95	65	68	73
33. 库尔兰	153	127	136	108	90	110	94	96	88	86	115	107	80	55	71	77
34. 利夫兰	140	114	119	102	103	98	94	91	87	83	90	106	110	78	69	66
35. 爱斯特兰	135	121	119	111	110	96	103	100	90	89	104	105	95	73	68	71
VIII. 西部地区	134	116	119	114	96	103	97	79	81	74	116	88	75	54	58	70
36. 维捷布斯克	132	110	104	90	87	83	94	79	75	64	95	87	75	60	58	68
37. 莫吉廖夫	123	101	104	90	85	112	84	76	69	68	114	80	65	53	53	58
38. 明斯克	134	103	119	109	105	110	99	76	79	76	100	33	75	53	57	63
39. 维尔纽斯	141	118	123	101	85	94	91	79	76	66	94	88	85	62	63	69
40. 科文斯卡亚	139	135	147	147	92	104	90	82	87	80	101	100	75	62	62	76
41. 格罗德诺地区	139	127	118	144	121	115	125	86	87	84	111	86	70	60	65	67

续表

	1897年	1898年	1899年	1900年	1901年	1902年	1903年	1904年	1905年	1906年	1907年	1908年	1909年	1910年	1911年	1912年	1913年	1914年	1915年
V	89	96	85	74	81	80	78	77	85	92	121	107	110	94	110	110	97	101	121
17	64	82	78	64	79	80	74	77	82	100	117	101	99	89	97	110	92	103	149
18	70	96	87	73	81	81	74	72	80	98	120	121	103	86	103	117	90	88	125
19	67	99	83	71	79	78	71	76	85	88	120	128	109	89	100	111	96	96	113
20	71	93	78	75	78	77	68	72	84	90	112	121	103	88	96	107	93	96	113
21	73	95	79	76	77	74	69	76	81	85	118	124	109	91	96	107	92	96	135
22	80	100	82	75	79	79	71	78	84	86	118	131	113	94	148	104	101	102	116
23	86	107	84	80	85	87	80	84	89	95	133	130	121	96	107	120	104	113	100
24	80	99	105	81	90	81	73	81	89	96	120	118	119	107	108	110	104	104	124
25	57	95	95	69	82	77	75	75	95	88	127	114	106	94	121	107	95	104	121
VI	82	100	92	86	97	94	96	100	98	110	144	138	126	123	129	138	122	126	201
26	69	102	103	93	106	113	100	97	112	116	162	147	148	137	138	136	131	137	203
27	78	90	101	94	99	100	105	97	104	121	146	135	124	127	132	138	128	135	206
28	76	114	91	85	99	96	105	90	95	107	137	135	121	120	123	139	137	142	192
29	72	99	99	93	93	97	106	110	100	112	140	142	126	124	145	146	108	100	190
30	100	101	98	100	110	95	78	110	107	120	162	153	141	136	146	152	133	140	201
31	89	102	78	71	82	72	92	110	70	93	123	117	105	111	109	137	113	124	214
32	78	94	80	81	87	84	85	88	97	99	140	134	118	106	110	113	99	103	198
VII	88	95	89	96	91	95	92	91	101	105	129	129	114	95	105	120	113	122	202
33	86	108	87	93	88	90	85	83	91	95	119	121	106	75	101	109	101	109	194
34	75	91	90	89	86	92	94	90	105	107	131	125	118	103	108	118	116	124	206
35	83	97	89	107	99	103	98	100	108	112	136	140	119	106	107	129	121	133	205
VIII	86	94	84	78	80	84	83	85	85	90	121	120	107	88	96	104	99	108	188
36	71	98	84	77	80	88	88	84	89	97	122	125	113	92	95	108	102	111	179
37	74	90	88	72	78	84	80	80	82	86	181	123	104	87	95	96	91	99	155
38	75	90	80	76	75	81	76	81	79	87	126	128	103	86	93	103	103	114	187
39	82	90	87	83	82	80	87	88	84	88	111	114	102	85	94	98	101	107	200
40	86	101	82	83	83	86	88	88	91	92	123	118	114	92	99	108	96	100	201
41	80	77	83	79	81	83	80	88	87	89	123	112	104	87	101	108	104	115	206

续表

	1881年	1882年	1883年	1884年	1885年	1886年	1887年	1888年	1889年	1890年	1891年	1892年	1893年	1894年	1895年	1896年
IX. 乌克兰地区	111	96	102	86	71	83	83	69	71	62	106	82	55	37	47	65
42. 波尔塔瓦	106	92	100	84	69	82	89	72	64	67	92	79	50	37	43	58
43. 切尔尼戈夫斯卡亚	116	100	103	87	73	84	77	69	76	66	96	84	60	46	47	59
X. 西南部地区	117	109	107	92	75	95	91	79	79	66	104	80	64	43	51	70
44. 沃伦	121	118	121	110	84	95	101	79	79	72	120	79	70	58	60	63
45. 基辅	118	99	100	68	72	109	76	78	72	67	99	79	61	42	49	63
46. 波多尔斯克	112	109	100	98	69	82	95	78	71	70	99	80	60	42	51	62
XI. 草原地区	123	110	105	74	84	96	90	78	78	70	105	78	80	39	52	75
47. 叶卡捷琳诺斯拉夫	126	103	111	74	89	99	84	84	76	74	96	71	47	40	48	63
48. 塔夫里契斯基	120	116	106	80	90	104	102	92	76	76	100	72	58	44	54	76
49. 赫尔松	128	109	105	75	78	101	87	82	75	77	101	82	52	43	52	67
50. 比萨拉比亚	116	111	94	64	78	78	87	83	68	72	94	87	60	42	49	62
XII. 西西伯利亚地区	—	55	75	108	73	50	—	70	44	57	—	—	—	54	47	40
51. 托博尔斯克	—	65	75	125	65	55	—	85	47	70	—	—	—	50	40	30
52. 托木斯克	—	45	75	90	80	45	—	55	40	43	—	—	—	58	54	50
XIII. 东西伯利亚地区	—	119	133	115	118	100	—	118	122	118	—	—	—	—	76	93
53. 叶尼塞	—	78	140	80	75	75	—	65	63	45	—	—	—	46	71	96
54. 伊尔库茨克	—	160	125	150	160	225	—	180	180	190	—	—	—	—	80	90
55. 雅库茨克	—	—	—	—	—	—	—	—	—	—	—	—	—	—	—	—
XIV. 北高加索地区	—	70	—	—	92	83	—	52	67	69	—	—	—	43	54	66
56. 库班斯卡亚	—	70	—	85	85	80	—	60	67	70	—	—	—	38	52	66
57. 捷尔斯卡亚	—	70	—	100	100	80	—	45	60	83	—	—	—	55	65	75
58. 斯塔夫罗波尔斯卡亚	—	70	—	—	90	90	—	50	73	55	—	—	—	35	46	56

续表

	1897年	1898年	1899年	1900年	1901年	1902年	1903年	1904年	1905年	1906年	1907年	1908年	1909年	1910年	1911年	1912年	1913年	1914年	1915年
IX	85	90	72	72	76	72	66	72	81	82	118	132	117	92	96	106	98	100	134
42	72	94	70	70	73	66	58	77	75	72	108	120	109	90	92	102	92	93	125
43	71	86	73	79	78	78	74	86	87	92	128	144	125	94	99	110	103	107	143
X	94	93	76	75	74	73	72	82	80	74	117	132	109	93	96	102	99	99	135
44	78	97	77	74	76	76	74	82	79	77	124	125	104	99	100	106	103	106	146
45	78	92	79	75	74	73	71	84	82	74	122	134	113	90	98	99	102	98	127
46	83	91	73	75	72	70	72	80	78	69	105	137	110	89	91	100	91	93	131
XI	90	103	81	78	76	76	75	82	84	77	104	119	115	92	95	105	94	92	119
47	78	101	79	79	78	75	75	79	79	79	103	119	113	97	98	108	95	96	121
48	86	113	83	79	79	77	78	83	86	82	102	115	116	91	95	104	88	87	112
40	83	102	81	72	78	80	75	84	85	76	104	119	114	89	96	104	95	93	115
50	77	97	81	79	71	70	72	82	86	71	101	122	119	93	92	103	96	92	127
XII	48	51	40	58	101	64	34	40	40	62	70	72	75	96	105	111	76	69	91
51	53	58	45	56	92	58	35	31	25	58	83	76	85	94	117	129	79	74	95
52	42	43	46	60	110	70	32	49	54	65	67	67	64	97	93	93	73	64	87
XIII	91	89	61	104	103	64	43	69	105	105	79	79	92	119	113	107	101	91	114
53	81	83	54	58	91	62	31	37	49	105	75	62	82	115	108	99	87	82	102
54	100	95	68	150	115	65	55	100	160	—	82	96	102	122	118	115	115	100	125
55	—	—	—	—	—	—	—	—	—	—	—	—	—	—	—	—	—	—	—
XIV	98	88	77	79	79	72	60	74	88	86	110	127	109	84	94	106	95	84	111
56	92	84	78	79	75	78	68	77	88	88	114	118	111	87	96	113	103	83	107
57	104	96	77	81	89	74	47	75	95	91	116	141	121	90	100	108	96	89	114
58	97	84	77	77	72	64	64	71	80	80	101	112	95	78	85	97	86	80	111

表39 1882~1915年诸省荞麦采购价格

单位：信贷戈比/普特

	1882年	1883年	1884年	1885年	1886年	1887年	1888年	1889年	1890年	1891年	1894年	1895年	1896年	1897年	1898年
I. 北部地区	139	99	95	96	82	77	67	112	136	124	99	81	63	82	84
1. 阿尔汉格尔斯克		—	—	—	—	—	—	—	—	—	—	—	—	—	—
2. 奥洛涅茨克	—	—	—	—	—	—	—	180	—	—	—	—	—	—	—
3. 沃洛格达	—	—	—	—	—	—	—	—	—	—	—	—	—	—	75
4. 彼得堡	156	110	90	79	62	100	83	100	50	165	140	110	53	85	95
5. 诺夫哥罗德	130	103	110	98	90	69	65	69	122	111	103	63	62	95	81
6. 普斯科夫	130	83	85	110	95	63	52	100	73	95	69	70	74	67	75
II. 东部地区	59	52	51	74	42	44	57	44	67	110	37	36	41	59	79
7. 维亚特卡	48	52	43	60	40	42	55	52	60	91	38	39	37	51	73
8. 彼尔姆	75	55	75	87	54	34	55	40	59	113	33	35	38	60	68
9. 乌法	50	45	40	58	45	38	56	40	18	98	34	38	38	55	69
10. 奥伦堡	63	60	50	90	25	70	60	45	20	142	42	28	52	63	85
11. 萨马拉	52	45	39	70	40	41	57	40	50	112	36	39	43	60	78
III. 东南部地区	50	—	—	—	73	—	—	—	50	—	51	55	60	80	—
12. 阿斯特拉罕	—	—	—	—	—	—	—	—	—	—	—	—	—	—	—
13. 顿斯科伊	50	74	49	70	49	54	66	62	50	115	51	55	60	80	78
IV. 伏尔加河地区	62	115	48	69	50	64	79	72	90	132	49	46	48	58	94
14. 下诺夫哥罗德	65	56	48	70	50	51	63	53	140	105	61	57	50	61	85
15. 喀山	58	52	50	72	48	47	57	60	58	108	40	40	51	54	97
16. 辛比尔斯克	64	63	56	82	60	59	57	65	71	110	47	42	42	59	100
V. 中央黑土区	69	55	50	93	72	55	57	59	65	109	53	58	54	69	72
17. 奔萨	66	50	46	95	55	50	56	63	66	161	50	54	45	63	74
18. 萨拉托夫	56	50	55	91	64	50	59	67	62	97	51	59	47	67	78
19. 坦波夫	65	60	51	75	55	49	51	59	61	105	47	56	50	64	72
20. 沃罗涅日	73	70	50	63	54	58	52	57	57	85	45	59	43	65	68
21. 哈尔科夫	63	70	50	68	63	58	39	61	60	102	42	53	50	64	66
22. 库尔斯克	66	70	60	82	60	64	69	67	66	105	50	55	51	67	71
23. 奥廖尔	72	85	65	100	63	67	66	70	67	106	55	59	56	71	70
24. 图拉	80	61	70	70	54	69	63	79	69	120	63	65	58	75	75
25. 梁赞	75	—	70	70	—	—	—	—	—	—	67	55	80	75	73

续表

	1899 年	1900 年	1901 年	1902 年	1903 年	1904 年	1905 年	1906 年	1907 年	1908 年	1909 年	1910 年	1911 年	1912 年	1913 年	1914 年	1915 年
I	97	92	118	106	96	116	107	117	133	127	118	110	120	102	100	140	293
4	100	93	151	110	95	120	118	135	145	135	130	120	130	110	110	150	351
5	110	99	107	103	100	98	101	111	135	140	125	110	120	100	100	140	338
6	81	84	96	106	94	130	102	101	118	105	100	100	111	95	90	130	191
II	55	46	77	57	60	46	60	82	82	75	67	71	93	72	62	86	139
7	47	42	77	50	57	43	56	76	81	70	56	56	80	61	57	78	
8	52	46	77	64	62	42	53	77	83	72	67	55	78	67	61	73	145
9	49	43	71	49	58	43	56	76	76	77	57	54	78	72	60	91	131
10	78	46	74	65	59	53	73	85	79	74	80	79	139	95	68	96	119
11	52	52	82	55	62	51	64	101	88	87	75	64	105	74	66	98	147
III	66	96	111	112	68	133	130	115	100	90	83			121	77	102	113
13	66	96	111	84	68	133	130	115	100	90	83			121	77	102	113
IV	62	60	79	67	77	56	77	102	88	85	71	75	93	75	75	112	151
14	55	63	79	77	79	51	70	110	94	82	75	81	94	81	87	133	159
15	53	54	76	55	67	51	67	101	89	82	59	68	81	70	65	90	135
16	77	62	83	69	85	66	95	96	80	90	80	76	103	75	73	111	159
IV	64	70	83	66	73	72	84	83	95	96	80	67	80	77	80	108	153
17	63	68	90	69	85	73	89	91	96	91	78	66	88	74	74	123	192
18	68	64	87	75	76	72	93	92	105	108	75	68	101	77	82	104	133
19	61	68	84	65	70	67	83	84	94	94	79	77	86	78	82	111	146
20	64	67	80	63	73	67	85	84	95	102	81	65	78	76	77	103	146
21	64	70	78	60	62	73	80	77	95	88	80	63	77	78	76	95	
22	65	72	79	65	68	71	83	77	95	96	82	62	78	75	81	105	150
23	62	74	78	65	65	70	79	76	90	91	82	64	71	75	84	106	156
24	61	81	82	65	71	73	85	83	93	96	85	70	82	80	82	117	151
25	69	65	88	67	82	79	81	81	95	94	76	63	61	74	81	108	146

续表

	1882年	1883年	1884年	1885年	1886年	1887年	1888年	1889年	1890年	1891年	1894年	1895年	1896年	1897年	1898年
VI. 中央非黑土区	89	74	81	124	72	69	79	98	100	111	83	82	76	88	89
26. 弗拉基米尔	115	67	60	135	70	55	83	100	90	107	73	73	69	76	72
27. 科斯特罗马	110	100	117	110	80	65	90	140	140	145	123	100	83	107	115
28. 雅罗斯拉夫	70	65	70	130	60	70	100	120	130	130	140	130	103	93	104
29. 特维尔	90	65	80	135	70	88	77	83	74	70	69	85	80	88	89
30. 莫斯科	100	83	70	190	94	90	80	120	150	118	60	70	64	94	95
31. 卡卢加	75	70	80	93	65	57	66	71	64	108	60	59	66	85	79
32. 斯摩棱斯克	65	70	70	76	62	55	59	54	55	96	58	60	65	70	70
VII. 波罗的海地区	76	86	93	75	90	86	70	85	51	100	82	70	72	69	82
33. 库尔兰	76	86	95	90	95	84	75	95	45	112	92	80	79	70	70
34. 利夫兰	75	85	91	80	85	90	64	75	56	88	71	60	69	68	77
35. 爱斯特兰	—	—	—	—	—	84	—	—	—	—	—	—	—	—	—
VIII. 西部地区	66	70	73	64	61	55	58	57	56	84	61	54	60	60	68
36. 维捷布斯克	60	50	100	60	61	48	50	42	53	72	69	47	52	47	69
37. 莫吉廖夫	65	65	64	71	61	56	59	59	55	90	55	56	60	61	66
38. 明斯克	70	74	66	59	61	59	58	58	56	79	61	57	60	61	65

续表

	1882年	1883年	1884年	1885年	1886年	1887年	1888年	1889年	1890年	1891年	1894年	1895年	1896年	1897年	1898年
39. 维尔纽斯	68	74	70	61	60	51	57	60	52	79	56	51	60	59	68
40. 科文斯卡亚	55	65	60	70	50	52	63	60	58	83	60	52	60	63	68
41. 格罗德诺	75	90	75	65	70	61	60	64	62	98	64	61	68	71	72
IV. 乌克兰地区	59	60	58	54	53	53	54	51	47	95	48	52	54	58	60
42. 波尔塔瓦	60	65	56	50	51	51	46	50	49	80	43	49	52	58	56
43. 切尔尼戈夫	57	55	60	57	55	54	62	52	45	90	53	54	56	58	63
X. 西南部地区	61	73	63	55	62	61	56	60	61	87	63	59	58	63	70
44. 沃伦	62	80	68	58	66	61	56	63	58	95	67	60	60	64	69
45. 基辅	58	65	57	52	58	54	50	52	61	80	55	58	54	59	67
46. 波多利斯克	63	75	65	54	62	68	62	64	65	85	67	58	60	65	74
XI. 草原地区	54	82	57	60	51	61	70	50	72	99	48	59	55	68	80
47. 叶卡捷琳娜诺斯拉夫	50	73	—	70	45	—	—	50	—	153	41	60	53	67	68
48. 塔夫里亚	52	98	—	—	—	—	—	—	—	—	—	—	—	—	100
49. 赫尔松	53	80	62	56	54	51	54	55	49	70	48	50	42	57	70
50. 比萨拉比亚	62	78	52	53	55	70	85	44	95	75	55	68	70	79	82

续表

	1899年	1900年	1901年	1902年	1903年	1904年	1905年	1906年	1907年	1908年	1909年	1910年	1911年	1912年	1913年	1914年	1915年
VI	86	90	100	93	98	96	99	115	137	143	118	110	109	113	108	139	202
26	66	68	80	80	81	66	80	94	104	140	105	93	91	84	78	97	170
27	112	100	135	129	128	125	120	170	207	145	165	160	162	167	160	180	320
28	116	150	154	124	139	122	145	139	166	137	150	145	140	150	140	165	—
29	97	80	87	107	102	106	110	122	140	182	135	130	120	125	110	166	—
30	72	91	94	74	89	96	83	101	114	154	97	80	76	90	85	101	134
31	69	74	75	64	70	87	79	86	106	139	87	79	85	84	87	153	193
32	73	68	72	77	75	68	73	90	125	107	90	84	91	89	93	107	194
VII	82	77	78	109	80	80	88	88	108	100	85	86	100	107	104	121	205
33	70	70	69	121	77	70	73	83	92	89	76	81	100	102	—	—	—
34	85	83	86	96	83	90	103	92	123	111	93	90	101	112	104	121	205
VIII	75	71	75	77	73	75	77	78	102	87	83	73	83	93	93	109	174
36	92	66	80	102	98	84	88	82	125	83	78	71	81	108	100	120	225
37	64	66	70	67	63	70	68	73	94	86	84	62	78	96	87	92	153
38	69	71	70	69	68	72	70	82	97	87	81	72	81	86	89	99	144

续表

	1899年	1900年	1901年	1902年	1903年	1904年	1905年	1906年	1907年	1908年	1909年	1910年	1911年	1912年	1913年	1914年	1915年
39	69	71	74	69	76	78	80	75	99	85	86	74	88	88	95	115	—
40	81	71	78	76	59	65	75	75	92	88	78	77	77	82	88	106	—
41	74	80	80	77	76	83	80	80	107	90	90	82	92	96	97	119	—
IX	58	64	68	57	60	68	67	67	90	88	79	57	75	73	76	98	120
42	55	62	65	51	57	66	65	64	87	80	78	55	77	71	69	95	113
43	61	66	71	63	62	70	68	69	93	95	79	58	72	74	83	101	127
X	68	77	74	94	63	75	73	69	94	81	84	65	79	85	81	92	126
44	71	71	68	64	61	77	72	70	98	83	80	65	78	83	83	93	105
45	64	76	67	64	62	69	72	69	91	78	85	62	78	79	80	91	129
46	68	83	86	65	65	79	76	69	92	81	87	67	80	93	80	92	143
XI	68	81	82	93	66	94	89	105	106	96	97	74	77	86	86	97	132
47	57	80	86	74	64	118	100	120	—	88	77	—	—	—	—	104	—
48	—	85	97	145	—	—	110	140	—	—	—	—	—	—	—	—	—
49	66	80	78	78	62	87	70	82	97	92	104	64	73	74	74	86	106
50	80	80	67	73	73	77	76	76	114	107	90	83	80	97	97	102	157

表 40　1796~1900 年诸省荞麦米多年平均零售价格

单位：1/10 金币/普特

	1796~ 1800 年	1833~ 1840 年	1841~ 1850 年	1851~ 1856 年	1860~ 1868 年	1875~ 1880 年	1881~ 1885 年	1896~ 1900 年
北部地区	71	95	100	104	85	121	129	116
彼得堡	82	89	98	103	83	103	119	115
阿尔汉格尔斯克	103	101	108	125	90	154	144	—
诺夫哥罗德	82	88	90	88	84	104	107	115
奥洛涅茨	111	100	109	96	76	127	144	—
普斯科夫斯	78	95	93	109	94	117	132	118
东部地区	46	56	67	54	64	65	81	78
维亚特	59	62	85	70	65	—	87	87
彼尔姆	29	58	77	74	74	61	87	81
萨马拉	—	—	—	36	61	74	75	82
乌法	50	47	40	37	57	59	75	63
东南部地区	52	74	55	58	70	120	98	118
阿斯特拉罕	52	65	69	58	63	120	101	128
顿斯科伊	—	85	44	—	77	—	94	107
斯塔夫罗波尔	—	73	51	—	—	—	—	—
伏尔加河地区	41	60	54	49	66	76	79	83
喀山	48	58	58	55	68	87	88	81
下诺夫哥罗德	48	73	71	66	67	85	82	86
奔萨	33	58	44	36	66	67	76	81
萨拉托夫斯	34	57	41	40	66	75	75	84
辛比尔斯克	40	55	55	48	61	68	75	82
中央黑土区	31	60	47	48	56	75	82	89
沃罗涅日	25	73	40	40	54	73	82	105
库尔斯克	33	51	40	40	44	66	75	74
奥尔洛夫	32	64	44	50	56	74	82	83
梁赞	40	58	66	62	65	82	87	97
坦波夫	30	50	49	44	55	73	76	88
图拉	32	45	47	50	63	80	83	92
哈尔科夫	25	77	45	52	55	80	88	81
中央非黑土区	62	82	79	84	74	98	96	108
弗拉基米尔	55	72	80	80	72	96	94	101
沃洛格达	90	95	119	112	94	118	119	135
卡卢加	52	78	69	77	67	90	91	95

	1796~ 1800 年	1833~ 1840 年	1841~ 1850 年	1851~ 1856 年	1860~ 1868 年	1875~ 1880 年	1881~ 1885 年	1896~ 1900 年
科斯特罗马	66	91	67	74	72	116	101	105
莫斯科	55	83	76	85	69	96	94	107
斯摩棱斯克	57	81	75	86	73	93	92	94
特维尔	61	79	79	82	75	96	91	108
雅罗斯拉夫	59	76	70	72	71	95	87	107
波罗的海地区	102	84	103	109	88	124	116	106
库尔兰	—	71	83	101	86	131	119	95
利夫兰	102	87	123	120	93	132	132	101
埃斯特兰	—	94	—	106	86	108	97	121
西部地区	83	67	73	112	73	95	99	100
维尔纽斯	—	63	82	118	76	97	101	111
维捷布斯克	—	102	81	113	85	109	107	108
格罗德诺	—	45	63	111	68	96	107	92
科文斯克	—	52	77	150	80	—	98	122
明斯克	—	53	65	89	64	84	85	83
莫吉廖夫	—	85	70	92	67	90	88	82
乌克兰地区	44	60	46	61	51	77	82	83
基辅	44	58	43	61	52	76	82	83
波尔塔瓦	48	63	49	59	49	79	88	74
切尔尼戈夫	41	60	45	62	53	76	82	80
西南部地区	—	48	48	85	55	91	94	85
沃伦	—	45	49	95	56	89	94	81
波多利斯克	—	50	47	74	54	92	94	88
草原地区	41	79	66	95	72	115	112	106
比萨拉比亚	—	67	67	104	67	118	116	101
叶卡捷琳诺斯拉夫	40	77	57	82	69	117	103	95
塔夫里亚	41	88	66	99	80	122	120	119
赫尔松	—	84	74	96	71	103	107	108
西西伯利亚地区	51	41	68	60	74	—	—	—
托博尔斯克	54	47	62	57	71	—	—	—
托木斯克	48	35	74	62	76	—	—	—
东西伯利亚地区	102	69	95	96	120	—	—	—
叶尼塞	—	34	107	82	86	—	—	—
伊尔库茨克	—	71	75	64	143	—	—	—
雅库特	—	101	104	143	130	—	—	—

表 41　1881～1900 年诸省一俄担粮食的重量*

单位：普特

	黑麦	燕麦	小麦	大麦	荞麦
北部地区	8.7	5.6	9.4	7.3	6.6
阿尔汉格尔斯克	8.0	5.4	9.2	6.6	6.5
奥洛涅茨克	9.2	5.8	9.0	7.8	6.6
沃洛格达	9.0	5.7	9.5	7.0	—
彼德堡	8.7	5.6	9.6	7.2	6.5
诺夫哥罗德	8.8	5.7	9.5	7.4	6.5
普斯科夫	8.7	5.7	9.6	7.5	6.7
东部地区	8.3	5.9	9.1	7.1	6.8
维亚特卡	8.2	5.5	9.5	7.2	6.3
彼尔姆	8.4	6.0	8.8	7.0	6.6
乌费姆斯基	8.4	6.0	8.8	7.1	7.0
奥伦堡	8.2	6.1	9.0	7.1	7.0
萨马拉	8.3	6.1	9.3	7.1	6.9
东南部地区	8.8	5.9	9.6	8.2	7.8
阿斯特拉罕	8.4	5.7	9.4	7.8	8.5
顿斯科伊	9.2	6.0	9.7	8.6	7.0
伏尔加河地区	8.6	5.4	9.3	6.9	6.1
下诺夫哥罗德	8.7	5.2	9.4	6.6	5.6
喀山	8.4	5.5	9.3	7.1	6.4
辛比尔斯克	8.7	5.4	9.3	6.9	6.3
中央黑土区	8.9	5.7	9.6	7.6	7.0
奔萨	9.2	5.5	9.5	7.2	6.7
萨拉托夫	8.9	5.6	9.7	7.5	7.0
坦波夫	8.9	5.6	9.7	7.6	6.8
沃罗涅日	9.0	5.7	9.6	7.8	7.3
哈尔科夫	8.9	5.9	9.3	8.0	7.1
库尔斯克	8.8	5.6	9.6	7.8	7.3
奥尔洛夫	8.9	5.7	9.8	6.9	6.9
图拉	8.9	5.9	9.8	7.5	7.6
梁赞	8.9	5.7	9.7	7.7	6.3
中央非黑土区	8.8	5.6	9.6	7.1	6.1
弗拉基米尔	8.8	5.4	9.7	6.7	5.3
卡斯特罗马	8.8	5.5	9.4	7.1	6.5
雅罗斯拉夫	8.9	5.8	9.4	7.5	6.5

	黑麦	燕麦	小麦	大麦	荞麦
特维尔	8.9	5.8	9.6	7.5	6.8
莫斯科	8.8	5.6	9.6	6.9	5.7
卡卢加	8.8	5.2	9.8	6.7	5.9
斯摩棱斯克	8.9	5.6	9.7	7.3	6.2
波罗的海地区	8.9	5.7	9.6	7.4	6.4
利夫兰	8.9	5.6	9.6	7.7	6.3
埃斯特兰	9.1	5.9	9.9	7.0	—
库尔良茨基	8.8	5.5	9.4	7.6	6.5
西部地区	8.7	5.8	9.4	7.5	6.7
维捷布斯克	8.6	5.7	9.3	7.3	6.1
莫吉廖夫	8.9	5.6	9.6	7.5	6.4
明斯克	8.7	6.0	9.5	7.8	6.8
维尔纽斯	8.6	5.7	9.4	7.6	7.1
科文斯卡亚	8.3	5.5	9.2	7.3	6.5
格罗德诺	8.8	6.0	9.4	7.7	7.0
乌克兰地区	8.5	5.9	9.0	7.6	6.7
波尔塔瓦	8.6	5.8	9.0	7.5	6.8
切尔尼戈夫	8.3	5.9	8.9	7.6	6.6
西南部地区	8.9	5.9	9.7	7.9	7.2
沃伦	9.2	6.1	10.1	8.2	7.4
基辅	8.7	5.9	9.5	7.8	7.1
波多利斯克	8.9	5.7	9.5	7.7	7.2
草原地区	9.0	5.9	9.6	7.5	7.0
叶卡捷琳诺斯拉夫	9.3	6.1	9.7	7.1	7.2
塔夫里亚	9.1	6.1	9.7	7.8	7.1
赫尔松	8.7	5.7	9.5	7.7	6.8
比萨拉比亚	8.8	5.7	9.4	7.5	7.0
西西伯利亚地区	8.6	6.0	9.5	7.5	—
坦波夫	8.6	6.0	9.5	7.5	
托木斯克	8.6	6.0	9.5	7.5	
东西伯利亚地区	8.4	6.0	9.5	—	—
叶尼塞	8.6	6.0	9.5	—	—
伊尔库茨克	8.1	6.0	9.5	—	—
雅库特	8.6	6.0	9.5	—	—

注：＊每个省关于俄担的标准不同，故以普特进行计量。

参考文献

1707~1723年

ЦГЛДА, ф. 391（Московская подрядная контора）, оп. 1, д. 3; ф. 248（Сенат）, кн. 814; ф. 709（Бежецкий городовой магистрат）, оп. 1, д. 258; ф. 764（Ростовский городовой магистрат）, оп. 1, д. 0.

ЦГИЛ СССР, ф. 796（Канцелярия Синода）, оп. 3, д. 1343.

1724~1731年

ЦГЛДА, ф. 817（Хлыновский провинциальный магистрат）, оп. 1, д. 2-6; ф. 248, кн. 390, 437, 811, 812, 814, 815, 820, 840; ф. 709, оп. 2, д. 254, 258; ф. 273（Камер-коллегия）, оп. 1, ч. 7, д. 28517; ф. 419（Арзамасская провинциальная канцелярия）, оп. 2, д. 229, 292.

1732~1742年

ЦГЛДА, ф. 796（Чебоксарский городовой магистрат）, ои. 1, д. 000, 818; ф. 248, кн. 438, 749, 751, 753, 840, 846, 847, 856; ф. 419, оп. 2, д. 204, 219, 231, 254, 293, 315, 316, 319; ф. 273, оп. 1, ч. 7, д. 29179, 29191, 29193, 29195, 29197, 29198, 29202, 29208 – 29210, 29212 – 29214,

29217, 29228-29231, 29234, 29276, 29309, 29331.

ЦГИЛ СССР, ф. 1329 (Именные указы и «высочайшие» повеления Сенату), оп. 3, д. 91.

1743~1753年

ЦГЛДА, ф. 817, оп. 1, д. 34, 65; ф. 273, оп. 1, ч. 9, д. 33176. 33304. 33322, 33331, 33343, 34596, 34597; ф. 419, оп. 3, д. 246, 251, 263-269, 301-314, 322-324, 433-435; ф. 278 (Ревизион-коллегия), оп. 1, д. 59, 08, 89, 90, 126, 131, 137, 138, 382.

ЦГВИА, ф. 23 (Воинские комиссии), оп. 1/112, д. 4, 6, 9, 10, 14, 19, 22, 26, 30, 31, 33-39, 41-47, 49, 50-53, 55-59, 61, 62, 65-09, 70, 71, 74, 76, 78, 80, 128, 153, 162, 165, 168-171, 181-183, 185-187, 189, 190, 199, 200-207, 321, 326, 327, 329, 331, 409.

1754~1759年

ЦГАДА, ф. 273, оп. 1. ч. 1, д. 4386, 4391, 4392, 4394, 4398, 4401, 4402, 4405, 4412, 4414, 4417, 4422, 4424, 4429, 4437, 4446. 4447, 4449. 4450, 4452, 4456, 4461, 4464, 4470, 4471, 4577, 4969, 4977, 4985, 4986, 5000, 5003, 5009, 5033, 5035, 5041, 5044, 5052, 5053, 5057, 5058, 5061, 5062, 5066, 5067, 5838, 5873, 5920, 5921, 5934, 5937, 5947, 6074, 6087, 6119, 6128, 6163, 6168; ф. 817, оп. 1, д. 145; ф. 796, оп. 1, д. 204, 213, 440, 452, 455, 543; ф. 419, оп. 3, д. 258-267, 303-309, 326-328, 346-349, 411-412.

ЦГВИА СССР, ф. 18 (Провиантская экспедиция Военной коллегии), оп. 2/212, св. 19, д. 27, 30, 35, 36, 42; св. 20, д. 10, 20, 30; св. 25, д. 33; св. 26, Д. 20.

ГБЛ, РО, ф. 29 (И. Д. Беляев), д. 1617.

1760~1765年

ЦГАДЛ, ф. 273, оп. 1, д. 4577, 4909, 4977, 4985, 4986, 5000, 5003, 500<), 5033, 5035, 5041, 5044, 5052, 5057, 5058, 5061, 5067, 5838, 5920, 5921, 5934, 5937, 5947, 6087, 6119, 6128, 6163, 6168, 6949, 7544, 7591; ф. 16 (р. XVI, внутреннее управление), оп. 1, д. 496, 720; ф. 263 (Пятый департамент Сената), оп. 1, д. 158; оп. 2, д. 2135; ф. 248, оп. 1/2, д. 136, 311, 312, 316-318т 328, 333, 338, 339, 347; оп. 111, д. 56, 81; ф. 419, оп. 3, д. 251, 282-288, 293-296, 305-308, 391-398.

Архив ЛОИИ СССР, ф. 276 (Издательский архив), оп. I, д. 64.

1766~1773年

ЦГЛДЛ, ф. 291 (Главный магистрат), оп. 3, д. 14666; ф. 16, он. 1, д. 496г 720; ф. 248, кн. 6017; ф. 248, оп. 111, д. 81, 98, 131, 168; оп. ИЗ, д. 1651, ч. 3; оп. 116, д. 2, 3-9, 53, 55, 100, 104, 106, 114, 118-126, 163, 173; ф. 419, оп. 3, д. 348-353, 383-387, 399-401, 441-444, 510-513, 542-544; ф. 273, оп. 1, ч. 3, д. 11542, 17748; оп. 1, ч. 7, д. 30706, 31243, 31382, 31423, 31424, 31427. 31429, 31430, 31431, 31442-31445, 31456, 31475, 31791, 31817, 31819, 31820, 31826, 31827, 31880-31883, 31938, 33322, 33331, 33343, 33560, 33625, 33650, 33938, 33951-33957, 33961, 33968, 33985, 34332, 34596, 34597; ф. 291. оп. 3, д. 21132, 21139; ф. 817, оп. 1, д. 565, 856, 865.

ЦГИА СССР, ф. 561 (Особенная канцелярия министра финансов), оп. 1, д. 76.

Архив ЛОИИ СССР, ф. 276, оп. 1, д. 64.

1774~1783年

ЦГЛДЛ, ф. 273, оп. 1, д. 11197, 11211, 11219, 11227, 11233, 11274.

11579, 11590 – 11592, 11626, 11757, 11898, 11921, 11933, 11936 – 11938, 11989, 12003, 12022 – 12027, 12029, 12031, 12212, 12218. 12231, 12241, 12269, 12274. 12281, 12282, 12290, 12292, 12303, 12311, 12321, 12327, 12356, 12360, 12364, 12369, 12388. 12392, 12413, 12418. 12421, 12431, 12439, 12441, 12952, 13110, 13111, 17748, 31826; ф. 419, оп. 4, д. 540 – 542, 642 – 645, 779, 781 – 783. 790; оп. 6, д. 575 – 590; оп. 7, д. 212 – 218; оп. 8, д. 213; он. 9, д. 172 – 174; оп. 10, д. 109, 402; ф. 817, оп. 1, д. 506, 558, 565, 614, 645, 728, 856, 865; ф. 291, он. 1, д. 14666; оп. 3, д. 21132, 21139; ф. 16, оп. 1, д. 496; ф. 248, кн. 6190, оп. 111, д. 81, 98, 131, 168; ф. 263, оп. 2, д. 1000 – 1013, 1747, 1807, 1933 – 1950, 1995 – 1999. 2114 – 2123, 2126 – 2137. 2244, 2245. 2250, 2268. 2537.

Архив Л ОНИ СССР, ф. 276, оп. 1, д. 64.

ЛО АЛН СССР, ф. 27 (И. Ф. Герман), оп. 1, д. 109, 111, 114.

ГПБ, РО, Эрм. 116-1.

ЦГИА СССР, ф. 796, оп. 62, д. 586.

1784~1790年

ЛО ААН СССР, ф. 27, оп. 1, д. 113, 114.

ЦГАДЛ, ф. 248, оп. 52, кн. 4364.

Архив ЛОИИ СССР, ф. 36 (Воронцовы), оп. 1, д. 410 – 412, 552, 1068.

1791~1803年

ЦГИА СССР, ф. 1287 (Хозяйственный департамент Министерства внутренних дел), оп. 1, д. 114, 147; ф. 1341 (Первый департамент Сената), оп. 1, д. 29-145; ф. 1374 (Канцелярия генерал-прокурора), оп. I, д. 144 – 147, 503 – 530, 532, 1230; оп. 2, д. 1055, 1221, 1237, 1249, 1386, 1411, 1443, 1586, 1598. 1709, 1821; оп. 6, д. 59, 80, 186;

ф. 13（Департамент министракоммерции）, оп. 2, д. 782.

ЦГЛДЛ, ф. 248, оп. 111. д. 81, 98, 131, 168, 222, 779. 780, 869. 881. 941; оп. 112, д. 120, 217, 220, 222; оп. 117, д. 851; ф. 271 （Берг-коллегия）, оп. 1, ч. 4, кн. 2227, 2575, 2576, 2598 б; ф. 273, оп. 1, ч. 5, д. 18948-18989, 19068-19076; ф. 1244（Дворцовый отдел, Канцелярия статс-секретарей）, оп. 390, д. 58948, 58950, 58962, 58964. 58981, 59043, 59049, 59074, 59085-59097, 59109, 59197, 59329, 59330, 59707-59710, 59764-59768, 59784, 59785; оп. 468, д. 62743; оп. 475, д. 62897-62901; оп. 492, д. 64093-64098, 64104-64131.

ЦГЛОР, ф. 801（В. И. Семевский）, оп. 1, д. 34.

1781~1801年

Государственные областные архивы: Вологодской обл., ф. 13 （Вологодское наместническое правлепие）, оп. 1. Д. 23, 63. 398.

Горьковской обл., ф. 115（Нижегородский губернский магистрат）, оп. 34-а. д. 63, 105. 106, 282.

Иркутской обл., ф. 9（Киренскнй земский суд）, оп. 1, д. 27, 29, 56-58. 79.

Калининской обл., ф. 165（Бежецкий городовой магистрат）, оп. 2, Д. 1571, 1572. 1618. 1845, 1945. 2087; ф. 166（Вышневолоцкий городовой магистрат）, оп. 2, д. 31, 114, 122, 139, 153, 164, 166, 169; ф. 170（Кашинский городовой магистрат）, оп. 1. д. 66; оп. 2, д. 112, 137, 157, 186, 233. 257, 294, 347, 380, 404, 449, 531, 563, 591, 621, 643, 667, 683, 705, 729. 760; ф. 174（Старицкий городовой магистрат）, он. 1, д. 1324, 1437, 1482, 1484.

Карельской АССР, ф. 643（Олонецкий губернский магистрат）, оп. 1. Д. 5/24, 6/34. 10/62, 11/72, 21/131, 38/245, 47/308.

Калужской обл. , ф. 612 (Тарусский городовой магистрат) , оп. 3, Д. 23; ф. 132 (Калужское наместническое правление) , оп. 1, д. 384.

Кировской обл. , ф. 583 (Вятское губернское правление) , оп. 1, д. 66; он. 5, д. 1.

Костромской обл. , ф. 108 (Чухломская дворянская опека) , оп. 1, д. 18, 20; ф. 113 (Галичская дворянская опека) , оп. 1, д. 22; ф. 707 (Костромской крестовоздвиженский девичий монастырь) , оп. 1, д. 13−20.

Курской обл. , ф. 184 (Курская казенная палата) , он. 1, д. 209, 384.

Ленинградской обл. , ф. 697 (Канцелярия Новоладожского городничего) , оп. 1, д. 1, 70, 273, 290, 340−6; ф. 696 (Царскосельская городская дума) , оп. 2, д. 79, 107, 108; ф. 1718 (Кронштадтский городовой магистрат) , оп. 1, д. 60, 184. 257, 358. 422; ф. 1743 (Кронштадтская городовая ратуша) , оп. 1, д. 8. 21, 92; ф. 1708 (Гатчинская городовая ратуша) , оп. 1, д. 22. 66, 106; ф. 1726 (Лодейнопольская городовая ратуша) , оп. 1, д. 19; оп. 4, д. 31, 44, 83; ф. 253 (Канцелярия петроградского губернатора) , он. 15, д. 1.

Пензенской обл. , ф. 2 (Пензенское наместническое правление) , оп. 1, д. 4. 38.

Пермской обл. , ф. 36 (Пермское губернское правление) , оп. 1, д. 71, 94, 95, 140. 192; ф. 446 (Кунгурскнй провинциальный магистрат) , оп. 1, д. 2.

Псковской обл. , ф. 20 (Канцелярия Псковского губератора) , оп. 1, д. 18−21. (Я. 82; ф. 74 (Псковское наместническое правление) , оп. I, д. 23, 59, 60, 213, 262, 297, 298, 316, 385, 437.

1801~1859年

ЦГПА СССР, ф. 1287, оп. 1. ч. 1. д. 307, 374, 384, 531, 785, 1115,

1120, 1132. 1147, 1150. 1155, 1156, 1212, 1231, 1235, 1294, 1331, 1548, 1552（1802 – 1821гг.）; ф. 1287, оп. 1, ч. 2. д. 1885, 1901, 1928 – 1930, 1977 – 1979. 1993, 2008, 2041, 2065（1822 – 1830гг.）; ф. 1287, оп. 2, д. 338, 341, 387. 429. 431. 739. 740, 838. 912, 914, 938. 966 – 969, 1022; ф. 1086（Томиловы и Шварц）, оп. 1, д. 835, 1138. 2970, 2974（1792 – 1825 гг.）; ф. 1290（Центральный статистический комитет）, оп. 6. д. 276 （1831 – 1846гг.）; ф. 18（Департамент мануфактур и внутренней торговли）, оп. 4, д. 814 – 826（1857 – 1862 гг.）; Отчеты министра внутренних дел за 1801 – 1808 и 1833 – 1864 年; Всеподдан нейшие отчеты губернаторов за 1833 – 1859 гг.

Архив Географического общества СССР, р. 6. он. 1. д. 41; р. 40. оп. 1, д. 1 – 12; р. 48, оп. 1. д. 32, 47; р. 9. оп. 1, д. 42; р. 13, оп. 1, д. 10; р. 14, оп. 1, д. 12. 13; р. 29, он. 1, д. 44（1801 – 1859 гг.）.

ГИМ, ф. 14（Голицыны）, он. 1, д. 98, 118, 301, 302, 417, 419, 1717, 2516. 2972.

ЦГА г. Москвы, ф. 47（Правление 111 Округа путей сообщения）, оп. 1, д. 167311 – 167322, 180713; оп. 2, д. 30389 – 30400, 30533 – 30544, 30644 – 30655, 30797 – 30808, 30938 – 30949, 31080 – 30091, 31239 – 31250, 31381 – 31392, 31510 – 31521, 31645 – 31656, 31838 – 31849, 32022 – 32033, 32204 – 32215, 32371 – 32382. 32519 – 32530, 32677 – 32688, 32823 – 32834, 32946 – 32957, 33081 – 33092, 33201 – 33212（1810 – 1833 гг.）.

ЦГВИА, Военно – ученый архив, т. III, № 18380, 18392, 18421. 18662, 18759, 18841; ф. 414（Статистические экономические сведения）, д. 164, 175, 176, 318（1801 – 1859 гг.）.

Северпая почта, 1809 – 1819; С. Петербургские ведомости, 1820 – 1829; Земледельческая газета, 1834 – 1858; Коммерческая газета, 1825 – 1859;

Архангельские – Ярославские губернские ведомости, 1838 – 1859；С. Петербургский прейскурант, изд. от гос. Коммерц – коллегии за 1803 – 1857 год；

Прейскурант приходящим в. Одессу иностранным товарам и исходящим российским товарам за 1809 – 1841 год. Одесса, 1809 – 1841；Журнал Министерства внутрепних дел, 1830 – 1859.

1860~1915年

ЦГВИА СССР, ф. 499 (Главное интендантское управление), оп. 7, д. 14, 17, 30, 31, 33–36, 38–42, 46–51 (1860–1880 гг.).

ЦГИА СССР. ф. 20 (Департамент торговли и мануфактур), оп. 10, (Хлеботорговый отд.), д. 1 – 612 (1857 – 1900гг.)；ф. 1286 (Департамент по лиции исполнительной), оп. 25, д. 62 (1863 – 1864 гг.)；Всеподданнейшие отчеты губернаторов за 1871–1880гг.

ЦГА г. Москвы, ф. 2244 (А. И. Чупров), оп. 1, д. 142 (1870 – 1897 гг.).

Труды Вольного экономического общества, 1863–1875；

Архангельские – Ярославские губернские ведомости, 1860–1874.

Доклад высочайше утвержденной Комиссии для исследования нынешнего положения сельского хозяйства и сельской производительност в Россйсии: Приложение IV. СПб.. 1873 (1852–1871 гг.)

Военно – статистический сборник. Ч. IV. Россия. СПб., 1870, отд. I, с. 585–593 (1860–1868 гг.)；

Временник Центрального статистического комитета. СПб., 1889. № 4. 90 с；№ 5. 47 с. (1865 – 1887 гг.)；Отчет Главного интендантского управления за 1868 – 1895 год. СПб., 1869 – 1896 (1868 – 1895гг.)；1881 – 1915 год в сельскохозяйственном отношении по ответам, полученным от хозяев. СПб. , 1882–1918; Материалы высочайше учрежденной 16 ноября 1901 г. Комиссии по исследованию вопроса о движении с 1861 по 1900 г. благосостояния сельского населения. СПб. , 1903, ч. I, с. 179–185 (1871–1900 гг.);

Сборник статистико-экопомическнх сведений по сельскому хозяйству России и некоторых иностранных государств. Год 1–10. СПб. , 1907–1917 (1900–1915 гг.).

Вильсон И. И. Объяснения к «Хозяйственно - статистическому атласу». 1–4-е изд. СПб. , 1857–1869; Голубев П. Сборник сведений по вопросам экономического и культурного развития Вятского края. Вятка, 1896, погуберн. табл. , с. 121–148.

Егунов А. Н. О ценах па хлеб в России. М. , 1855. 80 с.

Корсаков С. Справочные цены на провиант п фураж в Москве с 1819 по 1840 год. В кн. : Материалы для статистики Российской империи. М. , 1841, ч. 2, отд. IV, с. 138–144; Материалы для статистики России, собираемые по ведомству Министерства государственных пмуществ. СПб. , 1858–1871, вып. 1–5; Позняков Г. А. Цены на хлеб и мясо в Москве. 1797–1895. М. , 1896. 74 с.

Соболев М. Таможенная политика России во второй половине XIX в. СПб. , 1911. Прпл. ; Труды экспедиции, снаряженной Вольным экономическим обществом и Русским географическим обществом для исследования хлебной торговли и производительности в России. СПб. , 1868–1875, т. 1–4; Цены за 50 лет (1840–1889) на Томском рынке. В кп. : Материалы для изучения экономического быта крестьян Западной Сибири. СПб. , 1892, вып. XIV.

Штукенберг И. Ф. Статистические труды. СПб. , 1858, т. 1; 1860, т. 2.

缩略语

ВЭО—Вольное экономическое общество.

自由经济协会

ГБЛ, РО—Государственная библиотека им. В. И. Ленина, Рукописный отдел.

国立列宁图书馆手稿部

ГИМ—Государственный Исторический музей（г. Москва）.

国家历史博物馆

ГПБ, РО—Государственная Публичная библиотека им. М. Е. Салтыкова-Щедрина, Рукописный отдел.

萨尔蒂科夫-谢德林国立公共图书馆

ЖМГИ—журнал Министерства государственных имуществ.

国家财政部杂志

ЛО ААН СССР—Ленинградское отделение Архива Академии наук СССР.

苏联科学院档案馆列宁格勒分馆

ЛОИИ СССР—Ленинградское отделение Института истории СССР Академии паук СССР.

苏联科学院苏联史研究所列宁格勒分所

МГИ-Министерство государственных имуществ.

国家财务部

ПСЗ-Полное собрание законов Российской империи.

俄罗斯帝国法律全书

РГО-Русское географическое общество.

俄国地理协会

ЦГА г. Москвы-Центральный государственный архив（г. Москва）.

莫斯科中央档案馆

ЦГАДА-Центральный государственный архив древних актов.

国家古代文件档案馆

ЦГАОР-Центральный государственный архив Октябрьской революции.

国家十月革命档案馆

ЦГВИА-Центральный государственный военно-исторический архив.

国家军事史档案馆

ЦГИА СССР-Центральный государственный исторический архив СССР.

苏联国家历史档案馆

图书在版编目（CIP）数据

俄国粮食价格研究：18世纪至20世纪初／（俄罗斯）
鲍·尼·米罗诺夫著；张广翔，吕卉译.--北京：社
会科学文献出版社，2024.10
（俄国史译丛）
ISBN 978-7-5228-3656-0

Ⅰ.①俄… Ⅱ.①鲍… ②张… ③吕… Ⅲ.①粮食-
物价波动-研究-俄罗斯-近代 Ⅳ.①F351.29

中国国家版本馆 CIP 数据核字（2024）第 101757 号

俄国史译丛
俄国粮食价格研究（18世纪至20世纪初）

著　　者／〔俄〕鲍·尼·米罗诺夫（Б. Н. Миронов）
译　　者／张广翔　吕　卉

出 版 人／冀祥德
组稿编辑／恽　薇
责任编辑／颜林柯
责任印制／王京美

出　　版／社会科学文献出版社·经济与管理分社（010）59367226
　　　　　地址：北京市北三环中路甲 29 号院华龙大厦　邮编：100029
　　　　　网址：www.ssap.com.cn
发　　行／社会科学文献出版社（010）59367028
印　　装／北京联兴盛业印刷股份有限公司

规　　格／开　本：787mm×1092mm　1/16
　　　　　印　张：24.25　字　数：318 千字
版　　次／2024 年 10 月第 1 版　2024 年 10 月第 1 次印刷
书　　号／ISBN 978-7-5228-3656-0
著作权合同
登 记 号／图字 01-2024-2057 号
定　　价／138.00 元

读者服务电话：4008918866